CB072538

JARDS MACALÉ

Eu só faço o que quero

Apoio

Este projeto é selecionado
RUMOS
Itaú Cultural

nuhma
EDITORA

➤ Este livro é dedicado a Antonia
e Maria, por me cercarem de amor
e humor ao longo de todo trajeto.

Fôssemos infinitos
Tudo mudaria
Como somos finitos
Muito permanece

Bertold Brecht, "Se fossemos infinitos".

A margem do orçamento. A margem do caderno.
A margem do navio. A margem da cabeça.
O marginal marginando a margem/o marginal
Magicando.
O mágico magica a margem.
A margem do marginal o marginal do mágico.

Murilo Mendes, "Margens".

Sou marginal porque descobri
Que a margem fica dentro do Rio
E que a Lagoa Rodrigo de Freitas
Está cheia de peixes mortos

Rogério Duarte, fragmento de poema

Introdução

   Este livro é um ensaio biográfico dedicado aos labirintos entre a vida, a obra e o tempo de Jards Macalé. Maldito, marginal, anárquico, rebelde e outros termos desse tipo se sucederam por longo tempo em entrevistas e matérias jornalísticas dedicadas a ele. Tornaram-se estigmas para obras de músicos fundamentais, permitindo que elas fossem situadas apenas na superfície de um julgamento reducionista. Obras que se construíram a despeito de caminhos pré-determinados pelas convenções que definiam gostos médios. Obras, enfim, cujas forças libertárias foram limitadas ao seu teor independente, feitas na contramão da música como um produto caro – e rentável.

É claro que essa dita "maldição" também deu ao trabalho de Jards Macalé uma aura vanguardista, espécie de espaço de atuação sempre no limite do enfrentamento com o consumo massificado de seu tempo. Um artista que estaria instalado no campo das experimentações, remando contra a maré comercial, conseguindo representar em suas performances e discos a liberdade estética e política da música brasileira em meio ao crescimento voraz da indústria cultural. O maldito, nessa concepção apressada e estereotipada, seria o herói às avessas, ou anti-herói romântico que sustenta a indignação anárquica dos "poucos e bons" contra os "muitos e maus". Aquele que precisa sempre estar disposto ao sacrifício em praça pública.

Sem dúvida, Jards Macalé pode parcialmente ser adequado aos dois polos da maldição que o impingiram. Ao longo de sua trajetória, ele foi tanto um artista complexo e exigente, quanto um artista que se colocou em situações de risco, a ponto de criar grandes obstáculos para si mesmo. Nenhuma das duas leituras, porém, bastariam para definir alguém com tantas nuances, experiências, deslocamentos e histórias. A situação de desconfiança e apagamento que tal "maldição" gerou no trabalho do músico carioca foi construída paulatinamente, em acúmulos de performances impactantes, declarações incisivas, ativismos políticos contra gravadoras e sociedades de arrecadação, escolhas estéticas na contramão do gosto hegemônico e opiniões vistas como excessivas aos ouvidos da maioria, de todos os espectros políticos. No meio musical e cultural dos últimos sessenta anos, praticou ações e proferiu palavras que o confinaram em um espaço menor no interior de uma narrativa canônica. Apesar disso, suas músicas e shows sempre tiveram aceitação popular. Entre a maldição e o público, Jards buscou o segundo. Se não foi sucesso de vendas, conseguiu ser respeitado como um dos maiores instrumentistas e compositores de toda uma geração.

Uma das marcas da canção popular feita no Brasil é, justamente, ter se tornado um objeto de consumo com alta qualidade sonora e poética em meio às armadilhas preparadas por seu caráter massivo e financeiro. Muitas carreiras no meio musical brasileiro conseguiram aliar qualidade e sucesso. Já outras muitas, apenas reproduziram formas populares para permanecerem nas paradas dos mais vendidos.

Para cada trajetória exitosa nesse cenário comercial, porém, há diversas outras que foram feitas seguindo preceitos específicos, repertórios pessoais, experimentações sonoras, exigências estéticas inegociáveis. Artistas que preferiram o processo inteiro de pensar, fazer e lançar um disco, não se resumindo à sua dimensão de produto. Por motivos óbvios, nem sempre se adequaram aos meandros industriais das grandes gravadoras que formaram a canção popular, principalmente durante as décadas de 1960-80. Os músicos, intérpretes e compositores "malditos", portanto, fizeram obras através de caminhos tortuosos, porém marcantes para todo o meio musical de seu tempo – inclusive para os consagrados pelo mercado e, contraditoriamente, para o público.

Assim, mais do que lembrar um músico ligado a uma maldição, o nome Jards Macalé deve nos remeter à melhor tradição do compositor popular: aquele que, ao invés das sombras, sempre esteve no palco cantando. O principal desejo deste livro é que cada leitor veja Jards Macalé como um dos artistas fundamentais de nossa canção. Não se trata de propor seu resgate ou ressureição, até porque ele nunca precisou disso para seguir carreira em contato com a audiência, assim como nunca parou de tocar ou produzir. Trata-se de ampliar uma historiografia que faz dessa obra riquíssima uma pálida presença.

Esse local ocupado por Macalé na história da música brasileira – ora silencioso, ora estridente em excesso – não é fruto de uma conspiração deliberada contra o músico. Ou não apenas. Ele sabe exatamente a parte que lhe cabe nessa situação, mas sabe ainda mais a parte que não lhe cabe. A escrita da história, e não só da música brasileira, é feita de escolhas, seleções, versões e consensos. Na maioria das publicações dedicadas à geração de Jards, raríssimas vezes encontramos sua obra ou voz. Ao construir boa parte da carreira solo durante a década de 1970, ou seja, após o período de efervescência criativa e movimentos da década anterior, Jards viveu intensamente os dilemas que o meio musical e político do período impôs para a maioria dos participantes.

Nesse cenário profissional marcado por grandes estrelas, marketings agressivos e adaptações às demandas de um mercado mundializado, atravessar seis décadas de trabalho incansável em condições muitas vezes adversas não é para qualquer pessoa. Acreditar em um princípio estético e defini-lo como compromisso inesgotável, apostar em um caminho independente, mesmo que por vezes solitário, demanda de um músico (ou de um artista) doses de tenacidade, paciência e transgressão.

Tal estado permanente de vigília na beira do abismo demanda algumas estratégias de sobrevivência que ajudem na travessia. Talvez criar personagens de si mesmo seja uma saída. Fazer de seu nome uma espécie de deslocamento constante, transformá-lo em uma multiplicidade que incorpore a revolta, que (sobre)viva da adversidade, que cante Brecht, Lupicínio Rodrigues, Gregório de Matos, Ezra Pound, Padeirinho e Jorge Mautner, que mastigue rosas e cuspa marimbondos. A partir de uma obra em trânsito permanente entre luzes e trevas, podemos pensar o modo como um artista consegue engendrar uma personagem, mesmo que de forma indireta. E não se trata de simplesmente adotar máscaras para viver. É conseguir criar existências dentro de outras existências, isto é, saber mudar de acordo com situações que se colocam como obstáculos. Mesmo que essas mudanças nem sempre tenham conduzido Jards Macalé para o proscênio, elas ajudaram-no a compreender a natureza de seu trabalho. Se "a margem fica dentro do rio", como dizia seu amigo Rogério Duarte, Jards soube como poucos inventar vozes e corpos para criar uma possível "terceira margem".

≡≡

Neste ensaio biográfico, Jards Macalé é o personagem inventado por Jards Anet da Silva. Nem sempre a vida resiliente e provocadora de Jards Macalé será remetida à vida comum de Jards Anet – e vice-versa. Como todo criador, Jards produz personas que assumem de forma singular o proscênio da cena artística de seu tempo. Simultaneamente, tais personas respondem aos discursos e embates que público, crítica e pares apresentam ao longo de seu caminho. O problema é quando, muitas vezes, não separam a performance anárquica da dedicação profissional. Ou quando acham que Jards Anet só pode corresponder à fama inventada por e para Jards Macalé.

Músicos e cantores podem ter diferentes facetas em seus

trabalhos. Macalé, porém, é um caso além. Seu nome produz uma multiplicidade de vidas cujo centro é sempre, e malandramente, deslocado. Nesse sentido, uma biografia como verificação documental de uma trajetória comprovada, seria de pouca utilidade para dar conta dessa missão. Afinal, muitas vezes a biografia de Anet vira um espaço de performance da biografia de Macalé. Em centenas de entrevistas que deu ao longo da vida, Jards é capaz de trocar datas, nomes e espaços de sua história, mantendo sempre o núcleo informativo do evento narrado. Por ser um contador de casos nato, muitas vezes (mas nem sempre) sabe seduzir o ouvinte em cada situação. Na sua fala pública, o verossímil pode ser mais importante do que o fato. E se o próprio diz que, no fundo, o que faz é cinema (contrariando, ou ampliando, o título de seu álbum de 1998 – *O que faço é música*), Jards aplica com fervor o famoso bordão do amigo e parceiro Waly e deixa sua memória funcionar como uma ilha de edição. Cabe a quem deseja escrever sobre sua obra o entendimento de como editar os planos-sequência para que essas existências possam aparecer em sua diversidade.

Ao mesmo tempo, e sem contradição alguma, Jards Anet sempre foi um dedicado arquivador de si mesmo – e, claro, de Jards Macalé. Ele guarda um vasto acervo com inúmeros itens que preservam materialmente a memória factual de sua vida e obra, além de fabulações poéticas, sonoras e existenciais. O arquivo de Jards instaura o cruzamento constante de existências e permite que Macalé seja impreciso e astucioso nas falas públicas. Sua relação errática com os dados históricos da memória pode ocorrer justamente porque reuniu um inventário de si mesmo, impedindo que o transformem – ou que o transformem mais ainda – em um mal-entendido. Das histórias de sua vida, cuida ele. Quem quiser que conte outra.

O leitor não pode perder de vista, portanto, que a autobiografia falada de Jards Macalé, ou seja, as entrevistas – para a imprensa e até mesmo para mim, por exemplo – são muitas vezes fruto do embate com uma personagem amaldiçoada que criaram para engolir sua obra – uma espécie de "faquir da dor" de si mesmo. A demanda midiática pelo perfil desviante e a demarcação insistente de momentos em que ele provocou polêmicas, são temas que chegam na frente de sua música. Tal inquisição permanente, espécie de pecador que precisa sempre dar conta do pecado original, faz com que ele corresponda à fala esperada do maldito. Ou a rasure. Mas há também entrevistas em que o interlocutor busca saber de sua obra para além dos lugares-comuns – é quando podemos ouvir uma pessoa que sabe narrar bastidores sensacionais da música e da arte feita no Brasil. Por conta disso, dessa mobilidade de ideias, dados e nomes, pelas armadilhas que o próprio Jards cria para não confirmar expectativas sobre ele, foi necessário escrever o livro pondo muitas vezes, lado a lado, diferentes versões sobre os mesmos eventos. A ideia é deixar em aberto o fluxo fabulador dessa personagem que foi inventada por terceiros e se inventou a partir das situações que viveu no decorrer de sua trajetória artística.

Esse livro é uma leitura possível dessa vida como obra em progresso, com suas muitas camadas. Temos aqui um músico, um cantor, um compositor, um arranjador, um diretor musical, um ator, um polemista, um cronista, um carnavalesco, um intelectual, um político – o coringa em meio aos batutas de seu tempo. Mesmo que os eventos da vida privada de Jards Anet impactem diretamente a obra de Jards Macalé, a personagem tem vida própria, caminha por uma série de mitologias, enganos e repetições que, em muitos momentos, fizeram de sua vasta produção um espaço reduzido de entendimento.

Quando procurei Jards pela primeira vez no intuito de propor o projeto desta biografia, ele respondeu negativa – e ironicamente – dizendo que achava melhor não fazermos. Afinal, segundo o próprio, ele ainda não estava morto. Argumentei que a ideia era justamente o contrário: um livro como este precisava ser feito com ele presente, falante e atuante. Seria a biografia de uma vida ainda em movimento, plena de histórias, cujo resultado inauguraria novas escritas e novos olhares sobre sua trajetória em permanente expansão.

E eis aqui uma das versões dessa história.

16 ▸ Sob as águas da Guanabara

30 ▸ Como se tornar um Macalé

42 ▸ Música em Ipanema

54 ▸ Voz e violão

80 ▸ Músico

100 ▸ Baianos

124 ▸ Exílio musical

150 ▸ Mudando de conversa

178 ▸ O pânico total

196 ▸ Casa 9

220 ▸ Macau e Gal

234 ▸ Londres

260 ▸ Revendo amigos

274 ▸ Só mesmo vendo como é que dói

308 ▸ Direitos humanos no banquete dos mendigos

326 ▸ Maldito ou amaldiçoado?

350 ▸ Contrastes, milagres e malandros

374 ▸ Militares

392 ▸ Makalé

406 ▸ Os anos do coringa

428 ▸ Fazer música para não morrer

446 ▸ Reconciliação

460 ▸ Amor, ordem e progresso

476 ▸ O professor e a besta fera

490 ▸ Coração do Brasil - Conclusão

16 ▶ Sob as águas da Guanabara

Rio de Janeiro, 17 de abril de 1974. A matéria assinada por Luiz Gleiser no "Caderno B" do *Jornal do Brasil* anunciava o lançamento de *Aprender a nadar*, segundo trabalho solo de Jards Macalé. Não seria, porém, um lançamento comum. O evento, realizado em uma barca da Cantareira, especialmente sonorizada com as músicas do disco, saía da Praça XV com destino ao vão central da ponte Rio-Niterói. Na presença de diversos amigos e personalidades ligadas ao meio musical e cultural, o músico terminou o breve show mergulhando nas águas da Baía de Guanabara. Na mesma matéria de Gleiser, de forma didática, Macalé explica sua ideia:

> Minha intenção é divulgar o disco criando um acontecimento popular, e não apenas mais uma brincadeira promocional-popularesca, portanto elitista. É a nadar que se precisa aprender no agora: daí ter-se convidado gente de todos os meios e ambientes deste Rio de Janeiro para a viagem e o próprio convite, distribuído pela cidade afora por pequenos jornaleiros, em um fac-símile de primeira página do *Luta Democrática*.

Nesse período, de forma visionária, Macalé aliava uma tática viral de divulgação a uma performance marcante. Nas suas palavras, fica evidente sua sagacidade ao dizer, nas entrelinhas, que o momento era de saber "nadar no agora". A divulgação, feita pela distribuição de panfletos que reproduziam um fac-símile do jornal *A Luta Democrática*, se transforma em gesto provocador ao utilizar um diário popular, fundado em 1954 pelo polêmico político fluminense Tenório Cavalcanti. O veículo ficou famoso pelo uso partidário e pessoal de seu dono e pelas manchetes sangrentas. A abordagem sensacionalista dos crimes da época pode ter sido uma das inspirações para que Miguel Gustavo (compositor que estava presente em *Aprender a nadar* com o petardo "E daí?") compusesse "Jornal da morte", música que ficou famosa na voz de Roberto Silva em 1961 (disco *Descendo o morro nº 4*). Se ao longo dos anos de 1960 *A Luta Democrática* foi um dos jornais mais lidos na cidade, em 1974 ele tinha acabado de ser arrendado por um grupo de jornalistas que não só mantiveram seu aspecto popular como adotaram um tom oposicionista ao governo federal no início da presidência do General Ernesto Geisel. A escolha de tal publicação como referência para a divulgação de seu disco – uma mistura de violência, oposição aos militares e sensacionalismo popular – mostrava que Jards acabava por articular em sua fala uma estratégia de marketing e uma demarcação política.

Na mesma matéria, o músico arremata: "Mas o importante é sob, e não sobre, o vão central da ponte, estarmos vivendo este momento em todas as suas possibilidades de realização e criação." A ponte Rio-Niterói, com seus treze quilômetros suspensos, fora uma das grandes obras do período ditatorial no Brasil. As propagandas militaristas afirmavam excelência e arrojo na empreitada, apesar de serem notórios os diversos problemas que aconteceram na execução. A inauguração ocorreu justamente em março de 1974, isto é, um mês antes do músico promover seu lançamento bombástico. Talvez seja por isso que Macalé lembre aos leitores a importância de viver o momento *sob* a ponte – uma forma de dizer que as pessoas precisavam continuar a realizar seus trabalhos, apesar da censura e dos exílios (ou autoexílios) que envolveram diversos músicos e artistas nos anos anteriores.

A travessia motorizada entre o Rio de Janeiro e o município de Niterói era uma novidade cujo impacto transformava as barcas em um transporte supostamente ultrapassado em um tempo porvir. Além disso, desde a década de 1950 que o sistema de barcas que ligava a então capital carioca à capital fluminense apresentava problemas graves para seus trabalhadores e funcionários, culminando com a chamada "revolta das barcas" de 1959. Os anos de 1960 não foram muito melhores para o sistema de barcas devido à expansão do transporte rodoviário a partir do governo de Juscelino Kubitschek. Em 1974, Macalé transformava um sistema em crise no palco de seu novo trabalho. Fazer com que um disco ganhasse o mundo dentro de uma das barcas da Cantareira poderia ser justificado tanto pela presença da canção "Mambo da Cantareira", de Barbosa da Silva e Eloide Warton ("trabalhar em Madureira, viajar pra Cantareira e morar em Niterói"), quanto pelo contraste imediato com a novidade na paisagem da cidade e do país. Sob a nova "ponte do progresso", abaixo dos blocos de concreto e aço, a morbeza romântica achava seu lugar ideal. O *gran finale*, um mergulho do músico nas águas turvas, era o toque absurdo e transgressor que começava a fazer parte de sua persona pública.[1]

Essa não foi, porém, a primeira vez que Macalé e a famosa Baía ficariam frente a frente.

∑ℨ

Jards Anet da Silva nasceu em 3 de março de 1943, na rua Pucuruí (ou Pucuruhy, como se escrevia na época), região próxima à Usina e ao Morro da Formiga, área localizada no bairro da Tijuca, Rio de Janeiro. Segundo o próprio, seu parto ocorreu às três da manhã de uma terça-feira gorda de Carnaval. Apesar disso, o filho da paraense Lygia Anet da Silva e do pernambucano Jards Gomes da Silva vinha ao mundo em um ano, no mínimo, difícil para os foliões. Era um período em que, por conta da participação brasileira na Segunda Guerra Mundial, ocorriam blecautes nas cidades.

Uma das peças que fazia sucesso no teatro de revista carioca daquele ano era o espetáculo *Rei Momo na guerra*. Com músicas de Assis Valente, foi encenada no Teatro Recreio por nomes como Dercy Gonçalves e produzida por Walter Pinto (a mesma dupla que no ano seguinte encena, pasmem, a peça *Barca da Cantareira*).[2] Mesmo com tamanha exuberância, o nome da revista apontava o tom do carnaval que recebeu Jards Anet no Rio de Janeiro e no Brasil. Eram dias em que o país se via pela primeira vez como parte integrante do grande conflito mundial do século XX. Tal evento, em pleno Estado Novo, traria imenso impacto no imaginário popular de então – vide o título da revista carioca e a velocidade criativa de seus autores.

—
1 | Em uma oportunidade, o músico disse que, inicialmente, pensara inclusive em pular do vão central da nova ponte, algo que, óbvio, foi rapidamente vetado por amigos. (Conversa na PUC-Rio, em 11 de outubro de 2019)
2 | S.C. de Paiva, *Viva o rebolado*, Rio de Janeiro: Nova Fronteira, 1991, p. 495. O espetáculo ainda contava com números de Pedro Dias e Manoel Vieira; Mary e Moacir Nascimento; e 150 passistas da Escola de Samba de Mangueira-Estação Primeira. Foi dirigida por Otávio Rangel, com a cenografia de Castro, Lopes e Lazary, regência de Vivas. A revista conseguiu setenta representações até o dia 2 de março.

Pouco menos de um mês antes do nascimento de Jards, o *Jornal do Brasil* publicava em 7 de fevereiro um texto assinado por Moura Cardoso. O autor, em retórica nacionalista, range os dentes contra aqueles que cogitavam pular a folia em plena Segunda Guerra, quando "os olhos do nosso patriotismo ainda vertem lágrimas quentes ante a revoltante imolação de filhos do Brasil". É curioso pensar que um folião nato como Macalé nascera no ano em que, ainda segundo o autor do artigo,

> Como ter na ruidosa festa pagã, a jovialidade brincando no rosto, num sorriso, numa gargalhada galhofeira, desbragada? Entretanto pululam aqui e ali, em cabeças que têm abundantes cabelos e escassos raciocínios, interrogações infantis em tais indivíduos, há muxoxos e zanga por perder um carnaval, como uma criança choramingues que perde o seu mais valioso e querido brinquedo. São os meninos grandes da Pátria. Esses não têm direito a fazer parte na comunhão nacional, pois falta-lhe a maioridade, o bom senso.

Esse libelo patriótico contra o carnaval de 1943 tem como pano de fundo a sequência de navios brasileiros torpedeados por alemães e italianos durante o segundo semestre de 1942 e os primeiros meses de 1943. Em março, mês de nascimento de Macalé, o Brasil já tinha oficialmente declarado há oito meses guerra contra os nazistas e seus aliados. No dia anterior de seu nascimento (mesmo dia em que se encerrava a revista de Walter Pinto), o navio de passageiros Affonso Pena é afundado pelo submarino italiano Barbarigo no litoral da Bahia, causando a morte de 33 tripulantes e 92 passageiros. No front interno da guerra, a Marinha ganhava relevo como força mais atingida na costa brasileira.

Apesar de Macalé reivindicar o carnaval como data fundamental de sua chegada no mundo (segundo ele, contrariado por deixar o útero quente e protetor de sua mãe), eram submarinos, fardas e viagens de navio que marcariam sua infância. Isso não impediu que o menino depois crescesse e se transformasse em um dos maiores foliões que se possa imaginar, responsável inclusive pela fundação de blocos famosos como o Suvaco de Cristo. Desde o início, portanto, Jards atravessou uma vida entre carnavais e bombardeios. Rei Momo na guerra.

∑∃

Pernambucano nascido na cidade de Olinda, Jards Gomes da Silva, pai de Macalé, era membro da Marinha. Desde os quinze anos, idade em que se matriculou na Escola de Marinheiros de Sergipe, fez carreira importante nas forças armadas até chegar a capitão-tenente. Em 1941, conseguiu aprovação para se tornar sargento-escrevente. Quando seu primogênito nasceu, ele se encontrava em alto mar, embarcado por longo período em função da patrulha marítima na costa Norte e Nordeste do país. Por conta disso, em 1945, recebeu a medalha de duas estrelas pelos Serviços de Guerra da Marinha, instituída através de um Decreto, publicado no Diário Oficial da União (DOU) de 13 de dezembro de 1945.[3]

Segundo o decreto, as duas estrelas eram concedidas aos que tiveram "tempo de campanha em operação de serviço de guerra, na vigilância e defesa de portos, embarcado e treinamento de tática antissubmarina, ou servindo em ilhas oceânicas, por mais de um ano". Os agraciados com a honraria fizeram parte, entre outras, de embarcações como o Encouraçado São Paulo, antigo navio que se destacou no sistema de defesa da costa nordestina.

Por conta dessa situação, Jards Gomes só veio a conhecer seu rebento meses depois do nascimento. Jards veio ao mundo, portanto, em pleno carnaval da Guerra, sem a presença de seu pai. Tais serviços prestados ao país seguiram dando a Jards Gomes

---
3 | "Prevista no Decreto-Lei nº 6.095, de 13 de dezembro de 1943; Dec. nº 6.774, de 7 de agosto de 1944 e Dec. nº 1.638, de 16 de agosto de 1944. O Decreto-Lei nº 6.774, de 7 de Agosto de 1944, deu nova redação aos §§ 1º, 2º e 3º do art. 1º e ao art. 2º do Decreto-Lei nº 6095, de 13 de dezembro de 1943, em que permaneceu instituída a medalha 'Serviços de Guerra' que será concedida aos militares das Marinhas de Guerra Nacional e Aliadas, da ativa, da reserva ou reformados e aos Oficiais e tripulantes dos navios mercantes nacionais e aliados, que tenham prestado valiosos serviços de guerra, quer a bordo dos navios quer em comissões em terra. Na fita da medalha poderiam exibir uma, duas ou três estrelas de acordo com o tempo de serviço". Informação retirada do Blog *Museu da Vitória*.

reconhecimento pela sua contribuição, como a medalha de bronze Força Naval do Nordeste, concedida pela Presidência da República de Juscelino Kubitschek em 1956. Sua trajetória na Marinha foi ascendente: em 1947 tornou-se suboficial, em 1950 foi orador oficial de evento de posse do Conselho Executivo dos suboficiais, em 1954 tornou-se primeiro-tenente. Em 1956, tornou-se auxiliar do gabinete do ministro Antônio Alves Câmara Junior. Além da ascensão na carreira, as honrarias deram à família – dois filhos, Jards e Roberto, sua esposa Lygia e sua sogra Hilda – uma vida confortável para os padrões da época.

A atmosfera burguesa dos moradores da rua Pucuruí fez com que os eventos de sua casa fossem publicados pela imprensa local. O jornal *Diário de Notícias,* de perfil oposicionista ao governo Vargas e simpático à presença de militares na vida política brasileira, cobriu periodicamente, mesmo que em pequenas notas, a vida dos Anet da Silva: anunciou o casamento dos pais, os aniversários de cada um (incluindo sua vó Hilda, com direito a referência profissional de seu emprego na multinacional White Martins), além do nascimento do pequeno Jards e de seu irmão Roberto.

É através do *Diário* que descobrimos que o batismo de Jards Anet da Silva ocorreu na Igreja da Matriz, na Tijuca, conduzido pelo reverendo Albino Tonsulato, no dia 5 de outubro de 1943. Seu padrinho, ainda segundo o jornal, foi o "estudante Spencer Luiz Mendes". O aniversário de um ano foi noticiado pelo jornal da mesma forma. Tal cobertura, mesmo em pequenas notas sociais, demonstra que sua família se localizava minimamente em um certo espaço de prestígio social da classe média carioca. Jards foi criado em um sólido ambiente burguês, em que diferentes personalidades lhe deram bases para sua vida futura de artista. Em uma participação no famoso programa televisivo *Ensaio*, conduzido durante décadas por Fernando Faro, Macalé (sempre no limite da invenção de si mesmo) fala de suas origens europeias e brasileiras:

> Meu nome é Jards Anet da Silva. É uma mistura de Pernambuco, da colonização holandesa – Jards – com Anet. Eu acho que inclusive sou proprietário de terras no Condado dos

Anet, na França. Não sei por que continuo pobre. E da Silva é o nome português.

O falecimento precoce de Jards Gomes em 1958, vitimado pela leucemia (no dia 26 de maio o ministro da Marinha assinou ato que o definia como "reformado por invalidez definitiva"), atravessou a vida do filho quando este tinha apenas quinze anos. Nessa época, Macalé já era um jovem vivendo há dez anos nas ruas e areias de Ipanema, morando na região batizada de Bar 20, área na fronteira com o então quase deserto bairro do Leblon. Apesar do corte abrupto, a ausência de Jards Gomes, de alguma forma, tornou possível a abertura ao estilo de vida que transformaria Jards em um artista. Nessa época, os conflitos naturais entre o filho adolescente que crescia na liberdade de Ipanema e a rigidez do pai militar já começavam a se manifestar. Nas palavras de Macalé: "Só quando ele morre é que eu abro para a música e me sinto livre."[4]

Essa transformação, porém, não ocorreu imediatamente. Sua ligação com a formação militar do pai atravessa muitos eventos de sua juventude, mesmo depois de sua morte. Pela queda do poder aquisitivo da família e pelas facilidades por ser viúva de um integrante da Marinha, sua mãe o tirou do ambiente liberal do Colégio Mello e Souza, localizado na rua Xavier da Silveira, Copacabana, e o transferiu para o internato do Colégio Militar da Tijuca. Seu irmão mais novo, Roberto, também foi matriculado, porém no regime de externato. A ida para o Colégio Militar veio após uma sequência de escolas em que Jards (quase) sempre foi expulso. Ao longo da infância e juventude, ele estudou no Colégio Batista Brasileiro, no Malet Soares, no Colégio São Francisco de Assis, no Colégio Rio de Janeiro, além do famoso Colégio Mello e Souza.

Sua (breve) passagem pelo famoso e rígido Colégio tijucano (de certa forma um reencontro com seu bairro de nascimento) mostra como a formação de Jards se imbrica com valores e instituições que, na década seguinte, impactariam sua geração. É da época do Colégio Militar que Jards narra eventos envolvendo fugas secretas

---
4 | Conversa com o autor, em 13 de novembro de 2017.

com os amigos – que incluíam nomes como o comediante Agildo Ribeiro – para as noites de cinema na Praça Saens Pena. A fuga era feita através do Morro da Babilônia, localizado nos fundos do refeitório do Colégio. Esse período dura pouco pois Jards é sumariamente expulso em um episódio que falaremos em outra parte deste livro. Por conta desse evento, termina o ginásio na escola pública municipal Henrique Dodsworth, localizada no Jardim de Alah.

A formação familiar era rica em referências desde o ensino da caligrafia perfeita por parte da mãe até a compreensão de que a liberdade criativa de seu filho – e a comprovação precoce de sua inteligência e talento – dispensavam-no do término da trajetória escolar. Jards abandonou os estudos antes de concluir o segundo grau. Eram os tempos de uma turma de rua formada por jovens estudantes e futuros universitários como Jota Araújo, Pedro Malan e Regis Bonelli. Se Jota, seu maior amigo dessa época, teve sua trajetória interrompida por motivos de saúde, os outros dois se destacaram no cenário econômico e político do país. Segundo Jards, foram eles que, inclusive, ajudaram-no a terminar o ginásio através da valorosa colaboração com um complexo sistema de "cola" que desenvolveu com os amigos através da janela da escola.

Desde sua juventude, portanto, Jards aparece como um personagem complexo. Sua relação sempre direta com movimentos culturais libertários e discursos ligados a um campo à margem da sociedade tem camadas mais densas do que os lugares-comuns sempre repetidos. A presença biográfica do meio militar, mesmo dispersa, associa-se ao interesse intelectual de Jards pelas informações transgressoras que circulavam no seu tempo. Seu pai era um militar que viajava constantemente e conhecia diferentes lugares do mundo. Traços como o senso de responsabilidade, disciplina profissional ou pontualidade são características pessoais de Macalé que sempre o acompanharam, lado a lado com suas performances provocadoras. A educação de Jards Anet formou um jovem com sólida referência familiar, inimaginável para quem o vê apenas como Jards Macalé e cultua erroneamente o mito "doidão" imerso no caos.

Em diversas entrevistas sobre sua vida, Jards reitera que muitas das memórias ligadas à primeira infância e início da juventude envolvem o vínculo com o pai. Uma dessas memórias produz uma espiral de tempos entre o filho do militar e a mesma Baía da Guanabara que mergulharia em 1974 para "aprender a nadar". Quando tinha por volta de cinco anos, seu pai, após um longo período embarcado em um submarino, voltou utilizando temporariamente uma cadeira de rodas. Na primeira vez em que se levantou e voltou a andar normalmente, ele levou seu filho até a área exclusiva da Marinha, na altura da Praça Mauá, para visitar um outro submarino, igual ao que ele passara tanto tempo debaixo do mar. Até então, a vista da Baía não tinha uma ponte em seu horizonte. Como já dito aqui, submarinos eram protagonistas dos combates brasileiros durante a Segunda Guerra. Desde que o país se tornou aliado da OTAN, muitos dos veículos eram fornecidos pelos norte-americanos e, certamente, povoavam o imaginário de qualquer menino daquela geração. Jards diz que nunca mais se esqueceu da experiência de ficar submerso e ver as águas da Guanabara abaixo da linha do mar. Pequeno, foi ajudado por um marinheiro ao ser erguido pela cintura até a altura em que seus olhos puderam fixar a vista através do periscópio. Esse breve momento de contemplação submarina marcou sua infância. É a memória de alguém que, anos depois, cunhou a frase sobre a importância de se estar *sob* a ponte. Só quem viu aquelas águas de um ponto de vista submerso poderia pensar assim.

De alguma forma, crescer como filho de um oficial das Forças Armadas no pós-Segunda Guerra foi definitivo para Macalé e para toda uma geração brasileira (e não só carioca) que nascera durante o período. A cultura de massa norte-americana faria parte constituinte dos filhos da guerra, introduzindo no imaginário nacional super-heróis de gibis (cultivados por Jards ao longo de toda sua vida), filmes de Hollywood, soldados-heróis, filmes policiais e a música pop. Bandas de jazz, orquestras com *crooners* e, na década seguinte, ousados cantores pioneiros do rock, colaboraram para que a juventude brasileira daquele tempo se afirmasse em consonância com a hegemonia norte-americana no Ocidente. São jovens que, aos poucos, formavam um novo grupo social, cujas representações sobre si mesmos ganhavam cada vez maior relevância. Jards foi exatamente esse tipo de jovem que cultivou o jazz, o rock e os super-heróis em meio a referências locais da Rádio Nacional. Um típico carioca que, ainda pequeno, saiu da movimentada Tijuca para a bucólica e praieira Ipanema.

Tijuca que, aliás, era o epicentro de fãs-clubes dedicados aos artistas norte-americanos e brasileiros. Tais espaços juvenis criavam o encontro entre as novidades do suingue e as primeiras tentativas de modernização da canção popular local. Era comum grupos de jovens formarem associações como o Sinatra-Farney Club. Alguns desses clubes foram, inclusive, celeiros de futuros músicos importantes como João Donato e Johnny Alf. Ainda segundo Castro, outros clubes dedicados a Lucio Alves e Stan Kenton (maestro que seria importante na futura formação musical de Macalé) também habitavam o bairro que ainda daria para a música brasileira nomes como Jorge Ben, Tim Maia, Roberto e Erasmo Carlos (a famosa "turma da rua Matoso", já na fronteira com o Rio Comprido).

A audição de discos das *big bands* americanas, de seus cantores e cantoras, impactam a geração que cresceria entre o jazz, o rock, as canções da Rádio Nacional e a bossa-nova – nascida justamente no território em que o jovem Macalé circulava. Durante os primeiros vinte anos de nosso personagem, Tijuca e Ipanema foram espaços musicais e sentimentais de Macalé, além de celeiros fundamentais da música carioca e brasileira de então. Por serem bairros de classe média, ele convivia tanto com o dado cultural local quanto com os novos produtos internacionais que circulavam entre os mais jovens.

Nesse contexto de transições culturais e ascensão da juventude, o pai de Jards tem participação importante na introdução dos imaginários norte-americanos em sua vida. Em 1951 ele foi um dos convocados para buscar nos Estados Unidos o Cruzador Barroso, passando breve temporada na Filadélfia (com visitas a Nova York). A embarcação fora feita pela Marinha norte-americana em 1936 e teve papel de destaque na segunda grande guerra. Após o uso por parte da Forças Armadas dos Estados Unidos, a embarcação foi adquirida pela Marinha brasileira e trazido para o país. Jards tinha oito anos quando seu pai viajou. Foi nessa ocasião que Jards Gomes trouxe para os filhos alguns vinis com as últimas novidades dos sons da América. São discos que, segundo o músico, ecoaram por muito tempo em sua vida. Em um show registrado em 1977, parte da turnê de lançamento de *Constrastes*, ele conta uma versão da história de seu pai, da viagem e dos discos, para logo depois cantar uma imitação assombrosa de Louis Armstrong.

> Quando meu pai voltou da Guerra, em 1945... Ele era da Marinha, inclusive passou três anos num submarino patrulhando a costa norte-nordeste do Brasil, para evitar um eventual ataque fascista ou nazista. E mais tarde ele foi aos Estados Unidos buscar o Cruzador Barroso. E quando voltou, ele trouxe alguns discos de jazz e blues, essas coisas.

Independentemente dos dados conferirem com as datas exatas (afinal, há uma foto do pai de Jards com o filho de apenas dois meses de idade no colo, o que impossibilita ele ter ficado embarcado três anos em um submarino entre 1943 e 1945), o que importa é destacar o acesso que tinha, muito pequeno, ao som feito então nos Estados Unidos – como, por exemplo, a inesquecível voz de Louis Armstrong. A canção escolhida por Jards para o show de 1977 (também incluída no disco que lançava naquele ano) foi "*(What Did I Do To Be So) Black And Blue*". Ela é retirada do disco *Satchmo at Symphony Hall*, gravado por Louis Armstrong and the All Stars e lançado pela gravadora Deca em 1951 – mesmo ano que Jards Gomes viaja para trazer o Cruzador Barroso ao Brasil. A música o marcou de tal forma que foi gravada pelo artista carioca décadas depois, no disco *Jards*, de 2011.

 As datas coincidentes do disco de Armstrong e da viagem de seu pai aos Estados Unidos mostram que ele trouxera para casa os últimos lançamentos do período. Como as demais famílias de classe média daquele tempo (e com os acessos privilegiados a bens importados para funcionários da Marinha), Jards tinha em sua casa os novos eletrodomésticos que permitiam a fruição privada da nascente cultura de massas brasileira colada à norte-americana. Eram informações difundidas através do cinema, da televisão e, principalmente, do toca-discos. Aos poucos, esses novos aparelhos domésticos faziam concorrência com o rádio, outro item indispensável em qualquer casa, principalmente na de Jards. Dona Lygia Anet, sua mãe, conhecia todos os ídolos da época e se mostrava uma cantora amadora que teve influência decisiva na carreira do filho. O que ela provavelmente só não imaginava era vê-lo entrar para a história da música brasileira com um apelido de rua que nunca mais o abandonou: Macalé.

30 > Como se tornar um Macalé

Todo apelido tem sua história. Jards Anet da Silva se torna Macalé ainda cedo, jogando futebol com amigos nas praias de Ipanema durante a virada dos anos 1950 para 1960. Nessa época, o futebol de praia era um esporte popular, atingindo o status de instituição cultural da Zona Sul carioca. Seus campeonatos nas areias de Copacabana eram levados a sério por milhares de praticantes, noticiados em jornais e formadores de jogadores para o futebol profissional.

A origem do apelido que nunca mais o abandonou era proveniente da (má) fama de Sebastião dos Santos – meio-campista do Botafogo, mais conhecido como Tião Macalé. Jogador de carreira controversa, praticamente execrado pela sua torcida, participou do time alvinegro entre 1959 e 1962. Atravessou, portanto, uma era de craques do quilate de Didi, Quarentinha, Paulo Valentim, Amarildo, Zagallo, Nilton Santos, Adalberto, Manga e, claro, Garrincha em seu auge. Reza a lenda que o flamenguista Jards recebeu esse apelido porque Macalé, do Botafogo, tornara-se sinônimo absoluto de mau jogador.

Talvez a fama não fosse de todo ligada apenas ao seu futebol. Durante a temporada de 1961, Tião Macalé foi expulso seguidas vezes – por exemplo, em um jogo épico contra o América, válido pelo Torneio Rio-São Paulo, cujo saldo final contabilizava oito cartões vermelhos. Apesar disso, foi vice-campeão em 1959 e bicampeão estadual pelo Botafogo em 1961 e 1962, mesmo que quase sempre como reserva. Ele também acompanhou o time de craques nas famosas excursões pela Europa, participando de jogos em que times brasileiros venciam qualquer adversário pela frente.

Apesar de ser natural de Niterói, no estado do Rio, Sebastião veio da paulista Portuguesa de Desportos para o Botafogo. Ele chega para ser dirigido por João Saldanha e para entrar no folclore de uma equipe que se tornou o time da moda nos anos 1960. Convenhamos que ser reserva de Didi, dono absoluto da posição de meia-armador, com direito a uma ida relâmpago para o Real Madrid ainda em 1959 e com retorno para o próprio Botafogo no ano seguinte, não era grande demérito na carreira de um jogador. E isso numa época em que o futebol brasileiro via a ascensão de um rapaz chamado

Pelé e seu incrível time do Santos Futebol Clube. Analisando com distância a situação de Tião Macalé em sua passagem pelo Botafogo, portanto, caberia dizer que sua crônica fama de perna de pau poderia ser relativizada em padrões contemporâneos. Já a de Jards parece que era inquestionável.

Tião Macalé, além das críticas ao seu futebol, também sofrera ao longo do primeiro ano no clube uma série de pressões e boatos envolvendo seu desempenho. O fato é que, no ano da chegada do jogador, o Botafogo de João Saldanha despontava como grande promessa para a temporada. O problema se inicia quando, após perder Didi para os espanhóis, Saldanha precisa escalar Macalé. O fato é que o técnico deixa escapar o campeonato para o Fluminense e desaponta a crítica esportiva do período. Alguns chegaram a dizer, anos depois, que a queda de Saldanha à frente de seu time do coração fora fruto da teimosia em escalar frequentemente Macalé.

Essas situações – a busca por bodes expiatórios após derrotas e a inconstância do jogo e do comportamento em seu primeiro ano no clube – cristaliza o jogador como símbolo de má qualidade com a bola. Mais que isso, Tião Macalé vira uma espécie de parâmetro negativo em uma era de ouro do futebol brasileiro, quando a Seleção venceria duas copas seguidas – exatamente durante o período de Macalé no Botafogo, isto é, 1958 e 1962. Um poema de Paulo Mendes Campos, escrito em 1959 no *Jornal do Brasil*, mostra como Tião Macalé se tornara sinônimo de um jogador menor:

"Círculo Vicioso

Bailando, sem jogar, gemia o Macalé:
– Quem me dera que fosse o preto Moacir,
que vive no Flamengo, estrela a reluzir!
Mas, a estrela, fitando em Santos o Pelé:
– Pudesse eu copiar o bom praça de pré,
Um cobra que jamais encontrará faquir,
Sempre a driblar, a ir e vir, chutando a rir!
Porém, Pelé, fitando o mar sem muita fé:
Ah, se eu tivesse aquela bossa de tourada

Que faz de qualquer touro o joão de seu Mané!
Mas, o Mané, deixando triste uma pelada:
– Pois eu não troco Pau Grande por Madri, Pelé
E mesmo o Botafogo muito já me enfada...
Por que não nasci eu um simples Macalé?"[5]

É nesse clima que, em 1960, o vice-presidente de futebol do clube, Brandão Filho, detectava na campanha feita pela imprensa e torcida contra o centroavante Genivaldo "os mesmos traços de sabotagem que caracterizaram a campanha contra Tião Macalé no ano passado" e afirma que "é a mesma tática, sem diferença alguma. Atacam nosso jogador e fazem crer que as investidas têm origem dentro do clube".[6]

Depois de ser cedido em 1962 ao Guarani de Campinas e sair do clima hostil criado no Rio, Macalé chegou até a seleção brasileira (um time alternativo, mas era a seleção de Aymoré Moreira) durante o Campeonato Sul-Americano de 1963, disputado na Bolívia. Algumas matérias sobre os jogos, inclusive, elogiaram sua atuação. De qualquer maneira, Jards ganhava um apelido vindo de um jogador preto e folclórico, que era mais transpiração do que inspiração. Um jogador que se torna uma espécie de estigma e entra para história na sombra em um time de estrelas.

De onde vem, porém, o apelido de Macalé para Sebastião dos Santos? Nos jornais da década de 1940, já é possível encontrar jogadores amadores com o mesmo nome. Já nos anos de 1960, mesmo período do jogador no Botafogo, o apelido Tião Macalé também batizava um humorista que trabalhava no cinema e na televisão. Augusto Temístocles da Silva Costa foi um ator que ficou conhecido

---

5 | O poema foi publicado por Armando Nogueira em sua coluna do *Jornal do Brasil* em 3 de dezembro de 1967. Era parte da nota que anunciava o lançamento de *Hora do recreio* (editora Sabiá), livro do poeta mineiro que saiu naquele ano e consistia na reunião de poemas e textos diversos sobre futebol que escrevera em diferentes períodos.
6 | "Brandão Filho alerta contra as guerras de nervos sobre Genivaldo", *Jornal do Brasil*, 30 de julho de 1960.

então como assistente de Ary Barroso em seus programas de televisão nos primeiros anos da década de 1960 (Ary morre em 1964). Era o mesmo período em que Jards recebeu o apelido. O fato é que, seja de onde viesse o nome, ambos estariam vinculados ao futebol. Porque Augusto, que ficou massivamente conhecido nos anos de 1980 por trabalhar no programa dominical *Os trapalhões*, era também o fundador do Dínamo, um dos principais times de futebol de praia de Copacabana. Isso, em uma era de ouro em que o Botafogo de Garrincha e as peladas da praia mais famosa do mundo faziam um par imbatível no imaginário da Zona Sul carioca. Tião Macalé, o ator, inclusive tentou a sorte no futebol profissional – como muitos que saíram da praia naquele período – porém seguiu com a carreira na atuação.

Esses outros Macalés de seu tempo provocaram, claro, confusões em matérias de jornais que, ao falarem do músico, usavam o apelido do jogador de futebol (ou do ator, não é possível saber). Em 1966, quando o cineasta francês Pierre Kast dá uma entrevista para a revista *Manchete* por conta de sua série de filmes intitulada *Carnets Brésillien*, ele insere entre os músicos listados o nome de "Tião Macalé". Não se sabe se é um erro do repórter ou do cineasta, pois nesse período Jards utilizava apenas o apelido como nome artístico, e não um nome composto. Ao citarem os jovens iniciantes de sua geração como Gilberto Gil, Sidney Miller, Francis Hime, Caetano Veloso e Edu Lobo, Macalé se torna homônimo de terceiros.[7]

Quando perguntado por que optar pelo apelido como nome artístico, Jards apenas diz que o nome "pegou" e assim seguiu sua vida. De qualquer maneira, ao jogar futebol de forma limitada na praia de Ipanema, ele ganha um novo nome que é um nó na cultura urbana de seu tempo, unindo um feixe de referências sintetizadas em uma certeza: sua pouca habilidade com a bola. Eis que Jards Anet da Silva se torna simplesmente Macalé, um nome direto, uma alcunha popular para pessoas de pele escura que circulava no imaginário do seu tempo. Em suma, um personagem carioca.

---

7 | Revista *Manchete*, edição 743, 1966, p. 139.

Existiam ainda outros Macalés na época em que Jards Anet recebe e circula pela cidade com seu apelido. Em 1956, um Macalé chamado Carlos Alberto Borges, bandido paulista acusado de latrocínio, era preso em São Caetano do Sul. Macalé podia tanto ser um passista do Império da Tijuca quanto um desordeiro que liderava uma gangue na Prado Júnior, nos tempos em que a rua era conhecida nos jornais como "Beco do Vietname" (sic). Em 1966 mais um bandido de alcunha Macalé é morto no Morro do Tuiuti, enquanto outro Macalé sambava no Trio de passistas Três Pelés do Samba (Macalé, Moacir e Pedrinho) durante o carnaval da Acadêmicos de Salgueiro de 1967. Já em 1968, a temida Escuderia Le Coq divulga uma extensa lista de pontos de drogas na capital carioca e seus respectivos traficantes. É curioso ver que, entre os nomes divulgados pelo grupo de policiais que assassinou dois anos antes (1966) o bandido carioca Cara de Cavalo, amigo do artista visual Hélio Oiticica, lemos não só um Macalé, o mesmo que já foi citado como chefe do tráfico na rua Prado Júnior (ou Beco da Fome), como também outro chamado de Parangolé, chefe das bocas de fumo do Mangue (área que, aliás, Oiticica frequentava bastante nessa época).

Mesmo com tantas pessoas carregando a alcunha Macalé, é possível situarmos uma origem precisa para o apelido e sugerir como ele se torna popular no país. Macalé era o nome de Oscarino Gomes, assistente de palco do mesmo Ary Barroso, porém em seus tempos de programas na Rádio Cruzeiro do Sul e Tupi durante a década de 1940. Em entrevistas de Ary ao longo de sua carreira, volta e meia ele citava "o crioulo Macalé" (ou variantes do nome com a letra k) como uma invenção sua para fazer soar o famoso gongo que reprovava seus calouros. Servia também para que o funcionário ganhasse de forma zombeteira a suposta culpa pela rejeição dos candidatos do programa. Provavelmente é seu sucesso que faz com que o apelido se espalhe pelo país. No *Correio da Manhã* do dia 8 de abril de 1948, lemos uma notícia sobre a morte prematura de Oscarino, quase uma espécie de obituário. Ele faleceu com apenas 28 anos. O texto, com todas as marcas racistas da escrita daquele tempo, não deixa dúvida de seu sucesso nacional:

Em uma noite de domingo, por volta de 1938, num programa de calouros de uma emissora desta capital, surgiu numa garrida farda de libré, raquítica e exótica figura de crioulo que por qualquer motivo expunha a alva dentadura que contrastava espetacularmente com o ébano de sua pele. E essa figura, cuja missão única era fazer vibrar quando ordenado por sinal convencional o gongo avisando estar o calouro eliminado da prova, em pouco tempo se tornava de popularidade incrível para milhares de radiouvintes de todo o país e o terror de grande número de calouros que, temerosos, iam enfrentar o microfone ante o olhar vivo e irrequieto do endiabrado e brilhante crioulo.

Seu nome, por certo talvez nenhum ouvinte ou calouro saiba, mas todos, não há dúvida, conheciam o Macalé. É por isso, talvez, que ontem, quando uma voz aflita pedia pelo telefone ao Hospital Getúlio Vargas para que mandassem com urgência uma ambulância à rua André de Azevedo, bloco 25, apartamento 101, a fim de socorrer a Oscarino Gomes de 28 anos, solteiro, de cor preta, que se achava acometido de mal súbito todos – enfermeiros, médicos ou repórteres ali credenciados – consideraram rotineiro o chamado. Mas chegando ao endereço citado aquela figura inconfundível foi imediatamente reconhecida pelo enfermeiro da ambulância – É o Macalé, foi esclarecendo.

Seu estado era grave. O médico fez o possível ali mesmo, ministrando-lhe os mais urgentes medicamentos. Seu estado, entretanto, se agravava cada vez mais. Foi colocado na ambulância conduzido ao hospital onde poderia ser medicado com maior eficiência, mas em meio do caminho Oscarino Gomes, o Macalé, expirou.

Ao lermos a notícia de seu falecimento, fica inevitável marcar que o traço em comum entre todos os apelidados pelo nome – bandidos, passistas e jogadores de futebol em sua ampla maioria – era o fato de serem pretos. Todos.

Mas há ainda uma última camada nessa arqueologia do apelido. Se Oscarino foi transformado em Macalé durante a participação nos programas de rádio de Ary Barroso, de onde veio tal inspiração?

Makalé (ou Mekelle, Mekele, Mek'ele) é também o nome de uma cidade localizada na Etiópia, capital da província de Tigré. Outrora vinculada a impérios entre as diversas dinastias que já governaram o país, chega a se tornar a capital imperial em 1880. Foi também o palco em que o exército colonialista italiano sofre dura derrota para os etíopes durante a invasão das terras africanas em 1895 visando anexar a região à Eritreia. Em 1936, uma nova vaga colonialista italiana durante os conflitos da Segunda Guerra Mundial faz da cidade novamente palco de conflitos entre exércitos de Mussolini, além de ingleses e africanos. Os italianos ocuparam a cidade até 1943 quando, após um pesado bombardeio britânico, as forças do Imperador Haile Selassie retomaram a região.

Na época em que Ary Barroso tinha Oscarino como seu assistente, os eventos da guerra na Etiópia estavam quase que diariamente nos jornais do país. No mesmo *Correio da Manhã* em que é publicada a matéria com a morte de Macalé, dia 11 de abril de 1948, um leitor chamado Álvaro Armando publica na página quatro, sessão "Pingos e respingos", um poema intitulado apenas "Macalé". Com uma epígrafe que traz a nota sobre a morte do "gongueiro da Rádio Tupi", lemos a homenagem jocosa (e novamente racista):

> Nasceu chamado Oscarino
> Mas resolvera o destino
> – Que, no caso, é Ary Barroso –
> Que esse pretinho simplório
> Para os olhos do auditório
> Fosse um saci perigoso!
>
> – Rapaz: o passado esqueça.
> Ponha um turbante à cabeça.

Assim, qual Selassie,
Você veio lá do Congo!
Ouviu? Será o Rei do Gongo
E seu nome é Macalé.

Foi o que Ary lhe ensinara.
Ele, então, fechando a cara
Tornou-se mesmo um terror.
No programa do calouro,
Valia o gongo o tesouro
De Macalé, ditador.

Ganhava pouco, em dinheiro,
No entanto era o feiticeiro,
O tenebroso papão,
Que, num só gesto arrasava,
Liquidava, esfarelava,
Sonho, esperança, ambição!

O gongo era o seu reinado
O calouro amedrontado
Só nele fazia fé.
Até que um dia, da morte
Soa outro gongo mais forte!
E é gongado... Macalé.

Apesar de não ser possível afirmar segundas intenções dos amigos de Jards Anet ao apelidá-lo de Macalé, para além de taxá-lo publicamente de perna de pau no futebol de praia, não é difícil especularmos o que seria para um jovem de pele escura e com ascendências nordestina e nortista, ganhar tal apelido enquanto vivia em um bairro como Ipanema. Seu estilo de vida culturalmente sofisticado e o poder aquisitivo remediado de sua família possivelmente deslocavam a forte marca racial na alcunha que passa a carregar. Ao ser perguntado em entrevistas se lembrava de algum caso de racismo na sua juventude, ele diz ironicamente que a única lembrança de racismo era doméstica, já que desde criança usava produtos para alisar o cabelo sempre fino e encaracolado.

Mas como será que os mais velhos, aqueles que conheciam o apelido dos tempos de Oscarino e carregavam as marcas evidentes de um tipo de cultura racista travestida de humor senhorial e condescendente, viram o jovem Macalé surgindo no cenário musical carioca? Seu aparecimento público, vinculado ao espetáculo *Opinião* (em que pretos como Zé Keti e João do Vale faziam parte) e, logo depois, ao grupo de jovens que chegavam de Salvador ao Rio e São Paulo, marcou sua primeiríssima persona artística como "baiano" e "mulato". É evidente que as marcas étnicas – e, geralmente, a origem popular – dos personagens que ganharam o apelido de Macalé não podem ser ignoradas quando, em alguns momentos de sua carreira artística, Jards precisou enfrentar resistências de críticos, da imprensa e de gravadoras. Afinal, como pode-se perceber, no Brasil não se é um Macalé impunemente.

42 ▸ Música em Ipanema

Macalé foi um jovem que surgiu para a música carioca e brasileira em um país que, aos poucos, tornava-se cosmopolita. Nos termos da época, um país em esforço constante para superar o subdesenvolvimento agrário que marcava sua história. A mudança da família da Tijuca para Ipanema em 1948 (rua Visconde de Pirajá, 581, apartamento 601), fruto da aquisição do imóvel pela sua avó e madrinha Hilda Anet, foi exatamente o mesmo trajeto que Tom Jobim fez ainda nos anos de 1920 (1928, para ser mais preciso). A "Ipanema que era só felicidade" cristalizada por Vinicius de Moraes na letra saudosista de "Carta ao Tom", era diariamente eternizada por uma geração de cronistas e jornalistas de diferentes lugares e bares. A escolha da família de Jards pelo bairro já vinha de antes, quando passavam temporadas de férias na praia, em casas alugadas na região do Jardim de Alah. Nesse período, o bairro era então uma área de classe média da Zona Sul do Rio de Janeiro, com casas baixas, comércio local, linhas de bonde, boates, bares, cinemas, teatros, escolas, pescadores e uma forte presença de famílias com perfis liberais.

Esse espaço aberto e sua simplicidade antes do estrelato mundial do bairro após a bossa-nova, produzia um tipo de sociabilidade que definiu a representação do carioca morador da Zona Sul. A presença da praia fazia com que as narrativas sobre o bairro exaltassem um encontro entre natureza e cultura, entre o mar, a lagoa e a boemia. Suas ruas concentravam na década de 1950 um contingente significativo de intelectuais, artistas e personagens populares. Era ali que moravam escritores, cronistas, poetas e compositores que transformaram em literatura e canção sua paisagem humana. Curiosamente, a maioria desses moradores não eram nascidos no bairro e, muitas vezes, não eram cariocas.

≥≡

Entre modismos locais e dilemas existências da adolescência, a experiência de Jards no bairro foi a mesma que a de outros jovens de sua geração seja em Salvador, São Paulo ou Teresina. Boa parte dos músicos e compositores brasileiros que produzem as canções e discos do que viria a ser chamado de Música Popular Brasileira, nasceram entre os anos de 1942 e 1944. Desfrutavam um ambiente cultural alimentado por diversos jornais – só no Rio de Janeiro tínhamos o *Diário Carioca*, a *Última Hora*, o *Correio da Manhã* e o *Jornal do Brasil*, entre tantos outros – que traziam cronistas e críticos dos mais variados perfis. Revistas como *Senhor*, *O Cruzeiro* e *Manchete* eram obrigatórias nas leituras da classe média local e a transformação de hábitos entre mulheres e jovens se tornavam, cada vez mais, assunto desse universo jornalístico. Os cinemas norte-americano e brasileiro (com estúdios como o Vera Cruz e a Atlântida) ganhavam mais espaço entre opções de lazer. Enquanto isso, a televisão iniciava sua ainda tímida relação com a população. Quando fala de sua infância e início de juventude, Jards sempre se refere a longas sessões e matinês em cinemas da cidade, como os "festivais da juventude" no Cine Rex da rua Álvaro Alvim, Cinelândia, ou nas longas sessões de desenhos animados, seriados e comédias no Cineac Trianon, na Avenida Rio Branco.

Nessa mesma época, a canção popular amplia sua presença no imaginário público do país. O crescimento do mercado fonográfico com a força, por exemplo, de gravadoras como a alemã Odeon (que chegou ao Brasil em 1926 em associação com as Casas Edison), produzia a diversidade de gêneros que aos poucos vai se consolidando como alternativa aos estilos consagrados pela Rádio Nacional. Em sua autobiografia *Do vinil ao download*, o jovem francês André Midani narra justamente esse momento ao falar de sua chegada ao Brasil em 1955, ano em que é rapidamente contratado pela Odeon com uma tarefa: ser o responsável pelo lançamento e formação do catálogo dos discos internacionais.[8] Com sua experiência em grandes gravadoras francesas, Midani percebeu imediatamente que faltava ao país um segmento musical – e fonográfico – que representasse os jovens que ele via nas ruas do Rio de Janeiro. A Odeon, que já fazia parte do grupo inglês EMI, representava no Brasil a famosa gravadora norte-americana Capitol Records. Tal globalização precoce

---

8 | A. Midani, *Música, ídolos e poder: do vinil ao download*, Rio de Janeiro: Nova Fronteira, 2008, p. 70.

do mercado fonográfico foi responsável no país pela introdução constante de ritmos como o jazz. Esse são alguns dos elementos que fizeram com que a música popular causasse novos impactos no campo do comportamento e do pensamento dessa juventude. Ser jovem e fazer parte do mundo que reunia músicos amadores e profissionais era fazer parte, simultaneamente, de um espaço lúdico e profissional. Era uma carreira que se apresentava cada vez mais sem os estigmas sociais de outrora.

Tal transformação da música nos grandes centros urbanos brasileiros articulava os horizontes ampliados do mundo pop ocidental e os horizontes utópicos de um país eternamente em compasso de espera para seu salto desenvolvimentista. A perspectiva de futuros e o clima de modernidade que emanava dos movimentos artísticos no final dos anos de 1950 e início dos anos de 1960 levavam diversos jovens — inclusive músicos — a se interessarem pela transformação do país e seu destino frente às demais nações, na mesma medida que se interessavam por informações modistas do momento. Esses paradoxos eram fruto de dinâmicas sociais ligadas a novas formas de entretenimento e circulação da música entre o público jovem de classe média.

A partir da década de 1950, o eixo organizado ao redor do rádio, das chanchadas no teatro de revista e dos sucessos de carnaval, se desloca para a imagem televisiva, os shows ao vivo em boates, o cinema e o *long-play* produzido em novos padrões técnicos e artísticos. É a geração que cresce em meio à presença musical de diferentes matrizes norte-americanas (como as variadas formas de jazz, as *big bands* e o rock and roll), latinas (rumba, tango ou bolero), francesas ou regionais, abrindo perspectivas renovadoras. Uma dessa matrizes, voltadas para um público jovem e urbano, se apresenta próxima, fresca e embalada em um nome de acaso que se tornou perene: bossa-nova. O surgimento do ritmo demarcou na música brasileira uma transformação estrutural em que a presença de um ideário jovem e cosmopolita ligado ao *novo* se impôs como regra.

Essa força do novo, na época, teve na bossa-nova uma espécie de passagem de bastão entre gerações da música brasileira.

Com a perspectiva do tempo, sabemos que *Chega de saudade*, disco em que João Gilberto e Tom Jobim produzem um marco divisor na ideia do que seria a canção popular feita no Brasil, não existiria como tal sem as obras de Ary Barroso, Dorival Caymmi, Garoto, Radamés Gnattali e tantos outros. Sabemos também que uma suposta hegemonia do gênero nascido entre Copacabana e Ipanema era contemporânea dos sucessos de outros gêneros populares que dominavam rádios e paradas de sucesso. Não à toa, a formação de Jards Macalé sempre foi eclética, manifestando desde o princípio diferentes interesses musicais. Como ele, outros de sua geração fizeram caminhos similares. Apesar da presença incontornável da bossa-nova na sua vida, ele não é necessariamente um filho exclusivo dela.

O início dos anos de 1960 consolidou aos poucos essas mudanças e deslocou substancialmente as referências do que era considerada música popular entre as novas camadas urbanas. O caldo já saturado de sambas-canções, baiões e diferentes formas de canção romântica ganhava uma voltagem decisiva e revolucionária. A bossa-nova aparecia como um ritmo brasileiro e inovador, que circulava entre jovens violonistas e os diferenciava dos músicos mais velhos.

O violão, até então instrumento ligado às camadas populares, com suas rodas de choro e samba, passava a ter apelo entre a juventude da Zona Sul. Apesar da importância dos pianistas, o violão tornava-se um instrumento comunitário. Seus praticantes amadores agregavam amigos em diferentes situações sociais. Nesse sentido, ao mesmo tempo que o violão democratizou a prática da música popular urbana, manteve a ligação da juventude com a música popular tradicional do país. Através do instrumento foi possível para essa geração executar tanto a famosa e inovadora batida de João Gilberto quanto as levadas dos sambas e ritmos mais tradicionais. Não à toa os primeiros shows universitários do grupo de jovens violonistas, pianistas, baixistas e baterias da juventude de Ipanema e Copacabana – Roberto Menescal, Nara Leão, Oscar Castro Neves, Wanda Sá, Chico Fim de Noite, Carlos Lyra – eram batizados de "Samba session".

Apesar de ter sido definida como uma espécie de ruptura modernista com o passado sonoro de seu tempo (que não deixaria de ter seu traço moderno), a bossa-nova e seus músicos foram contemporâneos do auge de Elizeth Cardoso, do contínuo sucesso de Ary Barroso, da renovação nas obras de Cartola e Nelson Cavaquinho, do surgimento de Zé Keti e João do Vale, da presença marcante de cantores como Cyro Monteiro, Nora Ney, Elza Soares e Clementina de Jesus, das versões de rock americano cantadas por Cauby Peixoto e Celly Campello. É nesse caldo de musicalidades que jovens como Macalé conviviam com Tom Jobim, Vinicius de Moraes, Severino Araújo ou Dorival Caymmi, ouviam nas rádios Anísio Silva, Angela Maria e Nelson Gonçalves e gostavam dos discos de Frank Sinatra, Barney Kessel, Elvis Presley, Louis Armstrong ou Chet Baker.

O ambiente sonoro, especialmente naquela Ipanema de então, proporcionou a aceleração do desenvolvimento da musicalidade de Jards. Mais que isso, tal cenário pode ter sido o incentivo para que ele visse na carreira de músico uma possibilidade concreta em contraponto ao internato no Colégio Militar ou outro destino similar que o esperasse. E ele não era o único do bairro ou da rua que pensava assim. Amigos contribuíam para essa ideia por estarem interessados em fazer som como ele – e com ele. Foi o caso de Chico Araújo, com quem, ainda em 1959, Macalé fundou o dueto Dois no Balanço. Ambos eram parte de um grupo substancial de músicos amadores que, em poucos anos, fariam parte ativa da revolução estética que os trabalhos de Jobim, Vinicius, João Gilberto, Carlos Lyra, Sylvia Telles e muitos outros inauguraram entre 1958 e 1962.

Com tudo isso, o bairro de Ipanema era um espaço privilegiado para tais ambições por se tornar aos poucos a referência não só da música carioca que renovava a canção popular, como do estilo de vida que acompanhava tal renovação. Como dito anteriormente, os bares, cinemas, teatros e restaurantes, faziam da pequena região da Zona Sul assunto dos principais cronistas dos jornais da cidade. Paulo Mendes Campos, Carlinhos de Oliveira e Millôr Fernandes eram alguns dos nomes que estavam sempre utilizando o bairro como ponto de partida para falar do Brasil. São diversas as passagens em que as ruas percorridas por

Macalé tornam-se temas da moderna prosa carioca, publicada por editores "locais", como a Editora do Autor, de Rubem Braga e Fernando Sabino.

Morador da região do Bar 20, início do bairro a partir do Jardim de Alah e ponto final das linhas de bonde que vinham do centro da cidade cruzando toda a Zona Sul (como as de número 11, 12 e 13), Macalé frequentava precocemente lugares movimentados pela classe artística. Ele sempre se refere em suas memórias pessoais à Churrascaria Pirajá, um ponto de encontro de artistas das mais diversas gerações e procedências localizado nas imediações de sua casa. A proximidade com a TV Excelsior a partir de 1963, fazia desse restaurante uma espécie de batismo *on the rocks* para o jovem que, a essa altura, já via na música uma forma de se colocar no mundo. Outro espaço em que Macalé é registrado frequentando ainda bem jovem é o restaurante Fiorentina, no Leme. O endereço ficara famoso por abrigar boa parte da classe artística de então. Na sua biografia sobre Vinicius de Moraes, José Castello indica ter sido lá que o jovem músico de Ipanema conheceu o poeta, ainda em 1961:

> Vinicius e Macalé se conhecem em 1961, época em que o compositor frequenta o restaurante Fiorentina. Vinicius sempre aparece por lá com Antonio Maria, Cyro Monteiro, Fernando Lobo, Nelson Cavaquinho, Sérgio Porto... Nada tímido, Macalé logo se oferece: "Posso sentar nessa mesa de titãs?" Ganha a simpatia imediata de todos. Macalé costuma sair sempre com Cyro Monteiro que, por sua vez, frequentemente arrasta Vinicius e Nelson Cavaquinho atrás dele. Muitas vezes eles terminam a noite na casa de Cyro Monteiro, no Largo do Machado, às dez horas da manhã seguinte...

Diversos jovens como Jards Macalé viram na música popular uma forma de profissão e de intervenção na história do país. Eles atravessaram um período de efervescência cultural em consonância com transformações sociais em plena era da Guerra Fria. Além de um ofício ou de uma arte, a música se apresentava aos poucos como um espaço de fazer poesia e política. As canções ganhavam relevo social em sua confluência com as transformações estruturais de um período em que cada vez mais o Brasil passava a ter na cultura urbana e industrial suas referências. A sofisticação harmônica e poética que se estruturava a partir das conquistas da bossa-nova e de seus trios e quartetos, aos poucos incorporou a tradição do samba carioca feito por classes populares. Essa relação sonora – e social – produziu um daqueles raros momentos em que uma geração se engaja em uma mesma transformação estética – e histórica.

Foram tempos em que, sob o signo da bossa-nova, ocorria a gestação da moderna canção popular – formato até hoje definidor de gostos e ideias. Uma canção em que os gêneros tradicionais – samba, samba-canção, baião, bolero e outros – se amalgamavam em um conteúdo e apresentação mais contemporâneos. Foi o período em que os nascidos nos anos de 1942/1944 como Nara Leão, Dori Caymmi, Edu Lobo, Marcos Vale, Francis Hime ou Nelson Motta (responsável por apresentar nessa época o disco *Chega de saudade* a Macalé e, por consequência, João Gilberto) moravam na região de Ipanema e Copacabana e estavam, como Macalé, se alimentando de obras desafiadoras – muitas delas feitas, inclusive, no mesmo bairro que viviam. Vinicius de Moraes (esporadicamente) e Tom Jobim também eram moradores de Ipanema, faziam shows com João Gilberto (como o famoso encontro na boate Au bon Gourmet em 1962), bebiam nos seus bares e restaurantes e frequentavam as casas cheias desses jovens ávidos por música. Em seu "depoimento para a posteridade", gravado no Museu da Imagem e do Som (MIS) em 1977, Nara e seu fiel escudeiro Roberto Menescal comentam com o jornalista Sérgio Cabral como conheceram Tom Jobim, mostrando que essa sociabilidade entre mestres e aprendizes eram fluidas – basta ver o caso anterior entre Jards e Vinicius de Moraes.

Menescal: Existia quase um concurso para ver quem conhecia o Tom. Ele já tinha ouvido falar no grupinho da gente, e um dia, quando ele estava gravando a trilha sonora do *Orfeu do* *carnaval*, ele bateu lá na academia que a gente tinha de violão procurando eu e o Carlinhos Lyra para gravar um negocinho lá, e daí nós combinamos de nos encontrar. Levamos Nara para conhecer também na casa da família Castro Neves. Conta aí um pouco do dia, que eu não lembro.

Nara: Ah, eu me lembro, não me esqueço dessa cena, não. O Tom surgiu e se sentou no piano. Eu não me lembro o que aconteceu, mas eu estou com a imagem do Tom sentado no piano na minha frente, agora, foi uma coisa muito marcante.[9]

Era um período em que jovens de classe média passaram a fazer parte de um meio musical destacado como espaço de sociabilidade liberal entre as elites locais. A ideia do músico popular como algo ligado à população pobre e iletrada se transformava rapidamente. A circulação de jovens e veteranos entre saraus, gravações amadoras, programas de televisão e pequenos shows, passa aos poucos a naturalizar o ofício de músico popular entre as boas famílias. Reproduzindo as bandas do jazz norte-americano, no Rio de Janeiro do início dos anos 1960 ocorre em velocidade vertiginosa a montagem de trios, quartetos e, no caso de Macalé, até sextetos. Todos, promovidos por uma juventude que inicia de forma amadora seu percurso profissional. Os que hoje são nomes consagrados, na época eram adolescentes ou jovens adultos buscando *jam sessions* e parceiros apenas para mostrar e descobrir novos acordes ou para tatear primeiras parcerias.

Nessa fronteira entre a vida profissional e o amadorismo, muitos dos grandes músicos de então ensaiavam em casa e franqueavam a frequência dos amigos, aprendendo comunitariamente acordes e harmonias na prática de seus instrumentos e composições. O próprio Jards fala da importância que teve em sua formação a presença nesses ensaios abertos no início dos anos 1960. Ver de perto talentos como Luiz Eça, Baden Powell ou Luiz Carlos

---
9 | Depoimento retirado do livro *Encontros: Nara Leão*, entrevistas da cantora organizadas por Anita Ayres Gomes, para a editora Azougue, p. 22.

Vinhas foi uma de suas escolas. Aos poucos, esses jovens tocaram nas boates do Beco das Garrafas. Os mais crus, ainda sem preparo para o desafio, esperaram mais um pouco na plateia. Ou na brecha da porta entreaberta, como Jards.

No caso específico do Rio de Janeiro de então, apesar desse evidente corte de classe social e de território de ação dessa juventude de Ipanema, Copacabana e adjacências, ocorreu nesse período certa porosidade cultural entre ricos, classe média e pobres. Através de uma série de circuitos culturais e políticos, tornou-se menos raro o trânsito de compositores ligados ao meio do samba suburbano. Isso foi decorrência de espaços como o Zicartola e os shows promovidos em universidades e teatros, quase todos na Zona Sul, principalmente em Copacabana. Essa situação produziu outras camadas na formação musical dessa geração carioca, cuja circularidade sonora tornara-se, também, uma circulação social. Macalé fez parte intensamente dessa cena que se consolidou durante os primeiros anos da década de 1960. Foi quando a música se tornou seu dia a dia e, em pouco tempo, seu trabalho.

Inicialmente, ele não se destacou como intérprete ou compositor – apesar de, anos depois, se ter se mostrado excelente nas duas frentes – mas sim como violonista. Torna-se nome frequente de peças musicais e shows em que diversos gêneros precisavam ser executados, lhe dando não só versatilidade e repertório, mas, principalmente, capacidade para ouvir e compartilhar seu instrumento coletivamente. O trânsito sonoro e social de Jards se confirma em suas relações com obras tão díspares como as de Turibio Santos e Cyro Monteiro.

Entre os amigos de bairro com o mesmo desejo de fazer música em seu período inicial de formação, Jards conheceu Chiquinho Araújo. Ele se tornou um nome fundamental na sua trajetória por lhe abrir as portas de um outro mundo. Filho de Severino Araújo, maestro da já então famosa Orquestra Tabajara, a casa de Chiquinho tornou-se um espaço musical em que o rapaz podia observar de perto o trabalho de um dos grandes nomes do seu tempo – no caso o pai de seu amigo. Sua memória registra Severino escrevendo arranjos em partituras, cantarolando melodias, imaginando dezenas de instrumentos simultaneamente. Em pouco tempo, Macalé tornou-se copista ocasional das partituras da Orquestra, além de tocar tamborim em algumas de suas apresentações.

Desde sua juventude, portanto, Macalé circulava entre músicos de diferente meios. Do jazz de seus conjuntos instrumentais, passando pelos acordes de bossa-nova, pelos shows com sambistas da velha guarda, orquestras e cantores da era do rádio, rapidamente o jovem que tinha o apelido de um jogador de futebol sem habilidade com a bola, tornou-se um dos principais violões de sua geração.

54 ▶ Voz e violão

Minha mãe sempre cantou lindo, tocava um piano intuitivo, harmônico, era uma harmonia impressionante. Eu tocava todos os acordes tortos para ela e ela sabia cantar tudo. Mas ela tinha um negócio. Quando eu dava um acorde querendo ser moderno, antes ela já dizia "meu filho, para, para, para. Não é este acorde não." "Pô, mãe, qual é?" Ela solfejava o acorde. Eu catava o acorde no violão até que ela dizia "é esse aí! Vamos começar de novo.

Em muitas entrevistas, Jards Macalé fez referências ao fascínio que sua mãe exerceu sobre ele. Apesar da força de seu pai, foi Lygia Anet da Silva quem serviu como matriz para a trilha que o filho seguiu. Uma pessoa com liberdade de pensamento, amante da arte e que sempre apoiou sua escolha profissional. E isso pode ser dito porque a referência de formação musical que ele aponta vem dessa sensibilidade materna. Sua voz afinada e seu excelente ouvido, famoso inclusive por corrigir acordes de João Gilberto, formaram e incentivaram o pequeno Jards a ser um ouvinte dos grandes cantores e cantoras da Rádio Nacional, como muitos de sua geração. No depoimento já citado para o programa *Ensaio*, Jards rememora esse primeiro momento musical de sua vida:

Eu nasci na Tijuca, na fronteira entre a Tijuca e a Usina, no Rio de Janeiro, e próximo ao Morro da Formiga. Eu sublinho isso porque o Morro da Formiga é muito importante por causa do som do samba, do som do carnaval, o som constante. E morando na Tijuca, na casa ao lado, ouvia os ensaios do meu vizinho e da minha vizinha – Vicente Celestino e Gilda de Abreu. Meu pai é pernambucano de Olinda. Aos quinze anos de idade ele se alistou na Marinha e começou como aprendiz de marinheiro. Mais tarde, fazendo carreira na Marinha, um homem doce e inteligente, no final acabou professor de matemática, história, inglês, português, francês, uma coisa. E gostava muito de música, arranhava um acordeon. Foi ele que me levou mais tarde para assistir os concertos populares lá na Cinelândia, no Cinema Rian, se não me engano. Foi onde eu via a Orquestra Sinfônica Brasileira em concertos populares abertos ao público. Vi Villa-Lobos regendo a Orquestra Sinfônica, Camargo Guarnieri, Guerra-Peixe, os autores da música brasileira. E minha mãe, paraense, foi muito nova para o Rio de Janeiro, três meses, uma pessoa dulcíssima, que canta demais. Foi através dela realmente que eu vivi essa coisa de cantar. (Programa *Ensaio*)

Apesar do pai ter introduzido os discos norte-americanos e também arriscar alguns dotes musicais no acordeon, Macalé sempre indica, como na fala citada, o pendor paterno à música erudita, principalmente óperas. A principal história que o filho cita sobre esse hábito paterno é uma ida tragicômica ao Teatro Municipal, ele ainda muito garoto, conduzido solenemente para assistir a ópera *O guarani*, de Carlos Gomes. Jards afirma que, ao ver os atores vestidos canhestramente de índios, "como se usassem os espanadores de minha casa", riu de tal forma que foi advertido pelo pai. Na ópera solene, Jards via inevitavelmente as fantasias dos corsos no carnaval do centro do Rio e a chanchada brasileira.

Já as referências sobre Lygia são vinculadas à sua voz, aos seus dotes musicais e à sua audição constante dos programas da Rádio Nacional – causando, inclusive, ciúmes de seu marido em relação aos ídolos como Silvio Caldas e Orlando Silva, a quem chamava de "chorão". Citando Jards, "ouvia com ela os programas da época. As grandes cantoras da rádio daquela época. Principalmente a Elizeth Cardoso. No fundo, no fundo, ela queria ser a Elizeth Cardoso, inclusive fisicamente. A elegância da Elizeth...". Além do canto, Lygia tinha outros talentos: "Ela tocava um piano intuitivo, nunca estudou e tinha um senso harmônico incrível."[10]

A voz de Lygia acompanhou o filho não só no dia a dia de sua casa e de sua vida, como também em seu trabalho maduro. Ela pode ser ouvida em faixas de discos como "Quando dois corações", canção de Herivelto Martins e Valdemar Gomes que fecha o disco *Aprender a nadar*. A relação de Jards com tal presença materna-sonora em

---

10 | Conversa com o autor, em 13 de novembro de 2017.

sua vida é comum entre sua geração. Mostram como o rádio foi o veículo fundamental de socialização privada da canção popular e de formação de futuros músicos e cantores. É curioso pensar que muitos desses jovens que seriam criados ouvindo os arranjos das orquestras de Radamés Gnattali ou os boleros e sambas canções de Dalva de Oliveira, chegariam na adolescência com a referência revolucionária de João Gilberto e os arranjos de Tom Jobim. A vida de Jards com sua mãe na Ipanema dos anos de 1960 permitiu que a música passasse a fazer parte cotidiana de seus dias. Em uma entrevista de 2009 quando perguntado com que idade começou a se relacionar com a música, Jards produz uma variante da citação anterior. Suprime o pai e insere o dado da Rádio Nacional em sua formação. Novamente, Vicente Celestino, Gilda de Abreu e o Morro da Formiga são invocados como uma escuta embrionária que demarcou sua relação com o mundo através da música:

> Comecei desde criancinha, bebê, porque minha mãe canta muito bem. Acho que desde ninar, porque o ninar já é um bom começo para se ater aos sons e a música. Eu era da Tijuca e vizinho de Vicente Celestino e Dona Gilda de Abreu, de casas coladas. A primeira memória que tenho, depois de minha mãe, do meu pai tocando acordeão e da minha avó cantando bonito, são as festas e os exercícios de Gilda e Vicente Celestino. Também tinha o Morro da Formiga ali atrás, então, o samba estava rolando o tempo inteiro. (...) Até que depois a gente se mudou para Ipanema. Antes de mudar para Ipanema havia a Rádio Nacional também, que estava o tempo inteiro ligada em casa. Os programas da Rádio Nacional, os musicais, tinham mil melodias, instrumentistas maravilhosos, as orquestras, Francisco Alves e Orlando Silva.

Nessa mesma entrevista, e em outras, Jards volta e meia faz referência à sua avó materna, Hilda Anet. Até hoje, ele se refere a ela como sua "protetora". Assim como seu pai e sua mãe, Hilda também teve contribuição fundamental na formação de Jards. Ela foi uma mulher à frente do seu tempo de muitas formas, cosmopolita e sofisticada nos hábitos culturais. Jards chamava Hilda de dinda, porque a avó era sua madrinha. Mas há também, por trás disso, um imbróglio familiar.

A família Anet tinha uma boa situação em Belém do Pará no início do século XX. Segundo Jards, Hilda nasceu em um ambiente burguês de uma família com hábitos europeus (os Anet teriam origem francesa e teriam se espalhado pelas Américas, em países como Trinidad e Tobago). Como muitas meninas de boas famílias da época, Hilda fazia aulas de piano e um de seus professores, de origem alemã, acabou engravidando-a precocemente. Por esse relato de Jards, seu avô é um professor de piano desconhecido que teve uma relação fugaz com sua avó. Ironicamente, ou talvez nem tanto, qualquer hipótese sobre música e genética não deve ser descartada.

A gravidez de Hilda fez com que sua tradicional família, por conta dos códigos morais da época, enviassem a menina para desenvolver sua gestação em uma viagem para a Inglaterra. Na sua volta, com Lygia nascendo em Belém, as duas vieram para o Rio de Janeiro quando a criança tinha apenas três meses de idade. Primeiro moraram num sobrado no centro da cidade e, logo depois, passaram a viver com um dos irmãos de Hilda em São João Meriti. No mesmo período, seu inglês fluente fez com que ela se tornasse secretária bilíngue da multinacional White Martins, conseguindo um bom emprego para a época.

A partir daqui, porém, a história se complica. Pelo tabu moral que recaía sobre mães solteiras, Hilda combinou que seu irmão assumiria a paternidade de Lygia e ela se tornaria, por convenção social, tia da própria filha. Ou seja, a mãe de Jards cresceu pensando que seus tios eram seus pais e que sua mãe era sua tia. Essa situação foi sustentada por longo tempo, até que Jards Gomes da Silva entrou na jogada:

Minha mãe se apaixona pelo meu pai vestido de marinheiro. Porque meu pai tornou-se amigo da irmã dela, ou seja, a prima dela. Aí acontece o namoro, até que "seu Jards" pede a mão da minha mãe aos tios, a quem a criava. E o tio diz que não era o pai verdadeiro e diz para ele procurar a verdadeira mãe dela, minha avó. Aí ele vai, pede a mão da minha mãe pra dinda, e ela pergunta se ele realmente queria se casar com filha de mulher solteira como ela, e ele, sem preconceito diz, claro – pernambucano digno. E aí a dinda diz "então vamos contar a verdade" e conta para minha mãe. Aí minha mãe pira e no final das contas casa com meu pai e vão morar todos juntos, meus pais e minha avó. Só que meu pai tinha um grilo: ele amava a dinda, só que a dinda ganhava muito mais que o meu pai. Foi ela quem comprou Penedo, comprou o apartamento em Ipanema e meu pai se sentia um pouco diminuído, aquela coisa da época, ele era militar e tal. O soldo dele não era pouco, mas ela ganhava mais que ele. Ela comprava ações e o caramba. Era uma mulher à frente do seu tempo. Ela me levava todo sábado religiosamente para a Cinelândia, aonde eu comia um bife com batata frita, arroz, feijão e farofa. Era sagrado. Depois dali ela me levava até o Cineac, 24 horas de cinema, me largava ali e ia fazer as unhas e o cabelo.[11]

Hilda, segundo Jards, foi a pessoa que em vários momentos de sua vida o apoiou na escolha pela carreira de músico. Com o rendimento de suas ações, por exemplo, ela enviava para o neto U$300,00 por mês durante o período em que ele viveu em Londres, em 1971. Mais jovem, comprou uma máquina de escrever para que Jards aprendesse datilografia e tivesse pelo menos um ofício na vida.

Era essa personalidade marcante que Jards lembra de o acompanhar nos mesmos concertos que, em outros momentos, ele vincula ao pai. Nessa versão, era a avó quem levava o neto para atividades musicais:

Minha avó também me levava para os Concertos da Juventude, no cinema Rex na Cinelândia, que eram concertos dados pela Orquestra Sinfônica com maestros regendo e era grátis. Ali eu vi meu futuro professor na época, Maestro Guerra-Peixe, que

---
11 | Conversa com o autor no dia 25 de fevereiro de 2019.

foi meu professor na Pro-Arte, vi também (Camargo) Guarnieri, Radamés Gnattali e Villa-Lobos. (...) Instrumental foi por aí, mas, em casa direto, 24 horas por dia, era canção. O repertório de Ary Barroso e as canções da Rádio Nacional. A canção sempre me puxou mais do que o instrumento, se bem que eu tentei ser um instrumentista, mas a canção me pescou. As palavras me pescaram.

Assim como a canção o pegou, o instrumento que ele opta para viver de música só poderia ser o violão. Sua vivência despretensiosa e cotidiana com a canção popular, o carnaval, a rádio e as formas urbanas da juventude socializar nos espaços públicos e privados de Ipanema e adjacências, fizeram com que Jards fosse mais um que viu no violão um caminho possível de iniciação musical. O instrumento que já fora estigmatizado como de malandros de morro, tornava-se aos poucos parte de uma imagem pública dos músicos. Dorival Caymmi, Garoto, Dilermando Reis ou Laurindo de Almeida eram nomes que deram certa dignidade burguesa ao instrumento durante as décadas de 1930 e 1940. Quando a geração de Jards chega na adolescência nos anos 1950, o violão está plenamente incorporado à indústria fonográfica em suas muitas formas – seja como acompanhamento em conjuntos e orquestras, seja com músicos solistas. Após o advento da bossa-nova como uma forma musical que, basicamente, é feita para o violão, a popularização do instrumento entre os lares burgueses é massiva. Além disso, como dito no capítulo anterior, para os jovens de então (tanto rapazes quanto moças), o violão tornou-se passaporte de sociabilidade, passando a proporcionar em rodas e festas particulares um acesso à vida coletiva – e, claro, amorosa.

Foi nessas bases que a imagem do músico com seu violão tornou-se popular na iconografia da bossa-nova. Desde o começo de seus trabalhos, Carlos Lyra, mas, principalmente, João Gilberto, apareciam em revistas, capas de disco e fotografias quase sempre acompanhado do instrumento. A emblemática capa em preto e branco de *O amor, o sorriso e a flor*, lançado em 1960 (Macalé tinha apenas dezessete anos), apresenta a foto de Francisco Pereira (mais conhecido como Chico Fim de Noite) exibindo o músico com um violão. No filme *Copacabana Palace*, comédia italiana de 1962 dirigida por Stefano Vanzina, há a famosa cena em que João, Luiz Bonfá e Tom Jobim (cuja relação com o violão concorreu com o piano, com vitória do segundo a partir dos anos de 1970) tocam seus violões em uma praia deserta da Barra da Tijuca para um grupo de mulheres vestindo biquíni. Roberto Menescal e Nara Leão, mais jovens que João e Lyra, cruzam as décadas de 1950 e 1960 toando violão para, logo em seguida, aparecerem Wanda Sá, Joyce, Edu Lobo, Dori Caymmi e, claro, Jards Macalé. Todos se apropriam do instrumento como forma expressiva e carreira profissional. Antes dessa geração, era raro o cantor que se apresentava acompanhado pelo seu próprio instrumento. Havia ainda nessa época a corrente de violonistas que cruzavam fronteiras sonoras e geográficas, como Baden Powell, Billy Blanco, Rosinha Valença ou Jorge Ben.

    Sua relação com o instrumento, segundo o mesmo, se iniciou na passagem entre um exercício de *vouyerismo* e um interesse tátil. Jards conta que ficava no corredor do seu prédio observando as aulas de violão de Marilena, sua vizinha de porta em Ipanema (ele morava no apartamento 601 e ela no 602). Praticou durante um tempo uma escuta atenta, absorvido pelo som que emanava do apartamento ao lado. Ver e ouvir a vizinha executando as posições das notas no violão aguça sua vontade de transferir para aquele objeto seu interesse.

> Eu queria ter um instrumento, sempre quis ter um instrumento. Porque a vizinha é que estudava violão na copa da cozinha e deixava a porta entreaberta para ter aula de violão e tal. E eu ficava ali no corredor dos fundos sacando as aulas dela. Assim que ela acabava eu ia lá pedir o violão para ela, para reproduzir o que eu tinha visto através da fresta.

A compra do primeiro instrumento não foi idílica – ou, no caso de Jards Macalé, foi perfeita. Por volta dos quinze anos, encontrou em sua rua um bêbado vendendo um velho violão usado. Jards não teve dúvidas: subiu correndo até seu apartamento e convenceu Lygia a comprá-lo. Ela concedeu o pedido, mesmo com os argumentos de que o filho estaria apenas alimentando o vício do alcóolatra perdido na rua. O primeiro violão de Macalé, portanto, veio da mão de um bêbado de rua. Segundo o próprio:

> Uma vez eu estava lá embaixo e passou um bêbado, com um violão caindo aos pedaços. Querendo vender o violão, ele não tinha dinheiro, tinha acabado o dinheiro. Aí eu subi e falei "mãe, eu preciso ter um violão, eu quero ter um violão". Aí ela "mas meu filho, um violão acabado..." E eu "mãe, baratinho, mãe". E aí eu acabei comprando o violão do bêbado, meu primeiro violão. De rua. E aí comecei a reproduzir aquelas aulas ali que eu ouvia pela fresta. (2017)

Foi através desse "violão de rua" que, aos poucos, um jovem tijucano-ipanemense, apelidado com o nome de um jogador de futebol preto do Botafogo, neto de um professor alemão de piano, filho de um militar pernambucano que gostava de óperas e acordeon e de uma cantora amadora maranhense que ouvia a Rádio Nacional, se tornou mais um violonista imberbe que circulava nas ruas e festas no eixo Ipanema e Copacabana.

É nesse contexto que Jards vive de perto a rotina da famosa Churrascaria Pirajá, ponto de encontro boêmio de profissionais que trabalhavam no bairro. Nas palavras de Jards:

> Porra, eu ia ver Luiz Bonfá, eu ia ver o Bola Sete, cara. O Mão de Vaca. Eu ficava ligado em todos esses caras que passavam na Churrascaria Pirajá. Que virou point, mais point ainda, quando a Excelsior entrou, e todos aqueles artistas, todo mundo...[12]

O proprietário da churrascaria na época era o também músico Fafá Lemos. Em 1963, quando o auditório da TV Excelsior fora inaugurado no espaço do cinema Astoria, o movimento de artistas no

---
12 | Conversa com o autor, em 11 de dezembro de 2018.

restaurante, que já era intenso antes, cresce mais ainda e Jards se torna frequentador assíduo. Foi ali que o jovem músico afirma ter visto várias vezes Vinicius, Tom e Sérgio Porto (contratado da Excelsior para atuar como comentarista no *Jornal de Vanguarda*).

Era lá que Macalé também podia assistir o violonista Catulo de Paula, um dos muitos violões que marcaram sua memória – ou, ao menos, o incentivaram na sequência da carreira. Catulo, ou Ermenegildo Evangelista de Souza, era cearense e viera fazer carreira no Rio de Janeiro em 1944, vindo de Recife, o grande centro musical nordestino de então. Ele trabalhara em rádios e gravadoras como violonista e compositor com alguns sucessos. No início dos anos de 1960, tocava com frequência em programas de televisão. Em 1963, Catulo participa do show-peça *Pobre menina rica*, de Vinicius de Moraes e Carlos Lyra. Era nesse período que Jards o via tocar na Churrascaria Pirajá. Mais uma vez fala Jards:

> Porque tinha a Churrascaria Pirajá em que se reunia uma porrada de gente da Excelsior, e eu ficava muito ali vendo, conversando. Tinha também, para distrair as pessoas, tinha um cantor que era o Catulo de Paula, se eu não me engano. Tocava um belo violão, tinha uma voz bonita, e tinha todo o repertório da época também. E eu fiz amizade com ele e ficava ali naquela churrascaria com ele, sentadinho ali, sem beber sem nada, mas ficava ali peruando. Aí tinha Vinicius, tinha aquela patota toda. Sérgio Porto, e Vinicius. E Baden, e Tom. E ele [Catulo] começou a me ensinar alguns acordes, algumas coisas, e eu ficava peruando por ali. (2017)

É também por conta da sua convivência com a Churrascaria Pirajá que Jards começou a frequentar, ainda menor de idade, as boates famosas de Copacabana, espaço em que boa parte da moderna música brasileira estava sendo produzida. Ele diz que o porteiro da Churrascaria de Ipanema trabalhava também numa das boates do Beco das Garrafas, o que o permitia ao menos ouvir o som da porta. Esse período em que frequentou a Pirajá vai ampliando o leque de referências do jovem aspirante a músico. Ao mesmo tempo que circulava com a juventude ipanemense pelas ruas, praias e festas, já tinha ao lado de sua casa um restaurante cujos nomes que apareciam nos jornais ou tocavam nas rádios estavam ao seu alcance.

Alguns desses nomes, inclusive, tornaram-se amigos para a vida toda, como é o caso do ator Grande Otelo. Nesse período, Jards diz que o ator chegou a frequentar sua casa, fazendo a alegria de sua mãe, fã de filmes em geral e também muito ligada nas produções do cinema brasileiro. No início dos anos 1960, Sebastião Bernardo da Costa já era há décadas conhecido como Grande Otelo, ator que, como muitos de seu tempo, dominava teatro, rádio e cinema com seu talento intransferível tanto para papéis humorísticos quanto dramáticos. Nesse contexto, é curioso pensar que um dos filmes estrelados por Otelo nesse período (ao lado de Ankito) se chamava justamente *Pistoleiro bossa-nova* e abria com um número musical de Carlos Lyra tocando "Maria ninguém" em um vagão de trem.

Em 1958, quando Jards tinha quinze anos, Otelo já tinha atravessado sua era de ouro ao lado de Oscarito como a principal dupla cômica do país em filmes e chanchadas da Atlântida, com mais de vinte títulos na década de 1950. Era uma estrela nacional e uma personalidade marcante, além de também ser compositor e manter forte vínculo com o mundo do samba carioca. Naquele período, Otelo também tinha na televisão um novo espaço de atuação, o que aumentava sua presença no grupo de frequentadores da Churrascaria Pirajá.

Há também um ponto premonitório nesse encontro precoce de Macalé e Grande Otelo. Em 1957 o ator estrelou *Rio Zona Norte*, filme do diretor Nelson Pereira dos Santos, figura fundamental na formação do músico carioca, com quem fez trabalhos em filmes como *Amuleto de Ogum* (1975) e *Tenda dos milagres* (1977). Vale ressaltar que os filmes de Nelson Pereira na década de 1950 – *Rio 40 graus* e *Rio Zona Norte* – foram marcos culturais que de alguma forma impactaram a vida de Jards indiretamente. A presença da música de Zé Keti e da figura de Grande Otelo amarrava um cineasta fundamental para a geração do Cinema Novo com os sambistas do subúrbio carioca que iriam desaguar no bar Zicartola, nos eventos da UNE e nos teatros de Copacabana. Esse foi o caldo sonoro e intelectual que formava um jovem como Macalé no período.

Uma das histórias relacionadas à Churrascaria Pirajá e sempre contada por Jards envolve justamente o nome de Grande Otelo. Por ainda ser menor de idade e estar na escola (isso deve ter ocorrido até 1961, quando Jards chega à maioridade dos dezoito anos), sua mãe dizia ao filho que sete horas da noite era o limite para sua frequência nas dependências do restaurante. Jards, porém, ficara totalmente fascinado com um universo que, em breve seria também o dele: bares, música ao vivo, cultura urbana e, principalmente, a diversidade de pensamentos e experiências daquelas figuras. Num dia, sua vontade de permanecer nesse ambiente boêmio o fez perder em muito a hora combinada para estar de volta em casa. Em suas lembranças, o problema que sua mãe via ao deixá-lo ali até muito tarde, além da minoridade do filho, eram alguns dos seus frequentadores. Nesse dia em que perdeu a hora, dona Lygia foi resgatar o jovem boêmio e teve de lidar com o apoio de seus novos amigos – como conta o próprio Jards:

> E aí ela desceu e chegou na porta da churrascaria para o porteiro e perguntou "Meu filho está aí?". E o porteiro era um cara simpaticíssimo, amigo de todo mundo. "Meu filho está aí?" "Ah, ele tá lá com o pessoal." "Chama ele, por favor." Aí o cara foi lá, "Tua mãe tá aí". Eu digo ih, caramba. Aí o Grande Otelo, do qual me tornei um grande amigo, disse pra mim "deixe que eu vou com você pra lá". Ele me perguntou qual era o nome dela, disse "O nome dela é Lygia", daí ele chegou: "Dona Lygia, como vai?" E minha mãe era fascinada por cinema também, adorava, viu o Grande Otelo e se derramou toda. Aí ele diz: "Dona Lygia, por favor, entre aqui que eu quero lhe apresentar as pessoas que estão com o seu filho." Minha mãe ficou fascinada. "Por exemplo, ali está Baden Powell, ali o Maestro Tom Jobim", e foi apresentando. "O poeta Vinicius de Moraes" e toda aquela patota. Até que ela chegou no Stanislaw. "E aqui

o nosso Sérgio Porto, o Stanislaw Ponte Preta" e minha mãe ligada que era o criador das "certinhas do Lalau" falou "Aaah! meu filho vamos embora!".[13]

Em outra entrevista realizada em 2009, Jards dá a entender que Grande Otelo já frequentava sua casa quando dona Lygia foi acabar com sua farra precoce, e que, portanto, não teria sido nesse momento que Otelo se apresentaria a ela. Afinal, ele diz que o ator era seu avalista do "passe" que ele ganhara para ficar até um pouco mais tarde pela Churrascaria. Jards contara isso dando uma outra versão para a história com Grande Otelo (que já teria conhecido sua mãe antes do evento) e Sérgio Porto:

> Depois que o levei [Grande Otelo] em casa, ganhei meu passe livre e passei a ficar até às dez horas da noite. Até que um dia eu passei das dez horas, minha mãe desceu e o porteiro veio avisar "Sua mãe está aí", e o Grande Otelo disse "Deixe comigo". Então ele falou "Dona Lygia, seu filho está em boas mãos. Por exemplo, temos aqui o maestro Antonio Carlos Jobim..." e minha mãe "Muito prazer", e continuou "Vinicius de Moraes, o poeta...", ela estava felicíssima e ele "Baden Powell", que já estava bêbado, e para completar ele falou "e o nosso cronista Stanislaw Ponte Preta". Aí minha mãe não gostou. Entrou no sexo... Podia ser rock and roll pesado, drogas, mas sexo não!

De qualquer maneira, nas duas versões o que fica marcado era o tabu sensual que a figura do cronista Sérgio Porto assumia no imaginário classe média das famílias. Sérgio Porto entrara na imprensa carioca substituindo o famoso colunista Jacinto de Thormes (pseudônimo de Maneco Muller) ainda em 1954 e publicou por catorze anos em jornais e revistas como *Última Hora* e *O Cruzeiro* as fotos de suas eleitas, em ampla maioria atrizes de teatro rebolado e aspirantes à fama. Em um período de forte moralismo, as fotos

---

13 | Conversa com o autor, em 13 de novembro de 2017.

das "certinhas" povoavam o imaginário de jovens, mas também de suas mães, como demonstra Lygia em reação à convivência de Jards com o jornalista carioca.

Esses espaços de convivência cultural que o jovem Jards conheceu foram aos poucos ampliados. As amizades feitas pelas ruas incluíam nomes como o futuro compositor, crítico e produtor Nelson Motta. Apenas um ano mais novo que Jards, foi Motta quem o apresentou a Dori Caymmi, colega importante nos primeiros anos de música. Dori, que seria parceiro de Motta em algumas composições concorrentes dos festivais da canção nos anos de 1960, aproximou Jards de uma das casas mais cultuadas da época, em que Dorival Caymmi, uma referência tanto para Vinicius de Moraes quanto para Tom Jobim e João Gilberto, recebia os amigos e, por consequência, os amigos dos filhos. Apesar de Dori ter entrado na biografia de Jards por conta de uma famosa história de briga ao redor de uma diminuta alterada numa composição, o fato é que ele foi uma influência em seu violão e um amigo que o indicou para alguns de seus primeiros trabalhos.

Como dito no capítulo anterior, porém, o amigo decisivo para ampliar a relação de Jards com a música foi o jovem Francisco Araújo. Chiquinho, como era conhecido, era a mais nova geração de uma família de músicos pernambucanos e foi o vizinho com quem Jards fundou seu primeiro conjunto (na verdade, dupla) batizado de Dois no Balanço. Chiquinho tocava bateria enquanto Jards tocava seu iniciante violão. A relação com o pai foi tardia, já que ele era fruto do primeiro casamento de Severino, ainda em Alagoas. Sua vinda para o Rio de Janeiro para viver com o pai ocorre na mesma época em que conhece Macalé pela vizinhança.

Além da amizade para toda a vida, o impacto mais duradouro para Macalé na convivência com Chiquinho foi conhecer através dele o próprio maestro Severino Araújo, responsável desde os anos 1940 pela intrépida Orquestra Tabajara. De alguma forma, porém, Jards já conhecia Severino, ou melhor, o som misterioso de seu famoso clarinete.

Eu ouvia muito do meu andar para o outro um som maravilhoso. Diariamente aquele som saía por uma das janelas, mas eu não sabia determinar de que janela era. Era um som lindo, de um instrumento lindo, que também não sabia. Até que um dia o Chiquinho falou "vamos até lá em casa", isso demorou mais de um ano, a gente ia pegar alguma coisa para uma festa. Até que quando abre a porta estava lá Severino Araújo sentado na poltrona da sala fazendo exercício, se exercitando. Aquele som e instrumento maravilhosos, era um clarinete. Lindo, que coisa maravilhosa. Cada vez isso me dava mais vontade de fazer música, de estar com música.[14]

Esse contato com Severino (nome que será fundamental em diferentes momentos da carreira de Macalé) o fez, ainda muito jovem, descobrir os bastidores musicais de uma orquestra, já que ele via o maestro escrever em partituras os arranjos de todos os músicos da Tabajara (metais e percussão principalmente). São diversas as entrevistas em que Jards faz referência à descoberta da música como escrita como um momento definitivo na sua formação de músico, já que, ao contrário de muitos de sua geração, ele estudará harmonia, teoria musical, canto, arranjo e outros saberes técnicos relativos ao ofício que iria exercer.

Jards era autodidata e começou a tocar um instrumento por influência materna. A curiosidade com as aulas de uma vizinha, a aquisição de um violão vendido por um bêbado de rua, o encontro com pessoas como Dori Caymmi e, principalmente, Severino Araújo, fizeram com que essa trajetória ganhasse rapidamente densidade e qualidade. O amigo Chiquinho, que também já tocava com a Tabajara e era copista para seu pai, em determinado momento não deu conta do trabalho e sugeriu a Severino que Jards o ajudasse.

Um dia esse meu amigo [Chiquinho Araújo] estava cheio de trabalho e não estava dando conta das cópias, e então o Severino disse assim "Menino você gosta de música?" e eu "Sim", e ele "Você vai ser copista da Tabajara. Quer ser

---

[14] Entrevista concedida em 22 de maio de 2009, com o autor, Santuza Naves e Fernanda Deborah.

copista da Tabajara?". Pensei que era a minha oportunidade para começar a desbravar aquele mistério, porque eu via aquele homem com uma grade de pautas escrevendo como se fosse um livro, com uma facilidade e um silêncio profundo... Não importava o som, porque o som estava dentro dele. Eu só ficava olhando e pensava "Quero ser assim também". Então, comecei a ser copista, fazia algumas cópias da Tabajara. Ia à Rádio Nacional e distribuía aqueles arranjos. A Rádio Nacional mítica da minha cabeça. Eu estava dentro dela distribuindo partituras para cada instrumento daqueles da orquestra e sentava para ouvir os ensaios. Naturalmente que, quando você copia mil notas, não vai acertar todas. Ia todo com medo, "Será que errei?", mas o Severino fazia um negócio fantástico, ele simplesmente falava: "Peraí. Ei você, essa nota não está legal, coloca isso e isso. E você coloca assim." Ele fazia na hora e armava, era um estudo para ele também, afinal, eu não ia acertar tudo. Eu ouvia aquilo como se fosse minha orquestração, pensando: "Fui eu que fiz – na verdade, eu copiei, mas na minha alma, eu fiz."

Aqui, estamos ainda nos primeiríssimos anos da década de 1960. Ao mesmo tempo em que estava se aventurando com o formato dos duetos, trios e quartetos musicais com seus amigos de rua, Jards também se envolveu com a música em frentes que simultaneamente amarravam o som de sua geração – a bossa-nova, o samba jazz, os primeiros sucessos do rock norte-americano através do cinema – e com outros sons impensados para, por exemplo, os alunos que frequentavam a Academia de violão de Carlos Lyra e Roberto Menescal em Copacabana. Jards entra de cabeça num saber musical que envolvia escuta, observação, escrita. Já podia, antes de se tornar um artista solo, entender como a música era uma prática coletiva, vendo de perto como uma orquestra funcionava. Além disso, Severino não só permitiu que ele tocasse percussão em alguns momentos (Jards já disse que tocara tamborim em algumas apresentações deles) como o aproximou da herança materna dos programas da Rádio Nacional.

Em pouco tempo, ele passava de um lado de ouvinte para o outro, de participante do espetáculo, mesmo que indiretamente. Como ele diz, "na minha alma, eu fiz" os arranjos copiados e executados nos programas radiofônicos.

Severino ainda mostraria para Jards um disco que o marcou profundamente – *City of Glass*, álbum de outra orquestra idolatrada na época, a de Stan Kenton. Como muitos músicos de seu tempo, Severino era fã do grande maestro norte-americano e fez Jards ouvir o disco como se estivesse revelando para o menino um segredo de algibeira de sua formação de orquestrador. *City of Glass* foi lançado nos Estados Unidos em 1953 e compilava as parcerias de Kenton com o compositor Bob Graettinger. Em um período entre 1947 e 1954, a orquestra de Kenton fez uma série de apresentações e gravações definindo seu som como *Progressive Jazz*, uma corrente que conviveu com a hegemonia do Be Bop de então ou de nomes como Duke Ellington e Benny Carter, influências diretas na obra de Graettinger. É curioso pensarmos que essa aproximação entre o jazz e a música erudita de vanguarda estava na base das ideias de Severino Araújo para a Orquestra Tabajara. E que o maestro brasileiro mostrasse para um jovem Macalé como uma de suas referências. Macalé nunca mais esqueceu esse momento.

> Severino uma vez me perguntou "Meu filho, você gosta de música?", e eu disse assim gosto e tal. "Então vou lhe mostrar de onde vem a Orquestra Tabajara", e pegou uns discos, o *City of Glass,* do Stan Kenton. Um disco completamente... E naquele disco o Stan Kenton estava fascinado por aquela dissonância absoluta, Stravinsky e não sei o que lá... Porque o Severino estudou com o Koellreutter também, né. Também foi dessa coisa da dissonância total, grande músico. E a Tabajara era muito fruto dessa coisa das *big bands* americanas com esse estranhamento. O Chiquinho Araújo fazia cópia, era copista do pai, fazia cópia das partituras e tal, e aí eu pedi para ser copista e quando ele estava sobrecarregado sobrava pra mim. Foi aí que eu aprendi mais ou menos a ler e escrever [partitura].

Quando gravou o disco *Contrastes*, em 1976, Jards fez homenagem a um de seus mestres convidando-o para reger a Orquestra Tabajara na faixa "Choro do arcanjo". A relação com a Orquestra de Severino destoa dos parceiros de geração porque poucos tiveram a oportunidade de estarem inseridos no dia a dia de uma formação musical que já o obrigasse a pensar o som para além do violão e das festas em que o instrumento solitário servia como garantia de uma performance musical satisfatória.

Também é curioso pensar que a formação de Severino, nascido em 1917 de uma família de músicos na cidade pernambucana de Limoeiro, passe pelas Forças Armadas, tendo sido inclusive convocado pelo Exército. Como o pai de Jards, o componente militar e a origem nordestina estavam presentes na biografia de Severino. Tendo assumido o clarinete de Benny Goodman como seu instrumento, Severino entra muito jovem no concorrido naipe de metais da orquestra da Rádio Tabajara, de João Pessoa, Paraíba. Nesse período, a orquestra ainda se chamava Jazz Tabajara. Com a morte do maestro Olegário de Luna Freire, ele assume a orquestra com apenas vinte e um anos, em 1938.

Em 1944, após um convite de Assis Chateaubriand, ele migra com alguns dos músicos da Rádio Tabajara para o Rio de Janeiro, trazendo logo em seguida o restante (inclusive seus irmãos) para formar a famosa Orquestra de dezesseis músicos. Com esse grupo de músicos e o nome da rádio como nome da orquestra, Severino e os demais integrantes tocaram nas casas cariocas e passaram a gravar discos pela Continental com composições próprias e de terceiros. Em 1951, ocorre o momento culminante com a abertura do show de Tommy Dorsey e sua orquestra, durante a inauguração da Rádio Tupi. Os elogios do músico norte-americano consagram Severino aos olhos e ouvidos brasileiros. Em 1952, a Orquestra Tabajara passa uma longa temporada em Paris acompanhando os cantores Jamelão e Elizeth Cardoso. Na segunda metade dos anos 1950, passa a trabalhar em rádios como Mayrink Veiga (1955-1959) e, na década seguinte, acumula o trabalho na Rádio Nacional (1962-1964) e na TV Rio (1960-1965).

Foi nesse período, e com essa bagagem que um "jovem senhor" de quarenta e três anos conheceu o jovem Macalé, com dezessete.

É em 1962 que Chiquinho entra na Orquestra do pai e que o amigo de rua pôde conhecer o fascinante mundo dos músicos que viviam ao redor de Severino Araújo. Esse contato explica muito a sonoridade que Jards Macalé utilizava em sua obra – uma sonoridade sem preconceitos de gêneros, porém com forte pé numa ideia cosmopolita de música brasileira, que conhece a fundo os cânones do ritmo nacional, sambas, choros, carimbós, frevos, sambas-canções, maracatus e boleros, e faz delas a base para ouvir a música internacional de seu tempo. A Tabajara era o cruzamento das *jazz bands* norte-americanas com as rádios brasileiras e seus auditórios, de instrumentistas sofisticados e cantores populares. Gravava Gershiwin, Tom Jobim e Luiz Gonzaga. Ver Severino trabalhar, conviver com a orquestra, entender como um pensamento abstrato se torna uma escrita que produz um som, tudo isso mostrou a Jards um espaço de criação coletiva e profissionalismo que, de alguma forma, marcou-o para sempre – como o próprio afirma:

> Essa coisa é uma coisa mágica, pô. O cara tá lá *brotando* aquela coisa toda nas grades de partitura e tal. E depois eu copiava as partituras e levava na Rádio Nacional e botava as partituras na estante dos músicos e sentava lá pra ouvir o resultado. O som passando pela minha escrita. É um negócio fantástico. E comecei também, na Rádio Nacional, em outras rádios, a ter contato com esses músicos antigos todos. Além de ser fascinante era uma coisa de que havia uma responsabilidade muito grande. Eu via que ser músico não era só "oba", ser músico era um trabalho profundo, era uma vivência. Mais que tudo, era um ofício. E um ofício difícil, pesado, mal remunerado. Eu saquei que copiando eu podia começar a ler mais fluentemente, ler música, nota e tal. E também ao estar lá na Rádio botando e ouvindo o resultado daquela escrita eu comecei também a sacar os timbres todos, cada instrumento, cada timbre, cada arranjo, cada alcance. A coisa da orquestração mesmo. Tanto que depois eu fui estudar com o Guerra-Peixe, né.[15]

---
15 | Conversa com o autor, em 13 de novembro de 2017.

Era 1959 quando Jards forma com Chiquinho o Dois no Balanço. O duo chegaria a ter seis membros até o seu final, em 1963.[16] O nome, certamente, emulava os demais grupos instrumentais que inundavam a noite carioca e gravava discos pelos selos que surgiam naquele período, como a Elenco de Aloysio de Oliveira. Em poucos anos, surge o Tamba Trio, de Luiz Eça, além do Zimbo e do Jongo Trio, dos conjuntos de Roberto Menescal e Sérgio Mendes, dos Gatos de Durval Ferreira, do João Donato Trio, do Edison Machado Trio e muitos outros.

O período do conjunto de Macalé – apesar de um único registro encontrado na imprensa sobre eles, publicado no *Diário de Notícias*, fazer referência ao "Conjunto de Chiquinho Araújo" – foi exatamente o momento em que ele conhece Dori Caymmi, Severino Araújo, frequenta a Churrascaria Pirajá e arrisca suas primeiras composições. Segundo Jards, "Soluços", uma das canções que ele lançou em um compacto em 1970, foi composta quando ele tinha apenas quinze anos. Compôs também nessa época "Tristeza em canção". Se a segunda emula Vinicius de Moraes pelo nome e pela referência do poeta-compositor para Jards – como para muitos jovens de sua época –, a primeira já mostrava uma verve mordaz e ácida para falar de amor – algo raro para o seu tempo.

Quando você me encontrar
Não fale comigo, não olhe pra mim
Eu posso chorar

E quando eu choro eu tenho soluços
E os soluços estragam minha garganta
E além disso eu uso lenços de papel
Eles se desfazem quando molham
Meus olhos ficam vermelhos e irritados
Eu ainda não comprei meus óculos escuros

---

16 | Em janeiro de 1964 Ronaldo Bôscoli batizou um programa de televisão na TV Excelsior com o mesmo nome da dupla de Jards e Chiquinho.

Apesar do músico sempre situar suas primeiras composições numa fase ainda de adolescência, Macalé se sente à vontade para arriscar letras desse tipo quando iniciava sua relação com o violão e o meio musical em geral. Vinicius, mais do que uma influência, era alguém que Jards conhecia pessoalmente. Em 1962, ele conseguiu uma parceria ao musicar o poema "Mais que perfeito". Era o período em que Vinicius, depois de uma temporada trabalhando em Montevidéu, mergulha de cabeça na nova geração de músicos através das amizades de Susana de Moraes, sua filha. Ela, inclusive, mostrou a composição de Macalé para o pai, que aprovou imediatamente e passou a chamá-lo de parceiro. Na casa que sua esposa de então, Lucia Proença, tinha em Petrópolis, Vinicius recebe a geração de Francis Hime, Edu Lobo e, claro, Macalé. Simultaneamente aos ensaios do seu grupo, Jards aprofundava sua relação com o meio musical da cidade.

Além de Chiquinho Araújo, Jards também se torna amigo de João Viana, ou Jota, um piauiense que, segundo o músico, era já naquela época um artista multimídia pela sua capacidade de atuar em muitas áreas – inclusive poesia e composição. Assim como o primeiro, era um amigo de rua (seu maior amigo, segundo Jards), ali da região do Bar 20. Os três, Jards, Chiquinho e Jota, formam então o Três no Balanço e passam a atuar em algumas festas da época. Ao violão e a bateria, se junta a flauta e o piano de Jota, ampliando não só o som deles, como a circulação do trio nos eventos da cidade. O conjunto cresce depois com o saxofone de Charles, morador da praça Nossa Senhora da Paz. Jards ainda se recorda de um baixista de Niterói como quinto elemento e o economista Regis Bonelli como o sexto membro, tocando trompete.

Essas transformações atravessaram quatro anos e levaram o grupo a realizar apresentações no circuito amador. O primeiro cachê veio em uma festa de quinze anos no bairro do Encantado, subúrbio do Rio. A debutante, filha de um amigo do pai de Macalé dos tempos da Marinha, requisitara um conjunto para a sua festa e Jards emplacou seu grupo. Em outra ocasião, fizeram acompanhamento para um desfile de moda na Hebraica, vinculado às Legionárias, grupo cristão que a mãe de Jards fazia parte. Jards lembra de um porre que o fez terminar a noite dormindo embaixo do piano.

O Seis no Balanço (ou sete, ou oito, dependendo do dia e da formação), também chegou a tocar esporadicamente em apresentações televisivas, como a estreia de Perry Salles em um programa da TV Continental, convite feito a Jards nas noites da Churrascaria Pirajá. Macalé toca também em 1963 na TV Excelsior, durante o programa *Time Square*, com Daniel Filho e Dorinha Durval. Nessa época de televisão ao vivo, muitos quadros humorísticos, cineteatros e outros tipos de programação contavam com músicos fazendo as trilhas sonoras na hora da transmissão. Conjuntos amadores como o de Jards, Chiquinho e Jota eram perfeitos para esse contexto – ainda mais com os músicos frequentando o bar na esquina dos estúdios da Excelsior.

Além de flautista do Seis no Balanço, Jota era estudante de engenharia da PUC do Rio, assim com Regis Bonelli. Vivia de perto uma época de efervescência estudantil na América Latina, em geral, e no Brasil, em particular. A PUC era uma universidade privada que, pela primeira vez desde sua fundação, se abria para os demais segmentos da sociedade. Foi o estudante que aproximou o conjunto musical das festas que ocorriam no âmbito do meio estudantil carioca. Era a época em que Ronaldo Bôscoli realizava os encontros da bossa-nova nas universidades e que parte da imprensa carioca cobria de perto o dia a dia dessa cena juvenil que alimentava a renovação da música popular no Rio de Janeiro. A relação criada entre música, juventude, universidades e política nacional aos poucos foi tomando conta do proscênio, a ponto de gerar tensões públicas entre músicos e compositores.

No meio estudantil carioca a PUC, pela sua matriz católica, era um dos principais espaços de atuação da Ação Popular (AP), grupo cristão de esquerda criado em 1962. Ele surge de um desdobramento dos debates no interior de movimentos como a Juventude Universitária Católica (JUC), presente em diversas cidades do país. Na PUC, Cacá Diegues e outros foram importantes nesse período que conectaram movimento estudantil e cultura ao incorporar na rotina do Campus debates, exibições de cinema e show de música popular. O futuro cineasta foi editor nos primeiros anos do semanário *Metropolitano*, jornal da União Metropolitana de Estudantes da Guanabara, publicado por três anos como encarte do jornal *Diário Carioca*.

Nessa época, a dimensão local e nacional do movimento estudantil ganhava força inédita. Simultaneamente, os jovens músicos surgidos no âmbito da bossa-nova e os jovens vinculados na luta política do CPC da UNE conviviam por bares e shows. A iniciativa do Centro Popular de Cultura instalado no prédio da União Nacional dos Estudantes é fruto desse momento em que artistas de diferentes áreas iniciam movimentos coletivos para fazerem dos seus trabalhos uma ação tanto estética quanto política. A presença do Partido Comunista no meio cultural já era grande desde a década de 1940 e se articulava com o movimento estudantil.

Nesse momento, portanto, a música popular no Rio de Janeiro começa a ganhar os contornos definitivos do que viria a se chamar de Música Popular Brasileira. Uma música feita pela juventude urbana carioca, principalmente da Zona Sul, que aos poucos criava forte vínculo com as demandas políticas do movimento estudantil e seus intelectuais, além de uma relação direta com os mundos do cinema e do teatro, tão em ebulição quanto a canção popular.

O funcionamento do Centro Popular de Cultura da UNE durante três anos ininterruptos (1961-1964) na cidade seria uma das experiências mais importantes para o meio artístico do período pelo seu perfil de ação direta, produção enxuta e linguagem popular. A partir da montagem da peça *A mais valia vai acabar, seu Edgar*, Oduvaldo Vianna Filho (Vianinha) e Chico de Assis, dois dramaturgos e diretores oriundos da experiência paulista do Teatro de Arena, arregimentaram um grupo de jovens de outras áreas e permaneceram produzindo ideias e trabalhos na cidade. Juntos do sociólogo Carlos Estevam Martins, pesquisador vinculado ao Instituto Superior de Estudos Brasileiros (ISEB), fizeram do termo "Cultura Popular" o motor de uma série de princípios que definiram o campo cultural brasileiro do período. Tais princípios, aplicados por nomes que já vinham de algumas experiências coletivas no meio cultural, como Vianinha e Ferreira Gullar, ensinaram uma geração de artistas a fundar um mercado cultural voltado para uma parcela da juventude da cidade.

As festas na PUC que contavam com a participação do conjunto de Jards Macalé, portanto, eram parte de um contexto mais amplo que deslocou músicos amadores do seu ambiente de bairro e atmosfera burguesa para um ambiente politizado e mais plural de ideias. Mesmo que as pautas políticas não fossem sua prioridade, era impossível para um jovem como ele não ficar atento aos debates que vinham ocorrendo. Aos poucos os bares de Copacabana deixam de ser a única opção para começar uma carreira de músico, deslocando o aspecto comercial das boates para o aspecto gregário dos teatros e arenas. Foi o momento em que o discurso dos jovens criados no âmbito da modernização burguesa da bossa-nova começou a se modificar face a transformação do país.

Essas mudanças no conteúdo cultural e nos espaços de circulação dos jovens músicos daquele período ganham uma nova camada quanto, em 1964, grupos de teatro como Opinião (RJ) e Arena (SP) incorporam na sua dramaturgia a canção popular, produzindo sucessos que articulavam inovações musicais e temas políticos do momento. Como veremos nos próximos capítulos, peças como *Opinião* (1964) e *Arena conta Zumbi* (1965) foram marcos revolucionários da dramaturgia e, simultaneamente, plataformas de lançamentos para carreiras e sucessos musicais. Inclusive de Macalé.

Além da entrada nas universidades e nos teatros, o músico brasileiro daquele período é apresentado a mais uma arena, dessa vez eletrônica. Ainda em 1965, ocorre no dia 6 de abril a final do I Festival da Música Popular Brasileira, transmitido pela TV Excelsior, emissora paulista com filial no Rio. O festival foi realizado no Teatro Astoria, localizado em Ipanema, colado à casa de Macalé. A novidade – uma competição musical transmitida ao vivo para os lares – insere definitivamente a televisão, até então uma mídia tecnicamente precária, na dinâmica de músicos e compositores. Assim como a canção popular da geração de Macalé, a televisão brasileira se transforma através da relação entre música e imagem.

A vitória de Elis Regina interpretando "Arrastão" (parceria de Edu Lobo e Vinicius de Moraes, dois amigos de Macalé) muda o parâmetro de performance, após ensaios com o coreógrafo e artista Lennie Dale. As apresentações fazem a síntese entre a canção politizada, a teatralidade do intérprete e o vínculo midiático entre voz e imagem. Os programas de variedades que dominavam a televisão brasileira iam aos poucos dando lugar a atrações com músicos populares durante o horário nobre. Entre o surgimento do Dois no Balanço e as primeiras apresentações de Macalé como profissional, passaram-se menos de cinco anos. Apesar do pouco tempo, as coisas mudariam bastante na cidade, no país e, principalmente, na música brasileira.

80 ➤ Músico

Para um jovem violonista que quisesse fazer uma carreira no meio musical do Rio de Janeiro no início da década de 1960, o cenário encontrado era bem eclético – e competitivo. Os bares, boates e casas de show que começaram a brotar em bairros como Copacabana na década anterior ganharam força e se espalharam por outras partes da cidade. Se o Beco das Garrafas sintetizava no espaço reduzido da rua Duvivier a revolução da moderna música brasileira, outros pontos iam diversificando sua programação para absorver uma série de atrações com diferentes perfis sonoros. O que estava em curso era algo totalmente novo que, no final da década, seria batizado de Música Popular Brasileira – a sigla MPB que Jards, aliás, não adota para falar de sua obra.

O impacto nacional e, cada vez mais, internacional dos discos de músicos ligados à bossa-nova ainda sustentava uma hegemonia estética e comercial entre as principais gravadoras. Como um efeito colateral, porém, sua força de atualidade fez com que nomes que outrora estavam fora do baralho sonoro nacional pudessem ocupar um novo lugar ao sol. Se a bossa-nova inoculou o vírus da sofisticação na geração de músicos que a cultivou como audição e prática durante sua formação, ela também permitiu que diferentes matrizes musicais da tradição brasileira ganhassem um novo impulso através dessa sofisticação. Como disse Gilberto Gil, ainda em 1967, isso se comprova, por exemplo, no repertório dos três primeiros discos de João Gilberto: *Chega de saudade* (1959), *O amor, o sorriso e a flor* (1960) e *João Gilberto* (1960). Segundo Gil em depoimento para Zuza Homem de Mello:

> Aqueles simples três discos que ele fez, continham em seu bojo tudo o que houve de música popular de lá pra cá, tudo que houve antes e depois até um certo tempo. (...) Tudo que foi feito nesses dez anos, foi apenas o desmembramento posterior a uma síntese da qual nós começamos a separar elementos. O Edu, eu, o Caetano passamos a significar isso: bifurcações de uma coisa que João Gilberto já trazia em seu bojo, ele já trazia música nordestina, já trazia folclore baiano, samba de morro carioca, a temática urbana do Chico Buarque de Holanda, já

trazia tudo, nos discos dele você pode encontrar todas essas discussões com detalhes.[17]

A afirmação de Gilberto Gil demonstra a leitura arguta do músico em perceber que a bossa-nova não se definiu apenas pela sua força estética (a batida) e seu apelo popular, comercial e mundial como marca sonora de uma geração carioca. No interior desse processo estético e comercial, discos como os de João Gilberto exerceram influência definitiva na geração de Jards Macalé. Ofereceram aos jovens iniciantes uma exímia seleção de repertório e uma inovadora performance, tanto no violão quanto na voz. Através dos discos de João, a bossa-nova pôde ser mais do que o resultado de uma "influência do jazz" – isto, claro, se quisermos fixar a música de João à bossa-nova, afirmação que muitos discordam completamente.

De qualquer forma, é inegável, no contexto de época, que foi através de uma ideia chamada bossa-nova que a obra de João Gilberto foi recebida pelos jovens como Macalé e Gil. O principal, na fala de Gil, talvez seja perceber como a variedade de compositores e referências "filtradas" por João Gilberto possibilitou que um jovem de Ituaçu ouvisse modernamente a tradição musical brasileira. Isso permitiu que a fruição da nova batida fosse entendida para além do formato mais fixo do ritmo carioca – emulado, principalmente, nas composições de Ronaldo Bôscoli e seus parceiros. Ao contrário do carioca Menescal, por exemplo, Gil não viu os dedos de João Gilberto correndo sobre o violão em pequenos eventos privados na Zona Sul carioca. Isso não impediu, porém, que ele – e muitos outros ao redor do país – conseguisse ouvir o frescor da invenção.

Essa distância pessoal do evento João Gilberto produz em Gil outra experiência sonora. Sem saber quem é aquela voz, aquele rosto na capa do disco, talvez o repertório tenha tido outra força. Ao ouvir o que João fazia com Dorival Caymmi, Ary Barroso, Marino Pinto, Haroldo Barbosa, Geraldo Pereira, Nelcy Rocha e muitos outros, Gil

---

17 | J.E. Homem de Mello, *Música Popular Brasileira*, São Paulo: Melhoramentos, 1976, p. 109.

entendeu a completa liberdade atemporal que o músico promovia. Permitiu que suas escutas formadoras na Bahia, com Luiz Gonzaga, Jackson do Pandeiro ou sambas de roda, pudessem ser pensadas à luz da revolução sonora de João. Ao colocar tais compositores lado a lado com as canções dos músicos de Ipanema, Gil dava a senha simultânea para um interesse na atualidade (a bossa-nova, a música pop, o jazz) e no riquíssimo arquivo da música brasileira.

Jards Macalé, portanto, era um jovem que, ao mesmo tempo estava em um sexteto de jazz, tinha conexões com a Orquestra Tabajara e tocava em bailes universitários do movimento estudantil. Apenas alguns anos depois já está tocando no espetáculo *Opinião*, acompanhando sambistas como Cyro Monteiro e dirigindo musicalmente o trio de Edison Machado em um show da jovem promessa baiana Maria Bethânia. Entre 1962 e 1967, o meio musical em que Macalé inicia sua trajetória de forma amadora ganha uma velocidade vertiginosa tanto na sua produção – discos, shows, festivais e programas de televisão – quanto na sua força crítica, já que seus participantes acompanham de perto a temperatura política do país.

➤➤

Muitos eventos contribuíram para o período em que a bossa-nova, com seu estatuto praieiro, ipanemense e lírico, aos poucos fosse rasurada em prol de uma canção de base mais diversa e com forte missão crítica. Tais formatos e temas atingem o auge na imprensa e no gosto popular em 1962. Nesse mesmo ano, porém, ocorre o primeiro êxodo de parte de seus grandes nomes, como João Gilberto e Tom Jobim. O desgaste modista do termo e a falta de produção musical mais elaborada por parte dos músicos é contemporânea ao amadurecimento da geração de Macalé. São justamente eles que conseguem partir da revolução de João em direção a novos desdobramentos necessários. Uma espécie de ruptura da ruptura, fazendo com que a bossa-nova, em pouco tempo, fosse transformada pelas novas gerações.

Novamente, esse período histórico no Rio de Janeiro e no Brasil era de efervescência política e estética. A utopia moderna de felicidade e o clima arejado e sofisticado que o ritmo da bossa-nova emulava incorpora canções em que qualidade e sofisticação harmônica podem conviver com invenção formal e diversificação temática. Dos sambas (e afrosambas) de Baden Powell e Vinicius de Moraes às paisagens e personagens populares de Edu Lobo, Gianfrancesco Guarnieri e Ruy Guerra, passando pela necessidade de "falar da realidade" que ocuparam as obras de Sérgio Ricardo, Geraldo Vandré ou Nara Leão, todos começaram a expandir as conquistas sonoras da bossa-nova em direção a novos assuntos. No mesmo período, os trios que surgiram com os shows do Beco das Garrafas ganhavam força como estruturas musicais ideais na transição dos arranjos de sambas (os chamados então "sambas de morro") para a linguagem moderna e jazzística que surgia com piano, baixo, bateria e metais. É a época em que se consolida, por exemplo, o termo historicista "samba moderno" e a polêmica ao redor da canção de protesto (ou "música de participação") com sua veia nordestina – composta, porém, por jovens que viviam no Sudeste. Para alguns críticos, a volta do piano e da bateria após alguns anos de hegemonia do violão solitário não era necessariamente uma melhora na música brasileira.

No mesmo livro de Zuza Homem de Mello, com depoimentos colhidos ainda em 1967, o compositor e produtor Ronaldo Bôscoli, símbolo de um tipo de bossa-nova carioca que viveu seu apogeu e sua queda em cinco anos (1959-1964), deu ao jornalista a sua versão (amarga) dos fatos:

> O que aconteceu é que os jovens que tentaram nos suceder tinham medo de não vencer porque nós já estávamos na frente. E em vez de entender que o bolo dá para todos, começaram a derrubar o que já tínhamos feito, e a fazer música de participação (já ouvi críticas até ao Tom chamando-o de superado). Mas todos sem estofo moral para fazer esse negócio: música de esquerda feita por meninos de Copacabana ou Ipanema nunca pode dar certo.[18]

---
18 | J.E. Homem de Mello, op. cit., p. 124.

A primeira década dos anos 1960, portanto, é vital para os destinos da música brasileira, a relação com ouvintes, o meio profissional, o modelo de negócios, as possibilidades de sobrevivência, e é também um período de definições intelectuais e políticas. Macalé está, assim, no cerne de uma transformação que, ao mesmo tempo que amplia os caminhos sonoros de um músico, também exige novas técnicas, outras qualidades de repertório etc. Os antigos violonistas dos chamados "regionais", vindos das rodas de choro e samba em sua maioria, não tinham a força musical nas inovações harmônicas do jazz, mas sim no ritmo e na técnica peculiar de tocar. A partir da revolução sonora da bossa-nova – e, principalmente, de Tom Jobim e João Gilberto – o violão torna-se um instrumento que demanda maior atenção caso se buscasse destaque entre os inúmeros nomes que almejavam trabalhar e viver do instrumento. Só no espaço do seu bairro e adjacências, Jards convivia com talentos como Dori Caymmi e Edu Lobo. Fora os tantos outros que assistia nos shows e ensaios da época, sempre retirando de cada violão um aprendizado.

A curiosidade musical de Jards e o interesse genuíno no instrumento fez com que buscasse essa atenção na formação de violonista. Tal esforço de se tornar um instrumentista de grande técnica, inclusive cogitando a carreira erudita por breve período, de certa forma silencia o compositor. Com poucas canções na primeira metade da década de 1960 – apesar de gravadas por grandes nomes –, sua dedicação foi a tornar-se um músico completo. Ao contrário de Edu Lobo, Gilberto Gil ou Paulinho da Viola, violonistas, letristas e cantores em quase todas suas canções, Jards se assemelha ao amigo Dori Caymmi e outros da geração que se tornaram arranjadores e diretores musicais. Apenas na década seguinte ele abraça os papéis de intérprete e compositor. O estudo do instrumento, portanto, não nasceu acompanhado de uma farta produção poética. Só ao longo do tempo é que Jards se tornaria parceiro de grandes poetas e, ele mesmo, um ótimo letrista. A relação com o instrumento foi tão forte nessa primeira década de trabalho que, ao se apresentar se apresentar no IV Festival Internacional da Canção de 1969, foi anunciado ao adentrar o palco como "um dos maiores violonistas do Brasil".

Foram muitos os professores e mestres mencionados por Macalé durante sua formação. Sem cronologias precisas, já que entre 1960 e 1963 os eventos deslizam sobre as mesmas bases – a banda com os amigos, a Churrascaria Pirajá, os esporádicos programas de televisão, a Orquestra Tabajara, ensaios de outros músicos – Jards estudou violão por tempos curtos ou longos com nomes de variadas procedências. Se com alguns teve aulas periódicas, com outros absorveu dedos, ritmos e harmonias com o mesmo olhar que decorava, ainda garoto, na escada de seu prédio em Ipanema, as lições dadas a sua vizinha. Jards passou pelas aulas de Normando Santos no Bairro Peixoto, até lições no Méier com o grande Meira, ou Jaime Tomás Florence, violonista pernambucano, participante de regionais de choro famosos como os de Benedito Lacerda e Canhoto, além de ser parceiro de violão de Dino Sete Cordas. Meira foi, simplesmente, professor de Baden Powell. Jards também teve contato cotidiano com ensaios do próprio Baden, conheceu em bares o toque único de Nelson Cavaquinho e viu Catulo de Paula na intimidade da Churrascaria Pirajá. Ainda nessa mesma época, conheceu Turibio Santos, que apesar de ter praticamente a mesma idade de Jards (Turibio nasceu no dia 7 de março de 1943 e Jards quatro dias antes), já era exímio violonista de diferentes gêneros. Ele, por sua vez, indicou Jards para ter aulas com o erudito Jodacil Damaceno.

Todo esse caldo de clássicos e populares, de bossa-nova, samba, afrosamba, regional, fez com que rapidamente o violão de Macalé ganhasse ecletismo e se adaptasse às diversas demandas que o meio musical daquele período poderia oferecer a jovens como ele. Dois grandes campos de ação se apresentavam para tais profissionais em seus primeiros passos: a indústria fonográfica, crescendo e se diversificando entre medalhões e novíssimos nomes surgidos no período; e os teatros, em que tanto as companhias de dramaturgia quanto produtores passaram a ocupar os palcos com músicos. Não é à toa que Elizeth Cardoso, Maria Bethânia, Augusto Boal e Hermínio Bello de Carvalho são nomes importantíssimos nessa passagem de Jards dos conjuntos amadores de Ipanema para a grande cena musical de seu tempo.

XX

Era 1963 quando Elizeth Cardoso lançava o disco *Elizeth interpreta Vinicius*, com arranjos de Moacir Santos e parcerias do poeta com Baden Powell, Vadico, Nilo Queiroz e o próprio Moacir. O álbum era fruto de um momento em que Vinicius de Moraes ampliava rapidamente o número de parceiros, após anos de fidelidade a Tom Jobim. Carlos Lyra, Baden, os jovens Francis Hime, Edu Lobo e Macalé eram alguns dos nomes que incluem até Pixinguinha.

Como dito anteriormente, a bossa-nova, apesar de sua internacionalização, já apresentava diversas rachaduras como princípio estético hegemônico daquele tempo. De alguma forma, o disco de Elizeth, lançado cinco anos após o emblemático *Canção do amor demais*, fechava um ciclo. Se no disco de 1958 a diva brasileira emprestara sua voz aos primeiros passos da pequena revolução musical que acontecia no Rio de Janeiro, em 1963 ela apontava o raiar de sua renovação – ou esgotamento. No primeiro disco, temos os arranjos de Jobim e um esporádico violão de João Gilberto como a inauguração de um som que ilumina a poesia lírica de Vinicius. Já no segundo, temos praticamente todas as composições do poeta em parceira inaugural com Baden. Aqui, nem sinal da "famosa batida", ou das cordas que faziam camas para a voz de Elizeth e sua interpretação quase operística que tanto contrariou João Gilberto naquela ocasião. Elizeth estava à vontade entre o violão balançado de Baden e as levadas de samba bem mais ao estilo dos trios de samba-jazz do período – o que pode ser ouvido em faixas como "Mulher brasileira" e "Menino travesso". Um regente preto, temas mais "modernos" nas letras, início da parceria duradoura entre Vinicius e Baden (boa parte composta de sambas cujas temáticas e divisões influenciaram jovens como Chico Buarque de Holanda), a dicção coloquial e descontraída de Elizeth – certamente já modulada pelas vozes das ótimas cantoras que surgiram depois da bossa-nova – eram elementos que davam ao disco um conjunto indefinível em que passado, presente e futuro se encontravam.

Ao juntar Elizeth, Vinicius, Baden e Moacir Santos, *Elizeth interpreta Vinicius* era contemporâneo ao trânsito que ocorria com cada vez mais intensidade entre as gerações de músicos no Rio de Janeiro em particular, e no Brasil em geral. Em um intervalo de apenas dois anos, Vinicius lançava um disco com a amiga Odete Lara, apresentava as baianas do Quarteto em Cy ao lado de Dorival Caymmi na boate Zumzum (que também virou disco pela Elenco), conhecia os jovens músicos de Ipanema e andava com Cyro Monteiro (cantor que gravou em 1965 um disco inteiro com sambas da dupla Vinicius/Baden). Ele era um desses personagens mediadores de diferentes meios musicais, cujas trajetórias foram fundamentais para uma série de trocas geracionais e, principalmente, sociais nesse período.

Outro que tinha trânsitos tão variados no meio cultural da cidade quanto o poeta e diplomata era Hermínio Bello de Carvalho. Como Vinicius, ele foi um agente fundamental na criação de um campo de atuação para músicos de todas as faixas etárias, sociais e raciais. Poeta que lançava seus primeiros livros exatamente no início dos anos 1960, muito jovem iniciou sua relação intensa com a cultura e a música brasileira. Como poucos de seu tempo, entendeu os cruzamentos criativos entre os campos ditos erudito e popular. Seguidor manifesto do pensamento de Mário de Andrade, Hermínio costurou tempos e geografias quando a canção brasileira ampliava suas bases e diversificava seus meios de difusão.

Todos esses eventos ocorreram durante o período em que o país se encontrava em plena excitação política, entre idas e vindas institucionais do governo João Goulart e a precária estabilidade política após a renúncia de Jânio Quadros, em 1961. Iniciativas coletivas no campo da cultura e da educação durante o governo de Miguel Arraes em Pernambuco (em que Paulo Freire tem grande destaque) haviam se espraiado em outras cidades através do modelo já referido anteriormente dos Centros Populares de Cultura, cujo início se deu na sede carioca da UNE, na Praia do Flamengo, em 1961.

A música brasileira que vinha sendo feita no bojo dos desdobramentos irradiados pela bossa-nova carioca e pelo cenário político em aberto, ganhava novos assuntos, novas urgências. Carlos Lyra, importante violão e voz do primeiro momento da bossa-nova, criara junto ao amigo Nelson Lins de Barros um vínculo direto com as iniciativas do CPC – sendo, inclusive, fundador e autor do grande sucesso, a "Canção do subdesenvolvido". Assim como Lyra, Nara Leão, jovem que foi transformada – de forma machista – em musa do movimento das orlas de Copacabana e Ipanema, iniciava um processo de deslocamento em direção a outros temas e repertórios que, a partir do seu definitivo disco de estreia em 1964, *Nara*, abriu publicamente o racha entre o grupo dos que conviviam em shows, festas e gravações. 1963, portanto, é uma espécie de ano em que profissionalismo, engajamento e urgência davam o tom dos dias de muitos jovens como Macalé.

É impressionante como a trajetória de Jards Macalé, com vinte anos, se entrelaça diretamente com a experiente Elizeth Cardoso. No mesmo ano em que ela lança o disco com Vinicius, 1963, faz uma longa temporada na boate O Cangaceiro, localizada em Copacabana, na rua Fernando Mendes, número 25. O local foi o mesmo que Macalé ocupou ao lado de Maria Bethânia três anos depois. Nesse show, Elizeth estava acompanhada pelo violão de Roberto Nascimento, músico responsável por desencadear uma série de eventos na vida de Jards. Roberto se tornou violonista da cantora no ano anterior, em 1962. Era jovem, nascido em 1940, de origem humilde, e aprendeu violão de ouvido.[19] Teve formação militar na Força Aérea Brasileira, mas abandonou em prol da vida com a música. Conheceu Elizeth na casa de Leda Barbosa, irmã do compositor e grande profissional da Rádio Nacional, Haroldo Barbosa. A partir desse dia, Roberto se tornou seu músico por longo período, um cargo ocupado apenas por grandes nomes do violão na cidade.

Ele conheceu Jards nessa época. A amizade nasce do convívio nas mesas da fundamental Churrascaria Pirajá, com uma parceria, "Meu mundo é seu", música gravada exatamente por Elizeth. Segundo Macalé:

---

19 | Dados retirados do depoimento de Roberto Nascimento para a série de programas *Retiro dos artistas: dez vozes.* (YouTube)

Fizemos uma parceria de botequim, daquelas que você coloca a segunda, ele a primeira e pronto. Era 1963. A letra foi dele. Era tudo muito mambembe. Elizeth gravou porque ele estava tocando com ela. Como se dizia na época "Ele colocou a música", ele me falou "Vamos colocar a música". Era como se fosse colocar a música na boca do cantor, ninguém falava gravar, falava-se "colocar". Ele colocou a música na Elizeth.[20]

Em dezembro de 1964, Roberto começou a tocar no espetáculo *Opinião*, marco tanto na dramaturgia brasileira quanto na música popular. É notória a revolução cênica ao juntar no mesmo palco, sob direção de Augusto Boal, João do Vale, Nara Leão e Zé Keti. Mesmo sem serem atores, interpretavam de forma direta textos de Vianinha, Armando Costa e Paulo Pontes, além de falarem de suas vidas pessoais e cantarem um repertório de impacto em se tratando do início do governo militar do Marechal Castelo Branco. Eram sambas cariocas que falavam de divisão de classes, toadas maranhenses que falavam da miséria do homem do campo e canções de protesto norte-americanas, latino-americanas e brasileiras. Tudo sob direção musical de Dori Caymmi e execução a cargo do baterista João Vargas, do flautista Alberto Hekel e do violão de Roberto. Ao longo do tempo de apresentação, essa formação inicial foi alterada.

Dori, um dos primeiros amigos músicos de Jards ainda na adolescência de Ipanema, também nascido em 1943, em 1964 já tinha trabalhado com o Teatro dos Sete, além de ter se arriscado em arranjos e ter participado de gravações e produção de discos na Philips. Durante o ano de 1965, Roberto Nascimento viajou em turnê com Elizeth. Ao substituí-lo, Macalé conseguiu seu primeiro trabalho profissional. A parceria dos dois, gravada ainda em 1964 no disco *A meiga Elizeth – volume 5*, faz com que a maior cantora do Brasil, a voz que a mãe de Macalé tanto admirava, fosse a primeira intérprete de sua carreira.

Esse nó entre uma das maiores vozes do país, espetáculos de tom político e shows em boates demonstra bem como era a circulação desses músicos. Os estudos de violão não eram descolados de

---

20 | Conversa com o autor em 11 de novembro de 2008.

uma prática feita diretamente nos palcos. Macalé vivia muito próximo de toda aquela efervescência. É quando obras e figuras como Cartola, Nelson Cavaquinho, Clementina de Jesus, Ismael Silva ou Cyro Monteiro se articulam com novatos como Paulinho da Viola, e outros mais rodados, porém desconhecidos, como Elton Medeiros, Jair do Cavaquinho ou Nelson Sargento. O caldo cultural que esses atravessamentos provocaram, faziam com que um artista como Zé Keti costurasse uma linha que ia dos filmes de Nelson Pereira dos Santos ao bar de Zica e Cartola, dos shows universitários do CPC ao espetáculo político com João do Vale e Nara Leão.

Jards Macalé circundava tudo isso, sabendo entender tanto o palco quanto o estudo. Sua amizade com Turibio Santos, por exemplo, também passou por esses percursos entre sambas e shows em teatros. Mais uma vez, Hermínio, grande amigo de Turibio, aproxima o jovem músico de concerto (ele se especializava na obra de Villa-Lobos e se tornou em pouco tempo um dos grandes nomes do violão clássico no país e no mundo) do universo inédito e transformador da cantora Clementina de Jesus. Ao ouvi-la cantando, Turibio, que na época tinha apenas vinte anos, concordou imediatamente em participar de um projeto de show proposto pelo amigo. Ao mesmo tempo, indicou outro grande violonista, César Faria, para compor o time de músicos. Este, por sua vez, convidou o filho, Paulinho da Viola, que, finalmente, chama o amigo Elton Medeiros.

Ao conhecer no Zicartola a força da voz e da presença de Clementina, Hermínio concebe o espetáculo *O menestrel* como estreia da cantora – naquela altura com 62 anos. Para tal feito histórico, o produtor consegue espaço no Teatro Jovem, um pequeno estabelecimento com capacidade para 150 pessoas que ficava na praia de Botafogo. Ele pertencia à União das Operárias de Jesus e estava sublocado ao estudante de arquitetura Kleber Santos, que buscava instaurar no espaço uma dinâmica bem próxima aos espetáculos e shows conduzidos pelo CPC carioca.[21]

---

21 | As informações sobre o Teatro Jovem e as demais informações sobre o primeiro show de Clementina de Jesus são retiradas da ótima biografia *Quelé: a voz da cor, biografia de Clementina de Jesus*, escrita por Felipe Castro, Janaína Marquesini, Luana Costa e Raquel Munhoz e publicado pela editora Civilização Brasileira em 2017.

O mesmo Turibio, estudioso de Villa-Lobos que acompanhava Clementina de Jesus, é quem indicará para Jards os estudos de violão com Jodacil Damasceno. Seu nome circulava com frequência na época vinculado a recitais de poesia musicados, concertos para a juventude e programas para a rádio MEC difundindo o violão clássico. Vale comentar nesse momento que Hermínio, Turibio e Jodacil eram parceiros na difusão da obra do grande compositor modernista brasileiro. Em 22 de novembro de 1962, ou seja, antes do primeiro conhecer Clementina de Jesus e do segundo indicar o terceiro à Macalé, eles estavam juntos no Festival Villa-Lobos daquele ano. Hermínio dera uma palestra sobre o maestro no MEC, acompanhado justamente dos violões de Turibio e Jodacil.

A relação de Jards e Turibio passou, principalmente, pela relação que Giselda Santos, irmã de Turibio, iniciou com Macalé nesse período (1966). Jards já havia colaborado com as peças do grupo Opinião e do Teatro de Arena (quando também substitui Dori Caymmi em *Arena conta Zumbi* na sua passagem carioca) e já tinha se tornado diretor musical do show de Maria Bethânia na boate Cangaceiro. O próprio músico conta a história:

> Depois do *Opinião*, a Bethânia foi fazer seu primeiro show individual na boate Cangaceiro. Eu estava na direção musical e arranjo. A filha do Augusto Rodrigues foi entrevistar a Maria Bethânia. E foi com uma moça. Então, ficou esse negócio de moça para lá, moça para cá e começamos a namorar. A moça era a Giselda. Ela era irmã do Turibio Soares Santos, morava no Lido. Então, ia namorar no Lido, na casa dela. E sempre estava lá o Turibio tocando freneticamente o violão. Eu já tocava "algum" violão, já tinha tocado no Arena e no Teatro Opinião. E ele com aquele violão fantástico estava estudando e já tinha gravado os *Doze estudos de Villa-Lobos* e estudava para participar do Primeiro Concurso Internacional de Violão, na Europa, o qual ele ganhou. Eu ficava com um ouvido no namoro e outro ouvido no violão. Então, ele me deu algumas dicas e me indicou o Jodacil Damasceno para técnica de violão, enfim, para aprender e estudar o instrumento.

A permeabilidade de escolas musicais que tais jovens como Macalé, Hermínio e Turibio viviam proporcionou a diversidade de violões como os de sua geração. Não é à toa que um músico um pouco mais velho como Baden tocava tanto os seus sambas quanto peças de violão clássico. O fato é que o palco do Teatro Jovem e o show de Clementina de Jesus detonam uma série de outros espetáculos produzidos por Hermínio, expandindo os sons do Zicartola para o centro da música brasileira. Ele consegue reunir ao seu redor a nova safra de músicos cariocas que estavam dispostos a entrar de cabeça nesse universo. O impacto de ações como as de Hermínio, ainda ressoando as iniciativas renovadoras dos shows do CPC, pode ser medido nos discos lançados no período. Artistas com capacidade de ampliar suas escutas e entender que a música brasileira deveria ir além do forte apelo lírico, imediatamente incorporam tais transformações de repertório e tema e promovem instigantes cruzamentos sonoros em suas obras.

É o caso, por exemplo, dos três primeiros discos de Nara Leão, gravados entre 1964/65. Desde 1962 a cantora – ainda como amadora – se afastou da vertente carioca da bossa-nova, representada por Ronaldo Bôscoli e seus parceiros, e se aproxima de Carlos Lyra e Vinicius de Moraes (dupla com a qual trabalha em 1963 no show *Pobre menina rica*), os mesmos que vinham ampliando o arco de parcerias, indo do CPC e do Teatro de Arena a Baden Powell e Elizeth Cardoso. A relação de Nara com o cineasta moçambicano Ruy Guerra, recém-chegado de anos de estudo em Paris, também a aproxima do meio politizado de diretores que promoviam o movimento chamado então de Cinema Novo. Tais relações aumentam o engajamento e o interesse por uma ideia de Brasil mais ampla do que aquela que se via dos apartamentos de Ipanema.

O primeiro disco, lançado no início de 1964 pela novíssima gravadora Elenco, de Aloysio de Oliveira, já traz sambas de Cartola, Zé Keti e Nelson Cavaquinho, ao lado de composições de Vinicius com Baden, Edu Lobo com Ruy Guerra, Carlos Lyra e Moacir Santos. Na biografia sobre a cantora, Sérgio Cabral diz que a presença dos sambistas cariocas no disco é fruto de fitas de rolo que Carlos Lyra gravara em sua casa com os compositores que se aproximavam da Zona Sul através do fluxo Zicartola-CPC. Cartola e Nelson Cavaquinho, segundo Cabral, foram apresentados a Lyra pelo próprio biógrafo e, na época, jornalista e crítico de música do *Jornal do Brasil*.

No segundo disco, lançado em novembro do mesmo ano de 1964 pela gravadora Philips, a cantora situa esse cenário de transformações já no título: *Opinião de Nara*. Seu nome, retirado de um samba composto por Zé Keti que se tornou hino do período, inspirou o dramaturgo, diretor e ator Vianinha, então a frente do grupo de profissionais do teatro que tinham se reunido após o fim criminoso do CPC por um incêndio ocorrido no dia 31 de março daquele ano. É dele a ideia de colocar a cantora ao lado de dois músicos com quem Nara já vinha cantando as composições em shows e encontros públicos. Ela se tornaria rapidamente o grande destaque durante o espetáculo com mesmo nome, cuja estreia ocorre em dezembro daquele ano. Mais uma vez, o repertório do disco gravado pela Philips trazia, além de sambas de Zé Keti, composições de Edu Lobo e Ruy Guerra, Vinicius e Baden, porém com o acréscimo da temática nordestina com composições de João do Vale, folclores baianos e ritmos de capoeira.

Em 1965, *O canto livre de Nara* encerra uma espécie de trilogia, com canções novamente de Zé Keti, João do Vale, Edu Lobo e Ruy Guerra, Carlos Lyra e Vinicius de Moraes, Baden Powell, além de uma parceira de Glauber Rocha com Sérgio Ricardo ("Corisco", retirada do filme *Deus e o diabo na terra do sol*, de 1964) e de novas peças de folclore (uma "incelença" fechando o disco).

Os três discos de Nara demarcaram um momento em que críticos apontam o nascimento do que viria a ser chamado de Música Popular Brasileira, isto é, um formato de canção de massa feita no Brasil, fruto do encontro entre tradições populares do nordeste (o que foi chamado de "regionalismo" ou "nordestinização" na época), dos ditos "samba de morro" ou "de quadra" feitos no Rio de Janeiro e das inovações sonoras da bossa-nova. Essa síntese, encenada na presença de Nara, Zé Keti e João do Vale no *Opinião*, fez com que a estreia da cantora carioca apagasse de vez sua imagem de musa e dona do apartamento em que a bossa-nova teria nascido

– informação que a própria desmentiria em entrevista para a revista *Cruzeiro* ainda em 1964 – e a posicionasse como uma das mais talentosas intérpretes de novos compositores e tendências na música brasileira.

Nara Leão ainda gravaria uma música de Jards Macalé em 1966. Os três primeiros discos dela, portanto, são determinantes em todas as transformações que a música, a cultura e a política brasileira vinham passando no período. Vale notar também que os músicos que a acompanham – como Edison Machado, Erlon Chaves ou Peter Dauelsberg também cruzariam em breve a vida de Jards. Assim como Elizeth, Nara foi fundamental nesse primeiro momento da carreira do músico carioca.

No mesmo ano em que Jards Macalé substituiu Roberto Nascimento na temporada paulista de *Opinião*, Hermínio Bello de Carvalho tem mais uma ideia de musical na sequência de *O menestrel*, prosseguindo a parceira com Kleber Santos e o Teatro Jovem. O antológico *Rosa de ouro* cristalizava o "som Zicartola" (agora sem intermediários, como foi Nara Leão) com uma breve história do samba carioca contada pelas interpretações das vozes de Clementina e Araci Cortes e pelo grupo de músicos que frequentava o bar da rua Carioca e foi batizado de Cinco Crioulos: Paulinho da Viola e Elton Medeiros (que já estavam em *O menestrel*), além de Nelson Sargento, Anescarzinho do Salgueiro e Jair do Cavaquinho.

Tais shows no Teatro Jovem fizeram do espaço um palco cuja frequência do público fazia do espetáculo um sucesso – se não bombástico como o *Opinião*, certamente marcando época. O samba em sua vertente mais popular e elaborada, com pé tanto na tradição dos cantos de escravizados incorporados por Clementina quanto nas rodas feitas nas quadras das Escolas e nos bares e casas dos bairros do subúrbio, estavam lado a lado com a transformação sonora que os jovens da geração de Jards passavam através das renovações oriundas da bossa-nova e dos temas que surgiam com iniciativas como o CPC e sua perspectiva politizada da canção popular.

Anos depois de *Opinião* e *Rosa de ouro*, em 1968, Jards ainda veria seu vínculo ampliado com esse meio musical e profissional produzido por Hermínio e seus parceiros. É quando participa como violonista do show *Mudando de conversa*, realizado no Teatro Santa Rosa (rua Visconde de Pirajá, 22). Novamente dirigido e concebido pelo jovem poeta e produtor, contava com Cyro Monteiro, Nora Ney e, mais uma vez, Clementina de Jesus. O show era acompanhado pelo conjunto Rosa de Ouro (nome adotado pelos Cinco Crioulos, já sem Paulinho da Viola, depois do sucesso do espetáculo), além de Dino Sete Cordas, Arlindo e Índio nos violões. Macalé tocava apenas no acompanhamento dos números de Nora Ney.

Os três cantores do espetáculo se tornaram amigos de Macalé por muito tempo. Segundo Jards, é Clementina quem o ensina a tocar prato com faca em 1975. Já sobre Nora Ney, Jards afirma que aprendeu com ela como respirar durante o canto. Em 1981, 23 anos depois do show no Teatro Santa Rosa, podemos ver o músico se apresentar na televisão ao lado da cantora em uma versão de "Ronda". Já com Cyro Monteiro, Jards descreve uma cena que, de alguma forma, muda definitivamente sua relação com o violão. Nesse ano, ele estava mergulhado em estudos na Pro-Arte do Rio de Janeiro, com professores como Esther Scliar, Guerra-Peixe e Peter Dauelsberg. Seguindo desde 1966 os conselhos de Turibio Santos, se empenhava na sua formação erudita quando um encontro na rua abala tal convicção:

> Acontece que nesse meio tempo pensando em ser violonista clássico, o Hermínio Bello de Carvalho me convida para acompanhar Nora Ney em um show chamado *Mudando de conversa*. Era Nora Ney, Clementina de Jesus, Cyro Monteiro e o grupo Época de Ouro. Aí eu caí naquele meio. Então, colocaram a Nora Ney comigo porque já estava com aquele violão meio jazzístico e, ao mesmo tempo, samba, um jazz assim puxado meio para o clássico. Era uma coisa que ele viu que dava apoio instrumental legal a ela. Depois desse espetáculo, que foi em 1966 [Jards confunde as datas], então, deslanchei para o violão.

> Ao mesmo tempo, uma vez no Leblon, a minha dúvida em relação ao violão acabou, a dúvida se eu ia tocar violão clássico ou popular. Porque encontrei com o Cyro Monteiro e o

Nelson Cavaquinho sentados no Diagonal. Então, o Cyro Monteiro já saiu chamando "Macalé chega junto, senta aí!" e eles eram sempre "buracos negros", você era sugado quando sentava com eles! Era inacreditável. Eu, pelo menos, era sempre sugado.

É, portanto no meio da cena de teatros, sambas, bares e aulas de violão que um Macalé em formação, oscilando entre o erudito e o popular, tem outro encontro importante em sua carreira. É quando conhece uma menina que vinha da Bahia para substituir Nara Leão em *Opinião*: Maria Bethânia.

100 ➤ Baianos

A história é famosa: no auge do sucesso, com dois discos lançados durante 1964, Nara Leão faz algumas viagens pelo Nordeste do país.[22] Em uma delas, com destino ao Maranhão, volta visitando algumas cidades da região. É assim que a cantora chega a Salvador. Lá, encontra um grupo de jovens que tinham sua idade e viviam uma intensa vida cultural. Parte dela girava majoritariamente ao redor das iniciativas promovidas na década anterior pelo reitor Edgar Santos na Universidade Federal da Bahia. Foram anos de abertura à invenção e à pesquisa em diferentes áreas (da dança à antropologia), iniciados durante o governo de Juscelino Kubitschek. Tal movimentação era protagonizada por uma geração em que artistas e intelectuais cruzavam cinema, teatro, música popular e poesia, promovendo na cidade uma agitada produção cinematográfica local, revistas de cultura, uma ativa cena teatral e iniciativas amadoras em shows musicais. Seus resultados nos anos posteriores teriam influência decisiva na produção cultural do país.

Na ocasião de sua visita, Nara conheceu Maria Bethânia, cantora que fazia parte de um dos grupos mais ativos de então na cidade, composto pelo seu irmão Caetano Veloso, além de novatos como Gilberto Gil, Alcyvando Luz, Piti, Maria da Graça (mais tarde Gal Costa), Tom Zé, Djalma Corrêa, Antônio Renato "Perna" Fróes e Fernando Lona. O irmão de Bethânia, estudante de filosofia e autor de artigos sobre cinema e música popular, trabalhava em parceria com o diretor de teatro e cinema Álvaro (Alvinho) Guimarães. Os dois já tinham utilizado a voz de Bethânia em trilhas para o filme *Moleques de rua* (1962) e para a montagem da peça *Boca de ouro*, de Nelson Rodrigues (1963) – ambos dirigidos por Alvinho. O grupo, por sua vez, organizara ao longo de 1964, no recém-inaugurado Teatro Vila Velha, três espetáculos bem-sucedidos: o primeiro deles foi *Nós, por exemplo*; dois meses depois, realizam *Nova bossa velha, velha bossa-nova*; por

---

22 | A Rhodia, marca de tecidos italiana com escritório em São Paulo, passou a patrocinar shows de músicos brasileiros, sendo inclusive responsável pelo patrocínio do I Festival de Música Popular Brasileira da TV Excelsior, em 1965. Percebendo o potencial comercial da nova geração de músicos no país, a marca produz uma série de shows no Brasil e no exterior. O primeiro elenco desses shows foi composto pelo pianista Sérgio Mendes e por Nara Leão. Nara também viajava no período por conta do lançamento de seu primeiro disco, *Nara*, lançado pela Elenco em 1964.

fim, um show apenas com Maria Bethânia, chamado *Mora na filosofia*. Eram apresentações coletivas, com roteiros cuidadosamente escritos por Caetano Veloso. Os repertórios articulavam as inovações da música de João Gilberto, Vinicius de Moraes e Tom Jobim, a bossa-nova de Bôscoli e Lyra, os sambas de Noel Rosa e outros da geração como Lamartine Babo, temas locais como os sambas de Batatinha, canções de Caymmi e composições próprias.

É nesse período de efervescência amadora que Nara trava contato direto com o grupo. O encontro foi organizado por amigos em comum (algumas versões falam do compositor e amigo de Vinicius de Moraes, Carlos Coqueijo, outras do produtor Roberto Santana). Curiosa por ouvir os sons das cidades e diversificar seu repertório para além do círculo carioca, Nara teve com eles uma breve, porém produtiva conversa.[23] Na troca entre a já famosa artista e os jovens desconhecidos que iniciavam sua trajetória artística em Salvador, ela chegou a fazer sugestões para o repertório de *Mora na filosofia*, que estrearia em breve. No livro *Verdade tropical* (1997), Caetano Veloso afirma que essas canções foram "Opinião" e "Acender as velas", duas de autoria de Zé Keti, que Nara conheceu através do contato de Carlos Lyra com o sambista dos shows do CPC da UNE no Rio. Eram futuros sucessos na voz da cantora e faixas que abriam em sequência *Opinião de Nara*, segundo disco lançado ainda naquele ano de 1964. A cantora carioca também ouviu registros de um dos shows que o grupo fez no Teatro Vila Velha e gravou em fitas canções inéditas deles. Segundo a biografia escrita por Sérgio Cabral, ao voltar ao Rio de Janeiro, Nara descobre que a gravação não tinha sido bem-sucedida. Isso fez com que ela perdesse o conteúdo e a oportunidade de lançar no Rio a canção "É de manhã", de Caetano – justamente a que foi incorporada na peça *Opinião* para apresentar Bethânia. O principal, porém, é que Nara não esqueceu a força da voz daquela cantora de dezessete anos.

Após estrear no Teatro de Arena da rua Siqueira Campos no dia 11 de dezembro, *Opinião* tornou-se um sucesso imediato e exigiu muito de seus profissionais. Nara Leão, que já tinha trabalhado bastante naquele ano com dois discos gravados, uma série

---

23 | C. Veloso, *Verdade tropical*, São Paulo: Companhia das Letras, 2017, p.103.

de apresentações em televisões de São Paulo e shows pelo país, encarava a intensidade de duas sessões por dia durante os fins de semana. Com essa rotina, sua voz se esgotou em pouco mais de um mês. Somemos a isso a pouca paciência que a cantora tinha para a rotina do teatro, com ensaios e demandas constantes. Citando Nara no depoimento para o Museu da Imagem do Som

> Acontece que eu não tinha preparo físico e depois que eu vi que era um sucesso e todo mundo gostava, me deu uma certa frustração, porque eu achei que ia acontecer alguma coisa e foi um sucesso, um consumo. Então também é meio chato, eu achei meio careta. (...)
>
> O Boal sempre me telefonava para voltar, mas nunca voltei, porque realmente tinha um lado muito chato no teatro. Sempre que acabava o espetáculo tinha uma reunião para falar dos defeitos e você ficava até as quatro da manhã discutindo aquele trecho daquelas duas palavras que você não falou muito bem. Eu não sabia me entrosar com o negócio do teatro, eu não gosto de fazer teatro. Eu achava meio chato.[24]

No dia 31 de janeiro de 1965, jornais da cidade anunciam a notícia "bombástica" da perda de voz de Nara e a necessidade de mudança de cantoras – já indicando que uma jovem chamada Maria Bethânia viria da Bahia para substituí-la. Apesar de sempre dizerem que foi Nara quem indicou o nome de Bethânia aos idealizadores do espetáculo, no mesmo depoimento para o MIS em 1977 ela afirma que alguém citara, de forma insegura, o nome da jovem cantora que ela conhecera meses antes em Salvador como sua possível substituta, e que ela, na mesma hora, apoiou enfaticamente, selando a escolha. Indicação aceita, Bethânia é chamada ainda menor de idade para vir ao Rio de Janeiro e ser a nova protagonista do grande sucesso de então.

---

24 | Depoimento de Nara Leão para o Museu da Imagem e do Som, com Sérgio Cabral, Roberto Menescal e João Vicente Salgueiro, em 6 de julho de 1977.

Ela chega na cidade há tempo de ver Susana de Moraes no lugar de Nara por apenas uma semana, intervalo em que Bethânia ensaia brevemente com o diretor Augusto Boal (na época ocupado com a montagem em São Paulo de *Arena conta Zumbi* ao lado de Gianfrancesco Guarnieri e Edu Lobo). Foi também esse o tempo para Vianinha, Armando Costa, Paulo Pontes e Ferreira Gullar reescrevem as partes do espetáculo que eram voltadas para a biografia de Nara e construírem o figurino "agreste" da nova personagem (de cabelos presos, calça e camisa, sem maquiagem – ou seja, o oposto do que viria a ser a futura persona artística da cantora).

No dia 11 de fevereiro Bethânia estreia à meia-noite com seu nome nos jornais e show exclusivo para convidados e imprensa. No dia 12, uma publicidade da peça exibida já traz elogios à cantora assinados por nomes como Otto Lara Resende, Millôr Fernandes e Sérgio Cabral. No dia 25, ainda em fevereiro, uma nota no *Diário de Notícias* já afirma que ela é a grande estrela do show, desbancando inclusive o sucesso de Nara. Notícias quase diárias falam de Bethânia, desde suas idas ao Zicartola até a consagração entre os que viam o espetáculo com sua nova presença. Sua ascensão é fulminante.

Essa chegada marcante de Bethânia na cena musical do Rio de Janeiro pode ser explicada pelo impacto da voz, pela marca da beleza (vista por muitos na época como exótica) e pela personalidade livre, algo raro para as cantoras cariocas de então. Ela rapidamente cai no gosto popular, principalmente pela marcante interpretação que dá à canção "Carcará", de autoria de João do Vale e ponto alto de sua presença no palco de *Opinião*. A cena, inclusive, é eternizada no filme *O desafio* (1965), de Paulo César Saraceni.

No período em que Bethânia chega ao Rio para participar do *Opinião*, Jards Macalé está prestes a substituir Roberto Nascimento no espetáculo – o que ocorreria apenas durante a fase paulista. São imprecisas as datas na memória de Jards sobre o período, já que ele localiza em sua casa o início da estadia de Bethânia no Rio de Janeiro. Ela teria ocupado o quarto da avó Hilda, fora do país em longa viagem pela Europa. Uma matéria no *Jornal do Brasil*, porém, indica que no mês de março Bethânia morava com a jornalista Rosa

Maria na rua da Matriz 22, no Bairro de Botafogo. Rosa era então namorada de Glauber Rocha, e o forte vínculo de Bethânia com sua irmã, Anecy Rocha, compõe esse pequeno grupo de mulheres baianas na cidade. A essa altura, Anecy já vivia em Ipanema com o designer Rogério Duarte, amigo de Glauber e intelectual importante para a sua geração.

No final de março, após o encerramento do sucesso carioca de *Opinião*, o grupo inicia em abril a temporada paulista do espetáculo, no Teatro Ruth Escobar. É quando Macalé finalmente entra na banda de músicos. Em julho, o espetáculo faz temporada em Porto Alegre e, por fim, em Salvador. No depoimento de Maria Bethânia para o livro de Zuza Homem de Mello (realizado no macabro dia 13 de dezembro de 1968, portanto bem próximo dos eventos ocorridos) ela afirma que ficou em São Paulo durante os últimos seis meses de 1965 sob contrato da TV Record e trabalhos com Boal e seus parceiros baianos no Teatro de Arena – incluindo Macalé.

Segundo os jornais da época, Bethânia só voltou ao Rio definitivamente em abril de 1966. Isso ocorreu após uma temporada baiana pensando o repertório do primeiro disco, lançado ainda em 1965 pela RGE. Nessa passagem, uma reportagem do *Jornal do Brasil* publicada no dia 17 daquele mês, diz que a cantora agora morava em Ipanema, perto da praia – exatamente o endereço de Macalé. É aí, na segunda e definitiva vinda de Bethânia para Rio, que ela se hospeda com a família do artista. 1966 é o ano em que fazem juntos o show na boate Cangaceiro e, também, o ano em que os jovens cineastas Júlio Bressane e Eduardo Escorel realizam *Bethânia bem de perto*, filme em que Macalé aparece diversas vezes ao lado da cantora, inclusive nos bastidores do show. Será ainda o ano de *Pois é*, espetáculo com os novos parceiros baianos e Vinicius de Moraes, produzido pela filha Susana e dirigido por Nelson Xavier.

Da qualquer forma, é certo que os contatos de Bethânia com Jards ocorrem intensamente ao longo de 1965, já que é nesse ano que o músico participa, além do *Opinião*, dos espetáculos *Arena canta Bahia* e, logo depois, *Tempo de guerra*, duas produções do Arena de São Paulo. A presença de Bethânia no Rio transformou o apartamento do Bar 20 carioca no epicentro dos amigos que vieram da Bahia – como Caetano Veloso, cuja missão fora acompanhar na cidade a irmã menor de idade – além dos amigos em comum como Rogério Duarte (a quem Jards já conhecia da Churrascaria Pirajá e já morava na cidade desde 1961), Anecy Rocha (que já havia trabalhado com Caetano, Alvinho Guimarães e Bethânia em Salvador e estava no Rio trabalhando com Walter Lima Junior em seu filme *Menino de engenho*), Torquato Neto (que já trabalhava com jornalismo), Duda Machado entre outros.

Não foi, porém, apenas através de Bethânia que Jards teve contato com o grupo baiano. O cantor conta que conhecera Torquato Neto ainda em 1963, por ocasião de sua amizade com seu vizinho e grande amigo Jota, também piauiense (suas mães seriam amigas desde Teresina). Conta também que, por ocasião da amizade de Torquato com os jovens de Salvador, o primeiro encontra no Rio Álvaro Guimarães, então finalizando seu primeiro longa-metragem intitulado *Moleques de rua*, filmado em Salvador durante 1962 (em que uma das atrizes era justamente Anecy Rocha e a produção ficara a cargo do irmão, o diretor Glauber Rocha). Alvinho viera acompanhado de Caetano Veloso para realizar a sonorização do filme. Assim, um dos caminhos para que Bethânia fosse parar na casa de Macalé aos cuidados de Lygia Anet teria sido porque ele teria conhecido Caetano Veloso antes mesmo de Nara Leão, ainda em 1963, na casa de seu vizinho Jota, junto de Torquato Neto, Álvaro Guimarães e Anecy Rocha.

Alvinho e Caetano já trabalhavam juntos em Salvador, com o segundo criando trilhas para as peças do primeiro – sendo esses, inclusive, seus trabalhos iniciais como músico. A montagem do filme foi feita então pela artista visual e montadora Lygia Pape. Além disso, Alvinho participou em 1961 da assistência de direção de *Barravento*, de Glauber Rocha, filme no qual Torquato Neto tem também participação durante a estadia baiana do piauiense para estudar em Salvador entre 1960 e 1962. É a época em que Torquato se torna amigo de Caetano, Gil, Duda Machado e José Carlos Capinam. Todos, portanto, já eram próximos quando Bethânia chega com Caetano no Rio em fevereiro de 1965. Macalé também afirma que Caetano e Anecy (que eram muito próximos na época) teriam ido assistir a um ensaio de seu quinteto, ouvindo Caetano cantar uma inédita versão de "Avarandado". Jards recorda também de convites por parte do baiano para que ele fosse a Salvador, participar das movimentações culturais que promovia ao lado dos amigos, e de sua insegurança em (não) aceitá-los. Essa história demonstra que o circuito criado até a parceria no disco *Transa*, gravado em Londres em 1971, foi fruto de uma sólida relação construída por quase dez anos, com alguns intervalos.

As relações cariocas tanto de Caetano Veloso, que após o período paulista com o Teatro de Arena, passa parte de 1966 em Salvador, quanto de Alvinho Guimarães, trabalhando no Rio, eram cada vez maiores. Em setembro de 1965 os jornais anunciam que o segundo estava preparando na cidade a montagem de "um show sobre o Brasil moderno", com colaborações de Glauber Rocha e Sérgio Porto. A peça, com produção de Otávio Terceiro, direção musical de Eumir Deodato e coreografia de Klaus Viana, acabaria se chamando *Deitado em berço esplêndido*, e foi apresentada no Teatro Jovem em agosto daquele ano. Na mesma época, Alvinho ainda trabalhava como diretor de arte do filme *Menino de engenho* (1965), de Walter Lima Junior. O filme trazia Anecy Rocha como atriz principal e tinha assistência de direção de um jovem Júlio Bressane – o mesmo que no ano seguinte filmará Maria Bethânia nos shows do Cangaceiro ao lado de Macalé. O filme de Bressane, aliás, feito em parceria com Eduardo Escorel, apresenta cenas na casa de Jards com a presença de Anecy.

Já Caetano, após regressar ao Rio em abril de 1966, já ingressa no circuito de shows da cidade, participando de espetáculos do Opinião como *A fina flor do samba* (dirigido por Teresa Aragão) e no Teatro Casa Grande, sempre acompanhado de Gal Costa. Frequentador da casa de Jards, junto com Torquato Neto, Duda Machado e Rogério Duarte, ele também colaborou com Guilherme Araújo na condução dos shows de Bethânia na Boate Cangaceiro. Um circuito de trabalhos em fase inicial havia se criado naquele momento em que os filmes de Walter Lima e Bressane/Escorel, a casa de Macalé e os shows de Bethânia se amarravam em diferentes combinações.

A temporada que Bethânia passa na casa de Jards durante o primeiro semestre de 1966, portanto, é fruto da convivência dos dois no *Opinião* após o músico substituir Roberto Nascimento. A entrada de Jards no espetáculo na fase paulista os aproxima e é ampliada durante uma sequência de trabalhos.

Nessa época, o diretor Augusto Boal mostra uma capacidade impressionante de trabalho. Impulsionado pelo sucesso de Bethânia nas apresentações ao redor do país com *Opinião*, propõe dois novos espetáculos para ela, quase simultaneamente. O primeiro, um show solo com dois atos. Se na época Bethânia dizia que a ideia era de Boal, o diretor afirma o contrário em sua autobiografia *Hamlet e o filho do padeiro* (2014). Lá, diz que o primeiro espetáculo solo foi um pedido da própria cantora. Cito aqui o diretor:

> "Vítimas do sucesso: os cantores de *Opinião*, especialmente Bethânia, tornaram-se estrelas demasiado luminosas. Seguiram seu destino solo.
>
> Bethânia me pediu que dirigisse um espetáculo só com ela. Juntamos músicas de que ela gostava, outras que eu preferia, e demos o título de *Tempo de guerra*, inspirado numa canção do *Zumbi*, inspirada em Brecht. Salvador: a estrela voltava à sua terra.
>
> Bethânia queria ajudar seus amigos baianos, lançá-los no Sul, onde eram desconhecidos. Além de Caetano, ela me apresentou Maria da Graça (que virou Gal Costa), Gilberto Gil, Tom Zé e Piti e com eles fiz um segundo ato, músicas de Caetano e Gil, e um texto lírico de Caetano sobre a madrasta que enterrava a enteada no jardim – e os cabelos cresciam como flores.[25] Estreamos o novo *Tempo de guerra* no Oficina".

---

25 | Caetano Veloso afirma em sua autobiografia que Boal rejeitara o texto sobre os cabelos e as flores.

Já o segundo, estruturado a partir da montagem baiana de *Tempo de guerra*, foi uma espécie de desdobramento do bem-sucedido *Arena conta Zumbi*, que estreara no dia primeiro de maio de 1965 no Teatro de Arena de São Paulo, com textos de Boal e Gianfrancesco Guarnieri, música de Edu Lobo e direção musical de Carlos Castilho. Boal agora convida a cantora e seus parceiros de shows na Bahia para montarem no Teatro Brasileiro de Comédia durante o mês de setembro *Arena canta Bahia*, espetáculo com formato que colocava novamente no mesmo palco textos e número musicais. Com produção e direção de Boal, tinha direção musical de Caetano, Gil e Carlos Castilho e presença de Macalé no segundo trabalho com Boal e o primeiro com aqueles que seriam conhecidos então como "grupo baiano".

Logo após *Arena canta Bahia*, Boal faz uma nova versão de *Tempo de guerra*, dessa vez em São Paulo.[26] A estreia ocorre em novembro de 1965 no Teatro Oficina.

Essa intensa sequência de apresentações faz com que Jards saia de Ipanema e passe a frequentar São Paulo. Seja tocando no *Opinião*, seja substituindo ocasionalmente o violonista em *Arena conta Zumbi*, seja como integrante de *Arena canta Bahia* e *Tempo de guerra*, o que vemos é a relação de Jards com os jovens de Salvador se aprofundar cada vez mais. O músico lembra, por exemplo, quando, nessa época, encontrou pela primeira vez Gilberto Gil em São Paulo. Para os jovens de Salvador, os violões de Gil e Macalé eram excelentes e havia um desejo de que ambos se conhecessem.

> Caetano só falava no Gil. "Você precisa conhecer Gil, você precisa conhecer Gil, ele vai te adorar, você vai adorar Gil." Aí eu pô, beleza, cadê o Gil? "Tá em São Paulo." Aí eu fui a São Paulo fazer o *Arena conta Zumbi*. Não, minto, já tava no *Arena canta Bahia*. Fomos todos para São Paulo, para o Teatro de Arena de São Paulo.

---

26 | O texto do programa de *Arena Conta Zumbi*, escrito por Boal e Guarnieri, abre com a seguinte frase: "Vivemos um tempo de guerra. O mundo inteiro está inquieto. Em todos os campos da atividade humana esta inquietação determina o surgimento de novos processos e formas de enfrentar os novos desafios. Menos no teatro."

Aí, num edifício redondo, chamado *Redondo*, ali na esquina da Consolação, que é a ruazinha do Teatro de Arena, tinha um segundo andar que era um lugar assim... Era uma varandona. E todo mundo ficava ali, enchendo os córneos, bebendo, conversando, tocando violão, coisa e tal. Aí o Caetano chega e diz "Olha o Gil vem aí hoje", e eu fiquei todo "Oba" e tal. "Vou conhecer esse cara finalmente, falam pra cacete..." Bethânia falava, mas o Caetano era mais entusiasmado. Gal falava. Aí apareceu o Gil com uma malinha preta, com um terno preto, com a gravata... Vermelha, sei lá. Terno todo preto, *colete* preto... Todo assim, todo arrumadinho...[27]

Eu digo porra, legal. Rechonchudo assim... Parecia o Luiz Gonzaga. Aí "Ó, o Macalé é você, Caetano fala tanto de você". Aí alguém pegou um violão e botou na mão dele. Aí ele pega o violão e toca "Eu vim da Bahia". Só que ele toca "Eu vim da Bahia" com todos os acordes perfeitos, não tinha um alterado. Vinte acordes numa frase só, e tudo bonito para caralho. Aí eu digo, porra, bacana o negócio aqui. E um ritmo insuportável na mão direita... "Pô, essa cara é bom mesmo, caralho." Passaram o violão para minha mão, aí fui de acordes alterados...[28]

O encontro em 1965 é emblemático de um momento em que o músico carioca e seu violão já tinha uma conexão com os parceiros baianos de Gil. Macalé, aos poucos, vai se tornando parte de um grupo que ainda contaria com José Carlos Capinam, Torquato Neto, Duda Machado e Rogério Duarte, podendo ser estendido até Anecy e Glauber Rocha. Apesar dos laços feitos com seus amigos em Salvador, é com Macalé que Bethânia cria nesse momento uma relação musical, um vínculo pessoal que seria aprofundado em 1966, quando a cantora, através de seu novo empresário Guilherme Araújo, consegue uma temporada inicialmente

---

27 | Gilberto Gil na época trabalhava como administrador de empresas na multinacional Gessy Lever.
28 | Conversa com o autor, em 11 de novembro de 2018.

de um mês na boate Cangaceiro. Nesse show, batizado de *Recital*, Jards assume pela primeira vez uma direção musical e todos os arranjos das músicas, conduzidos por seu violão "alterado" e o quarteto de Edison Machado.

Recapitulando: entre fevereiro de 1965 e abril de 1966, Maria Bethânia atravessa a cena cultural carioca ao substituir Nara Leão no *Opinião*. Seu desempenho faz com que Augusto Boal planeje mais dois espetáculos em que integra os parceiros da cantora em Salvador. Nesses novos espetáculos – *Arena canta Bahia* e *Tempo de guerra* – o violonista carioca conhecido apenas como Macalé já fazia parte de ambos. Seu envolvimento musical fez com que a proximidade com o grupo transformasse seu apartamento, em Ipanema, num ponto de encontro permanente de músicos e artistas que, além dos baianos, incluíam Susana de Moraes, Anecy Rocha, Rosinha de Valença e muitos outros.

Um dos que passaram pelo apartamento foi o produtor Guilherme Araújo. Introduzido por Anecy Rocha (Jards afirma que a "ponte" do empresário foi a socialite Tanit Galdeano, próxima de Bethânia na época), Guilherme já tinha longa estrada profissional nos meios de teatro e televisão no Rio de Janeiro e iniciava sua trajetória como produtor de shows e empresário. O contato com o irmão de Anecy, Glauber, fez com que ele obtivesse o número de Bethânia e, no início de 1966, ele a convida para um show no Rio de Janeiro. A vinda e estadia na casa de Macalé faz com que ele conheça os demais músicos, compositores e intelectuais que formavam o grupo de amigos da cantora no Rio. Em pouco tempo, Guilherme Araújo tornou-se primeiro empresário de Gilberto Gil e, no ano seguinte, de Caetano Veloso. A primeira pessoa do grupo com quem ele teve uma (breve) relação de trabalho, porém, foi Bethânia.

Antes de propor o show a Bethânia, Guilherme Araújo já vinha construindo um nome no meio musical carioca após produzir shows de outras cantoras. Ele também mantinha fortes laços com Odete

Lara, atriz de sucesso e, na época, envolvida diretamente com o meio musical carioca. Guilherme começou sua carreira no teatro, junto ao grupo de Pascoal Carlos Magno, e entrou precocemente nos primeiros passos da televisão brasileira na década de 1950. Trabalhou em diferentes funções na TV Tupi, indo de produtor até diretor de programas. Após um período de estudos na Itália e na Alemanha, retornou ao Brasil em plena ebulição da música popular e do novo mercado jovem, e passou a trabalhar com Aloysio de Oliveira em sua gravadora Elenco.

Rapidamente, Guilherme consegue se destacar como um novo modelo de profissional que se tornava agente exclusivo da carreira dos músicos com quem trabalhava, pensando em todos os aspectos de sua obra – e não apenas os lucros comerciais. A aposta em Bethânia, portanto, vinha de alguém que sabia o que estava fazendo e estava disposto a correr riscos. Isso pode ser confirmado com o show que promove no mesmo ano com a dupla Booker Pittman e a jovem filha Eliana. Críticos da época já demonstravam entusiasmo com o produtor.

No repertório do show de Eliana Pittman e seu pai, já havia a presença das canções de dois jovens e praticamente inéditos compositores que viriam a trabalhar com Guilherme – Caetano Veloso e Macalé. Na matéria "Nossas vozes saltitantes", publicada no *Jornal do Brasil* no dia 13 de março e também dedicada ao show dos Pittman, o autor (da redação) afirma que

> Outra surpresa, o repertório de músicas brasileiras que Eliana cantou, após dois anos nos Estados Unidos: sambas de compositores como Caetano, irmão de Maria Bethânia, Macalé, jovem violonista carioca, Zé Keti (inédito) e Célio Bitencourt, que a jovem artista aprendeu em cinco dias de exaustivos ensaios.

Essa presença mostra como Guilherme estava próximo do grupo, já trabalhando em prol de suas carreiras. Até o fim de 1967 ele já seria empresário de Caetano e Gil, com quem trabalhou por longos anos.

O bar e boate Cangaceiro era então propriedade do empresário Ivan Bussy. O espaço teve momentos importantes nos anos anteriores, com shows de Elizeth Cardoso durante longos períodos entre 1963 e 1965, além da cantora Helena de Lima e Tito Madi. O perfil de seus nomes, portanto, era distante da efervescência que a casa de Jards em Ipanema reverberava com a presença apertada e empolgada dos jovens baianos, piauienses e cariocas.

Bethânia ainda usufruía da grande fama oriunda da performance em *Opinião*. Após a sequência de espetáculos com Boal em São Paulo, a cantora passou um tempo em Salvador. Nesse período, gravou compactos com "Carcará" e "É de manhã" e lança o disco solo de estreia pela RGE, intitulado apenas *Maria Bethânia*. A escolha de um repertório de acordo com seus gostos pessoais em música, rompe com o personagem que tinha de viver nos espetáculos do Arena e lança-a como cantora de sambas, boleros e canções de sua geração. Em várias entrevistas da época, deixa marcado que Noel Rosa e Billie Holiday são suas grandes influências. Essa ligação com a música brasileira independente de aspectos políticos e panfletários – como era em *Opinião* – teve um custo inicial para a cantora que, desde cedo, não fazia concessões. O show no Cangaceiro seria um momento de reafirmação do seu talento perante o público carioca e sua imprensa ferina. A escolha do espaço, consagrado com Elizeth Cardoso, de alguma forma a aproximava de um ambiente completamente diferente do Teatro de Arena na rua Siqueira Campos. Se Bethânia não viveu o ambiente das boates do Beco das Garrafas, agora podia imprimir sua versatilidade cênica em um espetáculo intimista.

Essa preferência de Bethânia por sambas cariocas, sambas de roda, canções de Vinicius com Baden e Carlos Lyra, fazia com que o violão de Macalé fosse perfeito para o recital. Afinal, era ele o som mais próximo e cotidiano no dia a dia da cantora. Era ele também quem viu esses músicos de perto, já os conhecia de espetáculos como *Rosa de ouro* e era membro efetivo do chamado "samba novo" que sua geração vinha produzindo.

Macalé, portanto, já conhecia com razoável desenvoltura os demais músicos da cidade e podia trabalhar com diversos nomes na formação de um grupo para acompanhar a amiga e estrela do show. O baterista Edison Machado, escolhido por Guilherme Araújo para a tarefa, era uma lenda no meio dos músicos cariocas. Mais velho que Macalé, personagem peculiar das enfumaçadas noites das boates e bares do Beco das Garrafas, inventor de uma série de inovações no uso do instrumento e suas adaptações entre o jazz e o samba, ele já tinha na estrada um disco que se tornou um clássico instantâneo: *Edison Machado é samba novo* (1959). Também tinha tocado com os grandes nomes da música instrumental do período, como Sérgio Mendes, Luiz Carlos Vinhas, Tião Neto e J.T. Meireles, além de ter sido parte dos trios Bossa Três e Rio 65 Trio. Ter sua bateria no show de Bethânia era a certeza de que o repertório escolhido teria a dinâmica necessária para a voz da cantora. Juntos de Edison e Macalé estavam também os músicos Rodrigues na flauta, Dório no baixo e Osmar no piano.

O show foi muito bem recebido pela imprensa e crítica da época com diversos artigos elogiosos em jornais como *Correio da Manhã*, *Jornal do Brasil*, *Diário Carioca*, além de revistas como *A Cigarra* e *Manchete*. Bethânia causava impacto na plateia com sua voz e sua figura renovada, cabelos longos, vestidos, uma beleza que fora tolhida de apresentar enquanto encarnava o personagem agreste de "Carcará" – música que, aliás, ela se recusava a cantar durante as apresentações.

No dia 28 de abril, isto é, seis dias depois de sua estreia, sai no *Jornal do Brasil* uma matéria elogiosa sobre show no Cangaceiro ("A boa e nova fase de Bethânia"). Sem autor, fornece o roteiro do show e ressalta os textos de Torquato Neto (responsável, aliás, por todos os demais textos do show). Ao falar de Macalé, a matéria faz um elogio:

> A boate Cangaceiro tem Maria Bethânia no cartaz por tempo indeterminado e isto porque seu sucesso tem sido grande, desde a estreia, semana passada. Durante quase uma hora ela interpreta um texto de Torquato Neto e canta as músicas que escolheu com critério "para homenagear os compositores populares".

Foi uma ideia do produtor Guilherme Araújo juntar Bethânia, um repertório bastante importante e um trio apoiado ritmicamente por flauta e violão. O trio é do baterista Edison, com Osmar no piano e Dório no baixo. Rodrigues é o discreto e eficiente flautista, mas o bom é mesmo Macalé, que além de mostrar como se toca um violão dirige musicalmente o show, controlando os excessos de um e outro músico.

Na mesma reportagem, porém, vemos que os nomes e títulos das novas canções ainda eram trocados pelos jornalistas. O texto faz referência a um momento do show em que Bethânia cantava a música "Pra não dizer adeus" e que, segundo a matéria, "deixa Maria Bethânia (sic) à vontade para falar do samba de Macalé". A música provavelmente é "Pra dizer adeus", e a autoria é de Edu Lobo e Torquato Neto.

Após trabalhos seguidos em São Paulo ou breves substituições de violonistas em musicais, pela primeira vez Macalé dirigia um espetáculo importante em sua cidade, ao lado de grandes músicos e com uma cantora de alta qualidade e destaque, com quem ele vinha construindo uma relação de trabalho importante. As apresentações no Cangaceiro foram um sucesso na cidade e deram ao jovem violonista uma maior autonomia profissional. Era uma época em que também ocorriam outros grandes shows, o que prova que Bethânia e Macalé conseguiam se destacar em meio a grandes atrações. Na boate Zum-Zum (Barata Ribeiro, 90-B) se apresentava uma produção de Aloysio de Oliveira (na época dono da Elenco) com Aracy de Almeida, Billy Blanco, Sérgio Porto e o conjunto Roberto Menescal. Já no Ruy Bar Bossa (rua Rodolfo Dantas) apresentava "Primeiro tempo... 5x0," show de Miele e Bôscoli, com Claudete Soares, Taiguara e Jongo Trio. Depois o show foi para o Teatro Princesa Isabel. O recital de Bethânia tornou-se imbatível pelo inegável frescor que a cantora e seu violonista passavam para a plateia noite após noite.

Após a temporada bem-sucedida de Bethânia, a boate recebe shows de Clementina de Jesus e Moreira da Silva, dois futuros amigos de Jards. Em novembro, Guilherme Araújo apresenta no mesmo espaço Gilberto Gil, com o show *Ensaio geral*. A banda de apoio do cantor era exatamente o mesmo Quarteto de Edison Machado convocado por Macalé. O show de Maria Bethânia em 1966 pode ser visto como um evento decisivo na trajetória desses grupo de músicos, seja pelo encontro articulado de amigos no Rio de Janeiro, seja pela entrada de Guilherme Araújo como um empresário experiente, seja como efetivação de um primeiro trabalho em solos cariocas do grupo (ou parte dele) que se iniciou nas noites de 1964 no Teatro Vila Velha em Salvador.

No mesmo ano do recital na Boate Cangaceiro, Macalé tem sua segunda música gravada. Dessa vez, uma composição autoral, e não uma parceria. Nara Leão, próxima de tudo isso que vinha ocorrendo com a carreira da quase afilhada Bethânia, segue a trajetória de intérprete de novos compositores em seu disco de 1966. *Nara pede passagem*, gravado pela Philips, traz canções dos contemporâneos Sidney Miller, Chico Buarque e Paulinho da Viola (em parceria com Elton Medeiros), além de Baden e Vinicius, Noel Rosa, Jair do Cavaquinho e Joãozinho da Pecadora, Guilherme de Brito e Nelson Cavaquinho, Humberto Teixeira e Lauro Maia. Como sempre, um disco eclético que associa com perfeição tradição e atualidade. A inclusão de "Amo tanto", de Macalé, era mais uma conquista do jovem de vinte e três anos que ganhava aos poucos espaço sólido entre os de sua época. É uma canção indefinida entre a seresta e a valsa, com clima de choro invocado pela flauta transversa que atravessa o arranjo. Sua letra apresentava a presença incontornável da poética de Vinicius de Moraes. Não se tratava de uma bossa-nova solar, mas sim de um agônico pedido mortal de amor (raízes de sua futura morbeza romântica?). A beleza e a seriedade não indicavam nem de longe o personagem transgressor que seria atribuído a Macalé.

> Meu amor
> Eu vim de longe
> Pra dizer-te o meu amor

Tempo
tanto eu te perdi
Vim dizer-te
O que sofri

Fiz-me dia
Fiz-me noite
Fiz-me só pensando em ti

Fiz da minha vida
Uma eterna solidão

Meu amor
Vim te dizer
Que sem ti não sei viver

Vem comigo
Que sem teu amor
Melhor
Morrer

O ano ainda reservaria mais desdobramentos do encontro de Macalé com Bethânia e seus amigos. Como se fossem laços apertando os nós de sua trajetória, Macalé seria o violonista de *Pois é*, espetáculo em que Susana de Moraes convida o pai e, a essa altura, amigo e parceiro de Macalé, Vinicius de Moraes. O show juntaria o poeta, compositor e (cada vez mais) cantor de cinquenta e três anos com os jovens baianos Bethânia e Gilberto Gil. O texto ficaria a cargo de Caetano Veloso, Torquato Neto e José Carlos Capinam. A direção musical era de Francis Hime e Macalé tocaria novamente com o quarteto de Edison Machado.

O aproveitamento da estrutura do recital de Bethânia em *Pois é* não era por acaso. Susana era uma das que fazia parte do grupo que frequentava o apartamento de Macalé no período dos shows na Boate Cangaceiro e viu de perto a performance dos amigos. Vinicius, depois de idas e vindas na primeira metade dos anos 1960 entre Paris e Montevidéu, tinha se mudado para uma cobertura na rua Diamantina, no bairro do Jardim Botânico. Nesse mesmo ano, ele produzia freneticamente com Leon Hirszman o filme *Garota de Ipanema*. A presença de Hime, parceiro de Vinicius desde as festas na casa de Lucia Proença em Petrópolis em 1963, mostra como as redes de sociabilidade musical desse período se entrelaçam constantemente.

Com direção geral de Nelson Xavier, ator oriundo do Teatro de Arena, o texto se desenrolava em duas partes: a primeira, em que apresentavam as origens de cada um dos participantes (Gil, Bethânia e Vinicius); e a segunda, dedicada à obra de cada um, suas pretensões e, aqui cito uma crítica de jornal da época, "sua visão sobre a vida, o amor e a música popular brasileira". Mesmo com todos esses nomes populares, a carreira de *Pois é*, porém, não foi muito empolgante e durou pouco tempo.

A pré-estreia do show (em benefício da Casa do Pequeno Jornaleiro) ocorreu no dia 20 de setembro, e a temporada no dia 24. Com pouquíssima repercussão na época, a junção de talentos que estouraram no ano seguinte – como o quarteto Caetano Veloso, Gilberto Gil, Torquato Neto e José Carlos Capinam, responsáveis pelas principais composições do período tropicalista – além da jovem estrela Bethânia e o já consagrado Vinicius de Moraes, não garantiu sucesso. Talvez a fórmula dos musicais inaugurada em 1964 pelo *Opinião* e trabalhada pelo Teatro de Arena de Boal (que havia dirigido no ano anterior parte dos músicos baianos, além de Macalé) já estivesse chegando ao seu esgotamento. Em uma crítica de Accioly Neto publicada na revista *O Cruzeiro*, essas fragilidades não ficaram desapercebidas:

> É certo que temos, em *Pois é...*, um conjunto sincero de boas intenções; de Susana de Moraes, de apresentar valores tão altos ao alcance de plateias populares; dos autores que desejaram situá-las num espetáculo teatral, mas que foram vencidos por inexperiência juvenil; do diretor que lutou sem conseguir a

necessária homogeneidade num roteiro intimista de pequenas tertúlias, apelando para uma movimentação artificiosa, entre o bailado branco e a conferência estática, o que resultou num quase desastre cênico.

Depoimentos posteriores dos envolvidos também apontam que era um período de transição de ideias do grupo em direção a novos temas e sons. Mesmo sem se tornar um evento importante na memória dos participantes, o espetáculo de Susana só foi possível pelos encontros de Macalé com Bethânia. Além das peças de Boal e do recital na boate Cangaceiro, *Pois é* foi mais um laço de trabalho entre o músico carioca, a cantora e o quarteto que fundaria o tropicalismo. Curiosamente, o show de setembro de 1966 foi o último trabalho que os reuniu como grupo, já que Jards trabalharia nos anos seguintes, em diferentes situações individuais, com cada um deles.

≡

1966 também foi um ano importante para Jards pois, pela primeira vez, ele se aproximou de uma área fundamental na sua vida profissional: o cinema. Ele estava muito perto do grupo de jovens que faziam no cinema brasileiro o mesmo que sua geração fazia na música popular. Um grupo de cineastas de várias cidades do país faziam da reflexão crítica sobre o Brasil o assunto para seus experimentos fílmicos. Assim como a bossa-nova, esse grupo praticava um cinema novo, cujos filmes eram concebidos no encontro de diferentes práticas artísticas.

Da mesma forma que o teatro foi decisivo para a profissionalização da geração de músicos da qual Macalé fazia parte, o cinema também se tornou parceiro muito próximo das transformações musicais do período. Trabalhos como os de Sérgio Ricardo e Glauber Rocha ou Ruy Guerra e Edu Lobo mostravam como esses mundos se aproximavam. Além disso, os relacionamentos pessoais, como os de Nara Leão com Ruy Guerra e, logo depois, Cacá Diegues ou Anecy Rocha e Walter Lima Junior criavam laços públicos e privados entre essas diferentes frentes criativas. Um filme como *O desafio*, feito em 1965 por Paulo César Saraceni confirma a troca produtiva em uma sequência do espetáculo *Opinião*, em que Bethânia, Zé Keti e João do Vale cantam para o personagem interpretado por Vianinha – autor do espetáculo ao lado de Armando Costa e Paulo Pontes. Outros exemplos poderiam ser Júlio Bressane filmando com Eduardo Escorel o já citado *Bethânia bem perto*, ainda em 1966, e Walter Lima Junior chamando Gilberto Gil e José Carlos Capinam para comporem a trilha de *Brasil ano 2000*, seu filme de 1967.

Tudo isso era o cotidiano de Macalé. Sua relação com esse mundo, porém, não inicia através de nenhum nome dos jovens diretores do Cinema Novo. Em outubro de 1966, os jornais noticiam que Macalé era o autor da trilha sonora do curta-metragem *Copacabana*, de Haroldo Marinho Barbosa. A notícia é publicada por conta da desclassificação do filme no Festival JB-Mesbla de cinema. O motivo alegado era que Macalé era um músico profissional e, pelas regras, apenas amadores podiam participar. No dia seguinte, a notícia é desmentida com a prova de que o jovem músico era sim amador. O filme não ganhou nenhuma projeção para além desse imbróglio. Em pouco tempo, porém, Macalé estaria trabalhando ao lado de nomes fundamentais do movimento como Joaquim Pedro de Andrade, o grande amigo Glauber Rocha e o mestre Nelson Pereira dos Santos.

No que diz respeito à música popular, 1966 talvez tenha sido o último ano em que o Rio de Janeiro e o espaço entre Copacabana e Ipanema seriam o epicentro de uma pequena revolução sonora. Nesse mesmo ano, Elis Regina, que então passara rapidamente pelos bares do Beco das Garrafas, chega em São Paulo no momento em que a TV Record iniciava uma ofensiva e investia pesado na contratação de nomes da música brasileira para seus programas televisivos exibidos em horário nobre. Os grandes shows em teatro como os do Teatro Paramount – que mesclava os vários segmentos da música feita no Rio, como a bossa-nova, o samba jazz, o samba tradicional e cantores da velha guarda – e o início dos Festivais, como os da TV Excelsior, de 1965, fez da capital paulista um espaço profissional dinâmico e comercialmente atraente. Não é à toa que nesse mesmo ano Bethânia assina um contrato com a Record e faz os espetáculos com Boal e seus amigos em São Paulo. O Teatro de Arena, ao lado da emissora de televisão, eram usinas de trabalho e, às vezes, de renda. Além disso, foi na cidade que seus nomes circularam para além do espaço circunscrito do Rio. Essa visibilidade era importante pois, até então, as transmissões de TV eram locais, com suas emissoras voltadas para suas praças. Macalé passa a frequentar a cidade nesse período ao participar ativamente das peças do Arena – porém se mantém longe da Record e seus programas.

No Rio de Janeiro, o cenário permanecia eclético, mas o grupo de Macalé e amigos continuam os trabalhos. Depois da temporada de Bethânia no Cangaceiro e do pouco falado show *Pois é*, pequenas apresentações iam ocorrendo pela cidade. Em outubro, por exemplo, participaram de shows na Feira da Providência, realizada na Lagoa Rodrigo de Freitas. Nas apresentações, Macalé também faz parte do Grupo Opinião, conjunto de ocasião formado por ele, Odete Lara, Maria Bethânia, Gilberto Gil, Susana de Moraes e o Conjunto MPB4. Vemos aqui como a amizade e o trabalho andavam no mesmo passo. Odete, por exemplo, era atriz já famosa, mas também era cantora, muito próxima de Vinicius e Baden Powell, de Susana e, por consequência, de Bethânia. O conjunto MPB4 estava em início de carreira e em breve seria importante na cena musical de então.

Para se ter uma ideia da variedade de shows na cidade, era possível assistir um espetáculo como *Os desclassificados*, no Teatro Miguel Lemos, com o inusitado elenco formado por Nana Caymmi, Zé Keti, Thais do Amaral, A Voz do Morro, Ismael Silva e narração de Oswaldo Sargenteli. Um anúncio do show na época traz o texto "Desclassificados em outros festivais... *Os desclassificados* – show comédia musical". Essa variedade de nomes jovens e de outros carnavais, a presença do samba e a referência aos festivais da canção que começavam a se tornar importantes, demonstra que o Rio de Janeiro estava chegando ao limite do que Caetano Veloso chamava de um clima de tapinha nas costas e conformismo sonoro. A atuação no campo da música brasileira ganhava novos componentes e ingredientes tanto no que diz respeito à exigência profissional dos seus participantes quanto no que diz respeito à repercussão midiática de suas performances.

Novos ídolos produzidos pelos programas das televisões transformam a presença do artista como veículo das canções, fazendo com que o corpo, os gestos, as roupas se tornassem elementos fundamentais. Além disso, as tensões políticas do período somadas às tensões de um mercado fonográfico que passa a medir sucessos por audiência, produzem um novo clima criativo que quebra o cerco de bom gosto e intimidade classista que a música popular detinha no Rio de Janeiro. Essa velocidade de produção, a necessidade de novas músicas para festivais, a competição entre músicos politizados com ideários nacionais e músicos de outros circuitos culturais criando a versão brasileira do pop através da jovem guarda, eram movimentações que davam um novo tom para a revolução iniciada pela bossa-nova.

Enquanto isso, o *Jornal do Brasil* anuncia que o Bar Veloso, na rua Montenegro, trocara seu nome para Garota de Ipanema, em homenagem à parceria de Vinicius de Moraes e Tom Jobim. Entre os que são arrolados pela matéria como frequentadores famosos do bar, figurava Macalé. Pelo visto, entre a vida frenética de São Paulo e os bares do Rio, o músico carioca já tinha feito sua escolha. O que não quer dizer que tenha ficado parado. Quando para muitos a hora era de estourar, para Macalé era hora de estudar.

124 > Exílio musical

Em um dos primeiros perfis feitos sobre Macalé no *Jornal do Brasil* (23 de agosto de 1970), ele diz ao jornalista Edgar de Carvalho Junior que, em 1967, "fundiu a cuca": "Me afastei de todos e fui estudar violoncelo, composição e violão clássico na Pro-Arte". Nesse contexto de início da contracultura carioca, sua fala sobre o que aconteceu quando resolveu mergulhar numa formação erudita é marcada pela gíria jovem da época — isto é, *fundir a cuca*. Também não pode passar desapercebido a afirmação de que ele "se afastou de todos".

De alguma forma, Jards sabia que o gesto, três anos depois das várias mudanças que ocorreram no cenário musical brasileiro de então, poderia — ou deveria — ser visto como um ato dissonante. Afinal, como podia aquele cara esquálido e barbado que apareceu em 1969 usando uma bata colorida de couro e acompanhado por um conjunto de rock chamado Os Brazões não ser um tropicalista de primeira hora? Jards era consciente da contradição ao revelar que estudava para ser um músico erudito na mesma época em que Gil e Caetano assumiam seu amor pelas guitarras e por Chacrinha. A proximidade com os compositores baianos construída entre 1965 e 1966 (a ponto de frequentemente, e por muitos anos, o chamarem de baiano na imprensa carioca), fazia com que o mergulho na Pro-Arte e no violão pudesse ser visto como um desvio, um interregno, um parêntesis.

O desejo de conhecer música a fundo, porém, não era algo fora da curva na formação de Macalé. Esse momento em que "fundiu a cuca" deve ser entendido a partir da série de eventos que viveu ao longo da formação autodidata durante a década de 1960. Após passar por diferentes escolas de violão e pelo aprendizado precoce na leitura de partituras com Severino Araújo, em 1967 Macalé via como um caminho natural aprofundar sua relação com a teoria musical. Foi o período que, recomendado por Turíbio Santos, passou a ter aulas com Jodacil Damasceno — ambos, cultivadores da obra de Villa-Lobos e exímios violonistas. Em plena ebulição midiática da "música jovem" e da "moderna música brasileira", Jards havia decidido se tornar um músico erudito. É nesse momento que procura os cursos da famosa Escola Pro-Arte, no Rio de Janeiro.

A história da instituição, fundada em 1931 pelo alemão Theodor Heuberger, atravessa diferentes fases. A primeira, dedicada à difusão do modernismo nacional e internacional com ênfase nas artes visuais, é interrompida pelo período da Segunda Guerra mundial e a aproximação problemática da instituição com os financiamentos oficiais das instituições nazistas – fato que terminou por suspender temporariamente suas atividades no país. Reaberta em 1947, a Pro-Arte passa a se especializar em música erudita, tendo entre um de seus principais nomes Hans-Joachim Koellreuter. O maestro, também alemão, vivia exilado no Brasil desde 1937. Sua presença no país tem impacto direto na formação de alguns dos principais nomes da música brasileira ligados à transição entre os registros eruditos e populares. Em 1939, ele é o fundador do grupo Música Viva, que incluía compositores como Cláudio Santoro, Eunice Katunda, Guerra-Peixe e Edino Krieger. Koellreuter, em 1941, foi o primeiro professor de piano de um jovem de treze anos chamado Antônio Carlos Jobim. Em 1954, entra para a Escola de Música da Universidade Federal da Bahia, onde leciona para a geração de jovens músicos como Djalma Corrêa e Tom Zé, além de muitos outros nomes. Sua passagem pela Pro-Arte define um perfil de ensino musical formador de diferentes estilos de músicos brasileiros ao longo das décadas seguintes.

É nesse conhecido espaço de estudos que Macalé procura uma série de cursos envolvendo teoria musical, percepção, composição, regência, análise e morfologia. A lista completa, segundo Jards é: piano e orquestração com Guerra-Peixe, violoncelo com Peter Dauelsberg, regência com Mário Tavares, análise musical com Esther Scliar, canto com Fernanda Gianetti.

Em diversas entrevistas e textos dedicados a Macalé, a passagem pela Pro-Arte é citada por ele como decisiva. Isso também se deve ao fato de que a relação com os professores não se restringia às aulas da escola, se estendendo muitas vezes até a casa dos mestres. Jards lembra de casos como as aulas com Esther Scliar, em que ficavam após o horário improvisando e ouvindo suas criações ainda inéditas ao lado de alunos como Edu Lobo, Paulinho da Viola, Dulce Nunes e Antônio Adolfo.[29] Ele também

---

29 | Conferir matéria publicada em 3 de fevereiro de 1967 no *Correio da Manhã*.

guarda conversas importantes com Mário Tavares e Guerra-Peixe, maestro que viu garoto tocando nos cinemas do centro da cidade ainda nos anos 1950. Ao lado dos grandes de seu tempo – sejam maestros consagrados, sejam violonistas populares – Jards sempre soube exercer a disciplinada arte de ouvir e observar, aprendendo tudo que podia.

Como visto em capítulos anteriores, seu interesse pelo lado erudito da música brasileira surge precocemente. Na mesma época em que iniciou seus passos entre as partituras e os arranjos de Severino Araújo e a Orquestra Tabajara, Macalé procura Edino Krieger, então regente da Orquestra Sinfônica Brasileira, sediada no Rio de Janeiro, para aprender a transcrever arranjos para o maior número possível de instrumentos. Desde 1963, ele já arriscava algumas peças instrumentais, como a parceria com Jota para violão e flauta, "Tema do Boneco do Jota", ou as peças para violão "Ensaio nº2" (em homenagem a Paulinho da Viola) e "Giselda", ambas em 1965. No período da Pro-Arte, compôs "Diminutas" (para violão, escrita por Ester Scliar), "Tema para oito violoncelos" e "Quarta Justas" (para violoncelo, dedicado ao professor Peter Dauslberg) – todas em 1968.

O mergulho no violão e na música popular de seu tempo, portanto, não fez com que ele apagasse os primeiros passos sonoros. A escolha pela Pro-Arte indica uma forte autonomia artística de um artista que definia-se muitas vezes como um "apátrida" no território musical de sua geração. Atravessava a bossa-nova, as rodas de samba, o jazz e as novidades do rock anglo-saxão. Não se prendia a nada e aprendia tudo que fosse possível. Seu crivo estético nunca foi definido por gêneros, e sim por qualidade – toda música boa despertava seu interesse, independente de escolas ou grupos. Assim, Macalé se torna um ouvido e um violão abertos a todos os tempos e espaços que considera potentes, sem preconceitos de qualquer espécie.

No caso específico da música erudita, porém, o convívio com violonistas como Turíbio Santos e as aulas de técnica com Jodacil Damasceno davam-lhe um horizonte musical mais amplo para o violão – em relação ao uso popular do instrumento. Até então, ele não era cantor, não tinha composições suficientes para gravar um disco solo e não assumia o proscênio de seus trabalhos. Como instrumentista, nada mais natural que investir na formação, já que o padrão de qualidade de seu tempo era cada vez mais alto. Amigos de geração, como Dori Caymmi e Eumir Deodato, ocupavam postos profissionais de arranjadores e produtores de discos, e a formação completa poderia abrir novos horizontes profissionais para além do palco. Como outros de sua geração, ele viu nas aulas da Pro-Arte essa possibilidade de aprimoramento.

Apesar de parecer um corpo estranho entre músicos que buscavam cada vez mais destaque no âmbito televisivo e na relação entre voz e imagem, a guinada de Macalé em direção aos estudos mais técnicos sobre teoria musical não foi um movimento exclusivo do compositor entre outros de sua geração. Era junho de 1966 quando a jornalista Marisa Alvarez Lima traça um perfil do jovem músico Edu Lobo, também aluno da Pró-Arte na mesma época que Macalé, para a revista *A Cigarra*. Edu, então com 23 anos, era apresentado como a grande estrela do "samba moderno". Ele já havia passado por uma ascensão fulminante nos últimos dois anos. Parceiro constante de nomes maduros como Vinicius de Moraes e Ruy Guerra, Edu já tinha vencido o I Festival de Música Popular da TV Excelsior com "Arrastão" (sua e de Vinicius), já havia mergulhado no teatro revolucionário brasileiro de Gianfrancesco Guarnieri e Augusto Boal em peças definitivas do Teatro de Arena como *Arena conta Zumbi*, além de ter músicas em peças censuradas com Vianinha e Dias Gomes. Naquele ano que Marisa o entrevistava, Edu lançava pela gravadora Elenco o primeiro disco solo – depois de já ter feito sua estreia fonográfica ao lado de Nara Leão e do Tamba Trio. Composições suas, como "Reza", já eram gravadas internacionalmente. Quem fala com a jornalista, portanto, é uma voz em plena ascensão. Para situarmos Jards Macalé no contexto dessa conversa, vale destacar duas declarações de Edu. A primeira:

> O que quero, agora, é estudar. Este ano, que creio ser definitivo para mim, será mais de aprendizado do que de criação.

Sinto que o que fiz teve um limite e que, para me renovar, terei muito o que aprender. O máximo que puder.

Edu Lobo, no auge de seu sucesso precoce, prioriza uma formação técnica de músico. No segundo semestre de 1966, ele viaja para pequenas turnês na Europa, gravando inclusive um disco na Alemanha com Sylvinha Telles e Salvador Trio (Dom Salvador no piano, Edson Lobo no contrabaixo e Victor Manga na bateria). Em 1967, Edu retorna e vence outro festival, dessa vez o III Festival de Música Popular da Record, com "Ponteio", parceria com Capinam.

Macalé, portanto, compartilha o mesmo tipo de impulso que seu amigo de adolescência dos conjuntos musicais de Ipanema e Copacabana. Após um período de trabalho intenso em diferentes cidades, com shows, peças, gravações e programas de televisão, o que importava naquele momento era aprofundar a relação com o instrumento e a música em geral. O desejo de estudar era fruto da formação acelerada pela qual essa geração surgida após a bossa-nova passou. Tanto Edu quanto Macalé tinham menos de vinte e cinco anos e já tinham atravessado mudanças profundas no meio musical brasileiro e no quadro político e social do país. Como dito em capítulo anterior, esse precoce amadurecimento profissional dos jovens rapazes de Ipanema ocorre em meio aos primeiros anos de ampliação de uma sociedade massificada e da articulação produtiva de gravadoras brasileiras e multinacionais, canais de televisão, paradas de sucessos, veículos de imprensa e colunistas dedicados ao dia a dia da música nos principais jornais. Eventos como *Opinião*, as peças do Teatro de Arena ou *Fino da bossa* de Elis Regina e Jair Rodrigues decretavam o fim do ciclo carioca aberto com a bossa-nova e apresentavam sua renovação através de dezenas de músicos, intérpretes e compositores ao redor do país, com variadas informações, dicções e ideias. A ascensão desses novíssimos nomes faz com que a cobertura da imprensa e os programas de televisão enxergassem na vertente "jovem" da música brasileira um projeto cultural e uma arena de disputas lucrativas.

Para os produtores de discos e shows, 1965 se torna uma espécie de ano divisor em que o aumento do nível de exigência por parte de uma nova geração de ouvintes ampliava a necessidade de qualidade. Consequentemente, para os músicos a situação não foi diferente. Por serem parte de um grupo privilegiado de talentos, eles produziram durante o período uma intensa rede de parcerias, sem perderem de vista as inerentes disputas por espaço profissional e por público. Em um período também atravessado pela pauta política em um governo fruto de um golpe civil-militar, as disputas pelo estrelato televisivo na música popular brasileira não passariam incólume pelo crivo ideológico de seu tempo. Gostar ou não de uma canção ou do seu intérprete era resultado de variáveis que iam além do talento ou da técnica.

A geração de Macalé também foi aquela que se viu em meio a profusão de siglas e movimentos para dar conta das transformações provocadas pelos que nasceram em 1942/44. Entre 1966 e 1968 circulam termos como "Música jovem", "Canção de protesto", "Música participante", "Moderna Música Brasileira", "Moderna Música Popular Brasileira", "Samba jovem" e, finalmente, "Música Popular Brasileira" (a que se estabeleceu como termo corrente desde então). Praticamente todos esses rótulos eram propostos pela imprensa em geral – e às vezes pelos próprios artistas – para definirem de forma homogênea uma música brasileira urbana que pudesse se opor a outro termo que rapidamente se tornara popular no país: iê-iê-iê. O ritmo que batizava o som de Roberto e Erasmo Carlos, além de uma série de bandas e intérpretes vindos de outros segmentos que não a trajetória politizada do período, era visto pela opinião especializada em geral como uma espécie de concorrente invasora do meio musical brasileiro. O sucesso que os artistas batizados de jovem guarda estavam obtendo em seu programa de televisão na Record (sua estreia foi no dia 22 de agosto de 1965), insuflava manchetes e matérias que demarcassem oposições e criassem um ambiente de combate e enfrentamento entre as vertentes – mesmo que ambas fossem ligadas aos programas da TV Record.

De qualquer maneira, o iê-iê-iê local era a etapa mais aguda de um processo iniciado nas versões de rock norte-americano (ou italiano, francês e inglês) que fizeram sucesso no país no final dos anos 1950. Apesar da maciça hegemonia da canção popular brasileira no período, a presença da música internacional seguia firme com os lançamentos periódicos de discos de jazz e baladas, além de musicais e das trilhas para o cinema – todos, elementos de uma cultura de massa internacional que já povoavam o (precário) imaginário pop nacional.

Nesse contexto, portanto, tanto o meio musical quanto formadores de opinião sublinhavam o que marcaria a diferença entre as canções fáceis e comerciais da jovem guarda e as canções críticas da música popular brasileira: a *qualidade*. A diferença entre uma música de Edu Lobo ou Gilberto Gil e uma de Roberto Carlos ou Carlos Imperial deveria ser o "nível" de cada uma. Quando atacavam as músicas da jovem guarda, os argumentos recorrentes eram baseados no "baixo nível" do gosto popular, além da suposta pobreza sonora, da falta de criatividade ou de serem meras cópias do pior modelo do pop internacional.

Alguns críticos mais jovens, como Torquato Neto, viam nas canções elaboradas dos Beatles a qualidade que deveria ser apreciada e incorporada por compositores brasileiros.[30] A banda inglesa se torna um parâmetro para se diferenciar o rock local da Jovem Guarda e o rock refinado que poderia ser almejado em um novo momento. Escrevendo regularmente a coluna "Música popular" no *Jornal dos Sports* durante boa parte de 1967, Torquato não poupava, porém, os conjuntos de "iê-iê-iê chinfrim" que atuavam nos palcos do Rio e de São Paulo. Como todos sabem, o símbolo dessa suposta disputa era um instrumento: a guitarra elétrica. Se a jovem guarda e a música pop precisavam da eletrificação e da estridência das guitarras (que nem eram tão estridentes assim nas bandas brasileiras), a música popular local manteria seu princípio acústico com o violão representando o "verdadeiro" som nacional. A simplificação da guitarra e do violão como representação da luta entre o bem e o mal (e, porque não, entre esquerda e direita no espectro político), alimentou eventos hoje em dia vistos como pitorescos, como a "marcha contra

---

30 | As colunas de Torquato podem ser lidas em *Torquatália: geleia geral*, volume organizado por Paulo Roberto Pires para a editora Rocco, em 2003.

as guitarras elétricas" ocorrida em São Paulo – uma manifestação gestada no bojo das disputas por audiência em programas da TV Record. De qualquer maneira, esse foi um raro momento em que a música popular no Brasil apresentou um debate tão amplo e agudo sobre seus rumos e suas bases.

O tema da suposta guerra entre músicos populares e ídolos da jovem guarda era assunto recorrente nas colunas de Torquato. Ao mesmo tempo em que criticava o iê-iê-iê brasileiro, também dizia que não se devia desperdiçar energia contra o mesmo. O que se tornava necessário de fato era um trabalho organizado entre artistas, compositores e críticos para disputar o público jovem que era fã de Roberto Carlos e seus parceiros.

Essa opinião de Torquato, então ativo parceiro de Edu Lobo, Gil e Caetano, além de amigo pessoal de Macalé, é aos poucos ampliada pela necessidade de se propor um movimento ou algum tipo de compromisso coletivo em torno da chamada Música Popular Brasileira. Mais uma vez, o crítico e compositor indicava que a qualidade do trabalho que sua geração vinha produzindo definiria sua marca frente ao sucesso dos ídolos da Jovem Guarda seria a qualidade do trabalho que sua geração vinha fazendo.

Torquato era parte de um grupo de artistas, portanto, atento ao fato de que o nível de exigência do ouvinte médio da juventude urbana brasileira era cada vez mais diversificado e qualificado. Todos sabiam que ocorriam inovações constantes no cenário musical do Brasil e do mundo, e que a internacionalização do que viria a se chamar música pop de matriz anglo-saxã cada vez mais pressionava a ideia de qualidade que a bossa-nova e os ditos "sambas modernos" vinham promovendo.

As saídas para a manutenção ou ampliação dessa ideia de qualidade, porém, foram distintas para os artistas da época. Gilberto Gil, por exemplo, voltou de uma série de shows em Pernambuco e organizou reuniões de compositores e amigos. Ele propunha um movimento com a força da bossa-nova, além de ter apresentado argumentos que seriam cristalizados no ano seguinte durante o Tropicalismo. Gil, e logo depois Caetano Veloso, Capinam e o próprio Torquato, viram no público brasileiro a exigência de um novo código sonoro e estético. Foram eles, enquanto grupo organizado, que pensaram a música popular brasileira em um viés mais desafiador e transgressor naquele momento. Para isso, porém, tiveram que fazer negociações no que diz respeito aos princípios de uma "brasilidade" obrigatória como selo de qualidade. Discos gravados pelos Beatles, como *Revolver* (1966) e, principalmente, *Sargent Peppers Lonely Heart Club Band* (1967), abriam para os instrumentos elétricos dos conjuntos de rock um novo horizonte sonoro, mostrando que os arranjos complexos e as orquestrações da música brasileira de então podiam sim coexistir com guitarras e amplificadores.

Em meio a essa transformação, Edu Lobo aponta na entrevista para Marisa Alvarez sua perspectiva para se pensar a qualidade de um trabalho musical naquele momento. E não era a mesma dos amigos baianos. Ao colocar a necessidade do estudo como caminho para se aprimorar a produção da música popular brasileira – ou, ao menos, da sua música – vemos que a pesquisa realizada por Gil e Caetano tinha sentido diverso da sua. Enquanto os baianos pesquisavam sons contemporâneos e internacionais como referência para pensar a música brasileira, Edu pesquisava teoria musical no intuito de demarcar seu compromisso técnico em contraponto a uma espécie de sonoridade superficial e pejorativamente vista como comercial – mesmo que conseguisse desbancar o sucesso popular da jovem guarda. Não é à toa que, em 1968, Edu Lobo e outros mais fiéis ao samba ou ao violão, vão se ver em lado oposto ao de Gil e Caetano, acompanhados por sua vez dos instrumentos elétricos dos Mutantes. Se todos estavam unidos em 1966 para pensar uma saída para o desafio imposto pela jovem guarda, dois anos depois o tropicalismo provocava cisões que durariam muito tempo. Ligado de várias formas a muitos nomes que ficaram em campos opostos, Macalé foi aos poucos ampliando sua capacidade de absorver diferentes frentes – inclusive as aulas de formação erudita na Pro-Arte (mesma escola que Edu Lobo estudou no período).

Já a outra citação retirada da entrevista de Edu Lobo para Marisa Alvarez Lima trata exatamente dessas transformações estéticas e comerciais que atravessavam o ano de 1967. Essa efervescência suscitava entre os novos nomes que iam surgindo uma série de debates e posicionamentos que, a toda hora, eram publicados pela imprensa. Desde veículos meramente informativos, como a revista *Intervalo*, até os mais intelectualizados como a *Revista de Civilização Brasileira*, tornara-se habitual promover debates públicos entre diferentes perfis de artistas e suas opiniões. Edu era um dos mais requisitados nessas conversas e não é à toa que pede, ao fim da reportagem, que a jornalista inclua o nome de um grupo de jovens que vinham pensando coletivamente – ele chama de um "grupo de trabalho" – os rumos da canção popular:

> Antes de terminarmos nossa entrevista, gostaria de citar alguns nomes, além daqueles que citei antes, e que estão a nosso lado, discutindo, dialogando, realizando, enfim, um trabalho de equipe. E isso é importante. Nosso ponto de encontro semanal é o Teatro Jovem. Seus nomes, entre outros: Caetano Veloso, Gilberto Gil, Francis Hime, Piti e Macalé.

O Teatro Jovem, sob direção de Cleber Santos, foi durante 1966 um dos principais espaços – se não o principal – de encontros e debates da música feita no Rio de Janeiro. Sua origem é vinculada ao espetáculo *A mais valia vai acabar, seu Edgar*, organizado por Vianinha e Chico de Assis com estudantes e atores no Rio de Janeiro. A partir desse espetáculo, Cléber mantém uma companhia com sede no Mourisco, em Botafogo, cujos trabalhos cênicos contaram com nomes como as atrizes Isabel Ribeiro e Maria Gladys, além de atores e diretores como Sérgio Sanz e Nelson Xavier. Seu nome entra definitivamente no mapa dessa geração da música popular ao ser o palco dos espetáculos de Hermínio Bello de Carvalho. Aos poucos, o teatro foi ocupado por reuniões periódicas em que profissionais e amadores, sambistas e bossa-novistas, famosos e desconhecidos, apresentavam composições, debatiam a situação política do país e, principalmente, da música popular brasileira "em crise". São muitos os relatos que colocam tais reuniões no Teatro Jovem como um espaço decisivo na formação dessa geração.

Os citados por Edu Lobo nas reuniões do Teatro Jovem vão desde amigos de Ipanema que fizeram a transição da geração de Lyra, Baden e João Gilberto para uma nova época – como Francis Hime e o próprio Macalé – até os seus novos camaradas que vieram para o sudeste e foram chamados de "baianos" – Caetano, Gil e Piti. A inclusão de Macalé também se justifica porque, nesse momento da entrevista, ele já havia tocado no *Opinião*, colaborado pontualmente com *Arena conta Zumbi*, trabalhado com os baianos e Boal em *Arena canta Bahia* e *Tempo de guerra* e, finalmente, dirigido o show de Bethânia no Cangaceiro com o trio de Edison Machado.

Macalé, portanto, se ainda não tinha em 1967 o sucesso consolidado de Edu, Nara Leão e Chico Buarque ou o novíssimo sucesso de Gilberto Gil e Maria Bethânia, não era mais uma promessa amadora. Ao mesmo tempo, ele ainda não era um rosto ou nome conhecido fora do ambiente musical, já que vivia os bastidores dos trabalhos, sem protagonismo de intérprete ou de compositor nos programas televisivos. Por ter optado em um primeiro momento pelo violão e não pelo canto, Macalé se situa inicialmente no lado opaco de uma era cuja força da imagem e da interpretação performática em festivais começava a se tornar regra. Sem a voz e o rosto veiculado na televisão e nas capas de disco, esse foi o período em que os nomes dos instrumentistas passam a ter valor menor no mercado.

Outro ponto importante para que Macalé tenha passado praticamente desapercebido durante o turbulento ano de 1967 foi a mudança das cidades em que os rumos da música brasileira eram decididos. Em pouco tempo, ele via a maioria de seus parceiros de geração atuarem principalmente em São Paulo. A consolidação da TV Record como a principal emissora a estabelecer contratos de trabalho com os músicos de então, além de seus programas semanais e festivais, fizeram com que os profissionais que ficaram no Rio tivessem sua atuação resumida a um cenário local cada vez mais reduzido. Além disso, a força cosmopolita, urbana e financeira de São Paulo contrastava com a renitente imagem do Rio de Janeiro como berço nacionalista das raízes populares, do samba e da já descartada bossa-nova. Como contraponto ao entusiasmo televisivo e pop da capital paulista, basta conferir como foi exatamente em 1967 que os discursos ao redor das "raízes populares" do samba e do carnaval carioca estavam presentes nos jornais da cidade – principalmente através das colunas diárias de críticos como José Ramos Tinhorão e Sérgio Cabral, todas decisivas para futuros pesquisadores, porém de forte pendor conservador. Ao permanecer nesse circuito carioca, sem parceiros constantes ou disposição para assumir o lugar de cantor, Macalé acaba por afirmar um compromisso pessoal com a música.

No calor dos programas de televisão, festivais e polêmicas que 1967 inaugurava no país e no mundo, Macalé entende que era hora de aprofundar seus estudos. Segundo o próprio, talvez fosse o momento de – quem sabe – se tornar até mesmo um músico de formação erudita. Tal afastamento do fluxo que o mercado fonográfico da música popular brasileira começava a colocar para os seus participantes, faz da atitude de Jards uma espécie de ruptura pessoal. Talvez estudar música no Rio fosse uma forma de não ir para São Paulo. Talvez o tempo de Jards em relação às suas ideias fosse outro que não o dos programas de televisão.

Enquanto Caetano e Gil – acompanhados de perto por letristas e pensadores como Torquato Neto e Capinam, alimentados pelos diálogos com Rogério Duarte e orientados pelo tino comercial de Guilherme Araújo – preparavam a tomada de assalto do meio musical do país, o amigo carioca que os abrigara no apartamento de dona Lygia mirava outros rumos para seu trabalho. Por algum tempo, os caminhos profissionais deles se afastam e o nome de Macalé se descola de todos os eventos principais que acabariam sendo batizados na época de tropicalismo. No momento em que as coisas ganham uma velocidade vertiginosa e é necessário assumir a superexposição como estratégia para uma intervenção na música brasileira, Jards fica imerso em outro tempo, desacelera e, por hora, não se espreme nas engrenagens da roda-viva.

≡≡

Outro exemplo similar ao movimento de Macalé ou Edu Lobo em direção aos estudos e na contracorrente do debate acerca da eletrificação da música popular no Brasil ocorreu com Chico Buarque. Em uma entrevista de 1999, o músico afirma que "na época do tropicalismo eu por acaso estava aprendendo música":

> Foi quando conheci o Tom, quer dizer, conheci pessoalmente, comecei a trabalhar com ele, fazer letras para ele e tomar contato com a riqueza do trabalho dele. Eu comecei a estudar música e o Tom foi me indicando o caminho. Foi comigo na Lapa comprar um piano e comprei meu primeiro piano. Comecei a me interessar por música ali em 1967, 1968, exatamente quando veio o tropicalismo.[31]

Declarações com as de Chico demonstram que, mais do que "fundir a cuca", Macalé estava inserido em um contexto geracional mais amplo entre músicos que fizeram diferentes opções nesse momento. Se os amigos baianos perceberam a urgência do produto musical brasileiro e sua circulação entre novas mídias e novos discursos culturais, sua necessidade foi de se afastar de tal velocidade e cultivar o gosto pelo instrumento e pela criação musical como um todo. Esse exílio voluntário, mesmo que breve, foi definitivo para que Macalé passasse os anos efervescentes de 1967 e 1968 praticamente em silêncio público.

É possível constatar esse momento quando vemos notícias sobre as apresentações que participa em 1967 – sempre vinculadas ao grupo de músicos que acabaria sendo visto como supostos rivais do tropicalismo – ou quando vemos que os principais debates do momento não contavam com sua participação.

No primeiro caso, eram shows geralmente organizados por estudantes e outros grupos em teatros e ginásios no Rio de Janeiro. Em 7 de abril ele participa de um encontro organizado pelo Grupo Ação no Teatro Carioca, ao redor dos "novos nomes da música brasileira" ao lado de Sidney Miller, Paulinho da Viola, Luiz Carlos Sá, Marco Antônio, Thelma, Abel Silva, e Maurício Tapajós. Apesar do

---

31 | Entrevista concedida a Santuza Naves, Kate Lyra, Heloísa Tapajós, Micaela Neiva, Juliana Jabor e Silvio Da-Rin, publicada em S. Naves, T. Bacal e F. Coelho (orgs.), *MPB em discussão: entrevistas*, Belo Horizonte: UFMG, 2006, p. 188.

sucesso que alguns deles fariam no ano seguinte, já era possível perceber que músicos da mesma geração tinham se tornado famosos – como Edu Lobo, Nara Leão e Chico Buarque – enquanto outros permaneciam como "novos nomes" da música brasileira. Era um contraste que se media entre os palcos da televisão de São Paulo e os palcos cariocas.

Ainda em abril seu nome também circula na imprensa pela participação na peça *Meia volta vou ver* de Vianinha, com textos de diversos autores, musicados por Vinicius de Moraes, Baden Powell, Francis Hime, Capinam e Macalé. Também ligado ao teatro, participa da *Fina flor do samba*, série de espetáculos "de raiz" produzidos por Teresa Aragão, com a presença de passistas, ritmistas e compositores da Portela, Mangueira, Império Serrano e Salgueiro. Segundo os jornais da época, no dia 12 de agosto os convidados especiais eram "Rosinha de Valença, Makalé (Sic), Reginaldo Bessa e Torquato Neto. No Bar Doce Bar – R. Siqueira Campos 143". Macalé também participa dos eventos que marcaram o ano no Teatro Casa Grande (casa gerida naquele período pelo jornalista Sérgio Cabral), inclusive dando aulas de violão esporadicamente, como mostra essa pequena nota publicada no *Jornal do Brasil*, em 7 de julho daquele ano:

> CASA GRANDE – Hoje, amanhã e depois, no Casa Grande, a atração será o conjunto vocal MPB4. A partir do dia 20, à tarde, haverá aulas de violão, a cargo de Macalé, e de ballet moderno, sob a supervisão da coreógrafa Sandra Dieckens.

A vivência profissional no meio musical carioca (com presença constante do samba) e os estudos nos cursos de música erudita da Pro-Arte, portanto, se encaixavam na trajetória que Macalé vinha construindo até então. Isso seria simples de entender se não soubéssemos que, no mesmo ano de 1967, uma nova camada sonora é aberta para ele: era o rock internacional que alcançava novos níveis de qualidade para além dos Beatles, através dos trabalhos revolucionários de Jimi Hendrix ou de Bob Dylan. O impacto desses nomes nos amigos mais próximos de Macalé – e no próprio

– transforma suas ideias musicais e, por consequências, as ideias musicais de parte de sua geração. Só que, se para alguns aquilo foi imediatamente incorporado como informação (Gilberto Gil, por exemplo), para outros não ocorreu essa urgência – como no caso de Jards. Naquele momento ele ocupou um espaço criativo que, se não era alheio aos sons de *Are You Experienced?* ou *Blonde on Blonde*, não tinha a necessidade imediata de pensar suas músicas a partir das novidades trazidas pelo mundo pop eletrificado anglo-saxão.

Ao contrário do que muitos pensam e falam, na divisão que aos poucos começa a se definir no meio musical do período – o violão popular contra a guitarra colonizada – Jards não precisou assumir lados ou discursos. Ao menos não publicamente. Nunca se posicionou contrário ao som que seus amigos faziam em São Paulo, pelo contrário. Apesar de não estar com eles e de optar por outro caminho nesse período em que "fundiu a cuca", sua postura aberta de ouvinte sabia que em algum lugar Guerra-Peixe e George Martin podiam se encontrar. Até porque, no ano seguinte, Hendrix passa a ser um nome decisivo em sua trajetória musical.

Nesse contexto, portanto, se a guitarra não era um tabu, ele ainda preferia se dedicar com empenho inédito ao violão, da mesma forma que ouvia os sons contemporâneos de então. Afinal, Dylan, Lennon e Hendrix eram praticamente da sua idade. Mesmo assim, é sempre curioso quando vemos, geralmente feita *à posteriori*, a relação direta desse Macalé de então com o tropicalismo. Sua ligação com Bethânia, Gal Costa, Gil e Caetano ainda teria momentos importantes nos anos seguintes (principalmente entre 1969 e 1972), mas curiosamente eles não estiveram musicalmente próximos nos heroicos anos tropicalistas – isto é, entre outubro de 1967 e dezembro de 1968. Sua independência – e as consequências delas – já era um traço de sua personalidade artística.

O que teria, então, desviado definitivamente Jards de sua formação erudita? Afinal, apenas dois anos depois, parece que a Pro-Arte se encontra num passado remoto do homem que grita "Cuidado, há um morcego na porta principal" no palco do Maracanãzinho. Segundo seus relatos, o que o afastou dessa meta musical não foi a guitarra de Hendrix ou o som tropicalista de Duprat e os Mutantes, mas sim um som tão ou mais radical quanto esses. Na época em que Macalé participa do show *Mudando de conversa* (1968), em plena revolução tropicalista, ele acompanhava ao violão a cantora Nora Ney em um espetáculo que ainda tinha Clementina de Jesus, conjunto Rosa de Ouro e Cyro Monteiro. Na história em que Jards encontra o cantor e seu amigo Nelson Cavaquinho em um bar no Leblon, ele também destaca o impacto profundo que o violão do sambista causou nele ao vê-lo tocando de perto:

> Quando vi Nelson Cavaquinho tocando aquele violão rouco e louco, de acordes malucos, que só ele sabia fazer, mas que também inventava na hora, eu disse "quero meu violão assim, sujo. Não quero essa limpidez absoluta, não quero essa coisa ascética total, mas também não vou bolar de tal forma que não entenda, porque também não quero ser Nelson Cavaquinho. Eu quero encontrar um ponto em que eu possa ligar os dois e me exprimir". Então, o caminho do violão estava traçado.[32]

O fator que Jards destaca no violão de Nelson Cavaquinho é sua "sujeira", isto é, os sons trasteados, os dedos batendo de forma única nas cordas, os acordes estranhos. A "limpeza" de acordes perfeitos e da partitura era contaminada pela força improvisada dos dedos do sambista mangueirense. A junção entre essa limpeza técnica e essa sujeira do improviso se tornou, de fato, a marca do músico e da música de Macalé. Mas ela ainda estava em gestação durante esses anos.

Por ter ficado no Rio de Janeiro, portanto, Jards continuava em contato com a cena musical da cidade, plena de shows de samba e com forte valorização de uma ideia tradicional de música popular brasileira. Paulinho da Viola e Sidney Miller eram os mais comentados como os novos valores locais. No mesmo período, como já citado, Gilberto Gil busca articular na cidade conversas e encontros entre

---
32 | Entrevista concedida ao autor, em 2011.

os principais nomes da nova geração na tentativa de pensarem coletivamente novas formas de produzir uma música que tivesse comunicação efetiva com o público sem perder a qualidade sonora. Jards e seu violão viviam muito próximos disso tudo, em uma época em que o Teatro Jovem ou espaços de moradia barata e boemia como o Solar da Fossa, localizado na fronteira dos bairros de Botafogo e Copacabana, criavam essa rede permanente de troca de ideias. Era um breve momento da história em que Paulinho da Viola, Caetano Veloso, Rogério Duarte (três moradores do estabelecimento), Dori Caymmi e Macalé podiam estar com frequência na mesma roda de conversa e de som.

Esse cenário, porém, se transformou no segundo semestre de 1967. Após as fissuras que as conversas e declarações dos baianos começaram a causar entre seus amigos de conversas cariocas, e com a mudança definitiva do eixo comercial da música brasileira para a capital paulista, a ida de Caetano para São Paulo (Gil já vivia na cidade desde 1965) os afastou por um tempo desse cenário carioca – aliás, criticado duramente por Caetano Veloso em declarações da época – e os aproximou de novos personagens e trabalhos paulistas como o maestro Rogério Duprat ou dos poetas, críticos e tradutores Augusto e Haroldo de Campos. A partir daí, os rumos dessa história são conhecidos.

No que diz respeito aos intensos debates do período sobre a música brasileira, Macalé raramente foi convocado a dar sua perspectiva sobre o tema. As hipóteses para essa ausência podem ser várias – desde sua timidez até seu espaço menos destacado de violonista naquele momento. São debates promovidos por revistas, jornais, programas de televisão, analisando passo a passo o que vinha ocorrendo na canção popular. Em sua ampla maioria, eram motivados pela ideia permanente de uma crise dessa canção. Tal crise seria a narrativa em curso das transformações que mudariam os rumos da música no Brasil e no resto do mundo a partir das inovações do pop internacional e sua crescente presença entre os meios locais de produção. A oposição entre MPB e iê-iê-iê era posta por muitos como a reprodução fidedigna da oposição entre esquerda (nacional por excelência e defensora das "raízes" populares) e a direita (americanizada e esvaziada de qualquer pensamento crítico sobre a sociedade). Para muitos, e talvez esse seja um dos caminhos para se pensar a "cuca fundida" de Jards em 1967, o senso coletivo que a cultura brasileira desenvolveu durante a primeira metade dos anos 1960 (principalmente com os eventos ligados ao CPC da UNE) estava perdido frente a uma série de pesquisas individuais em busca de vozes próprias em um novo mercado.

Um dos mais famosos desses debates ocorreu na revista *Civilização Brasileira* ainda em maio de 1966. Foi organizado pelo músico Airton Lima Barbosa e contava com amigos muito próximos de Jards, tão jovens quanto ele – casos de José Carlos Capinam e Caetano Veloso – além de Nara Leão e representantes de outras áreas, como Ferreira Gullar, Gustavo Dahl e os críticos Flavio Macedo Soares e Nelson Lins e Barros. Na abertura do texto na revista, lemos a seguinte advertência:

> Em virtude da crise atual da música popular brasileira, a revista *Civilização Brasileira* reuniu músicos, compositores, intelectuais e estudiosos de música popular para um debate sobre os caminhos da música popular brasileira.

Como dito antes, a "crise atual" podia ser medida pela capa da segunda edição de *Realidade*, uma nova revista ilustrada que apresentava uma abordagem gráfica e de conteúdo inovadores. No mesmo mês de maio de 1966, uma jovem exibe a camiseta com o rosto do rei do iê-iê-iê brasileiro e a chamada "Roberto Carlos: rebelião da juventude". No sumário, lemos que o rosto do cantor de apenas 23 anos na camiseta "é a força do ié-ié-ié, que já vendeu 350 mil peças de seus produtos para jovens". Música, mercado, sucesso e dinheiro se tornavam situações que projetavam o debate sobre a MPB em direção ao debate sobre o capitalismo internacional e a indústria cultural – temas praticamente inexistentes em outras épocas.

É curioso pensar a presença de Caetano e Capinam em um debate como esse, já que seus nomes estavam entre os novíssimos. Ambos eram praticamente iniciantes até então. Caetano tinha um compacto lançado em 1965 pela RCA (com as canções de sua autoria "Cavaleiro" e "Samba em paz"), além de músicas em filmes da nova safra cinematográfica como Viramundo, de Geraldo Sarno e ser o autor do sucesso "É de manhã". Ele ainda era muitas vezes apresentado como o irmão de Bethânia, porém com reconhecido talento e inteligência. Além disso, já circulava por programas de televisão e concorria com canções próprias nos primeiros festivais, o que certamente o fazia mais conhecido. Já Capinam era um poeta competente, porém compositor iniciante, autor com Gilberto Gil de "Ladainha", em 1965, e parceiro de Paulinho da Viola, Edu Lobo, além do próprio Caetano. Ambos frequentavam em 1966 a casa de Macalé em Ipanema, durante o período efervescente dos shows de Bethânia na boate Cangaceiro ou do espetáculo *Pois é*. A presença dos dois nesse debate da RCB amplia as conversas nos quartos da casa de dona Lygia para as páginas de uma das principais revistas de esquerda do país. De qualquer maneira, quando em suas respostas Caetano precisa citar nomes da sua geração, não inclui Macalé e fala apenas de Paulinho da Viola, Edu Lobo, Chico Buarque, Gilberto Gil, Maria Bethânia, até mesmo de Maria da Graça, nome inicial de Gal Costa.

Vemos também esses mesmos nomes serem convocados quando Zuza Homem de Mello colhe uma série de depoimentos (todos entre 1967 e 1968) para documentar as transformações da música popular – que resultaram no livro *Música Popular Brasileira*. Os nomes que "contam e cantam" essa história mistura veteranos e jovens. Entre o segundo grupo, vemos novamente, Caetano Veloso e Capinam, além de Edu Lobo, Gilberto Gil, Nara Leão, Chico Buarque, Elis Regina, Dori Caymmi e Eumir Deodato. Zuza incluiu também o novíssimo nome de Milton Nascimento, que tinha surgido para o sucesso justamente naquele ano de 1967.

Não se trata de dizer que Jards deveria fazer parte desses debates, apesar de ele poder perfeitamente ser inserido no grupo de depoimentos por já ter uma trajetória significativa. O ponto definitivo na sua ausência é, novamente, sua visibilidade. Em 1967, boa parte de seus amigos de geração já haviam conseguido gravar seus primeiros trabalhos e participar de programas de televisão. Jards só conseguiu lançar um compacto em 1970, já em um outro momento sonoro e pessoal de sua carreira. Isso faz com que o violão que Jards desenvolveu nessa fase, pleno de misturas e diferentes saberes, tenha ficado praticamente inédito para os ouvintes – fora uma ou outra gravação esporádica em discos de terceiros. Jards permanecia ativo como músico profissional, porém sem a circulação de uma obra pessoal que o fizesse protagonista do período.

≡≡

Um outro exemplo desse "exílio" de Macalé em 1967 pode ser retirado da sua participação praticamente silenciosa no grupo de compositores que enviou música para o II Festival Internacional da Canção, promovido pela Secretaria de Turismo da Guanabara e pela TV Globo. A emissora carioca entrava pela primeira vez no negócio da música popular, através da aliança comercial entre Augusto Marzagão, produtor do FIC, com Walter Clark e Boni, executivos da Globo. O II FIC ocorreu exatamente no mesmo período que o famoso III Festival da Música Popular Brasileira, produzido por Paulo Machado de Carvalho na TV Record em São Paulo. É curioso pensarmos que a opção de Macalé foi o evento carioca, menos visado e concorrido do que o evento paulista, cujos contratos com a emissora que o promovia fazia com que quase todos os grandes nomes da nova música brasileira estivessem participando. No ano em que Gilberto Gil apresenta com os Mutantes "Domingo no parque" e Caetano Veloso apresenta com os Beat Boys "Alegria, alegria", Macalé não faz parte desse momento nem como possível concorrente – como foi o caso de Capinam, cuja parceira com Edu Lobo em "Ponteio" vence o festival da Record, enquanto Gil fica em segundo e Caetano em quarto lugar.

Macalé, então compositor de poucas obras, enviou como concorrente para o festival carioca a canção "Sem despedida". Ela foi uma das quarenta e seis selecionadas para a fase eliminatória, visando a fase final. Apesar disso, ela fica de fora do grupo de finalistas, que contava com candidatos como Chico Buarque com "Carolina", Milton Nascimento com "Morro velho", "Maria, minha fé" e "Travessia" (em parceira com Fernando Brant), Edu Lobo e Capinam com "Canto de despedida", Nelson Motta e Dori Caymmi com "Cantiga", Vinicius de Moraes e Francis Hime com "Eu te amo, amor" e "O tempo da flor", entre outros nomes menos ou mais conhecidos (como a vencedora "Margarida", do então novato Gutemberg Guarabyra).

A música de Macalé foi interpretada pela jovem cantora Joyce e o quarteto Momentoquatro, durante as eliminatórias ocorridas no dia 19 de outubro no Maracanãzinho. A letra trazia uma concepção que, de alguma forma, mostrava como ele ainda era fiel ao universo lírico e melódico de Vinicius de Moraes e Tom Jobim.

> Vou dizer-te amor
> O tanto e quanto é só teu meu coração
> Por toda a vida meu amor
> Sem despedida
> Eu te garanto
> Até que a morte venha me levar
> Ó meu amor
> Eu hei de amar-te todo o tempo que existir
> E o tempo é todo
> E mais que o tempo bem maior
> É meu amor
> Amor
> Por toda vida é só teu meu coração.

Com vinte e quatro anos, Macalé percorre o tema do amor e da morte de forma similar ao da letra de "O mais-que-perfeito" – parceria que Macalé havia feito naquele período com Vinicius. É essa também a temática de "Amo tanto", canção gravada por Nara Leão no ano anterior. O pendor romântico dava a Macalé um lugar deslocado das composições de seus pares e distante dos temas abordados pelas canções que seus amigos colocavam em festivais.

Basta pensarmos na letra de Capinam para "Ponteio" de Edu Lobo, ou a de Chico Buarque para "Roda viva". Isso para não falarmos de "Domingo no parque" e "Alegria, alegria", experiências que foram gestadas perto de Macalé, ao menos do ponto de vista das conversas e debates.

É possível entendermos essa diferença como uma opção estética em prol de uma música brasileira de ligação mais vertical com os desdobramentos técnicos e sonoros da bossa-nova. Vale lembrar que o autor de "Sem despedida" era o jovem que assistia aulas com Guerra-Peixe e circulava com sambistas e "emepebistas" pela cidade. O universo estético que estava sendo produzido ao redor do meio paulista – com os embates midiáticos entre programas da Record e gêneros musicais eletrificados da nova geração – movimentava referências e conexões que não se encontravam no dia a dia de Macalé – o que não quer dizer que ele era alheio a esses movimentos.

A escolha de Joyce como intérprete de sua música pode ser vista no âmbito desse momento em que Macalé fica exclusivamente no Rio de Janeiro, voltado para a dinâmica musical da cidade. Os dois se tornaram amigos nessa época, apesar da cantora ser cinco anos mais jovem. Também violonista precoce, moradora do Posto Seis, em Copacabana, estudou violão com Jodacil Damaceno em 1966 (na mesma época que o próprio Macalé) e era um dos muitos frutos do ambiente sonoro pós-bossa-nova de Ipanema. Também se tornam parceiros, compondo "Choro chorado", canção presente no primeiro disco homônimo da cantora, lançado ainda em 1968 pela Philips com produção de Nelson Motta (em seu primeiro trabalho como produtor fonográfico). No II FIC de 1967, ela não só defendeu a canção de Macalé, como inscreveu outras três, chegando inclusive a causar polêmica com "Me disseram" – música vista por alguns como excessiva por assumir a inédita primeira pessoa feminina para cantar sobre o fim de um relacionamento.

Tanto Macalé quanto Joyce não passaram para a fase final do FIC. Sem se apresentar no palco, ele permanecia como uma letra sem voz, distante das polêmicas que a imprensa fomentava ao redor dos músicos que faziam sucesso nos festivais. Chico Buarque, Edu

Lobo, Elis Regina, Nara Leão, Geraldo Vandré, além de Roberto Carlos tinham a partir de 1967 a companhia de Gilberto Gil e Caetano Veloso. Por não cantar suas próprias composições, Macalé não se inseriu como um rosto público no momento em que o sucesso na música brasileira era voltado tanto para os olhos quanto para os ouvidos. A presença do corpo e da performance da voz produzia um impacto que demarcava o público e a qualidade da música. Ser um grande e lírico compositor, sem defender a própria música no palco, podia ser um caminho solitário sem volta. Dois anos depois, porém, no mesmo palco do Maracanãzinho em que Joyce apresentou sua "Sem despedida", Macalé mostrou que aprendeu melhor que qualquer um a lição.

150 ▸ Mudando de conversa

Assim como a união entre o teatro e a música brasileira foi fundamental para a transformação do cenário cultural do país na primeira metade dos anos 1960, na segunda metade da década é com o cinema que músicos constroem sólidos laços. A produtiva aproximação dos cineastas brasileiros com releituras de clássicos da literatura local – que resultou em filmes como *Vidas secas* e *Menino de engenho* – foi responsável pelo primeiro trabalho efetivo de Macalé nessa área. Em 1968, ele é convidado pelo cineasta carioca Joaquim Pedro de Andrade para participar da trilha sonora de seu ambicioso projeto: a adaptação de *Macunaíma – um herói sem caráter*, a famosa rapsódia escrita por Mário de Andrade em 1928. O trabalho de Jards, aliás, era justamente adaptar duas peças musicais do próprio Mário, retiradas do romance.

A encomenda é decorrência das circulações culturais das quais Macalé participava intensamente no Rio. Ele conheceu Joaquim, segundo sua memória, em reuniões na casa de Joyce, sua parceria em composições nesse período. O convite chega no momento em que o aluno da Pro-Arte já tinha informação musical suficiente para produzir tal tipo de encomenda. As músicas de Macalé na trilha do filme de Joaquim Pedro são "Mandu sarará" e "Tapera tapejara". Nos créditos do filme, as peças aparecem lindamente como uma parceria dos dois ("de mário de andrade e macalé" – em minúsculas).

Em entrevistas na época e no release do filme, Joaquim Pedro diz que escreveu seu roteiro entre fevereiro e junho de 1968. Após filmar durante o segundo semestre, viu o resultado ficar detido por seis longos meses na censura federal. Enfrentando exaustivas negociações, o diretor consegue a liberação (com três cortes escolhidos por ele de uma lista de dezesseis!) para o lançamento em 1969. Participações importantes nos festivais de Veneza e Mar del Plata, além de um lançamento em Paris, viabilizado por Luiz Carlos Barreto em dezembro de 1968, fazem do filme um grande sucesso de bilheteria. Contraditoriamente (ou não), Joaquim foi preso pelo DOPS nessa mesma época, durante alguns dias de março de 1969, acusado de pertencer ao Partido Comunista (uma célula do partido, localizada no bairro de Cavalcante, guardava um caderno com mais de duzentos nomes de simpatizantes e contribuintes – entre eles,

Joaquim Pedro). Sua detenção causou grande constrangimento no II Festival Internacional do Filme, realizado no Rio de Janeiro durante o mês da prisão do cineasta. Mesmo com tantos contratempos, o filme foi premiado no Festival de Brasília daquele ano, agraciando com o prêmio de melhor ator Grande Otelo, o amigo de Macalé dos tempos de Churrascaria Pirajá.

No filme, as duas canções de Macalé são adaptações de trechos do romance em que o personagem principal (Macunaíma/Paulo José) canta em cena. Quando ouvimos o herói sem caráter entoar suas próprias composições, ouvimos a melodia de Macalé. "Mandu sarará" tem no filme pequena estrofe entoada por um Macunaíma deplorável, abandonado em uma ilha deserta após a morte de Ci (Dina Sfat), sua musa e dona original da Muiraquitã. Já "Tapera tapejara" é tocada e cantada novamente pelo próprio Macunaíma, empunhando uma guitarra elétrica. Sua levada parece um rock estilo Jorge Ben em *Bidu ou silêncio no Brooklyn* (disco de 1968 do cantor carioca), misturada com o universo brasileiro do romance. A cena ocorre no momento em que, após matar o gigante Venceslau Pietro Pietra, Macunaíma obtém de volta o amuleto da amada e abandona a cidade grande. No trecho, em um barco lotado de eletrodomésticos, ele está vestido de camisa amarela, casaco verde, calça azul, chapéu de cowboy, óculos Ray-ban e uma Rolleiflex pendurada.

Esse encontro entre som e imagem teve grande impacto em Jards. A partir do primeiro trabalho, ele fez canções, trilhas e consultorias musicais para diversos filmes como *Getúlio*, de Ana Carolina, de 1974. Além disso, tornou-se ator em *Amuleto de Ogum*, filme de Nelson Pereira dos Santos (1975). Esse envolvimento completo de Jards com o mundo do cinema certamente fez feliz o menino que frequentava matinês e maratonas pelas salas da cidade acompanhado de sua família ou até mesmo sozinho. A ligação com a sétima arte tem tamanha força que muitos dos seus discos – e até mesmo sua música – é vista por ele como cinema, montagens, edições. Em uma entrevista ao *Pasquim* em 12 de setembro de 1975, Macalé faz declarações de amor ao meio cinematográfico. Na época, ele seguia direto de um trabalho com Nelson Pereira para outro. Após *Amuleto de Ogum*, já fazia pesquisas com músicas baianas do século XIX para a trilha de um novo filme, *Tenda dos milagres*. Assim como no anterior, além da música, Jards atuaria. Nessa entrevista ele afirma: "Sempre fui ligado ao cinema. Quando eu era pequeno pegava uma caixa de sapatos, furava na frente, e rodava aquelas figurinhas. Botava um abajour por trás e ficava projetando."

Por conta dessa relação intensa com o cinema na infância e ao longo da vida, Jards também declara os fundamentos de sua arte, se confessando marxista inveterado: "Revejo todas as comédias, todas as chanchadas. Mas principalmente os Irmãos Marx. Todo meu trabalho é baseado neles. E em Carlitos, né?"

≡≡

Ainda em 1968 Glauber Rocha filmava na cidade baiana de Milagres *O dragão da maldade contra o santo guerreiro*. Filme encomendado por produtores franceses, se tratava de uma espécie de continuação da saga de Antonio das Mortes, herói violento de *Deus e o diabo*. Após as polêmicas suscitadas por *Terra em transe* – tanto com a crítica e o meio intelectual do país quanto com o governo e a censura – o cineasta realiza seu primeiro filme em cores e acaba contando com Macalé na trilha. Na verdade, segundo Jards, o que ele fez foi transpor para viola uma peça composta por Marlos Nobre, creditado no filme como autor. Jards diz ainda que fez uma gravação com Maria Bethânia intitulada "Será que o sol quebra a vidraça" (música e letra do Glauber, com uma única frase), porém o cineasta opta por não inserir a voz da cantora. Em diferentes entrevistas após esse episódio, Bethânia relembrou o corte com mágoa – superada com os anos. Para a revista *Playboy* (novembro de 1996), ela relata o episódio, sem citar Macalé:

Você teve outro desafeto: Glauber Rocha.

Briga não houve, não. Mas quando Glauber fez *O dragão da maldade contra o santo guerreiro* [em 1969], eu cantei uma música no filme e ele cortou. Era um verso, "Será que o sol quebra a vidraça/ Será que o sol vai quebrar?", só isso. Gravei durante dois dias, só porque amava o Glauber e minha melhor amiga era irmã dele, a [falecida atriz] Anecy Rocha. Glauber era um Deus. Ficava trabalhando nu em casa, criava um clima. A Anecy falava: "Bethânia, não vai lá porque o Glauber está trabalhando." E eu já sabia que significava: "Glauber está nu." Eles morriam de rir, mas eu ficava muito tensa, aí a Anecy tentava relaxar: "Vamos quebrar uma loucinha por aí" [Risos], o que na época significava "vamos dar uns amassos".

Por que Glauber cortou a cena da música?

Não sei. A Anecy explicou que ele precisou tirar toda a sequência. Claro que eu nunca cobrei nada, imagina – o Glauber me convidar? Um luxo! Só que um dia eu estava no [hoje extinto] bar Zeppelin [Ipanema] quando a Odete Lara, que era atriz do filme, chegou à mesa e fez uns comentários muito ruins, botando tudo para baixo. E eu, é claro, reagi, fiquei com raiva

As relações de Glauber Rocha com o grupo de amigos reunidos nos shows do Teatro Vila Velha sempre foram, em certo sentido, complicadas. Por ser também baiano e mais velho, Glauber cobrava-os em público quando discordava. Ao mesmo tempo, reconhecia a força e a qualidade do trabalho de Caetano, Gil, Bethânia e Gal Costa. Em "O anjo, o moleque e a Maria de Iansã", texto publicado na *Revista Diners* em agosto de 1968, ou seja, próximo das filmagens de *Dragão da Maldade*, Glauber faz um balanço da transformação que ocorrera com os jovens desconhecidos de Salvador em 1960 para o sucesso nacional no final da década.[33] Ácido e ao mesmo tempo elogioso, o texto mostra como a retirada da voz de Bethânia de uma sequência do seu filme pode ter relação com essa visão "paternalista" e, portanto, arbitrária, que o cineasta tinha sobre eles. Com Jards, porém, foi diferente. Desde o início ele e Glauber

---

33 | O texto pode ser lido em S. Cohn e F. Coelho, *Encontros: Tropicália*, Rio de Janeiro: Beco do Azougue, 2008, p. 142.

construíram uma amizade íntima que rendeu muitas situações inusitadas, aulas de violão do músico para Paloma Rocha e afinidades políticas explosivas.

O texto de Glauber saiu quando o movimento musical de Gil e Caetano já estava consagrado com a alcunha de tropicalismo, decorrente do título da canção de Caetano Veloso, "Tropicália". O que poucos sabiam na época – principalmente entre o grande público – é que a origem do termo era o título da instalação de penetráveis que Hélio Oiticica expusera na Nova Objetividade Brasileira, exposição realizada no MAM do Rio de Janeiro em julho de 1967. E que a sugestão do título da canção ao compositor veio do produtor Luiz Carlos Barreto. Mais uma vez, o cinema e a canção popular do período se encontravam muito próximas.

O primeiro semestre de 1968, aliás, é intenso de eventos no Rio de Janeiro, em diferentes níveis. A agitação política da juventude crescia a olhos vistos e inseria a cidade em um roteiro de manifestações e protestos que iam se espalhando por diferentes pontos do planeta. Ao mesmo tempo em que a cena cultural carioca estava em plena ebulição, o regime militar de Artur da Costa e Silva mergulhava o país no conflito aberto contra os seus "inimigos internos". Se a partir de 1964, primeiro momento do golpe civil-militar, eram sindicalistas, políticos e militares os indivíduos perseguidos, cassados e presos, em 1968 a escala de radicalismo fez com que artistas e intelectuais se tornassem os novos alvos preferenciais.

No dia 4 de abril, Rogério Duarte, amigo de Macalé, mas principalmente de Glauber Rocha e Caetano Veloso, é preso pelo DOPS com seu irmão Ronaldo. Estavam, com as respectivas namoradas (Rute Queirós e Silvia Escorel), a caminho da missa de sétimo dia do estudante Edson Luís, dezoito anos, assassinado pela polícia em 28 de março durante a revolta ocorrida no restaurante estudantil Calabouço. O fato, mais que conhecido, desencadeou uma série de protestos nas ruas durante aquele dia, além de discursos inflamados de lideranças como Vladimir Palmeira e uma passeata com o corpo do estudante, velado na Assembleia Legislativa. Uma semana depois, só no Rio de Janeiro, seriam realizadas 119 missas de sétimo dia em sua homenagem.

No dia seguinte da prisão de Rogério e Ronaldo, 5 de abril, o *Jornal do Brasil* publica matéria com o título "Agentes do DOPS e PM prenderam 580 até as 22 horas". Nessa matéria, citam pela primeira vez a prisão dos irmãos e de suas namoradas. No dia seguinte, 6 de abril, ainda em matéria do mesmo jornal ("DOPS solta 233 pessoas detidas na 5ª feira") é noticiado que o advogado Sobral-Pinto já havia impetrado um *habeas-corpus* em defesa dos quatro. Apenas Rute e Silvia, porém, são libertadas no mesmo dia.

Após a prisão, Rogério e Ronaldo ficaram oito dias desaparecidos, desencadeando uma grande campanha de intelectuais nos jornais cariocas em busca de informações sobre o paradeiro. Durante o sumiço, é publicado no jornal *Diário de Notícias* de 12 de abril um manifesto de intelectuais reivindicando notícias. Direcionado a Gama e Silva, Ministro da Justiça do governo de Artur da Costa e Silva, talvez seja um dos últimos documentos em que artistas e intelectuais assinam publicamente um texto contrário ao regime militar. Faltavam então oito meses para o AI-5 fazer dessa possibilidade uma quimera por anos. Vale transcrever na íntegra o documento assinado, entre muitos outros, por Macalé, amigo de primeira hora de Rogério:

> Como é do conhecimento público, estão desaparecidos até hoje os jovens intelectuais presos no centro da cidade, dia 4 do corrente, quando se celebrava a missa por alma do estudante Edson de Lima Souto.
>
> Ronaldo Duarte, engenheiro, cineasta, vencedor do último Festival de Cinema promovido pelo *Jornal do Brasil*, e Rogério Duarte, artista plástico, poeta, professor de artes gráficas e diretor de arte da editora Vozes, foram detidos por dois policiais a paisana e conduzidos em companhia de Silvia Escorel de Morais Saldanha e Rute Queirós, ao carro de polícia nº 8-149, que deixou os irmãos Duarte em algum ponto não identificado do centro da cidade, sob a guarda de agentes à paisana, levando em seguida as moças para o DOPS de onde foram soltas horas depois.

Desde então, por maior que fosse nosso empenho, não conseguimos obter nenhuma informação sobre o destino dos intelectuais presos. Os nomes de Ronaldo e Rogério Duarte não constam de nenhum dos registros feitos pelo Exército, Marinha, Aeronáutica. Polícia Federal e DOPS, como foi noticiado pela imprensa e comunicado às pessoas altamente qualificadas que procuram localizá-los. Diante da gravidade desses fatos, que nos fazem temer pela vida de Ronaldo e Rogério Duarte, decidimos dirigir-nos diretamente a v. exa. para solicitar que se ponha termo às condições flagrantemente ilegais da prisão de nossos companheiros intelectuais, que já agora parece assumir características de um sequestro oficial.

A lista de assinaturas é vasta, reunindo alguns dos grandes nomes da música, das artes visuais, do cinema, da crítica, do jornalismo e do teatro. Eram os primeiros do meio burguês de intelectuais e artistas a serem presos e desaparecidos. Eram também os primeiros torturados que voltaram do confinamento para poder narrar em público o que ocorrera com eles.

No dia 14, com a soltura dos dois, os irmãos tornam-se manchete em vários jornais. Deram entrevistas contando detalhadamente o processo da prisão e as sessões de torturas que sofreram. O caso criou uma grande polêmica na época, com resposta do Comandante do I Exército, general José Horácio da Cunha Garcia, negando veementemente a participação das forças armadas. Oficiais vieram a público afirmar que a entrevista concedida pelos dois, em que denunciam as torturas, eram mentirosas e que se tratava de autopromoção para saírem de um suposto anonimato artístico. Algumas opiniões públicas em jornais do período, mais propensas ao apoio aos militares, deslocavam a culpa do ocorrido para a polícia política, isto é, o DOPS.

Ronaldo e Rogério prestaram depoimentos para inquéritos militares e viram seus nomes sendo expostos com dúvidas sobre sua inocência. Chegaram a levantar na imprensa um passado estudantil de Ronaldo nos movimentos de esquerda de 1964 em Salvador e a lembrar que Rogério tivera vínculos com o movimento estudantil, já que foi um dos diversos arrolados no IPM sobre a UNE, aberto logo no início do governo de Castelo Branco. Em um texto escrito em 1992, Rogério fala sobre esse momento:

> No dia seguinte quando demos a notícia da reaparição, nos foram dadas garantias para que denunciássemos. Lembro particularmente de Joaquim Pedro de Andrade como um dos maiores incentivadores da denúncia. Ele usou argumentos absolutamente incontestáveis para me convencer, alguns dos quais influíram bastante no texto que escrevi então. Dera-me todo apoio. Doutor Sobral Pinto, após ouvir meu relato no seu escritório, decidiu ser nosso patrono nas denúncias, tendo nos acompanhado quando fomos dar um depoimento de mais de dez horas no serviço secreto do exército em que eu confirmei as denúncias feitas pelos jornais.[34]

Em seu livro *A ditadura envergonhada*, Elio Gaspari destaca que o evento foi uma "mudança de qualidade no rumo da anarquia militar". O sequestro sem punição ou até mesmo indicação de responsáveis (apesar das investigações apontarem nomes como os do agente do SNI Valter Rodrigues como um dos que conduziram toda prisão e desaparecimentos dos irmãos Duarte), sem resolução criminal nem na esfera militar, nem na esfera civil, com tortura denunciada e comprovada no IML, criava para a sociedade uma "impunidade contra o futuro", já que o Estado aceitava a versão de que nada havia ocorrido envolvendo seu aparelho repressivo. Era o prenúncio de que a polícia – com ou sem a participação efetiva do Exército – tinha autonomia para usar os equipamentos e instalações militares em práticas ilegais contra a vida dos cidadãos. Ronaldo e Rogério eram artistas, tinham profissão regular, eram bem relacionados nas altas rodas cariocas e, mesmo assim, passaram por isso. Mostravam que a ditadura, frente à escala de conflitos entre o governo e a parte da esquerda organizada em movimentos armados, caminhava para seu momento mais agudo e repressor.

---

34 | R. Duarte, "2x68", in *Encontros: Rogério Duarte*, Rio de Janeiro: Beco do Azougue, 2009, p. 122.

A prisão de Rogério e seu irmão foi, portanto, o primeiro momento em que os militares e a violência de sua "caça aos comunistas" chegavam muito perto do grupo de amigos que se reuniam no apartamento de Lygia Anet em 1966. A prisão de Gil e Caetano encerra um ano de extrema tensão e de uma série de enfrentamentos públicos por parte desses artistas. Macalé, que ao contrário da dupla baiana, estava no Rio de Janeiro, vivenciou esse momento de Rogério Duarte de perto.[35]

Após o choque da prisão e da tortura, Rogério Duarte acaba por morar alguns meses na casa de Hélio Oiticica. Essa junção ocorre porque o artista carioca já o conhecia e começava a criar laços com seus outros amigos da música – agora famosos como tropicalistas. Apesar da canção "Tropicália" e do tropicalismo já serem assuntos mais que comentados na imprensa desde o início de 1968, é apenas em março daquele ano que Oiticica conhece, em São Paulo, Caetano Veloso e Gilberto Gil.

No mesmo mês de março (dia 23), ele tinha escrito e publicado um texto duro no *Jornal do Brasil* criticando os usos modistas do termo que tinha inventado em 1967 ao batizar uma de suas obras. No mês seguinte, Rogério é preso e, logo depois, reside com Oiticica a partir do mês de maio. Juntos, produzem uma usina de ideias e trabalhos. Em junho, participam do filme *Naquele dia alucinante o câncer era uma paisagem fascinante*, de Glauber Rocha. Com cenas feitas na casa do próprio Oiticica, o filme experimental e de baixo orçamento registra o momento em que Rogério atravessava o início de um longo processo pessoal e intelectual após a prisão de abril. Em julho, Rogério e Oiticica participam de uma série de debates organizados no MAM pelo crítico Frederico Morais e o *Diário de Notícias* (entre eles o que ficou conhecido como "Loucura e cultura"). Esses eventos culminavam com *Arte no Aterro*, conjunto de atividades realizadas no Pavilhão Japonês com artistas, escolas de samba e o público. O encontro ficou mais conhecido como *Apocalipopótese*,

---

35 | O designer, a pedido de Rubem Braga e Fernando Sabino, donos da editora Sabiá, escreveu um longo texto sobre os dias de prisão, intitulado "A grande porta do medo". Com o endurecimento do regime durante aquele ano, os originais do relato ficaram guardados por mais de duas décadas com o psicanalista Hélio Pelegrino.

ideia que Oiticica teve junto com Rogério para batizar a atividade proposta pelo primeiro.

Nesse momento, os nomes ligados direta ou indiretamente aos trabalhos de Caetano Veloso e Gilberto Gil que se encontravam no Rio de Janeiro, se aproximam de situações estéticas – e existenciais – em que a violência presente na cidade começava a transbordar para o discurso artístico. É o ano em que Oiticica cunha o estandarte com a frase *Seja marginal, seja herói* (com a imagem do corpo de Alcir, um bandido que comete suicídio na eminência de ser morto pela polícia), dando a senha para o processo de automarginalização frente ao gosto médio dos apoiadores do cada vez mais truculento regime civil-militar. Com a situação de Rogério, sentir-se à margem deixava de ser uma metáfora romântica e começava a ser um estado permanente de sobrevivência. Em uma cidade mergulhada num estado de alerta pelos seguidos confrontos entre estudantes, exército e polícia militar, com amigos presos e torturados, abriu-se um espaço radical de contestação pela (anti) arte. Oiticica, Rogério Duarte, além de Torquato Neto, eram novos e velhos amigos que aproximam Jards de tais pautas e olhares sobre o contemporâneo. Como o próprio músico diria, a barra pesada daquele momento não deixaria dúvida para que lado seu trabalho precisava rumar.

∑∃

Em meio a todos os eventos que ocorriam em 1968, Macalé seguia seu ofício de violonista. Era mais um ano que não usaria sua voz para se tornar cantor ou intérprete. Seus estudos na Pro-Arte lhe davam cancha para virar um músico que se espalhava por diferentes gêneros. A guinada tropicalista no cenário musical cada vez mais competitivo daquele momento, aguçava os intermináveis debates sobre música popular e, pela primeira vez, rachava o grupo de amigos pós-bossa-nova que propunham a renovação sonora do país em uníssono político e estético. 1967 começara com as reuniões do Teatro Jovem no Rio de Janeiro e os debates de revistas reivindicando uma resposta organizada da música "de qualidade" contra os avanços do iê-iê-iê e do rock internacional, mas já no ano seguinte são firmadas as demarcações rígidas separando de um lado os músicos que abraçariam as propostas internacionais da cultura pop como intervenção crítica na nossa tradição e, do outro, os que reafirmavam a força criativa que ainda residia a partir das tradições nacionais – ligadas em última instância ao samba urbano e às harmonias jobinianas.

Com a imprensa situando constantemente Caetano e Gil de um lado, Chico Buarque e Edu Lobo de outro, os quatro tornaram-se ícones desse suposto embate, mesmo que, muitas vezes, contra a vontade. Todos eram amigos, mas duelavam verbalmente a partir da permanente cobertura em busca de manchetes bombásticas. Muitas vezes, ficava explícito o lastro de nacionalismo (tanto de direita quanto de esquerda) que balizava muitas das opiniões do período. No limite, a guitarra elétrica e o violão seguiam como índices desse conflito.

Macalé por sua vez continuava participando de shows, incrementando suas composições e aumentando sua presença em discos de terceiros. Nenhum deles, porém, vinculados ao que se chamava de tropicalismo. Ele segue mantendo distância dos trabalhos que ocorrem em São Paulo e toca seu violão apenas no ambiente musical do Rio. O ano de 1968 abre com sua participação no dia 29 de janeiro em um grande show no Teatro Toneleros, com as presenças (ao menos anunciadas nos jornais) de Maria Bethânia, Rosinha de Valença, Terra Trio, Quinteto Villa-Lobos, Cinara e Cibele, MPB4, Edu Lobo, Joyce, Luiz Carlos Sá, Trio 3D, Geraldo Azevedo, Momentoquatro e Os Cantadores. Ao longo do ano, ele tocou em diversos shows coletivos desse tipo fazendo parte de um perfil musical mais "brasileiro" – perfil adotado com frequência pelo Grupo Toneleros, administrador do teatro com o mesmo nome em Copacabana.

Já no mês de agosto, Macalé acompanha ao violão Nana Caymmi (recém-separada de Gilberto Gil) de volta à Boate Cangaceiro, agora chamada de Barroco. O show tinha direção musical de Dori Caymmi e participação do Terra Trio (grupo que nos anos seguintes se tornou o conjunto musical de Bethânia). Em novembro, Macalé voltou ao Teatro Toneleros para participar de um encontro anunciado nos jornais como "Chico Buarque e Edu Lobo num espetacular show musical". Dessa vez, o time de convidados contava com participação de Cinara e Cibele, Vinicius de Moraes, Paulinho da Viola, Macalé, Martinho da Vila "e muitos outros cartazes" – como Aracy de Almeida, Sidney Miller e Sérgio Ricardo. Aqui, nenhum sinal de inovações elétricas ou performances experimentais.

De alguma forma, Macalé se encontrava em meio a referências sonoras e parcerias bem distantes do que ocorria com os tropicalistas. A ênfase repetida nessa comparação é importante porque, apenas um ano depois, era Macalé que concentraria toda a fúria dos que defendiam a música brasileira de matriz acústica e popular do ataque pop imperialista que apontavam no tropicalismo musical.

Sem fazer questão de assumir tal debate, Macalé seguia expandindo seu violão. Sem dúvida o momento musical mais marcante desse ano para Jards foi a entrada no time que apresentava *Mudando de conversa*, mais uma empreitada do velho amigo Hermínio Bello de Carvalho. O show, já referido em capítulos anteriores, ocorria no Teatro Santa Rosa, em Ipanema, e contava com Cyro Monteiro, Nora Ney e Clementina de Jesus, além da participação do conjunto Rosa de Ouro (Elton Medeiros, Mauro Duarte, Anescar, Jair do Cavaquinho e Nelson Sargento). Após a estreia, no dia 13 de março, sem a presença do violonista, Macalé é incorporado no espetáculo como participação especial – tocava apenas as músicas cantadas por Nora Ney.

No *Correio da Manhã* do dia 3 de abril, uma nota na coluna de Rosita Thomas Lopes diz que Macalé e Toquinho estavam assistindo ao show *Mudando de conversa* e "subiram no palco e fizeram o final do espetáculo juntamente com Joyce e Momentoquatro. Macalé acabou integrando o elenco". Em 27 de março, ainda sem Macalé, o espetáculo é comentado no mesmo *Correio da Manhã* como uma retomada do "samba autêntico" pela "Bossa velha" da música brasileira. Hermínio defende seus artistas como resistentes ao abandono que sofriam frente aos "modismos ditados pela máquina que acaba triturando ídolos que pré-fabrica". E ele podia dizer isso com toda a autoridade pois naquele mesmo ano ainda emplacaria um marco histórico ao juntar Elizeth Cardoso, Jacob do Bandolim e Zimbo Trio no palco do Teatro João Caetano. O show, gravado, tornou-se um dos grandes discos da música brasileira.

Com tudo isso, *Mudando de conversa* foi um sucesso, lotando o teatro e ampliando sua temporada. De alguma forma, em meio aos embates de opiniões e discos eletrificados que saíam naquele período, Cyro Monteiro, Nora Ney e Clementina de Jesus em um mesmo palco representavam a permanência de uma música popular brasileira "resistindo" contra o que se pensava na época serem modismos – a jovem guarda, o tropicalismo e seu sucesso elétrico entre os jovens. A afluência de grandes nomes da cena musical para a plateia de *Mudando de conversa* contou com o aplauso de diferentes gerações como Chico Buarque, Vinicius de Moraes, Maria Bethânia e Elizeth Cardoso. Ainda em abril, o show foi gravado e lançado no mesmo ano pela gravadora Odeon – com o violão de Macalé acompanhando as faixas de Nora Ney.

Mais uma vez, Macalé segue um caminho pessoal e se relaciona com músicos que faziam parte de sua formação e audição afetiva. A entrada no show – em uma noite dedicada a memória de Edson Luís e com direito a equipe de filmagem norte-americana – ocorre um dia antes da prisão de Rogério Duarte. Sem saber da tragédia pessoal e nacional em curso, ele confirmava que o lado de violonista estava mais forte do que nunca. Apesar do mergulho nos estudos da Pro-Arte, o samba sempre foi um universo em que ele se sentia bem, ainda mais ao lado das feras que Hermínio Bello de Carvalho havia reunido. Jards diz que produtor convidara-o para participar por achar que só a versatilidade "jazzística" de seu violão poderia acompanhar Nora Ney. E se pensarmos que ela foi a primeira cantora brasileira a gravar um rock norte-americano em 1955 – "Ronda das horas", versão de "Rock Around the Clock", the Bill Haley – o encontro entre Nora e Jards foi uma espécie de afirmação inusitada do perfil sonoro que o violonista e compositor vinha construindo até então.

Em comentários na imprensa dedicados à sua participação em *Mudando de conversa*, Jards já é visto como violonista e compositor maduro. No segundo quesito, porém, seguia com calma sua produção. Nesse ano, ele emplacava a já citada parceria "Choro chorado" no disco de estreia da amiga Joyce. O disco contava com arranjos de Dori Caymmi e Lindolfo Gaya, além de composições de Caetano Veloso, Ronaldo Bastos e Toninho Horta, Paulinho da Viola, Marcos Vale, entre outros. Na contracapa do disco, um poema de Vinicius para a cantora fecha uma estreia cercada por alguns dos principais nomes que participam da cena musical que Macalé cresceu e fez amigos. No *Diário de Notícias* do dia 15 de maio, podemos ler Joyce comentando o primeiro trabalho e comemorando a presença de "seu violonista predileto".

A parceria com Joyce, que já tinha rendido a apresentação de "Sem despedida" no II FIC em 1967, foi ainda reeditada em festivais naquele mesmo ano (ou ao menos uma tentativa). No dia 11 de agosto o *Jornal do Brasil* anuncia que a canção "Ciranda", terceira composição de Joyce e Macalé, estava selecionada para uma primeira classificação no III FIC. Na primeira seleção, segundo os jornais, sobraram 109 composições entre as 3 mil inscritas. Como o festival dividia vagas com outros estados (São Paulo, por exemplo, tinha direito a seis vagas), apenas 27 dessas primeiras selecionadas iriam para a fase final. Nesse processo, a parceria de Jards e Joyce foi eliminada pelo júri (ou, como dizia a terminologia do festival na época, inicialmente "postas na reserva" e depois desclassificadas de vez). O corte de "Ciranda" é acompanhado pela eliminação de pesos pesados de então, como as composições de Vinicius e Baden Powell ("Um amor em cada coração"), Dori Caymmi e Nelson Motta ("Dois dias") e Billy Blanco ("Esperança").

Macalé também participa nesse ano da gravação do disco de Sidney Miller – *Brasil, do guarani ao guaraná* – cantando e tocando na faixa "Seresta". O disco tem uma concepção diferente do que se fazia até então em trabalhos autorais, já que Sidney Miller convidou vários intérpretes como Gal Costa, Paulinho da Viola, Nara Leão, Gracinha Leporace, MPB4, músicos como Paulo Moura e Oberdan Magalhães para executar suas composições. Ele era um dos músicos mais ativos no meio carioca de então, fruto dos encontros do Teatro Jovem no Mourisco. Além disso, produzia shows e atuava ativamente como cantor e compositor.

No ano em que o caos imperou, portanto, Macalé permaneceu atento aos movimentos ao seu redor, mas fiel ao tipo de música que vinha fazendo desde o início amador em 1960. O violão permanecia como o instrumento e os shows e discos que participava seguiam também a linha de uma canção de matriz popular, porém somada aos estudos técnicos. No entanto, quando ocorre o encontro com Nelson Cavaquinho e Cyro Monteiro em um bar do Leblon, Jards inicia um processo sem volta de ruptura com o apuro e a limpeza que vinha cultivando. A chamada "sujeira" do violão de Nelson libera Jards para, por dentro do samba e do instrumento brasileiro, vislumbrar alternativas que o rock internacional começava a oferecer com seus guitarristas. A fusão entre Nelson e Jimi Hendrix, por exemplo, podia ser um caminho viável. A (breve) passagem do violão para a guitarra, que ocorreu no ano seguinte em seu trabalho, não o afastou completamente do primeiro – tanto que, em seus discos de estúdio, as bases são sempre o violão. Entre 1969 e 1972, porém, a guitarra ocupa um lugar de pesquisa que permite a Jards uma guinada surpreendente para muitos. Se passou o auge do tropicalismo sem ter qualquer relação com os trabalhos do grupo – inclusive no disco coletivo *Tropicália ou panis et circenses* –, após a prisão de Gil e Caetano em dezembro de 1968, ele ocupará o proscênio performático do que se convencionou chamar de um "som jovem". Tal passagem, porém, não deixará Macalé incólume para a opinião pública.

Em meio à separação do grupo de amigos que se reunia apenas dois anos antes na casa de dona Lygia em Ipanema (parte se muda para São Paulo, parte fica no Rio de Janeiro), Jards se aproxima cada vez mais de José Carlos Capinam. Morador de Copacabana, publicitário, um dos poucos com emprego fixo, é nesse período conturbado que começa a compor com Macalé uma série de parcerias cujos frutos mudariam o rumo de sua carreira definitivamente. Outro amigo baiano desse período, Duda Machado, torna-se também parceiro de novas composições. No Rio, a circulação desse grupo de poetas contava também com Torquato Neto. Ele e Capinam, que ainda compunham com Gil e Caetano, participam como compositores do famoso disco *Tropicália ou panis et circensis*, lançado em julho de 1968 (inclusive com suas presenças na capa do lendário LP – mesmo que Capinam apareça em uma foto de sua formatura). Na memória de Jards, sua primeira audição do disco, apresentado por Caetano Veloso, não foi positiva. Jards não gosta do resultado, provavelmente por estar envolvido em sonoridades e shows que o situavam distante dos arranjos internacionais e provocadores de Rogério Duprat e do som dos Mutantes. De qualquer maneira, esse impasse não o afastou dos amigos. Do seu jeito, ele ficou atento às transformações mais amplas que eram apontadas pelo disco-manifesto.

As composições com Capinam e Duda ocorriam durante o momento mais agudo do tropicalismo musical de Gil e Caetano. Em outubro daquele ano, no famoso show da dupla na Boate Sucata, parte do cenário trazia a já citada bandeira *Seja marginal, seja herói*, de Hélio Oiticica. Enfrentamentos com pessoas da plateia – incluindo militares – fez com que a repercussão do show carioca ganhasse distorções em programas de rádios e jornais cuja ressonância nacional desencadeou um processo de perseguição aos compositores (o show foi suspenso e a boate interditada). Esse movimento persecutório culminaria com a prisão de ambos, em São Paulo, na manhã do dia 27 de dezembro.

A prisão de Caetano Veloso e Gilberto Gil durou dois meses, com deslocamentos por diferentes quartéis cariocas. Libertados em fevereiro de 1969, ficaram proibidos de sair de Salvador, de se apresentarem publicamente ou de darem qualquer entrevista comentando o ocorrido. Tal situação perdurou até o dia 27 de julho, quando deixaram o país em direção a Lisboa e, finalmente, Londres. 1968 tinha sido o ano em que a dupla e seus colaboradores conseguiram ocupar simultaneamente a imprensa, a televisão, os festivais e a atenção do público. Foi quando Gal Costa, após dividir um disco de tonalidade "joãogilbertiana" com Caetano Veloso no ano anterior (*Domingo*), transformou radicalmente sua persona ao defender a canção "Divino maravilhoso", de Caetano e Gil, no IV Festival de Música Popular Brasileira da Record. Sua performance impactante faz com que Gal se transforme em uma estrela local da noite para o dia.

Todos esses eventos são importantes para entendermos como Macalé se deslocará de sua distância do tropicalismo durante a atuação de Caetano e Gil, para uma guinada em prol da radicalização das ideias de ambos durante 1969. Segundo Jards, a prisão e o exílio forçado dos amigos o abalou pessoalmente. Muito do que faria em sequência seria uma espécie de desagravo público contra a arbitrariedade cometida pelo regime militar.

∑∃

Se não há nenhum contato musical entre Macalé e a dupla de amigos durante todo ano de 1968, essa situação mudaria no breve momento em que Gil pôde vir ao Rio para trabalhar antes do exílio. No período, tanto ele quanto Caetano Veloso gravavam em Salvador as bases dos novos discos que foram lançados ainda naquele ano pela Philips. A gravação contava com a presença do produtor Manoel Barenbein, do arranjador e maestro Rogério Duprat e dos técnicos Ary Carvalhaes e João dos Santos. Por uma série de problemas técnicos decorrentes da qualidade dos equipamentos do estúdio escolhido em Salvador, as gravações das faixas com banda tiveram que ser descartadas. A partir de uma genial sugestão de Duprat, Gil e Caetano terminaram gravando somente voz e violão. Com esse material, o maestro completaria nos estúdios da gravadora as faixas, executando arranjos com um time de músicos que contava simplesmente com Wilson das Neves na bateria, Chiquinho de Moraes no piano e órgão, Sergio Barroso no baixo e o genial Lanny Gordin na guitarra.[36]

No caso de Gil, ele só consegue terminar os trabalhos do disco no dia 26 de julho – literalmente, na véspera de seu embarque para a Europa. É porque ainda faltava uma derradeira – e histórica – gravação. Apesar de sua última composição, intitulada "Aquele abraço", já ter estreado para o público nos dois shows de despedida em Salvador (conhecidos como *Barra 69*), só no dia 26 ele gravou a versão

---

36 | Algumas das informações sobre a gravação dos dois discos de 1969 são retiradas do livro de Carlos Eduardo Drummond e Marcio Nolasco, *Caetano: uma biografia*.

final para fechar o repertório do novo disco. Desse jeito desapegado e supreendentemente alegre, um dia antes de embarcar para o exílio, Gil deixa registrado um de seus maiores sucessos de toda a carreira. E Macalé estava lá.

A música, cuja ideia ganha corpo após Gil vir ao Rio para organizar a saída do país e visitar Mariah, mãe de Gal Costa, entrou no disco com uma versão menor do que a gravação original. A primeira saiu com cinco minutos e 22 segundos e a segunda, mais estendida, tem sete minutos. Em ambas as versões, ouvimos a voz de Gil pedindo que "Macalé" toque o famoso apito que soa ao longo da canção. Ela é a única faixa do disco gravada ao vivo no estúdio, com Wilson das Neves na bateria e percussão, Sérgio Barroso no baixo e um grupo de amigos de Gil fazendo a vez de coro – com direito à regência de Macalé.

Nesse mesmo dia, Gil e Macalé também fazem uma longa sessão de violões em que gravam uma versão experimental de "Cultura e civilização" (com dezesseis minutos e 22 segundos). A faixa, feita de improvisos que já apontavam os sons que ambos fariam nos anos seguintes, não entrou no disco ou virou compacto por motivos óbvios de perspectiva comercial das gravadoras do período, mas atualmente pode ser ouvida em uma bônus-track da nova versão do disco de Gil. Lá, também conseguimos ouvir o músico pedindo pra "Macau" ficar acordado que "a coisa começou a esquentar". A gravação é uma oportunidade rara de ouvir, juntos, dois violões fundamentais dessa geração. A canção de Gil ficaria famosa quando Gal a incorpora no repertório de seu segundo disco, lançado no final daquele mesmo ano

O que ocorre nesse momento de fim de festa do tropicalismo é uma espécie de dupla inflexão entre Jards e seus amigos. Ele se reaproxima de Gil e de suas experimentações. Gil por sua vez encontra um par no desejo de tocar um violão livre. Desejo esse, aliás, que ficou em segundo plano durante os meses heroicos ao lado dos Mutantes, quando Gil praticamente não toca violão nas apresentações tropicalistas. A relação entre Jards e Gil sempre foi ligada aos seus instrumentos, apesar dos caminhos que brevemente divergiram. Se o primeiro cultivou os estudos com profundidade, o segundo passou um período se aproximando de formatos mais próximos à musicalidade pop dos Beatles. O rápido encontro entre eles em 1969 já anunciava um novo ciclo de trabalhos que perdurou até 1972.

∎∎

Com a ausência de Gil e Caetano, o grupo de amigos próximos perdia não só as vozes (no caso dos letristas como Capinam e Torquato) como os criadores de músicas (no caso de intérpretes como Gal Costa). Apesar de ambos demonstrarem em seus discos gravados em 1969 que cada vez menos precisariam de parceiros (gradualmente, e por motivos diversos, Capinam e Torquato vão se afastando musicalmente de Gil e Caetano), Gal permanecia como a grande voz que emergira da proposta tropicalista. Era o ano em que ela iniciava uma ampla estrada fonográfica, inaugurada na poderosa Philips com um disco de sucesso (*Gal Costa*, lançado no primeiro semestre do ano). Apesar disso, a ausência dos parceiros era sentida. Não só por ela, mas por outras vozes que buscavam repertório para os seus trabalhos. Era comum nas entrevistas de intérpretes e produtores de discos a lamentação pela falta de material de qualidade para gravar – muito devido à censura pesada que o regime militar aplicava sobre os compositores, mas muito também devido ao exílio ou longas estadias internacionais dos principais nomes do país, já que era também o momento em que Chico Buarque vivia na Itália, Torquato Neto estava em Paris e Edu Lobo estudava em Los Angeles.

Mesmo nesse quadro de esvaziamento, Gil e Caetano continuaram compondo para sua amiga à distância. Chegaram ao ponto de terem catorze músicas distribuídas nos três primeiros discos da cantora. Exauridos de um longo ano de conflitos abertos com diferentes opositores, os planos dos dois antes da prisão já incluíam uma desaceleração do trabalho de divulgação permanente do tropicalismo musical. O exílio forçado precipitou tal ideia de forma violenta. Compor para Gal Costa, portanto, foi uma tarefa que manteve as premissas estéticas do grupo em circulação no Brasil, porém com um novo rosto. Mesmo que isso não fosse exatamente a continuação do tropicalismo, era a permanência da presença criativa de Gil e Caetano na cena musical do país.

Não que eles precisassem exclusivamente de Gal para seu trabalho sobreviver no Brasil. Discos com grandes cantoras como os de Claudete Soares (*Gil, Chico e Veloso*, de 1968) ou de Nara Leão (sem título, também de 1968), ambos com arranjos de Rogério Duprat, garantiam a atualização das composições. Claudete e Nara, porém, não eram diretamente ligadas ao grupo que, desde 1966, se articulava ao redor de uma renovação pop – e crítica – da música popular. Mesmo com a relação pessoal de Nara com os baianos (com direito a participação no disco-manifesto do grupo através da definitiva interpretação de "Lindoneia"), as canções de Gil, Caetano, Capinam e Torquato eram uma das muitas escolhas no seu repertório. O perfil mais aberto e experimental que as novas músicas de Gil e Caetano demandavam aproximava-os da nascente vertente brasileira do rock que eclodia mundialmente e os afastava aos poucos de outras cantoras. Os desdobramentos sonoros do que se chamou de tropicalismo começavam a privilegiar a eletrificação promovida pelas apresentações e discos do movimento. Até a volta de Gil e Caetano em 1972, todos os trabalhos de Gal, assim como o primeiro compacto de Macalé, foram gravados com bandas e instrumentos elétricos. A guitarra de Lanny Gordin assume o proscênio dessas gravações, e jovens músicos que surgem no eixo Rio-SãoPaulo-Minas-Bahia passam a tocar com a cantora. Para entender essa renovação da música brasileira através da eletrificação, basta pensarmos que é em 1969 que surge uma banda como os Novos Baianos e que os Mutantes atingem o sucesso popular.

Além de Gal, portanto, que outra voz (e outro corpo) dessa geração de músicos surgidos após a bossa-nova poderia assumir esse tipo de proposta musical? Quem estava disposto a assumir o risco de ser "exposto a audição pública como o faquir da dor"? Quem cantaria composições inovadoras, com temáticas atuais e com um som brasileiro conectado com o que ocorria no cenário musical internacional? Que cantor poderia dar voz às ideias de José Carlos Capinam ou Torquato Neto e colaborar com Gal Costa?

É justamente nesse momento de impasse que, pela primeira vez, Macalé assume seu canto. Abre mão de ser o violonista e compositor sem rosto para adentrar na era do cantor-imagem – mesmo que seja para rasurá-la. Assumindo uma nova postura nas composições que fazia com Capinam e Duda no final de 1968 e início de 1969, Macalé começa a cantar e as pessoas passam a conhecer em grande escala a voz daquele rapaz de óculos, sempre discreto atrás do violão.

Esse canto público de Macalé (ainda sem o Jards) é registrado em um compacto gravado pela RGE no segundo semestre de 1969, depois de sua apresentação bombástica com "Gothan City" em setembro no IV Festival Internacional da Canção. A gravadora paulista buscava no período uma renovação no seu catálogo e, por breve momento, teve João Araújo como diretor (logo depois, em novembro do mesmo ano, ele sairia para participar do início da gravadora Som Livre).

O convite para Macalé foi o primeiro que o músico recebeu para registrar seu material de compositor de forma autoral. Contraditoriamente – ou totalmente coerente com suas ideias – Macalé não grava *"Gotham City"*. O compacto contou com quatro faixas que surgiram durante os anos anteriores: "Soluços" (Macalé), "O crime" (Macalé e Capinam), "Só morto (*Burning Night*)" (Macalé e Duda Machado) e "Sem essa" (Macalé e Duda Machado). São apenas quatro músicas, porém com uma espécie de microcosmos de tudo que viria pela frente. A primeira composição feita por Macalé e três parcerias com os amigos apresentaram o universo poético que marcou para sempre o espaço de Jards Macalé no cancioneiro de sua geração. Não fale, não olhe, eu posso chorar, olhos vermelhos, óculos escuros, chamas, fios de sangue delicados, amor ferido, flor apunhalada, manhã de louco, mistério, meu amor morreu, espuma de sangue a brilhar, sol de morte, tão bonito, tão maldito – frases, palavras e imagens cuja atmosfera sugere os limites entre o desejo de transformação e a consciência do terror que a geração de Macalé, Capinam e Duda atravessavam então. Se Jards desde o começo rimava amor e dor, a situação brasileira de então fornecia a moldura exata para um novo degrau poético do compositor. O compacto da

RGE, portanto, registrou o momento de virada do músico carioca em direção a um som eletrificado (apesar de frustrado em suas premissas técnicas) e às letras que o afastavam da sina de "ser igual a Vinicius de Moraes". Macalé se descolava ao mesmo tempo do universo diluidor da bossa-nova e do pop raso que circulava então e começa a elaborar sua marca sonora pessoal.

A seleção de músicos que acompanham Macalé nesse momento mostra bem como ele quebra o círculo restrito dos shows cariocas de MPB e parte para novos horizontes sonoros. Ligado nas novas bandas que surgiam na pequena cena de rock que crescia no Rio de Janeiro, Macalé escolhe o Soma, conjunto liderado pelo baixista norte-americano Bruce Henry, além dos guitarristas Jaime Shields (também norte-americano) e Ricardo Peixoto e do baterista Alyrio Lima. A banda era conhecida pela qualidade técnica dos integrantes e, apesar do pouco tempo de existência, teve influência em outros músicos do período, como o próprio Macalé.

Outro nome que participou das gravações do compacto foi Zé Rodrix (ou Zé Rodrigues, como ainda era grafado seu nome nos créditos do disco). Macalé conhecia o pianista e multi-instrumentista desde os tempos do grupo Momentoquatro, que Rodrigues montara com Maurício Maestro, David Tygel e Ricardo Villas. Também de curta duração, o grupo esteve próximo de Macalé no período em que ele fez parcerias com Joyce (1967/68) e dividiu shows com o quarteto. Em 1969, Zé Rodrix estava em transição musical, formando um novo grupo que, no ano seguinte, foi batizado de Som Imaginário – e que tocou com Gal Costa em uma temporada de shows dirigidos por Macalé.

Por fim, mas não menos importante, Macalé convidou para as gravações um jovem percussionista que conheceu durante seus ensaios de *"Gotham City"* para o IV FIC: Naná Vasconcelos. O músico pernambucano chegara ao Rio de Janeiro em 1967 (segundo algumas versões, trazido por Capiba) e começa uma carreira ao lado de novos nomes como Milton Nascimento, Joyce, Maurício Maestro e Nelson Ângelo. A relação de Naná Vasconcelos com Jards irá bem além do compacto, já que Naná seguirá tocando com ele ao longo do ano seguinte, participando de shows de Gal Costa. Essa amizade musical teve seu auge em 1980 com a gravação de *Let's Play That*, disco antológico (e quase esquecido) da dupla que será comentado mais à frente. Basta ouvir no compacto de 1969 a faixa "O crime", performance que estabelece um diálogo original apenas entre o violão e voz de Jards com a percussão de Naná, para entender o quão potente foi esse encontro.

Com tal aparato sonoro e com disposição de usar os recursos eletrônicos como nunca antes (guitarras, baixo e órgão elétricos), o disco pedia um cuidado na gravação e na masterização que ficou muito aquém do resultado final. Gravado nos famosos estúdios Haway (criado pelo cearense Willian Araújo Lima e localizado na rua Costa Ferreira, atrás da Central do Brasil) por um técnico de apenas dezenove anos chamado (Marcos) Mazola, o resultado sonoro é desastroso. Além da pouca experiência em gravar um disco com aquela instrumentação em apenas quatro canais, o estúdio tinha como vocação o registro de sambas e forrós. O resultado foi um som abafado e sem mixagem correta, que prejudicava as ideias sonoras de Macalé. O compacto ao menos registra sua voz e o faz se afirmar como um cantor compositor. Em carta escrita para Jards de Londres, no início de 1970, Caetano Veloso reclama do som do compacto, mas elogia a qualidade da voz de Macalé.[37]

Em um perfil publicado em 31 de outubro na seção "Hoje em dia", do *Correio da Manhã*, Macalé comenta os desafios que enfrentou nas gravações por ter buscado no uso de guitarras uma nova sonoridade. Segundo o músico

> O compacto que lancei agora tem quatro músicas: "Só morto", "Soluços", "Sem essa" e "O crime" e considero a coisa mais importante que já fiz em música popular. O arranjo das músicas está só com violão e tumbadora porque os que tinham sido feitos, na base da guitarra, ficaram tão ruins que fui obrigado a sair para outra. Eu não pude fazer os arranjos porque não sei tocar guitarra, mas quero aprender o mais rápido possível e vou mesmo comprar uma. Em minha música, ela é fundamental.

---
37 | Acervo pessoal de Jards Macalé.

Se musicalmente a relação com as guitarras não foi exatamente como Macalé imaginara, ele fez questão de efetivá-la na capa escolhida. A foto de Roberto Moura flagra uma reunião na casa de Macalé, localizada então na rua Getúlio das Neves, bairro de Jardim Botânico. Na imagem, vemos o músico empunhando o instrumento em uma espécie de flagra durante uma animada *jam session* caseira. Ao fundo, vemos Waly Salomão em plena discussão e um jovem Ivan Cardoso (parte de uma novíssima geração de Copacabana que se aproxima de Macalé e seus amigos através de Hélio Oiticica). O design gráfico foi de outro amigo do grupo, Luciano Figueiredo, que destacou em cores rosa e azul o nome escolhido para intitular o trabalho – *Só morto/Burning Night*.

A gravação do compacto pela RGE ocorreu no mesmo ano em que uma série de eventos e encontros deram, portanto, uma guinada na carreira de Macalé. A proximidade de Capinam com Gal Costa, principalmente depois do exílio de Gil e Caetano, faz com que, aos poucos, a cantora se aproxime de Macalé. Após uma temporada se apresentando em São Paulo com Tom Zé (batizado de "O som livre" e com direito a uma concorrida versão carioca durante o mês de julho no Teatro de Bolso do Leblon), Gal vem ao Rio em abril fazer uma temporada de três semanas de shows na Boate Sucata. Eram as apresentações de lançamento do seu primeiro disco solo, sucesso de vendagem na esteira de sua inesquecível apresentação de "Divino maravilhoso" no IV Festival de Música Popular da Record. Sua nova sonoridade, assumidamente ligada ao rock de Janis Joplin, e a escolha de canções de Roberto e Erasmo Carlos, faz com que Gal se torne a representante de um som jovem e urbano que já começava a transbordar o rótulo tropicalista.

Macalé e Capinam, que foram algumas vezes ao show de Gal, guardaram o nome dos Brazões, banda que, em breve, estaria ao lado deles no palco do Maracanãzinho. Entre abril, mês dos shows de Gal, e setembro, mês da apresentação de "*Gotham City*" no IV Festival Internacional da Canção (FIC), foram apenas cinco meses. Tudo se transformou para Jards. Essa aproximação com Capinam e Gal Costa resultou em uma série de situações produtivas para os três: a participação de Jards e Capinam no segundo (também lançado em 1969) e no terceiro disco da cantora (*Legal*, de 1970), a direção musical de Jards em dois shows de Gal e a abertura de uma produtora (Tropicart).

Assim, 1969 e 1970 foram dois anos nos quais Macalé se dedicou basicamente à iniciante carreira solo e ao trabalho ao lado de Gal e Capinam. A parceria se inicia com o segundo disco de Gal pela Philips, em que Macalé participa como violonista na faixa *"Empty Boat"*, de Caetano Veloso, e com a composição "Pulsars e quasars", em parceria com Capinam. O disco, conhecido pela capa colorida e psicodélica de Dicinho, artista visual baiano, decepcionou público e crítica logo depois do sucesso do antecessor. Seu caráter sonoramente experimental, com efeitos de estúdio, guitarras e vocais gritados de Gal, a afastava cada vez mais da expectativa de uma cantora comportada da MPB. As primeiras ideias da contracultura começavam a circular no país e cada vez mais falava-se (mal) dos hippies norte-americanos como modelo do que Gal e seus parceiros vinham propondo em discos e shows. Macalé finalmente estava conectado com esse lado jovem internacional e urbano, algo que seus anos de Pro-Arte e de shows com sambistas cariocas o deixara distante. O mergulho nesse universo foi imediato e durou alguns anos, transformando-o em um tropicalista tardio aos olhos da população. Ele sabia que esse momento era importante para sua trajetória e, principalmente, para dar conta do seu desejo de demonstrar a indignação pela prisão e exílio dos amigos.

O encontro com Capinam e Gal, portanto, alimentou em Macalé o desejo de intervir de forma mais contundente no meio musical brasileiro. No mesmo ano em que toca violão no show de Gal e grava seu compacto, Macalé organiza com Capinam a apresentação de sua parceira *"Gotham City"*. Quando a Rede Globo abriu as inscrições para o seu IV FIC, dessa vez com transmissão ao vivo para todo território brasileiro, a dupla inscreveu duas composições oriundas de uma fornada que vinham produzindo desde o fim do ano anterior. "Módulo lunar" foi desclassificada, mas *"Gotham City"* entrou na competição que indicaria os finalistas. Ao longo do mês de agosto e de setembro, preparam uma apresentação inesquecível que mudou para sempre os rumos da vida de Macalé.

178 ▶ O pânico total

Aos quinze anos eu nasci em *Gotham City*
Era um céu alaranjado em *Gotham City*
Caçavam bruxas nos telhados de *Gotham City*
No dia da independência nacional

Cuidado! Há um morcego na porta principal
Cuidado! Há um abismo na porta principal

Eu fiz um quarto quase azul em *Gotham City*
Sobre os muros altos da tradição de *Gotham City*
No cinto de utilidades as verdades
Deus ajuda
A quem cedo madruga em *Gotham City*

Cuidado! Há um morcego na porta principal
Cuidado! Há um abismo na porta principal

Só serei livre se sair de *Gotham City*
Agora vivo como vivo em *Gotham City*
Mas vou fugir com meu amor de *Gotham City*
A saída é a porta principal

Cuidado! Há um morcego na porta principal
Cuidado! Há um abismo na porta principal

No céu de *Gotham City* há um sinal
Sistema elétrico e nervoso contra o mal
Meu amor não dorme, meu amor não sonha
Não se fala mais de amor em *Gotham City*

Cuidado! Há um morcego na porta principal
Cuidado! Há um abismo na porta principal

"*Gotham City*", como o título indica, parte do universo pop dos quadrinhos para propor uma leitura provocadora sobre a opressão e o medo vividos pela população da famosa cidade de Batman. Em um dos momentos mais agudos do regime militar, logo após a instauração do AI-5, a letra de Capinam provocava a audição brasileira ao falar de um lugar murado e sempre ameaçado por forças perigosas em permanente vigilância. Imediatamente após a apresentação da canção no Maracanãzinho, a imprensa brasileira publicou uma série de textos – desde teorias até anedotas – prontos para interpretar as palavras usadas por Capinam, apontando hipoteticamente suas supostas metáforas ou simplesmente desqualificando qualquer sentido para além da piada. Todo esse interesse pela poesia de Capinam, porém, estava associado ao impacto causado pelo portador da sua mensagem. Pela primeira vez, Macalé assume como cantor um palco imenso, com uma performance planejada para a apresentação em cadeia nacional. E ninguém estava mais preparado para defender essa música do que ele.

No dia 26 de julho, mesmo dia em que Gilberto Gil gravava "Aquele abraço" no Rio, os jornais da cidade publicavam a lista das trezentas músicas escolhidas pela comissão julgadora do IV Festival Internacional da Canção. Organizado por Augusto Marzagão em sociedade com a Rede Globo de televisão, o festival crescia em investimento e tecnologia de transmissão, fazendo com que as imagens no Maracanãzinho se espalhassem pelo país. Provavelmente a classificação não foi motivo de grande comemoração, já que era véspera da partida de Gil e Caetano para a Europa. Três dias depois, porém, sai a lista com as trinta canções finalistas e "Gotham city" entre elas. Na matéria publicada no *Jornal do Brasil* do dia 29 de julho, a direção do Festival avisa que os classificados teriam até o dia 5 de agosto para indicar os intérpretes, o arranjador, além de melodia cifrada e prazos para que a orquestra pudesse estudar os arranjos.

A escolha de Macalé para interpretá-la não foi automática. Os músicos do MPB4 deram entrevistas no ano seguinte da apresentação indicando que eles podiam ter defendido a canção, porém Macalé preferira Gal Costa.[38] O grupo, inclusive, gravou em seu disco de estreia (1970) "O crime", outra parceria de Macalé e Capinam. No

---

38 | Revista *Manchete*, ed. 929, 1970, p. 141.

final das contas, o próprio Macalé assume a música. A apresentação no FIC acontece antes do músico gravar seu compacto pela RGE, isto é, sem ter estreado como cantor. Como violonista, estava sempre no palco, porém sem precisar ser o centro das atenções. Assumir a defesa pública de "*Gotham City*", portanto, apontava uma virada decisiva na sua vida profissional.

Capinam e Macalé sabiam exatamente o que queriam com a participação da música no Festival. A escolha dos Brazões como banda de acompanhamento e de Rogério Duprat como arranjador, a seleção de um figurino extravagante, a figura exótica de barba e óculos e a performance radicalmente teatral de Macalé, tudo isso ia ao encontro do desejo de ambos: fazer da apresentação de "*Gotham City*" um laço com o trabalho que os músicos tropicalistas tinham iniciado nos anos anteriores e que fora interrompido com prisões e exílios. A presença no palco da banda de rock que vinha tocando com Gal Costa e os arranjos sempre provocadores de Rogério Duprat sinalizavam esse laço. Segundo Macalé, a composição e, principalmente, o arranjo de Duprat, empurraram sua performance em direção ao que a letra cantava: o abismo na porta principal.

Em uma matéria no *Jornal do Brasil* do dia 13 de agosto, foram anunciados os intérpretes e arranjadores de cada uma das trinta canções finalistas da etapa da Guanabara. O que chama a atenção no texto é o seguinte aviso: "A comissão técnica da TV Globo vetou qualquer processo luminoso ou coreográfico, como o que pretendiam usar os compositores Capinam e Tião Macalé; slides na apresentação de '*Gotham City*'". Fora o fato – muito corriqueiro na época – de confundirem o apelido de Jards com o nome do comediante (ou jogador de futebol), o aviso já demonstra que a dupla de compositores pretendia algo além do esperado pelo público – e pela própria organização do festival.

Mesmo sem poderem apresentar "qualquer processo luminoso ou coreográfico", a força do trabalho de Duprat – cujos primeiros minutos fazia com que a orquestra, regida ao vivo pelo maestro da pilantragem Erlon Chaves, executasse uma versão frenética da trilha sonora do seriado *Batman* – e dos instrumentos elétricos dos

Brazões liberaram em Macalé um performer provocador ao extremo. Em um período de polaridades musicais e políticas, as duas apresentações (principalmente a do segundo dia) entraram para a história pela vaia estrondosa que o cantor sofreu ao longo de seis minutos e meio, principalmente após entoar energicamente a canção em parceria com Capinam. Ao longo da apresentação, a plateia mergulha numa sequência nada comum de gritos que cresciam junto com o som da banda e o aviso de "cuidado!". Se comparada com as apresentações que vinham ocorrendo nesse ou até mesmo em festivais anteriores, ninguém tinha visto nada como aquilo.

Além da performance sonora, Macalé vestia uma bata de couro pintada de forma psicodélica por Dicinho, mesmo artista baiano que fizera a capa do segundo disco de Gal naquele ano. A roupa dava ao músico a embalagem hippie que motivou público e crítica, de diferentes matrizes políticas, a atacarem a apresentação. A força do visual e a ousadia cênica da figura no palco, desafiou o que se esperava de Macalé e Capinam. Isso é compreensível quando vemos como a apresentadora do Festival os anunciou ao entrar no palco do Maracanãzinho, logo depois de Jorge Ben e seu Trio Mocotó apresentarem "Charles anjo 45": "Macalé, um dos maiores violonistas do Brasil e Capinam, autor de 'Ponteio' em parceria com Edu Lobo." Eis que um dos maiores violonistas do Brasil entra no palco sem violão, com um camisolão colorido, uma banda de rock e uma letra do mesmo poeta de "quem me dera eu tivesse uma viola para cantar" que anuncia que "há um morcego na porta principal". Após um ano, Jards sai da posição de violonista de Nora Ney para adentrar um novo mundo em que sua figura, quase sempre em segundo plano, vira comentário cotidiano na imprensa.

O impacto da segunda apresentação de *"Gotham City"* na época foi muito maior do que Macalé e Capinam podiam imaginar. Se planejavam um ato efêmero que demarcaria uma posição em prol da experimentação e da abertura musical que se iniciara nos anos anteriores, tiveram que lidar com meses de polêmica ao redor da canção. Desde os dias anteriores à apresentação, a imprensa já tinha curiosidade com o trabalho. Colunistas como Zózimo Barrozo do Amaral já noticiavam que, na opinião geral, a letra de Capinam era "a mais quente e inteligente" de todas as inscritas. No dia 24 de setembro o *Jornal do Brasil* publica uma foto de Macalé ensaiando "com muita expressão" e anuncia que sua canção estava "bem cotada". No dia 26 de setembro, véspera da primeira apresentação, o *Correio da Manhã* publica um pequeno perfil de cada intérprete e compositor:

> Macalé (Jards Anet da Silva), carioca da Tijuca, nascido em março de 1943, compositor de *"Gotham City"*. Violonista, compositor, cantor e orquestrador. Iniciou sua carreira artística em 1960. Letra (autor): Capinam (José Carlos Capinam), baiano, nascido em 1941. Integra o grupo tropicalista da Bahia.

No dia 28, após a apresentação bombástica de Macalé, toda essa expectativa positiva na recepção do público e da crítica foi praticamente anulada. Muitos colunistas conservadores – seja pelo pendor moralista, seja pelo pendor nacionalista – atacaram abertamente Macalé, que assumiu uma postura desafiadora e tranquila diante das inúmeras críticas que recebera – aliás, a mesma postura que assumira diante das vaias que ocorreram. Chamaram de "apelação", "armação", "elitista" e outros termos que o cantor e o letrista souberam responder com firmeza. A apresentação de *"Gotham City"* foi pensada justamente para incomodar esse tipo de público passivo e conservador – na época chamado de "público de festivais" – que deveria ser confrontado naquele momento com tantas coisas em jogo no país e na vida dos músicos. No dia 2 de outubro, Macalé declara para o *Diário de Notícias* que "A atitude do público durante a segunda apresentação de *"Gotham City"* foi bastante compreensível, pois o público de festival geralmente tem essa reação quando lhe apresentam alguma música excessivamente nova".

Nessa mesma reportagem, Macalé dá um longo depoimento, demonstrando toda sua verve:

> Macalé afirmou que está bastante satisfeito com tudo que ocorreu na fase nacional do IV FIC, inclusive a vaia geral que

recebeu no Maracanãzinho na noite final. "Num festival – acentuou – em que predomina um sentimento caboclo, não poderia esperar outra coisa, desde quando apresentei uma canção totalmente nova, em música, letra, ritmo e coreografia."

Disse ainda que a antipatia demonstrada pelo público é natural do reacionarismo às coisas novas, ou seja, a utilização do plástico, do corpo pintado etc. Sua única tristeza é a nossa TV não ser a cores, impedindo, dessa maneira, que o telespectador pudesse admirar toda a coreografia.

"Mas – continuou – o bom foi Jorge Ben ter cantado antes, porque deu um clima de liberdade musical permitindo "*Gotham City*" ser totalmente livre. E finalizou acentuando: "A legião dos 'super-heróis' ficou muito satisfeita com a homenagem à sociedade. Porém não faço muita fé na gravação, o recado de "*Gotham City*" terminou quando fiz a segunda apresentação no Maracanãzinho, que foi mais genial graças ao 'desarranjo' de Rogério Duprat."

Também ocorreram inúmeros artigos elogiosos, buscando sentidos profundos na canção e na apresentação de Macalé. Além de muitos apoiarem a iniciativa do *happening* promovido pelo cantor, críticos mais jovens que escreviam nos jornais sacaram que "*Gotham City*" poderia ser visto como um novo passo no trabalho que os tropicalistas iniciaram nos festivais de 1967. Independente do fato de Macalé e, principalmente, Capinam, afirmarem que não teria nada para ser entendido na letra da música para além da apresentação, diversas análises intrincadas foram publicadas. No *Correio da Manhã* do dia 17 de outubro um texto de Ilmar de Matos ia fundo nas possibilidades interpretativas, chegando a citar Heidegger para comentar a letra do poeta baiano:

"No cinto de utilidades, as verdades: Deus ajuda/ a quem cedo madruga em *Gotham City*". Capinam ao jogar na arena a linguagem do desespero, depurada por uma das mais agudas expressões de nossa inteligência, se afina com aquela verdade que Herbert Read assinalou em Heidegger: "O único filósofo moderno que viu que a arte tem esse propósito predominante e vital, ou seja, que ela é um ato de violência que revela o ser." Continua: "A arte é aquilo que mais imediatamente detém o ser, estabiliza-o nalguma coisa presente, isto é, na obra de arte; por essa razão, deve ser sempre revolucionária, pois não podemos permanecer inativos em nossa situação existencial." A morte em vida, o constante conflito com o aparente e contra o nada. É o que Capinam mostra: a ameaça à desintegração do cérebro e da mente, procura "recapturar-se em meio à confusão e aparência". "Gotham", especialmente com Caetano e Gil, revitalizam um período morto e decadente, na medida em que não há renovação no binômio letra e música populares, e "somente a vitalidade da arte é sacrificada às regras e às fórmulas, e nesse estado são desprezadas a excentricidade e a individualidade". É o que esses chamados autores populares têm: unidade formal e vitalidade estilística, e assim servem "à arte e à consciência evolutiva da humanidade". A coragem de Capinam, Read expressa assim: "O ser só pode ser descoberto num objeto, e o momento da descoberta é nossa consciência do 'logos' incorporada na obra de arte." (in *Introduction to Metaphysics*, Martin Heidegger) A arte "consentida" se afastou dos "guias filosóficos". Em "Gotham" não houve a "fuga dos deuses, a destruição da terra, a padronização, a preeminência do medíocre", como assinala o filósofo alemão. Por isso "caçavam bruxas no telhado em *Gotham City*/ No dia da independência nacional".

Textos como esse abriam polêmicas intermináveis na época, para diversão dos compositores que atestavam o sucesso do experimento. Antigos amigos como Vinicius de Moraes acusaram o golpe, criticando carinhosamente a performance. Mas nenhum veículo levou mais a fundo o debate sobre "*Gotham City*" do que o semanário carioca *O Pasquim*. A apresentação de Macalé no IV FIC ocorreu meses depois do lançamento do jornal, em junho de 1969. Ao longo das edições de outubro, praticamente todos os seus colunistas comentaram o evento de alguma forma. No número 15, o crítico Sérgio Cabral, na defesa intransigente do que ele chamava de "música brasileira" com uma matriz puramente calcada nos ritmos tradicionalmente nacionais, provoca indiretamente o resultado de apresentações como as de Macalé:

> A TV Record vai fazer mais um Festival e proibiu que as músicas sejam apresentadas com guitarra elétrica. O meu amigo Flavio Porto, um dos responsáveis pelo Festival, está certo de que encontrou uma solução, mas a causa da crise da música popular brasileira é muito mais profunda do que o Fifuca imagina. O Festival de Fantasias e Guitarras Elétricas, que tanto lhe chateia, é fruto na verdade da falta de perspectiva ou da ausência de talento. E falta de perspectiva significa falta de liderança.

No mesmo número, porém, lemos uma perspectiva totalmente contrária à visão de Sérgio Cabral, assinada por um dos antigos amigos de Macalé em Ipanema, Nelson Motta. Nessa época, ele já era um conhecido compositor, jornalista e produtor musical. Com uma escrita no mesmo tom da apresentação, Nelson louva a coragem de Macalé e amplia o impacto da performance provocadora:

> No Festival, músicas foram vaiadas ou aplaudidas. Só *Gotham City* obteve o diferente: conseguiu espalhar pânico total e incontrolável entre o público. Era a ameaça, o incompreensível, o não catalogável pelos padrões conhecidos de ser julgamento, impossível de ser julgada, impossível de ser vaiada ou aplaudida.

> É preciso abrir as cabeças das pessoas a marteladas, destampar seus ouvidos à sacarrolha e torná-las, assim, aptas a ver/ouvir as coisas como elas são, sem a preocupação de armazená-las em vidros fechados, de catalogá-las ou rotulá-las.

No final do Festival, Macalé e Capinam eram os mais sorridentes e satisfeitos. Eles conseguiram uma fantástica reação do público, conseguiram abalar em muito as noções de segurança pessoal – o grande entrave para as coisas novas.

Ninguém entende, ninguém explica, é o pânico.

"Gotham City" é – antes de tudo e sobretudo – uma atitude.

"Gotham City" conseguiu: o pânico, o desafio, a ameaça. Cuidaaaaaaaaaado!

Já Ferreira Gullar (assinando uma coluna com o pseudônimo de Frederico G. Marques) publica no *Pasquim* de 13 de novembro (quase dois meses depois da apresentação de Macalé) um artigo que demarca o espaço crítico e sua perspectiva cética sobre a importância alegada à apresentação por textos como os de Nelson. Gullar tinha atravessado durante os últimos anos experiências como do CPC e do Teatro Opinião, e seu pensamento afiado seguia vinculado a uma arte que precisava, antes de tudo, pensar sua condição política em um país como o Brasil naquele momento histórico. O título do artigo vai direto ao ponto: "O berro de Macalé". Cito abaixo alguns trechos.

> A coisa mais difícil nesses dias que voam, é manter a cabeça fria. É difícil não só porque o tempo é quente como porque já uma turma aí quer analisar as coisas, explicar as coisas, pensar sobre as coisas, passou de moda: é papo de quadro. E muita gente que sabia pensar começou a endoidar também, dobrando-se à chamada "pressão de massa". Eu quase entrava nessa, mas certa manhã ao abrir a janela da sala, vi que o edifício em construção nos fundos do nosso prédio progredia. Fiquei olhando os homens trabalharem, prepararem as armações de madeira para o cimento, dobrarem os vergalhões, usarem a régua, o fio de prumo – e compreendi que, na verdade, são esses homens que constroem o mundo. Pode ser que a loucura

campeie por bares e teatros – mas quem faz os bares, os teatros e os apartamentos são a razão do homem. O que é irracional e louco é que esses homens, que constroem o mundo, tenha dele a pior parte. Louca é a bomba, o lança-chamas, a violência, a miséria. Mas é preciso ter a cabeça clara para perceber onde está a loucura e lutar contra ela. Se todos ficarem loucos, não haverá mais distinção entre o lobo e o cordeiro, e a razão do lobo prevalece. (...) A opinião de Capinam e Macalé, pelo que entendi, é que o júri do Festival da Canção aceitou "Gotham City" porque a música provocaria um escândalo e isso servia ao Festival. Tanto assim que outra música, dos mesmos autores, foi preterida pelo júri, embora fosse melhor que "Gotham City". E Capinam também achou bom que o júri assim agisse. O interesse do Festival e de seus contestadores, nesse ponto, era coincidente. Isso me parece anular a contestação, já que a estrutura do Festival a prevê e a absorve.

O artigo de Ferreira Gullar ou Frederico G. Marques foi publicado no mesmo número em que Luiz Carlos Maciel, dramaturgo, filósofo e jornalista que foi o introdutor da contracultura no país justamente através de uma coluna no jornal chamada "Underground", divulgava o famoso texto "Cultura de verão", espécie de glossário para adentrar o mundo dos hippies cariocas que frequentavam cada vez mais as praias do bairro. Nesse cenário, é possível entender por que Gullar cola na apresentação desafiadora de Macalé a ideia de "loucura". A "loucura" hippie e seu discurso antirracionalista era o pano de fundo para um clássico choque de gerações em um país atravessado pelo pico repressivo de uma ditadura civil-militar. Afinal, Gullar via em Capinam um poeta respeitável e Macalé já tinha feito diversos shows de samba nos espetáculos produzidos por Teresa Aragão, na época esposa do autor do artigo. As respostas evasivas e provocadoras de Capinam e Macalé provavelmente deixava alguém como Gullar (ou Sérgio Cabral) incomodado com a suposta gratuidade – ou loucura – do ato. Por várias vezes o cantor disse que o júri não era preparado para julgar sua música, outras vezes dizia que a reação era a esperada.

Em uma reportagem de Marisa Alvarez Lima publicada na revista *O Cruzeiro*, por exemplo, declarações de Macalé e Capinam entre o descontraído e o virulento dão o tom que exasperava opositores como Gullar ou entusiasmava simpatizantes como Nelson Motta. Segundo os autores, e afirmando o oposto que Gullar havia concluído no seu artigo, era o momento dos participantes do festival – que aceitavam aquela estrutura tradicional e sem risco – irem pra casa e pensarem nas concessões que fizeram e para o que estavam passivamente contribuindo. Com esse tom ácido, é possível ler a alegria do cantor

> Você sabe, sei lá, foi tudo muito natural. É como se no palco eu estivesse dizendo o que sabia, em resposta ao que eles sabiam. Nós, e quando digo nós me refiro aos Brazões, na ligação total, ao maestro Rogério Duprat, que fez aquele magnífico "desarranjo"; ao maestro Erlon Chaves, que entendeu a música logo de início; e, com o pessoal dos metais da orquestra, foi de uma presteza incrível; a Dicinho, que fez o roupão de couro que usei no sábado, um trabalho fantástico. (...) Entramos em entendimento com o público: diga o que sabe. Faça o que pode. E cada um foi perfeito no seu papel.

Quanto a contundência do letrista: "Acabou-se o som e agora é o ruído, depois o silêncio. O caminho é o mesmo para todos nós. A vaia reflete o pânico total. Mas, a semente do pânico está lançada. Preparem-se; as notas não estão nas pautas, estão nas cucas."

Com tais declarações dos autores, os comentários sobre "*Gotham City*" demoravam a cessar. Ainda no *Pasquim* (6 de novembro), Caetano Veloso mantinha uma coluna enviada periodicamente de Londres. O convite, feito por Luiz Carlos Maciel, foi aceito e fez com que ele também passasse a ser conhecido pela qualidade da escrita. A prosa poética juntava fatos cotidianos londrinos com digressões sobre seu trabalho no Brasil e os debates que ocorriam no âmbito dos veículos de imprensa nacionais que conseguia ler no exílio. E a apresentação de Macalé era, sem dúvida, um dos assuntos do momento. Mesmo sem Caetano ter assistido qualquer imagem, ele comentou entusiasticamente o evento como um feito fundamental que lamentava não ter presenciado. Ele sabia, mesmo de longe, que seus dois amigos tinham feito algo cuja repercussão iria muito além do Maracanãzinho. Segundo o músico então exilado,

> Recebi recortes de jornais brasileiros com reportagens sobre o festival da canção. Macalé está lindo. Macalé devia estar genial com os Brazões, eu gostaria muito de ter visto. O texto da reportagem não diz nada sobre nada. Apenas informa que a direção do festival pretende proibir os conjuntos de guitarra elétrica no próximo ano. Quem escreveu a reportagem não achou bacana a decisão. Nem eu. Gostei foi da fotografia do Macalé.

"*Gotham City*" foi, definitivamente, um rito de passagem para Macalé. Sua exposição inédita como cantor, com um tipo de performance que entrou para a história como um *happening*, inaugurava de forma estrondosa suas parcerias com Capinam e fazia com que, pela primeira vez, ele se definisse no campo da música brasileira: do lado dos que viam as aberturas sonoras promovidas pelo rock (principalmente trabalhos como os de Jimi Hendrix, Janis Joplin, Rolling Stones e Bob Dylan) como uma informação fundamental naquele momento. Em menos de dez minutos no palco do Maracanãzinho, o violonista Macalé, aluno da Pro-Arte, torna-se a representação pública de uma contracultura local. Um deslocamento artístico em um único ato que causou impacto no imaginário de seu tempo e na carreira do músico.

A partir dessa virada, a aproximação com Gal Costa se concretiza em forma de shows da dupla em São Paulo (acompanhados da banda Som Beat), ocorridos no Teatro Oficina durante o mês de dezembro. Na época em que os dois estavam com o show na capital paulista, novamente o *Pasquim* entrevistou Gal com a presença do músico carioca. Ao ser perguntada sobre quem eram os compositores que, fora Caetano e Gil, ela se ligava, a resposta foi direta: "Aqui no Brasil, acho que o único compositor que pode assumir toda a grandeza de Caetano e Gil é Macalé. Por isso, estou ligada a ele, estou trabalhando com ele num show e estou fazendo um disco com ele. É o único cara, a única barra que tem."

Já algumas perguntas direcionadas a Macalé eram mais capciosas, como as que transcrevo abaixo:

Tarso: Macalé, em certas rodas, acusam você de estar vivendo da lembrança de Gilberto Gil e...

Macalé: Entre outras coisas, estou sim.

Tarso: Mas você está trabalhando, em termos sérios. Qual é o seu esquema?

Macalé: Foi uma mudança que eu sofri, em termos musicais, uma abertura maior para as coisas. É só isso. Som é som. Acabou. Seja qual for. Aproveitar o som, seja qual for, sem esqueminha. Só isso.

Pacote: Esse negócio de sem esqueminha não é um negócio fácil?

Macalé: Depende muito. Depende de como você utiliza o som. Olha, rapaz, o que é o som? Seus passos no chão são som também. Você já escutou direitinho? Você já ouviu sua voz. É som também. Há som em tudo. É preciso encontrar essa beleza nas coisas.

Ou seja, som é som. Isso demonstra que Macalé, apesar de sua guinada em direção a uma nova relação com a música que fazia, não virou um radical elétrico que abandonava os outros meios musicais que sempre circulou. Sabia bem diferenciar a inteligência da diluição no meio pop da época. Não há nenhuma contradição de seus novos rumos em relação ao percurso que constituiu. Ao contrário, achava que era um desembocar natural de quem cresceu curtindo jazz experimental do mesmo modo que ouvia Orlando Silva. Quando era instigado a falar de suas músicas, usava com frequência referências como serestas, samba-canção e baião, mesmo no auge do seu pensamento elétrico. Jards sempre mostrou que a escolha de instrumentos não fechava estilos – como a guitarra ser necessariamente voltada para o rock ou o pop – e muito menos definiam qualidades técnicas. Ele era contemporâneo e amigo de Paulinho da Viola, outro artista ligado ao universo das "raízes" da música brasileira e que também usava baixo elétrico, órgão e metais em seus arranjos. Para Macalé, no limite, tudo é rock, assim como tudo é samba e tudo é jazz. O que vale é dominar as técnicas para mergulhar na liberdade sonora e na invenção.

Esse ecletismo criativo continuava permitindo que Macalé se movesse de forma independente por diferentes meios musicais. Apesar do escândalo performático que promoveu no IV FIC, é nesse mesmo ano que Nara Leão lança seu novo disco, *Vento de maio*, com "Poema da rosa", parceira lírica de Macalé e Boal sobre poema de Bertolt Brecht. É também nesse mesmo ano, em 29 de outubro, que o *Pasquim* promove no Novo Teatro Casa Grande a Feira de Música Brasileira com extenso elenco: Baden Powell, Antonio Adolfo e os Brazucas, Macalé, Cynara, Nelson Cavaquinho, Golden Boys, Zeca da Cuíca, Joyce, Gutemberg Guarabyra, Piti, Zé Keti, Luiz Gonzaga Junior, Os Originais do Samba, Clementina de Jesus, Sidney Miller, Braguinha, MPB4, Nosso Samba, Paulinho da Viola e Luiz Carlos Sá. Por conta desses nomes, é óbvio que Macalé não se apresentava em eventos como esse da mesma forma que fez em "*Gotham City*".

∑∑

O trio formado por Macalé, Capinam e Gal Costa seguia planejando ações em diversas frentes. O primeiro gravou no final do ano o compacto pela RGE ao mesmo tempo em que ensaia os shows com Gal. Capinam, por sua vez, continuou compondo com Macalé e cuidou da empresa que os três criaram, a Tropicart. Ela visava administrar as carreiras dos envolvidos, em uma época que

Guilherme Araújo, empresário que de alguma forma estava próximo deles, também se encontrava no exílio londrino. Sua primeira realização foi, justamente, o show de Gal e Macalé. A empresa contou ainda com um quarto e, aparentemente, inusitado nome: Paulinho da Viola.

Como já visto em capítulos anteriores, Paulinho e Macalé são amigos desde os tempos dos espetáculos de Hermínio Bello de Carvalho no Teatro Jovem. Quando o sambista se tornou um dos moradores do Solar da Fossa, a geografia da cidade aproximou-os e os fez grandes amigos da vida. Capinam também se tornara parceiro de Paulinho, fechando ainda mais o grupo. No mesmo ano em que Macalé apresentava "*Gotham City*" no IV FIC, Paulinho vencia o IV Festival de Música Popular Brasileira da Record com a surpreendente música "Sinal fechado". A estranheza do arranjo e a letra simulando uma conversa entrecortada por silêncios constrangidos entre dois amigos parados em um sinal de trânsito já demonstravam como Paulinho via no samba tradicional também um campo de experimentações. Em entrevistas na época, o sambista carioca endossava totalmente a apresentação de Macalé, dizendo que, assim como ele em "Sinal fechado", Jards fizera "um negócio que tinha de ser feito".

Para a cabeça dos tradicionalistas de então, que viam no samba a fina flor da preservação de uma música puramente brasileira, Paulinho da Viola emergia como um suposto príncipe que deveria ser cuidado para não se contaminar com a "loucura" do berro de Macalé. Não foi sem surpresa, portanto, que muitos viram na época a associação de Paulinho com os autores do *happening* de "*Gotham City*". O próprio Paulinho declarava para o *Diário de Notícias* no dia 17 de dezembro que

> Atualmente, está tratando da firma Tropicart que montou com Capinam, Macalé e Gal Costa, em tempo de expectativa, pois acha que a "ausência" de grandes nomes e o dinheiro que sobe a cabeça dos compositores, fazendo com que eles se esqueçam de estudar, traz uma fase à nossa música em que nada realmente acontece.

Já em uma pequena matéria da revista *Intervalo* intitulada "Um homem com problemas", Paulinho comenta uma nova parceria com Macalé e ironiza dizendo que "muita gente irá criticar, dizendo que agora aderi ao tropicalismo. Não é verdade". De qualquer maneira, Paulinho não ficou por muito tempo na Tropicart. Ele saiu da sociedade sem nenhum prejuízo para a amizade dos envolvidos. Afinal, como dizia o lema da empresa (atribuído a Macalé por Luiz Carlos Maciel): "O lema da Tropicart é feroz: o negócio é curtir agora, antes que seja tarde: chega de retardatários!"

196 ➤ Casa 9

Após os eventos desencadeados pela apresentação de *"Gotham City"*, Macalé mergulhou em um fluxo de trabalhos coletivos que atravessaram os anos de 1970 e 1971. É quando ele atua em parceria com Gal Costa em shows e gravações e vai para Londres gravar o disco *Transa* com Caetano Veloso. Essas parcerias ocuparam o artista e atenuaram um pouco os holofotes e cobranças que recaíram sobre aquela nova figura que irrompia o palco do Maracanãzinho. Só após a volta ao Brasil, em janeiro de 1972, é que ele inicia realmente uma carreira solo, isto é, sem vínculo com os trabalhos dos, a essa altura, velhos amigos. Ele até arriscou alguns shows solos em 1970, porém sem conseguir efetivamente viabilizar sua trajetória de forma independente.

Em fevereiro de 1972, mês seguinte à sua volta da temporada internacional, Macalé fala para a revista *O Bondinho* sobre o que ocorreu com ele após *"Gotham City"*. A distância do tempo não fez com que suas declarações fossem menos contundentes do que as que deu na época. Afinal, o músico passara nesses dois anos por transformações pessoais e profissionais, mas o impacto daquele evento seguia como um permanente *reverb* em sua vida. Ao comentar o ocorrido, ele confirma o valor do enfrentamento que promoveu com o público e, por consequência, com as expectativas gerais. Perguntado se esperava as vaias ocorridas como reação à sua apresentação (o jornalista usa a expressão "reação violenta"), Macalé afirma:

> Claro que tinha de ser aquela. Diante do que estava acontecendo lá em cima [no palco], não podia ser outra. Aí, pelo menos de minha parte, o negócio era levar a um radicalismo total e passar para o outro lado, tanto em relação à minha música como em relação ao que estava acontecendo. Dava o estouro longo. Mas aí eu ganhei uma antipatia incrível, depois de *"Gotham City"*. Diziam que eu era louco.[39]

---

39 | "Não, absolutamente não! Macalé? Aquele louco?" Entrevista de Wilson Moheardui para a revista *O Bondinho*, em fevereiro de 1972. In M. Jost e S. Cohn (orgs.), *O bondinho*, Rio de Janeiro: Beco do Azougue, 2008, p. 110.

E foi assim, sob a pecha de "louco" e com as primeiras sementes para que o personagem do Maldito começasse a ser vinculado ao seu trabalho, que Macalé iniciava uma nova década. Foi um momento decisivo que o próprio chamou de "passar para o outro lado". A partir da apresentação de *"Gotham City"* e da reaproximação com Capinam e Gal Costa, ele se firmava como um artista que teve a inteligência de não se deixar capturar por correntes ou tendências que o deixassem fixo em relação ao que fazer com sua música. Macalé reivindicava uma trajetória eclética na música popular dos últimos anos para se afirmar como um artista com sólida formação que não podia ser resumido apenas ao *happening* no Maracanãzinho. Era a trajetória de um jovem que experimentou o ambiente cosmopolita de Ipanema, participou de conjuntos amadores de "balanço", colaborou com os primeiros encontros de compositores e músicos que formariam o tropicalismo, passou pelo teatro político, por shows de samba, por aulas de música erudita e, com 27 anos, se dispôs a assumir estrategicamente os riscos de uma carreira solo em meio ao turbilhão do país. Quando as coisas apertaram em todos os sentidos e a palavra cantada se encontrava sob censura, Jards Macalé assume publicamente a própria voz.

Os rumos dessa carreira eclética o aproximam, mesmo que tardiamente, dos desdobramentos musicais e comportamentais desencadeados pelas ações de Caetano Veloso e Gilberto Gil durante 1968. Essa aproximação posterior de Macalé (quando ambos já se encontravam no exílio), era comprometida, principalmente, com um espaço de experimentação estética que os shows e as gravações dos tropicalistas promoveram no meio musical brasileiro. É preciso lembrar, nesse contexto, da fascinação de Macalé pelo trabalho de Rogério Duprat. Na mesma entrevista à *Bondinho* ele afirma que o maestro lhe "ensinou tudo" na pouca convivência que tiveram em 1969.

Quando Macalé e Capinam convidam Duprat para fazer o arranjo de *"Gotham City"*, portanto, está selada a continuidade entre o aluno de Guerra-Peixe e o legado tropicalista – mesmo que as intenções sonoras não fossem a repetição da obra de Gil e

Caetano. A questão não era copiar o trabalho, mas sim evitar sua diluição. Para isso, a dupla de parceiros precisava fazer o papel "de medula e osso" na cena musical brasileira. Macalé, a princípio, nem mesmo gostou da maioria das canções tropicalistas. O ponto, porém, é que a abordagem deles para pensar a canção popular daquele momento foi vista pelo músico carioca como um caminho que deveria ser consolidado. Tal caminho se configura tanto na apresentação do IV FIC quanto em seu primeiro compacto solo, lançado pela RGE.

1970 foi, portanto, um ano de transições para o cantor. Tanto profissionais quanto pessoais. Sem dúvida, a principal novidade foi seu novo endereço. Em um relacionamento de alguns anos com a psicóloga Giselda Santos, Macalé se muda com ela para uma das mais famosas casas da contracultura carioca, a "Casa 9", sobrado localizado na rua Teresa Guimarães, em Botafogo. Numa pequena e exclusiva vila, o casal tinha um espaço para receber os amigos com as devidas liberdades e promover os encontros coletivos que o período propiciava. A mudança ocorre no momento em que a rotina de drogas e liberdades sexuais atravessavam a geração nascida durante a Segunda Guerra Mundial. Comportamentos transgressores para os padrões morais da época abrem o meio cultural carioca a novas pautas – tanto estéticas quanto políticas e existenciais. Ainda na entrevista para a *Bondinho*, o artista define sua companheira de então, que era terapeuta, como alguém que "está ligada à uma nova linha de pensamento".

Nova casa, novos amigos, novas parcerias. Na entrevista que concede com Capinam em 1969 a Marisa Alvarez Lima (*O Cruzeiro*, citada no capítulo anterior), Macalé apresenta uma lista de pessoas que o assistiam na plateia do Maracanãzinho durante a apresentação de *"Gotham City"*. O grupo traz alguns nomes que são novos ou novíssimos amigos – muitos deles, feitos através de Gal, de Capinam e de outros percursos de então: "Gal torcendo por nós, mais Duda, Waly, Edinísio, Nando, Beto, Gisa, Pedrinho, Luciano e Jorge na plateia, solidários e fortes, como nós todos."

Além da óbvia referência à cantora, temos amigos como Duda (Machado, poeta que se tornara seu parceiro e era amigo desde os tempos de Bethânia no Bar 20), Waly (Salomão, baiano de Jequié, poeta e futuro parceiro que entrava na sua vida depois de permanecer em São Paulo ao lado de Gil e Caetano no período tropicalista), Edinísio (artista plástico baiano do "Grupo de Jequié", amigo de Dicinho, autor da roupa de Macalé na apresentação), Nando (Fernando Barros, professor de inglês e amigo muito próximo de Caetano Veloso), Gisa (Giselda Santos), Luciano (Figueiredo, designer cearense que também chegava na cidade naquele ano e se aproximava do grupo) e Jorge (Salomão, irmão de Waly, também futuro poeta e mais um de Jequié). Esses nomes era alguns dos que frequentavam a casa da vila de Botafogo, imprimindo na vida de Jards novas conexões, temas e experiências.

Essa renovação de amizades, aliada a uma postura de independência e transgressão, ocorrem justamente em um momento da carreira em que Macalé vê seu primeiro trabalho fonográfico sendo mal gravado e mal distribuído pela RGE (o compacto que grava em 1969, comentado no capítulo anterior, é posto na rua apenas no ano seguinte). Segundo ele, a má aceitação foi impactada pela fama de "louco" que ganha após a apresentação de "Gotham City" e pelo deslocamento para uma seara musical cuja aceitação por parte da imprensa na época – principalmente na área cultural – era a pior possível. Basta vermos como O Pasquim, principal semanário que contemplava um tipo de pensamento progressista no período, tratava Macalé e os demais artistas que se aproximavam do espectro internacional do rock ou da contracultura em geral. São piadas e ofensas que o desqualificavam pelas opções sonoras, mas principalmente pela aparência e pelos novos hábitos, sempre produzindo sentidos dúbios sobre sua sexualidade.

Macalé, inclusive, trava pelas páginas do jornal carioca, durante o mês de março, uma breve polêmica com Edu Lobo. Após Edu escrever um artigo (edição de 12 de março) ironizando o uso de baixos elétricos e toda música eletrificada (ecos tardios do debate sobre guitarras na música brasileira), Macalé publica "o negócio é Mi-out", texto em que confronta de forma sagaz os argumentos de Edu. Enquanto ele trazia a perspectiva fatalista de que "A eletricidade não vai dar pé a longo prazo porque se desgasta com uma rapidez impressionante", Macalé usa John Cage, Tom Jobim e Paulinho da Viola para reivindicar o fim das comparações puristas na música brasileira – o que ele chama no texto de "reação". O debate vazou para a seção de cartas, mostrando que o tema ficou quente.

Macalé, portanto, se movia em direção a um espaço mínimo de aceitação dentro dos formadores de opinião que viviam nos bares de Ipanema. Edu Lobo, por exemplo, encontrava Macalé nas aulas da Pro-Arte em 1967 e, certamente, via no amigo de juventude um fiel aliado nesse debate entre instrumentos acústicos e elétricos. Dois anos depois, o corte de *"Gotham City"* desloca Macalé radicalmente para outro discurso, causando uma série de curtos-circuitos na leitura crítica de seu trabalho. Esse é o período em que o próprio afirma que explodiu pontes e radicalizou. Como o personagem de *O bandido da luz vermelha* (filme de Rogério Sganzerla de 1968), Macalé percebeu que, naquela situação brasileira de então, só restava o escracho e a esculhambação.

A má aceitação comercial do seu compacto e a necessidade de se lançar em uma carreira como cantor e compositor produzem um horizonte dúbio para ele. Ao mesmo tempo em que Macalé se torna um personagem cotidiano da imprensa – principalmente com críticas até mesmo caricatas sobre a performance em *"Gotham City"* – também ganha destaque individual inédito se comparado a quando era violonista de shows e gravações. Isso ocorre no mesmo momento em que ele arrisca seus primeiros shows, planeja um *long play* e visa um novo público. É quando Macalé, pela primeira vez, precisou ocupar o palco e cantar as próprias composições, divulgar o trabalho e ter que elaborar um discurso sobre seu som e seu perfil artístico. Na imprensa da época, vemos entrevistas do cantor que, invariavelmente, o situavam a partir de *"Gotham City"*, fazendo com que ele sempre precisasse se posicionar sobre o evento passado e lembrasse sua trajetória profissional.

Os primeiros shows no Rio de Janeiro ocorreram depois de Macalé experimentar o palco como cantor durante as apresentações que realizou em São Paulo com Gal Costa em dezembro de

1969.[40] Como dito no capítulo anterior, os dois, juntos de Capinam e Paulinho da Viola, estavam empenhados em um modelo alternativo para gerir as próprias carreiras através da empresa Tropicart. Incomodados com os formatos de trabalho do meio musical de então, o grupo buscava formas independentes de produzir shows e conduzir contratos. Segundo Macalé, na mesma entrevista para *O Bondinho* (1971), o momento dos shows com Gal em São Paulo

> Foi uma virada porque era uma necessidade minha de abrir campo cada vez mais. Esse negócio todo começou quando a gente estava fazendo o show aqui em São Paulo. Era um show muito violento, muito estranho. A ornamentação do palco era toda de isopor branco. Na primeira parte, eu cantava; na segunda, Gal cantava. No sentido do trabalho era fantástico; agora, no sentido comercial, era muito violento e não dava resultado. O pessoal ia lá, olhava pra minha cara e ficava meio assim...[41]

O comentário mostra que a Tropicart ousava nas suas produções e, ao mesmo tempo, colhia um baixo retorno comercial. Em veículos da imprensa carioca da época, muitas vezes o show em São Paulo era comentado, porém com o intuito de negar seu fracasso. Apesar disso, ou justamente pelos olhares "meio assim" que recebia nos shows, Gal e Macalé seguiram a temporada até o final, criando uma dinâmica de trabalho que atravessa o segundo disco de Gal Costa e parte de seu repertório de então.[42]

---

40 | Imagens desse show de Gal e Macalé em São Paulo se encontram registradas por Rogério Sganzerla no curta-metragem *B2*, de Rogério Sganzerla. Com sobras das gravações de *O bandido da luz vermeha* (1968) e *Carnaval na lama*, podemos ver trechos das apresentações de Gal, Macalé e banda.
41 | "Não, absolutamente não! Macalé? Aquele louco?" Entrevista de Wilson Moheardui para a revista *O Bondinho*, em fevereiro de 1972. In M. Jost e S. Cohn (orgs.), op. cit.
42 | Em 1969, ano de grande sucesso para Gal Costa (e também de ausência dos seus principais compositores, seja pela prisão, seja pelo exílio), ela começa com um show em São Paulo ao lado de Tom Zé e dos Brazões e termina na mesma cidade (até então sua base profissional) ao lado de Macalé. É curioso ver como uma cantora consagrada como Gal, no momento em que iniciava sua ascensão para o estrelato, esteve musicalmente próxima a dois nomes que, logo depois, seriam "amaldiçoados" por conta de suas obras e trajetórias.

Essa parceria ao redor da Tropicart tinha motivações no que José Carlos Capinam via como a completa precariedade do mercado fonográfico brasileiro para trabalhar artistas de sua geração. Com um público jovem, que buscava informações em outras redes que não os programas populares de rádio e televisão, artistas como Gal e (o novo) Macalé não podiam ser trabalhados nos mesmos moldes tradicionais. Em uma entrevista de 1971, falando sobre o tema, Capinam afirma que

> Há uma confusão muito grande porque não existe mídia localizada, mercado de consumo específico no Brasil. Você tem que transmitir, por exemplo, Gal no programa Haroldo de Andrade, Gal no programa Silvio Santos. Um erro das fábricas, dos divulgadores que não compreendem, não localizam o trabalho nos canais onde eles chegariam aos receptores a que se destinam fundamentalmente, primordialmente. Então dá uma resposta que é uma loucura, uma confusão, sacumé? (...) Enquanto surgiu uma linguagem musical toda nova, as empresas continuaram mantendo um relacionamento que atendia à antiga. É um tipo de coisa que existia num momento passado da música popular brasileira. Momento em que se falava muito do folclore, de vender samba. Essa mesma estrutura ainda existe, tentando se relacionar com o pessoal que não tem mais esse papo. Eles ficam oferecendo o mesmo aparelho para vender uma outra ideia. E esse aparelho materializado em pessoas que são caducas em relação a essa nova ideia, que não a compra, sacumé? Os próprios vendedores das empresas não compram o trabalho novo que as empresas querem vender. Então o conflito começa nas próprias gravadoras, marginalizando todo um tipo de cultura emergente que já começa com muitas dificuldades.[43]

É nesse cenário que o trio Gal-Macalé-Capinam, associados ainda (porém brevemente) a Paulinho da Viola, buscam viabilizar

---

43 | "Capinam", entrevista concedida a Hamilton Almeida para a revista *O Bondinho*, em fevereiro de 1972. In: M. Jost e S. Cohn (orgs.), op. cit., p. 120.

uma carreira sem a presença de empresários próximos e inovadores como Guilherme Araújo. A empresa não durou muito tempo, mas a ideia de uma carreira nas mãos dos próprios artistas deu o tom independente do início de carreira solo de Macalé e teve desdobramentos futuros, como veremos adiante.

∑∃

Após a temporada com Macalé no Teatro Oficina em São Paulo, Gal Costa teve um início de ano conturbado. Shows em Porto Alegre e Belo Horizonte (nem todos bem-sucedidos), além de uma ação judicial da Ordem dos Músicos do Brasil impedindo que ela se apresentasse no Rio de Janeiro enquanto não fosse filiada à mesma, fez com que o início de sua carreira na Tropicart não fosse auspicioso. Apesar disso, os dois discos gravados em 1969 divulgavam a cantora como a "musa do tropicalismo" – mesmo que seus parceiros e principais compositores já estivessem em Londres e dessem por encerrado o movimento.

Gal teve, do ponto de vista comercial e midiático, um ano impressionante até mesmo para os padrões atuais. Ela aparecia nos principais jornais e revistas do eixo Rio-São Paulo diariamente, era chamada para programas de televisão de todos os tipos, realizava shows em diferentes espaços (incluindo contratos com empresas privadas), dava seguidas entrevistas, participava de ensaios fotográficos e tinha filmes realizados sobre ela (como o de Antonio Carlos Fontoura).[44] Seja nas páginas dedicadas à música popular, seja, principalmente, nas páginas de colunas sociais, todos falavam da cantora de "Divino maravilhoso". Sua figura esguia, seu guarda-roupa "hippie" e seus cabelos revoltos eram assuntos cotidianos de cadernos de moda ou seções voltadas para o público feminino. Para além de uma grande cantora, Gal era vista como um estilo.

Naquele momento, portanto, a situação parecia perfeita para quem fosse conduzir sua carreira. Bastava saber como situar uma

---

44 | O filme de Fontoura (um curta-metragem em 35mm com 12 minutos de duração) foi finalizado em 1970 e lançado como *Meu nome é Gal*. Além do diretor, participaram os fotógrafos David Drew Zing e Lauro Escorel e o roteirista Antonio Calmon.

estrela em ascensão no interior de uma indústria voraz, em um país de gosto médio conservador, porém com uma nova geração voltada para o perfil pop da música internacional. O problema dessa situação, segundo a própria Gal, era justamente o tipo de empresários que ela teria de lidar caso aceitasse as condições criticadas por Capinam. Temendo que perdesse o controle de sua carreira – principalmente em relação à proposta musical que ela desejava imprimir no trabalho – ela evitara um substituto para Guilherme Araújo entre outros nomes do ramo. É nesse contexto que a escolha de Gal pela parceria com Capinam e Macalé na Tropicart se torna compreensível. Além de amigos e artistas que se admiravam, os três foram, aos poucos, construindo laços profissionais após o exílio forçado de Gil e Caetano. Ao mesmo tempo, Gal assumia o risco de, por inexperiência, a Tropicart não conseguir viabilizar um caminho alternativo ao que já existia. E foi, de fato, o que ocorreu.

Nesse período de tentativas e erros, Gal e Capinam viajam para Londres. Desejo antigo da cantora, eles conseguem embarcar no dia 20 de fevereiro de 1970. Ela passa trinta e oito dias hospedada no bairro de Chelsea, na famosa casa de três andares de Redsdale Street 16. O imóvel era ocupado pelos casais Dedé Gadelha e Caetano Veloso, Sandra Gadelha e Gilberto Gil, além de Guilherme Araújo e outros amigos dos músicos, como Péricles Cavalcante e Paulinho Lima.

Durante esse mesmo período, Macalé e Giselda seguem fazendo da casa na vila botafoguense um epicentro de encontros. Simultaneamente, os dois espaços criam a conexão entre Rio e Londres. Enquanto lá Gil e Caetano recebiam Gal, Capinam, e muitos outros amigos – como Hélio Oiticica, Roberto Carlos, Haroldo de Campos ou Jorge Mautner –, em Botafogo os frequentadores eram Waly Salomão, Duda Machado, Torquato Neto e Naná Vasconcelos entre muitos outros. Essa conexão rendeu frutos diretos como os discos *Legal* (1970) de Gal Costa e *Transa* (1972) de Caetano Veloso, além de frutos indiretos como o primeiro disco de Jards Macalé (1972) e shows como *Gal a todo vapor* (1971). Foi nesse fluxo de idas e vindas que uma série de canções foram compostas e trocadas.

Enquanto Gal e Capinam estão chegando em Londres, Caetano Veloso continua a colaboração como colunista fixo do jornal *O Pasquim*. Na edição que circulou entre 19 e 25 de março – exatamente na época que a cantora faz a viagem – Caetano publica uma espécie de carta aberta elogiando seu mais recente trabalho. A carta parece atrasada por conta das referências que utiliza – não só o disco de 1969, como o show que ela fazia com Macalé, no final do mesmo ano. Se pensarmos que a coluna pode ter sido escrita em fevereiro e Caetano se refere a eventos de dezembro do ano anterior, não é tão distante assim. Elogia, principalmente, a canção "Pulsars e quasars", de Macalé e Capinam. O entusiasmo do cantor pelo trabalho do trio era evidente.

Em Londres, Gal e Capinam conhecem melhor um dos hóspedes de Caetano e Gil, o também baiano Paulo Lima. Vindo das áreas do teatro e do cinema, Paulinho, como era conhecido, era na verdade mais próximo de Guilherme Araújo, apesar de ter trabalho com Roberto Santana na produção do show *Barra 69*, quando os músicos tocaram em Salvador em julho daquele ano. Paulinho também era um dos melhores amigos de Anecy Rocha (amiga muito próxima de Bethânia, Caetano e Macalé), além de ter trabalhado na equipe de *O dragão da maldade contra o santo guerreiro*, em Milagres, cidade em que Glauber Rocha realizou suas filmagens. Sem perspectiva profissional fora do país – e dentro também – Gal e Capinam convidaram Paulinho Lima para trabalharem com eles na parte administrativa da Tropicart. Naquela altura, a pouca aptidão empresarial de Capinam, Gal e Macalé já se mostrava evidente e Paulinho assumiu as principais funções, com cada um podendo permanecer nas respectivas áreas de trabalho.

Assim, com o convite feito e aceito, os três retornam ao Rio de Janeiro no final de março de 1970, para planejarem os próximos passos da carreira de Gal e seus parceiros no Brasil. E o ponto de encontro, claro, era na Casa 9 de Macalé e Giselda. Na autobiografia intitulada *Anjo do bem, gênio do mal*, Paulinho Lima dedica diversas páginas ao momento desse encontro em Londres e da vinda ao Rio de Janeiro para trabalhar com o trio. Entre os eventos narrados, dedica especial atenção à casa da vila em Botafogo:

Gal continuava em São Paulo, mas planejava vir para o Rio. Começamos a nos encontrar para tratar de trabalho na casa de Jards Macalé, que morava em Botafogo, numa simpática vila da rua Teresa Guimarães. Ali era uma espécie de sede carioca dos tropicalistas. Gal se hospedava lá e Capinam ia nos encontrar para planejarmos o rumo das atividades do grupo. A Tropicart não estava dando certo em São Paulo e era necessário planejar melhor o que fazer.[45]

Umas das principais atividades que acontecia na casa era, obviamente, os encontros musicais promovidos por Macalé e amigos. Nesses encontros, parcerias que se iniciaram ainda em 1969 foram se tornando rotina em um cotidiano de intensa criatividade. É nesse espaço em ebulição que, ao lado de Capinam, Waly, Duda e Torquato, Macalé comporia clássicos da música brasileira como "Movimento dos barcos" (com Capinam), "Hotel das estrelas" (com Duda), "Mal secreto" (com Waly) e *"Let's Play That"* (com Torquato). Uma lista de obras-primas que apontavam para um grupo de compositores maduros, cujas referências geracionais não os afastavam de uma dicção profundamente marcada pela canção popular brasileira. Apesar da ligação biográfica direta ou indireta de todos com o estridente período tropicalista e seu entorno, essas canções davam passos significativos em direção a um trabalho simultaneamente brasileiro e aberto a novas informações e experimentos sonoros. Vale ressaltar que em muitos casos, Macalé é um compositor que parte de textos poéticos. Seus parceiros o entregavam poemas, letras escritas para serem musicadas. Isso foi criando em sua obra um talento incomum para musicar poetas, inclusive os que só conheceu por livro – como Gregório de Matos, Ezra Pound ou Bertolt Brecht. As composições de 1970, portanto, são fruto tanto do talento musical de Macalé quanto da renovação que ocorria na poesia brasileira através dessa geração.

---
45 | P. Lima, *Anjo do bem, gênio do mal*, Rio de Janeiro: Luz da Cidade, 2016, p. 205-206.

A convivência cotidiana entre o compositor e os poetas não era apenas decorrente da vontade livre de fazer música com os amigos. Com exceção de Capinam, todos viviam situações financeiras complicadas, por conta dos ofícios escolhidos em um período asfixiante para a cultura produzida no país. A censura estava a todo vapor, o conservadorismo militar estava consolidado no gosto médio da população e o ano ainda reservaria o esquadrão da morte convivendo com o esquadrão de Zagallo, sagrando-se Tricampeão da Copa do Mundo no México. Pessoas como Macalé e amigos (todos com menos de trinta anos) eram vistos como hippies, portanto como maus-elementos para a sociedade. Apenas a vida de artista e brechas alternativas na imprensa local lhes garantia o mínimo de circulação profissional, apesar dos obstáculos que surgiam o tempo todo.

A ironia desse quadro de marginalização e dificuldade profissional – verbalizado em termos como loucos, sujos, drogados, alienados, bichas e demais estigmas que populares e a imprensa usavam para falar desse perfil de artista na época – é que todos os nomes citados acima, incluindo Macalé, tinham rejeição ao modelo hippie da juventude carioca. Os poetas que circulavam na Casa 9 eram escritores e intelectuais de formação sólida, criados no caldo cultural do país em transe nos anos de 1960, leitores do Suplemento Dominical do *Jornal do Brasil*, conhecedores da moderna poesia brasileira e das traduções inventivas dos irmãos Campos (Haroldo e Augusto), leitores dos pressupostos teóricos do concretismo – que iam de Mallarmé a Maiakóvski. A ideia, portanto, de que eram apenas rapazes que "curtiam o barato" da época reduzia erroneamente a qualidade de suas obras – como o tempo, aliás, demonstrou.

Sem dúvida, o estilo de vida da casa de Macalé e Giselda era despojado e podia ser visto como o que definia "hippie" no Brasil. Uma casa de artistas, em um espaço que tinha, entre vizinhos e frequentadores, cineastas como Luiz Carlos Lacerda, o Bigode, grande promotor de encontros e um dos pilares da comunidade que ocupava a vila (foi Jards, aliás, quem indicou o endereço para ele). Bigode morava no apartamento do primeiro andar. Macalé e Giselda ocupavam o de cima. Nesse trânsito, são dezenas de pessoas e ideias que cruzaram as portas, sentaram-se em uma sala com almofadas e pouquíssimos móveis ou se reuniram na mesa da cozinha para papos, composições e planos permanentes de trabalhos. Apesar de serem modelos da contracultura brasileira, todos eram criadores em busca de ocupar os espaços profissionais nas respectivas áreas de atuação.

E qual era o som que Macalé estava fazendo nesse momento de composições com esses parceiros? Ele já vinha compondo com Capinam e Duda desde 1969, cujos primeiros frutos aparecem tanto no IV FIC (vale lembrar que Macalé e Capinam inscrevem duas composições, *"Gotham City"* e "Módulo lunar"), quanto no compacto de estreia pela RGE (com duas parcerias com Duda e uma com Capinam). Nesses trabalhos, fica registrada sua aproximação com as bandas de rock daquele momento, como Os Brazões e o grupo Soma. Ainda em 1970, Jards se relaciona com outras duas bandas do jovem rock carioca – Sonda e Os Bubbles. Mas o músico com quem Macalé criou um vínculo sonoro e pessoal de longa duração foi o percussionista pernambucano Juvenal de Holanda Vasconcelos, já então conhecido pelo apelido que ficou famoso: Naná.

A relação de Jards com pernambucanos foi marcante em sua trajetória. Passando obviamente pelo pai, depois pelo mestre de juventude Severino Araújo e chegando finalmente em Naná Vasconcelos. Baterista de bailes e cabarés em Recife, chega a realizar alguns trabalhos com Gilberto Gil na turnê pela cidade em 1967. Após esse evento, o músico migra para o Rio de Janeiro e se torna próximo de um núcleo que incluía Maurício Maestro, Joyce e os recém-chegados mineiros Milton Nascimento e Nelson Ângelo.

Os dois primeiros eram bem próximos de Macalé durante essa época, mas não foi através deles que conheceu Naná. Segundo o próprio músico carioca, foi durante os ensaios para *"Gotham City"* no Maracanãzinho que o percussionista se apresentou na beira do palco e demonstrou todo o entusiasmo com o som que ouvia. Naná pergunta se "podia entrar nessa" e Macalé imediatamente diz que ele "já estava dentro". Essa primeira aproximação espontânea dos dois em 1969 culmina, como visto no capítulo anterior, com a participação sensacional do percussionista na faixa "O crime", no seu primeiro EP pela RGE.

Em 1970, Naná era um dos que frequentavam os encontros da Casa 9 e participa dos planos da Tropicart ao ser incluído no show de Gal Costa na boate Sucata. Nesse período, ele chega a morar brevemente com o casal. Naná era não só parte dos trabalhos coletivos do grupo ao redor da Gal, como também fundamental na elaboração pessoal do som que Macalé vinha experimentando naquele momento. É ao lado de Naná e de Maurício Maestro que ele faz uma série de shows no espaço Curtisom, uma espécie de palco aberto produzido pelo casal Maria Esther Stockler e José Agripino de Paula, localizado no shopping da Siqueira Campos, em Copacabana. O trio ainda fez uma minitemporada de shows em Belo Horizonte (dos dias 3 a 6 de dezembro), usando o mesmo nome do evento carioca. O repertório deles mostra como o som de Macalé estava, cada vez mais, atravessando fronteiras e arriscando novas ideias. Vemos canções "clássicas" para a geração dele como "O amor, o sorriso e a flor", de Tom Jobim e Vinicius de Moraes, canções populares e distantes de seu repertório original como "É proibido fumar", canções inéditas (e esquecidas) como "Luca maluca", de Gil e Luiz Fernando e "Round Down", de Macalé e Lee Jaffe, passando por baiões de Luiz Gonzaga, forrós de Jackson do Pandeiro, além de composições próprias que ficariam famosas como "Revendo amigos", com Waly Salomão e "Hotel das estrelas", com Duda Machado. A interpretação enérgica de Macalé para "Negro gato" se tornou famosa entre o público que frequentava seus shows nessa época.[46]

É entre bandas de rock, percussionistas experimentais e um violão livre de qualquer amarra sonora, portanto, que Macalé inicia a virada de década e de carreira. Cada vez mais, em declarações públicas, ele irá reivindicar para si a liberdade sonora. Em um perfil dedicado a ele no *Correio da Manhã*, o jornalista espanhol Daniel

---

46 | O repertório completo do show foi: "É proibido fumar"(Roberto e Erasmo Carlos); "O crime" (Macalé e Capinam); "Hotel das estrelas" (Macalé e Duda Machado); "O amor, o sorriso e a flor" (Tom Jobim e Vinicius de Moraes); "Revendo amigos" (Macalé e Waly Salomão); "Luca maluca" (Gilberto Gil e Luiz Fernando); "Soluços" (Macalé); "As crianças" (Macalé e Capinam); "17 léguas e meia" (Luiz Gonzaga e Humberto Teixeira); "Assum preto" (Luiz Gonzaga e Humberto Dantas); "Madalena" (Jackson do Pandeiro); "*Round and Down*" (Macalé e Lee Jaffe); "Pulsars e quasars" (Macalé e Capinam); "Negro gato" (Getulio Côrtes); "Questão de ordem" (Gilberto Gil) e "Só morto (Burning Night)" (Macalé e Duda Machado).

Más, colunista que ficou famoso pela escrita afiada e humor ferino, apresenta esse Macalé renovado. Era 27 de fevereiro e, apesar de tentar se desvencilhar do rótulo de "louco" por conta de *"Gotham City"* ("O que ficou foi a imagem estereotipada sem o pessoal se lembrar de tudo que está por trás disso"), ele anuncia que estava em um momento "abertão para tudo": "O meu negócio agora é fazer música. Para disco, para show, para filme. Dentro da minha nova linha, abertão para tudo. Tentando utilizar novos elementos que estou descobrindo, na composição, no arranjo, na interpretação."

Nessa mesma entrevista (ou depoimento), ele anuncia suas parcerias em pleno vapor. Existia em curso planos de um disco completo (talvez pela mesma RGE) que acabou por não acontecer. Cito a matéria de Más:

> Mas a grande alegria de Macalé agora é o novo disco. Deve ser pela RGE. Muita música nova. Inédita. A grande novidade: as faixas não têm tempo de duração pré-estabelecido: "Tudo depende da hora, lá no estúdio. Depende da improvisação, depende do momento (é a técnica do jazz, a música feita na hora). No Brasil este processo já foi usado, timidamente, no último disco de Gal, nas faixas de *"Empty Boat"*, "Cultura e civilização, "Pulsars e Quasars". Eu e Gil chegamos às consequências reais do processo."

Nessa pequena declaração de Macalé, vemos a síntese de vários eventos que ocorreram em 1969. A sua marca como participante ativo do segundo disco de Gal, a longa improvisação com Gil em "Cultura e civilização", a formação de jazzista e a fase fértil de composições. No final desse perfil, ele afirma que "talvez faça novas músicas com Duda, com Capinam, Waly, para entrar no disco". Era o começo do ano e o que ocorreu depois confirmou as previsões do artista – exceto o projeto de gravar o primeiro trabalho solo. Provavelmente a saída de João Araújo para a Som Livre em novembro de 1969, após ter sido o responsável pelo convite para a gravação do compacto de Macalé, encerraram os planos do LP na gravadora paulista.

A reivindicação de um som aberto a tudo que estava ouvindo e conhecendo mostra como as novas parcerias eram necessárias para que o músico encontrasse os textos certos. Assim como o violão não era o mesmo que compunha valsas e choros para músicas gravadas por Elizeth Cardoso ou Joyce, as letras também não podiam mais repetir a poesia romântica do aspirante a Vinicius de Moraes. Apesar de continuar cantando situações limites entre amor e morte, os personagens dessas novas composições eram mais trágicos, mais irônicos, mais urbanos, mais transgressores.

A usina de força que Macalé criou com um time tão poderoso quanto Capinam, Duda Machado, Waly Salomão e Torquato Neto talvez tenha sido uns dos momentos mais importantes da música brasileira produzida naquela década. Era o período em que as transformações que ocorriam no formato da canção popular consagrada nos anos 1960 – basta pensarmos na revolucionária chegada em cena de Milton e todos os seus parceiros, além do trabalho dos Novos Baianos, das primeiras gravações de Tim Maia, da criatividade do Som Imaginário, do amadurecimento dos Mutantes, do surgimento de Luiz Melodia, da carreira solo de Rita Lee etc. – eram acompanhadas pelas transformações que também ocorriam na poesia brasileira. A dicção direta, urbana e individualista da poesia chamada de "marginal" pela crítica literária do período faz com que as letras apontem a passagem de uma poética macropolítica dos anos 1960 (o dia de amanhã, o popular, a revolução, o Brasil) para a micropolítica dos anos 1970 (o interior do apartamento, a janela, o delírio, o amor, a impossibilidade, a despedida) dando a esses trabalhos uma nova eletricidade.

A quantidade de músicas feitas por Jards e parceiros foi tão grande que muitas foram ficando pelo caminho, com vida curta. Nessa mesma matéria do *Correio da Manhã* ele cita "Quarto imundo" (com Duda) e "Barra limpa" (com Capinam), canções que nunca mais foram ouvidas. Em shows do Curtisom, com Naná e Maurício Maestro, Macalé também tocava "Crianças", outra parceria com Capinam que não vingou para o futuro. Com Torquato, compôs "Dente no dente" e "O destino do poeta", gravadas apenas em 1999. De qualquer maneira, já em 1970 ele faz o grosso das parcerias que grava em 1972. Isso é possível constatar porque Jards passa boa parte de 1971 fora do país e alguns, registros de repertórios nos shows de 1970 já trazem parte dessas canções. Algumas delas, com histórias que vão além de seus versos.

∑≡

"*Let's Play That*", parceria de Macalé com Torquato Neto a partir de um poema do primeiro, aos poucos se tornou uma das composições mais emblemáticas desse período e da carreira de Macalé. A história da composição, que só aparece no primeiro disco solo de Jards lançado em 1972, traz uma série de camadas que merecem um pequeno capítulo à parte entre as parcerias feitas em 1970. Ela é exemplar para mostrar os vários cruzamentos entre vida e arte que ocorreram nas dependências da Casa 9.

E quem melhor conta essa história é o próprio Torquato Neto. Durante um período de pouco menos de um ano entre 1971 e 1972, ele manteve uma famosa coluna diária no jornal carioca *Última Hora*, batizada de "Geleia Geral". No dia 19 de janeiro de 1972, Torquato dedica toda a coluna (intitulada com o nome da parceria) para contar, de um jeito pessoal, todo o seu percurso até o poema se tornar letra da música de Macalé. Apesar de longa, vale a pena a reprodução do texto na íntegra para visualizar o clima que circundava esse grupo de amigos e artistas em 1970 – e, também, para se apreciar a prosa poética e cortante de Torquato:

> Papo comprido com Rogério Duarte num botequim da rua Siqueira Campos, pleno setenta, numa noite que me lembrou do segundo Curtisom (Naná: *Africadeus*). Mesa de garrafas e Rogério Duarte sobre umas pessoas de branco:
> – *Let's play that*?
> Era um cerro cerrado de brancos e pretos vestidos de branco, um papo de corredores compridíssimos, um coro antigo no muro das lamentações em *BG*. E uma sugesta:
> – *Let's play that.*
> * Uma outra conversa muito tempo antes, nos sessenta e oito

de tantos, com Augusto de Campos, em São Paulo. Desafinar o coro dos contentes, desafinar o coro dos contentes, desafinar.
* E depois umas tardes de fogo no mormaço de outubro e de novembro pelos corredores de um hospital no Engenho de Dentro, chamado Pedro II. Quibe com Fanta uva debaixo de mangueiras e uns homens de branco e uma multidão de azul em fila indiana com um prato na mão. Onde andarão os outros? Waly Sailormoon numa barra em São Paulo, Hélio Oiticica quase numa bolsa em Nova York, Rogério Duarte lá pela Bahia, Luiz Otávio Pimentel em transas com São Tomé, Macalé e Duda em transações com gravadoras e teatros: escombros e migalhas em diversas celas separadas células, vinhos azedos, mentais: últimas notícias.
*Pleno setentão.
*Fim de semana conseguir permissão e sair na rua com o papelzinho na mão, pra mostrar para os homens. Pintava: *Africadeus* era um sonho com Naná e Luiz Otávio e Maurício Maestro e uns e outros. Não pintaria. Na segunda, de volta, eu me sentava e escrevia:

Agora não se fala nada
Toda palavra guarda uma cilada
E qualquer gesto é o fim no seu início.
Agora não se fala nada
E tudo é transparente em cada forma
Qualquer palavra é um gesto
E em sua orla
Os pássaros sempre cantam nos hospícios.

* Na Bahia, em 1960. Homero Mesiara declamava pelo quarto o "Poema de sete faces", de Carlos Drummond de Andrade.
* Macalé me beija, Macalé me abraça, Macalé me liga na televisão e me dá presentes quando eu apareço no fim de semana que me resta, me restava. Sailormoon reaparece carregando um fardo e uma fúria, José Carlos Capinam é um magnata superoito, Duda dirige o show de Gal, Deixa Sangrar. Tudo isso

e uma sugestão: *Let's play that.*
* E de bater na máquina como se fosse com a ponta da cabeça, uma letra pra Naná e uma música com Macalé — dois anos depois do desastre, pleno setenta.
* Eis a cantiga:

Quando eu nasci
Um anjo morto
Louco solto louco
Torto pouco morto
Veio ler a minha mão:
Não era um anjo barroco
Era um anjo muito pouco,
Louco, louco, louco, louco
Com asas de avião,
E eis que o anjo me disse
Apertando a minha mão
Entre um sorriso de dentes:
Vai bicho:
desafinar o coro dos contentes.

— Agora então: *Let's play that? Let's play that? Let's play that?* Câmbio, Macau.[47]

Os textos que Torquato Neto publicou durante o período em que escreveu para a "Geleia Geral" marcaram para sempre um tipo de jornalismo cultural que conseguia aliar qualidades singulares tanto em sua forma de escrever quanto nas ideias que defendia e apresentava ao público. Esse comentário é importante para entender a narrativa em *flashback* que situa o leitor no ano já passado de 1970. Torquato oferece em uma coluna de jornal uma espécie de breve corte da sua memória mais pessoal para montar o quebra-cabeça que desembocou em sua letra. É o ano em que Macalé se

---

47 | A coluna, publicada no jornal *Última Hora* em 19 de janeiro de 1972, foi reproduzida a partir da versão publicada na coletânea *Torquatália: geleia geral*, organizada por Paulo Roberto Pires e publicado pela editora Rocco, em 2003.

muda para Botafogo, que Hélio Oiticica está morando no Jardim Botânico com o artista e músico norte-americano Lee Jaffe depois de longa temporada londrina, que novos e velhos parceiros do grupo circulam pela cidade. Para Torquato, porém, foi também o ano em que ele inicia uma sequência de internações em clínicas e hospitais. Só naquele ano, são três os momentos que busca ajuda médica. Ele deixa isso explícito ao usar repetidamente a imagem dos "homens de branco", em referência aos enfermeiros que cuidavam dos internos nas clínicas psiquiátricas de então (a "multidão de azul").

Nos intervalos desses momentos, ou durante períodos que podia sair no fim de semana para além dos muros do hospital, Torquato visitava com frequência Macalé e Giselda. Com duas de suas internações ocorridas nas dependências do antigo Centro Psiquiátrico Pedro II, localizado no bairro carioca do Engenho de Dentro e hoje conhecido pelo nome de sua principal diretora, Instituto Municipal Nise da Silveira, Torquato tinha no casal dois amigos que acompanhavam sua luta contra a depressão e o alcoolismo. Macalé visita algumas vezes Torquato em suas internações, demanda dele novas letras, tenta manter o amigo ligado no que vinha acontecendo naquele momento. Por isso lemos o trecho da coluna em que ele enfileira a série de trabalhos e ocupações dos amigos enquanto passava boa parte do segundo semestre do ano no processo de entrada e saída dos hospitais.

Nessa lista de amigos, vemos desde a referência à prisão ("numa barra") de Waly Salomão (Sailormoon) em São Paulo no início do ano, até Oiticica já de volta de Londres e tentando sair novamente do país através de uma bolsa da Fundação Guggenheim (o que consegue com sucesso vivendo em Manhattan por sete anos). Vemos também a referência a Rogério Duarte, ainda em recuperação pós-tortura (com direito também a internações) na Bahia. Vale ressaltar o destaque de Torquato para "Macalé e Duda em transações com gravadoras e teatros". Era a dupla organizando com Paulinho Lima tanto um show solo de Macalé no Teatro Poeira (ocorrido em setembro daquele ano), quanto o show *Deixa sangrar*, de Gal Costa. Nesse trecho, aparece também a figura de Naná, presente na casa de Macalé, amigo por extensão de Torquato, e o pedido de uma letra para o seu disco-projeto intitulado *Africadeus*. A ideia do disco – e seu fracasso – ocorre justamente quando Macalé e Naná estão tocando juntos e preparando as apresentações do Curtisom com o baixo de Maurício Maestro (cujo nome aparece no texto do colunista).

Nas conversas mais antigas com Augusto de Campos, o amigo que recitava o poema de Drummond (com a imagem do anjo torto), tudo se soma para desaguar na letra que Macalé só conseguiu gravar dois anos depois. Quando Torquato publica essa coluna, a música ainda era inédita para o público. Jards tinha acabado de retornar de Londres (janeiro de 1972) e já recebia o chamado ("câmbio") de seu amigo.

A história de *"Let's Play That"* é exemplar porque sintetiza um cenário de inúmeras vidas entrecruzadas em um dos piores períodos para se viver no Rio de Janeiro e no Brasil. A imposição do falso dilema ditatorial entre amar ou deixar o país esvaziava cada vez mais o meio artístico e intelectual. Os que aqui estavam, sofriam com prisões, censura oficial e, pior, autocensura, além de problemas pessoais de todas as ordens – do financeiro ao psíquico. Trabalhar, manter famílias (ao contrário da maioria dos amigos, Jards não teve filhos), sustentar opiniões críticas, circular com aparências consideradas inadequadas, tudo isso criava situações opressoras para grupos como os que conviviam na Casa 9 e em outros espaços ligados à contracultura no país.

Apesar disso, o período era também de intenso trabalho, já que muitos deles, ao contrário de Jards, não tinham uma trajetória expressiva. Naná é um exemplo de alguém que buscava seu espaço, inserindo um elemento sonoro ignorado pelo tropicalismo – a percussão de matriz africana feita no Nordeste brasileiro – e que foi rapidamente abraçado pelos mineiros que fariam o Clube da Esquina. Laços vão sendo construídos entre diferentes artistas enquanto os principais nomes dos anos 1960 – Tom, Gil, Caetano, Chico e Edu Lobo – estão fora do país. Milton Nascimento, por exemplo, se instala no Rio de Janeiro em 1968 com parceiros e amigos como Nelson Ângelo, Toninho Horta, e um de seus primeiros contatos locais foi Maurício Maestro. No mesmo momento, outros amigos formam o Som Imaginário. Todo esse movimento de bandas e discos estavam muito próximos de Macalé (e de Torquato). Se *Africadeus*, o projeto de Naná com Torquato não acontece em 1970, em 1973 ele é gravado com dois amigos mineiros feitos nesse período carioca – Nelson Ângelo e Novelli.

    É nesse cenário, portanto, que o som de Macalé é gestado em 1970. Atravessado por diversas conversas musicais, *jam sessions*, shows e projetos, ele conhecia um grupo imenso de músicos. Quando faz um trabalho ao lado de Naná e Maurício Maestro, ele está próximo de Milton Nascimento. Não é à toa que o grupo escolhido por Jards para tocar com Gal Costa em um dos seus shows nesse ano era justamente o Som Imaginário, assim como não é à toa que Luiz Alves e Robertinho Silva serão os músicos nos shows que fará em 1972 e no disco gravado em 1973. São laços entre letristas, compositores, cantores, produtores, todos tentando viabilizar carreiras e ideias. Se alguns, como Torquato, sucumbiram às pressões emocionais e à opressão que se abatia no período sobre pessoas criativas e sem perspectiva de trabalho, outros buscavam como podiam os espaços que o próprio poeta piauiense dizia sempre que precisavam ser ocupados.

220 ▶ Macau e Gal

M

A primeira tarefa que Paulinho Lima assumiu como empresário novato da carreira de Gal Costa foi um show que precisava ser organizado na boate Sucata, de Ricardo Amaral – a mesma em que Gil, Caetano e os Mutantes fizeram uma polêmica temporada em outubro de 1968. Quem trouxe o convite ao grupo foi Capinam, até então ainda responsável pela Tropicart. Vale a pena citarmos o evento narrado por Paulinho:

> Capinam chegou à reunião com a notícia de que Ricardo Amaral queria que Gal fizesse o próximo show de sua boate Sucata, na Lagoa, ponto de encontro de intelectuais, artistas e grã-finos cariocas, onde se apresentavam os cantores em voga. Lá acontecera a última apresentação de Gil e Caetano, que acabou sem confusão e gerou a prisão dos dois. (...) A Sucata continuou com seus espetáculos. Elizeth Cardoso, Wilson Simonal e Jorge Benjor já haviam se apresentado e chegava a vez de Gal, que dividia com Elis Regina e Maria Bethânia a preferência da vanguarda brasileira.[48]

O show de Gal Costa na boate Sucata ocorreu no final de maio, após a primeira temporada londrina da cantora, sua mudança definitiva para o Rio de Janeiro e a preparação de um novo repertório. Antes do convite de Ricardo Amaral, a imprensa da época circulou a notícia sobre o mesmo show de Gal, porém com realização no Canecão, casa de Mario Priolli. Na revista *Intervalo*, a manchete no alto de uma de suas páginas estampava: "O Canecão não a quis, mas ela está pronta para estrear – Show de Gal foi recusado." Na matéria, o motivo alegado foi o preço do cachê de José Celso Martinez Corrêa, escalado então como diretor. Citando a matéria:

> O show seria apresentado vinte vezes, com uma duração de cinquenta minutos. Priolli aceitara pagar, por noite, 2 mil cruzeiros novos para Gal, cem para cada um dos treze músicos,

---
48 | P. Lima, op. cit., p. 206.

quinhentos para Macalé (direção musical), quinhentos para Capinam, que superviosionaria o andamento do show, 20% do rendimento de cada apresentação para Paulo, diretor da Tropicart, que empresaria a cantora, além de 4 mil cruzeiros novos para Hélio Oiticica, que se responsabilizaria pelos cenários. A única coisa que Priolli recusou foi pagar 1 milhão dos velhos, por noite, para Zé Celso Martinez. E como não chegaram a um acordo, resolveu suspender tudo. (*Intervalo*, 383, p. 12)

Independente da fidedignidade dos detalhes, vemos que a revista organiza o grupo que trabalhava ao redor de Gal nesse período: Macalé, Capinam e Paulinho Lima. Vemos também a entrada na jogada de Hélio Oiticica. Recém-chegado de Londres, o artista visual arriscava seu primeiro trabalho como cenógrafo, realizando o que chamava de "ambientação" para o show de Gal. Mesmo com a passagem do Canecão para a Sucata, Hélio permaneceu na equipe do show. Seu cenário, aliás, foi um dos temas mais comentados nas matérias sobre as apresentações de Gal.

A aproximação de Hélio com o grupo foi natural, devido a convivência que teve com os baianos durante os anos de 1968 e 1969. Em 1970, era a primeira vez que ele e Macalé se aproximavam. Isso não impediu que, entre todos, fosse com ele quem o artista criou o vínculo mais fraterno e longevo. Macalé e Oiticica tornaram-se amigos, parceiros de papos e obras até o fim precoce do segundo em 1980. Além do show, eles compartilharam outros trabalhos no mesmo período, como o filme *A cangaceira eletrônica*, de Antonio Carlos Fontoura. Enquanto Macalé cuidava da trilha, Hélio produzia os cenários e figurinos. Gal também teria participação como atriz, porém o filme acabou não acontecendo. Em uma carta do dia 16 de maio de 1970, ou seja, poucos dias antes da estreia do show de Gal, Hélio escrevia para sua amiga Lygia Clark, então vivendo em Paris, contando episódios do trabalho. Meses antes, a própria Gal, com Capinam, Gil e Caetano, foram de Londres para Paris e conheceram Clark pessoalmente. O encontro inclusive fez com que Caetano compusesse a canção *"If You Hold a Stone"*, gravada em seu primeiro disco londrino, lançado em 1971. Com sua verve única, Hélio sintetiza para Clark os encontros e desencontros que aconteciam ao redor de Macalé nesse período:

> Agora o show da Gal estreia dia 28 na Sucata, pois o Canecão falhou, e fiquei com ódio, pois trabalhei em vão, e nem me pagaram o que fiz, os projetos estavam lindos: show ambiental etc., mas a mentalidade curta + sabotagem da máfia (Miele e Bôscoli) estragaram tudo; ao menos na Sucata a coisa será mais modesta (mas não menos ambiciosa), mas pode-se confiar em Ricardo Amaral etc. (...) Luiz Fernando, que estava na casa de Caê em Londres, chegou e está aqui hospedado; ele é muito inteligente e bacana (trabalhou no Teatro Oficina) e está dirigindo o show de Gal; outras pessoas bacanas: Lee Jaffe, um artista americano (lindíssimo) muito inteligente (...) ele vem toda hora aqui e toca gaita da maneira mais corporal que já vi; Macalé vai incluí-lo num show que está planejando e num disco; Macalé é um gênio; fiz uma música com ele chamada *"Putney-jill"*, em homenagem a Jill, usando só as duas palavras que se desintegram e formam *eyejill* no final, que se distorce fazendo uma sonoridade de *angel* (anjo); é lindíssima, e Macalé fez a música baseada em dois acordes obsessivos.[49]

Esse trecho mostra como 1970 foi um ano decisivo para a criação de laços e a aproximação de Jards de novas experiências e ideias. Conhecer Oiticica e seu universo de referências internacionais rendeu não só o trabalho do show na Sucata, como a capa do disco *Legal*, que Gal lança no final daquele ano. O show na Sucata, aliás, foi importante para que a carreira de Macalé ampliasse horizontes. Mesmo que ele não fosse um dos músicos, sua direção musical permitiu que ele repensasse as próprias ideias sobre o trabalho.

Nos jornais do dia 26 de maio, os anúncios dos shows em cartaz no Rio de Janeiro mostravam a contraditória efervescência da

---
49 | L. Figueiredo (org.), *Lygia Clark – Hélio Oiticica: Cartas (1964-1974)*, Rio de Janeiro: UFRJ, 1998, p. 147-148.

cena musical em um período de profunda repressão política. Era a data de estreia no Teatro da Praia do show de Milton Nascimento e o Som Imaginário (cuja apresentação causaria impacto em Macalé e Gal). No Teatro Casa Grande o sucesso era *Brasileiro – profissão esperança*, com Maria Bethânia, Ítalo Rossi e Terra Trio, dirigidos por Bibi Ferreira. No Teatro Poeira, Leila Diniz apostava – e acertava – na chanchada com "Tem banana na banda". Rubens Correa e José Wilker encenavam no Teatro Ipanema a marcante peça *O arquiteto e o imperador da Assíria*, com texto de Arrabal e direção de Ivan de Albuquerque. Também estava em cartaz no Teatro Cimento Armado (ao lado do Opinião na Siqueira Campos), com o Grupo Sonda, o espetáculo *Rito do amor selvagem*, de autoria de José Agripino de Paula, que ficou com sucesso durante seis meses em cartaz em SP ("com quinze atores dançarinos mais o conjunto Beat Boys"). Nesse cenário, Gal substituiu uma temporada bem-sucedida de Chico Buarque na Sucata – que por sua vez substituía o sucesso estrondoso de Jorge Ben com o trio de Osmar Milito e o Trio Mocotó. O contraste entre o músico que voltava pela primeira vez ao país após temporada na Itália e se apresentava com o grupo vocal MPB4 e a cantora que se apresentava de forma elétrica com o conjunto de jovens A Bolha (transformados em The Bubbles) não passou desapercebido por parte do público que lotou todos os dias de Gal na boate da Lagoa.

Com a impossibilidade de escalar Os Brazões como banda para acompanhar Gal, Macalé chegou aos jovens Renato Ladeira, Arnaldo Brandão, Gustavo Schroeter e Pedrinho Lima. A Bolha tocava rock em bailes da Baixada Fluminense e se tornou próxima do diretor musical, transformando a Casa 9 em local de ensaios. Para completar o som de Gal, Macalé escalou o trio de metais Ion Muniz (que tocaria por anos com Jards), Márcio Montarroyos, Ricardo Pontes. O destaque, porém, ficou com a participação de Naná Vasconcelos. O som do novo show de Gal foi comentado em todas as críticas que foram publicadas – seja para o bem, seja para o mal. Já no dia 31 de maio o colunista Zózimo Barrozo de Amaral escrevia sobre a noite de estreia do show, comentando bastante as ambientações de Hélio Oiticica. É curioso que o nome de Macalé não seja citado nenhuma vez como diretor musical.

Um jornal em especial dedicou demorada atenção ao show. Mais uma vez, o semanário ipanemense *O Pasquim* (apesar de sua sede ser na rua Clarisse Índio do Brasil, no bairro do Flamengo) demonstrou como as novas experiências sonoras de Macalé, Gal e companhia dividiam seus críticos entre conservadores (do padrão acústico, da canção popular politizada, do samba "de raiz" etc.) e antenados (ligados ao rock, à contracultura ou a inovações de qualquer tipo na música brasileira). O número 50 (4 de junho de 1970) teve em sua seção "Dicas" uma rodada coletiva de críticas, mostrando que praticamente todos que escreviam no jornal – e convidados – foram conferir o show na boate Sucata. Em resumo, temos Luiz Carlos Maciel com um balanço elogioso; Chico Anísio com uma piada agressiva (dizendo que não pode dizer se gostou do show porque não conseguiu ouvir a cantora); Paulo Francis indicando que o volume e a qualidade sonora da banda transforma Gal Costa em uma "crooner"; Zózimo Barrozo do Amaral colocando o show entre os acontecimentos mais importantes da música no ano ("o que mais se aproxima do som moderno"); Sérgio Cabral também elogiando – pasmem – mas lamentando qualidades sonoras de altura e voz da cantora; Gilda Miller afirmando que é um show maravilhoso para ser ver todas as noites e entender suas nuances, além de elogios da socialite Tânia Caldas e de uma coluna "irônica" de Tarso de Castro detonando tudo no show como provocação, assumindo uma voz "conservadora".

Mas o artigo mais enfático sobre as rupturas que Gal e seu grupo estavam provocando no meio musical carioca foi um texto de Vinicius de Moraes. O poeta e compositor escreve uma espécie de lamento pela perda dos seus antigos e chegados amigos e parceiros. Intitulada "Meu nome é Gal", ele vai direto ao ponto:

> Eu saí meio deprimido do show de Gal. Primeiro, porque acho que ela é uma excelente cantora e entrou nessa do berro. Não que eu tenha nada contra o berro, que considero válido, sobretudo nesta época de contestação: e além do mais a música americana mais moderna já usou e abusou do direito de berrar. Mas é que Gal (eu aqui quase preferia chamá-la de Gracinha, como fazia quando a conheci apenas chegada da Bahia) é uma

cantora de voz pequena e afinadíssima, e eu tenho até medo que essa do berro acabe por lhe quebrar a voz. Depois, porque adoro Macalé, meu querido Macau, e me dói vê-lo entrar – e com absoluta sinceridade, estou certo – numa onda que sinto que não é a dele, e vai refluir em breve, porque não passa de uma onda. A verdade é que tudo é onda, mas esta, em particular, parece obedecer muito mais ao modismo dos tempos desesperados que correm, que atender ao que há de permanente dentro do transitório. O público, que é uma criança de mil anos, é muito levado na hora pelo que lhe parece mais excitante ou exótico, mas a longo prazo filtra o que é realmente levável em conta. E como é ao mesmo tempo burro e inteligente, pendura nos córneos da lua o que logo depois joga na lata de lixo. Com relação à música de Caetano e Gil, já vai inconscientemente fazendo isso, começa a aplaudir "Baby" e "Objeto não identificado", por exemplo, que outras músicas com as quais, sem trocadilho, não se identifica. Quanto as músicas que Caetano anda fazendo em inglês, se bem que bonitas (porque tudo que o Caetano faz é bonito) não trazem novidade especial. Os caras da pesada de lá fazem melhor. Mas se ele está gostando de fazer, está ótimo. É sempre melhor fazer do que não fazer.

É verdade que vi o show com olhos e ouvidos muito críticos, talvez justamente porque não participe com por cento dessa onda. Preciso revê-lo com mais *relax*. Além disso, o público de boate sábado à noite é fogo, se bem que houvesse uma dúzia de pessoas "prafrentex". Mas não sei: como diz o autocrítico Chico Anísio, gostei mais do outro. Minha impressão é que Gal entrou nessa do profissionalismo histérico, ditado, em larga escala, pelo índice de faturamento – e eu pessoalmente acho que isso é muito ruim para o artista. Eu sei que não há nenhuma alternativa senão a outra, mas nem por isso deixo de deplorar. E acho que o som dos meninos, que é muito bom, impede até certo ponto que se ouça as letras das canções. Outra coisa: Naná, o cara das tumbadoras, quase rouba o espetáculo. É simplesmente sensacional.

O texto de Vinicius traz uma série de demarcações que o colocam em uma posição reconhecidamente antipática aos empenhos de Gal em assumir uma nova sonoridade mais contemporânea ao rock internacional. Desespero, modismo, histeria, faturamento e deplorável são termos pinçados dessa escrita que apela para a pessoalidade "viniciana" (Gracinha, Macau) e inegavelmente assume um tom paternalista com os mais jovens. Vinicius chega inclusive a evocar o princípio de modernidade de Charles Baudelaire ao dizer que o show não consegue evocar "o permanente no transitório". Provavelmente os artistas não esperavam uma crítica tão contundente do poeta e ídolo deles – ou esperavam. O fato é que esse tipo de comentário – que foi repetido por muitos na imprensa, saudosos dos tempos em que a bossa-nova e João Gilberto guiavam as ações desses jovens – só reforçava para o grupo de Macalé e Gal que estavam no caminho certo. O disco que Gal gravou ainda nesse ano confirma os temores de Vinicius – e também abre novos caminhos sonoros para o período.

Gal Costa precisava gravar um novo disco para a Philips em 1970. Os shows com Macalé, a parceria da Tropicart e a presença de Paulinho Lima como novo empresário fez com que o grupo estivesse ligado à cantora quando ela planeja o trabalho que resultaria em *Legal*, seu terceiro disco de carreira. Paulinho, que na época morava com Gal Costa e a mãe, Mariah, em Ipanema, afirma que *Legal* tem "forte influência musical de Jards Macalé".[50] Isso ocorreu porque, assim como o show na Sucata, ele assumiu a direção musical do trabalho. No segundo disco de Gal, ele tocava violão em diversas faixas, participando como músico convidado. No ano seguinte, ele pensou com ela o repertório, arranjos e conceito do trabalho. As músicas selecionadas pela dupla mostram a confirmação dos caminhos que abriram em 1969, seja na aposta de um som mais elétrico, seja na continuação da obra de Gil e Caetano enquanto estivessem

---

50 | P. Lima, op. cit., p. 217.

no exílio. Em agosto daquele ano, antes de gravar o disco, Gal vai de novo para Londres, dessa vez acompanhada de parte dos Bubbles (só Renato Ladeira fica no Rio) e de Paulinho Lima. Assiste ao famoso Festival da Ilha de Wight com a comunidade que circulava ao redor de Gil e Caetano na cidade, compra caixas de som da Marshall e arregimenta novo repertório, para além das canções que já tinha coletado em março (é o caso de "*London, London*", lançada antes de *Legal* como compacto pela Philips).

O lado A do disco abre com o hit da jovem guarda "Eu sou terrível", de Roberto e Erasmo Carlos (compositores gravados no disco anterior), segue com "Língua do P", de Gil, "*Love, Try and Die*", única composição de Gal Costa na carreira, feita com Macalé (e finalizada pelo fantástico guitarrista Lanny Gordin) durante a recuperação da cantora de uma hepatite contraída no processo de gravação, "Minimistério", outra de Gil, fechando com o clássico "Acauã", de Zé Dantas e conhecida na voz de Luiz Gonzaga. O lado B abre com "Hotel das estrelas", de Macalé e Duda Machado, "Deixa sangrar", de Caetano Veloso, "*The Archaic Lonely Star Blues*", outra parceria de Macalé e Duda Machado, "London, London", de Caetano Veloso e, fechando o disco, uma versão de "Falsa baiana", de Geraldo Pereira.

O disco foi gravado em oito canais nos estúdios CDB, da Philips, na Avenida Rio Branco e a banda montada por Macalé tem músicos que fizeram parte dos discos de Gil e Caetano em 1969, como Lanny Gordin e o pianista Chiquinho de Moraes. A bateria ficou a cargo de Norival e o baixo de Claudio. Macalé dividiu arranjos com Lanny e Chiquinho de Moraes fez as orquestrações. O ecletismo do disco – forrós, rocks, blues, sambas, marchinhas de carnaval ou canções no formato pop em língua inglesa – fazia parte da cabeça de Jards que, pela primeira vez, tinha a oportunidade de adentrar um estúdio de gravação e dar corpo sonoro às suas ideias. Gal estava no auge da fama e também buscava novos caminhos sonoros que modulassem a figura agressiva afirmada no ano anterior. Com isso, o disco conseguiu atingir diferentes públicos, dando um nó na crítica que já estava transformando a cantora em uma Janis Joplin brasileira. O amadurecimento das ideias musicais do grupo que se encontrava na Casa 9 era evidente com esse trabalho que ocorria em paralelo aos trabalhos de composição de Jards com seus parceiros e seus primeiros shows solo.

A capa do disco é um assunto à parte. Hélio Oiticica foi convidado e realiza pela primeira vez um trabalho gráfico de *layout*. Voltando a citar as cartas para Lygia Clark, dessa vez de outubro de 1970, Hélio comenta o trabalho:

> ...fora isso o que tenho feito é a capa do disco de Gal, que está lindíssima: o "cabelo" são milhões de fotos em tamanho de contato, e a cara pela metade na borda do disco, de modo que quando o disco é retirado parece que está saindo da boca. Na série de fotos pequenas, escolho tudo o que seja uma referência poética, virtual, nada de coisas "ligadas a Gal", mas imagens sem limite: uma das fotos é do seu trabalho (uma daquelas que enviou para Mário [Pedrosa]), que aí funciona também como uma homenagem; espero que você goste; estou adorando fazer este trabalho, pois ao menos é algo em que posso ganhar dinheiro e algo "real" que pode ser feito, isso é o que me agonia aqui: encontrar algo palpável.[51]

A pesquisadora Aïcha Barat, que fez um estudo sobre capas de disco no Brasil, detalha o processo de composição de Hélio e suas possíveis inspirações:

> A imagem apresenta um retrato frontal de meio rosto da cantora com uma enorme colagem de pequenas fotos, como se fossem fotogramas de folha de contato, simulando seus cabelos. Os pequenos fotogramas citados acima são por sua vez ora colados sobre uma superfície lisa, ora reticulada. Nas imagens das colagens vemos entre outros diversos personagens da cena musical e cinematográfica como Caetano Veloso; Gilberto Gil; Paulinho Lima, produtor musical; Jards Macalé; Capinam; Dedé Veloso, então mulher de Caetano, Helena Ignez

---
51 | L. Figueiredo, op. cit., p.172-173.

e James Dean. Mas também, personagens e imagens da cena artística como uma cena do evento/*happening Apocalipopótese*; uma imagem do show de Gal Costa na boate Sucata; *O ovo*, trabalho de Lygia Pape; uma máscara de Lygia Clark; o *Bólide-bacia B34* de Hélio Oiticica; Renô, amigo de Oiticica do morro do Estácio. (...) As referências do artista são transpostas para o cabelo da cantora – este, atributo de maior destaque de Gal, sua marca registrada – e é suporte para essa expressão artística. O destaque também é dado ao cabelo na contracapa, em que recebe a lista de canções do disco. (...) Oiticica reúne nesta capa uma constelação de referências e personagens que povoavam seu cotidiano".[52]

A presença de um artista do porte de Hélio Oiticica fazia do trabalho novo de Gal (e de Macalé, por consequência) uma peça com qualidade estética desde sua apresentação gráfica. No ponto de vista do som, a guitarra de Lanny Gordin transformava as faixas com novas roupagens, como no caso de "Acauã" e sua aceleração rock a partir de um solo criado pelo guitarrista paulista, ou os pedais que o mesmo usa em "Deixa sangrar". Macalé também permitiu que efeitos de estúdios, sons aleatórios e longos climas de improvisação fizessem parte das versões finais, agregando certa "sujeira" e experimentalismo às faixas. Ao mesmo tempo, não há a presença do "berro" gratuito de Gal, como muitos críticos do show da Sucata apontaram. A base musical do disco é sólida e consegue atravessar diversos estilos, aliando contenção e experimentalismo. *Legal* se torna, assim, o som que eterniza o momento em que, através do trabalho de Gal, Macalé construía seu próprio som – basta sabermos que, dois anos depois, Lanny esteve ao lado de Macalé em seu histórico disco solo de estreia pela Philips.

---

52 | A. Barat, *Capas de disco: modos de ler*, Tese defendida no Programa de Pós-Graduação em Literatura, Cultura e Contemporaneidade – PUC-Rio, 2018.

Em meio a tantas ações e eventos que vinham ocorrendo, uma nota de rodapé: em outubro do mesmo ano em que ocorriam concomitantemente os shows e discos de Gal Costa, Macalé e Capinam expandiram suas fronteiras nacionais. Mediante o sucesso (e a maldição) da apresentação de *"Gotham City"* no ano anterior, os dois foram convidados para serem jurados do "Festival das Selvas" – oficialmente chamado de III Festival Estudantil da Música em Manaus. Além de serem parte do júri e de realizarem um show de encerramento, os dois adquiriram suas primeiras câmeras super-8 na Zona Franca da cidade. A tecnologia de filmagem acessível e rápida transformou imediatamente Macalé em um cineasta do cotidiano, filmando intensamente sua rotina. Em mais uma matéria no *Pasquim* (nº 74), lemos textos de Macalé e Capinam acerca dessa passagem selvática no coração da Amazônia. O primeiro, com sua verve característica e o segundo com uma visão mais cronista do evento. O texto de Macalé:

> Oswald. Antropofagia. Deglutição do bispo caminha. Nenhum compromisso com festival/fórmula. Informação via zona franca + televisão/rádio/jornais das capitais do Brasil faz com que a revolução pop ou não/pop surta efeito. (1) Nenhum respeito pelas chamadas raízes. Linguagem: elétrica. (2) A tribo em volta do fogo. (1) As pessoas em torno das vitrolas, (2) devorando ídolos. Nenhum compromisso com fórmula festival/música festival/coreografia de plateia. Ordem: criação, invenção com o aproveitamento de toda informação. Realidade: som pobre, guinchos alegres e tristes passando de um baião, de uma toada, para "aquela frase de Jimi Hendrix". Festival de música brasileira da época em que se vive: 1970.

E o de Capinam:

> Foi quentíssimo o III Festival Estudantil da Música em Manaus, revelando uma garotada de 18 anos que está fazendo um som da pesadíssima, fazendo música para valer, conjuntos eletrônicos equipadíssimos, intérpretes vigorosos, bom nível de

composição e arranjos, muito suingue e um público jovem que acompanhou tudo cantando e dançando. A vencedora foi a música "Genialidade" (de Walter Marcondes Filho e Wandler Cunha), o 2º lugar ficou com "Mensagem" (de Luiz Felipe Belmonte) e em 3º lugar ficaram "Você almado negócio" (de Otávio Burnier) e "Ponta negra mon amour" (de Aldízio Filgueiras). O encerramento foi feito por Macalé. No próximo ano Joaquim Marinho, um dos organizadores do Festival, pretende localizá-lo em campo aberto, sem júri e prêmios. E olho em Manaus, porque em março deverá ser realizado o 1º Festival de Filmes Super-8 no Brasil.

A passagem de Macalé e Capinam pela Amazônia teve ecos muito distantes que reverberariam na vida principalmente do primeiro. Foi a partir desse festival que um futuro amigo e parceiro de Macalé veria seu trabalho e passaria a admirá-lo: o estudante de Ciência de Comunicação e líder estudantil Xico Chaves, da Universidade de Brasília. Segundo ele

> Quando eu terminei a faculdade e vi que estava proibido de sair do país eu casei com uma chilena por procuração, filha de um adido militar da Embaixada do Chile. A Flôr Maria. Eu já tinha visto o Macalé cantando na Amazônia, barbudo. "O fio de sangue, o fio de sangue". Eu falei "Cara, esse barbudo é interessante". Vi na televisão num festival em Manaus, eu acho.

Aos poucos, a imagem e o canto de Jards Macalé se espraiavam por um tipo de público que vinha buscando formas alternativas de criação e resistência durante o regime civil-militar. Xico se exilou no Chile por breve período e retornou ao Brasil, fugindo da escala autoritária e assassina do regime que se instalava no país vizinho. Pouco tempo depois, ele estaria já no Rio de Janeiro, frequentando a Casa 9 de Botafogo e se tornando parceiro de Macalé. Antes disso, porém, Macalé precisou passar uma longa temporada em Londres para voltar a trabalhar com seus antigos parceiros baianos.

234 ➤ Londres

Rodeado de ótimos parceiros e músicos, Macalé iniciava 1971 com material suficiente para um novo disco, porém não conseguia gravadora que aceitasse o trabalho. Enquanto buscava viabilizar uma carreira solo como cantor e compositor, seguia com a próxima tarefa: a nova direção musical para mais um show de Gal Costa. *Deixa sangrar* era o nome do espetáculo em que a cantora apresentaria as canções do disco *Legal*, lançado no ano anterior. Como Macalé também tinha feito a direção musical, o caminho natural foi assumir a mesma função no show.

Comparando as equipes do show da boate Sucata com a de *Deixa sangrar*, algumas mudanças importantes ocorreram – passando pelo diretor de palco que contava agora com a presença do parceiro Duda Machado – e, principalmente – pela banda. Os jovens roqueiros do Bubbles davam lugar aos músicos tarimbados de uma nova banda que vinha atuando na cidade – Som Imaginário. Macalé escolheu o grupo certamente atento aos cruzamentos sonoros que as *jam sessions* com Naná Vasconcelos e Maurício Maestro apresentavam. Ao entrar em contato com a banda, ele passa a trabalhar com velhos e futuros parceiros na sua carreira. Esses cruzamentos traziam para perto de Jards um som renovado do início daquela década. Além disso, seu ótimo ouvido musical sabia que o Som Imaginário era o grupo ideal naquele momento para uma cantora como Gal.

O rock no Brasil em 1970, ao contrário da década anterior, era cada vez mais (bem) visto por parte dos músicos como uma linguagem sonora tão rica quanto gêneros mais complexos. Os exemplos internacionais ampliavam as referências e mostravam como o gênero que outrora era mera diversão juvenil ganhava densidade técnica e criativa. O Som Imaginário era um exemplo disso, já que reunia um grupo de músicos que tocavam rock, blues, soul, peças eruditas e música popular com a mesma desenvoltura e criatividade. Alguns críticos situavam-no numa vertente psicodélica, outros numa vertente do rock progressivo que surgia na cena internacional. A origem, de fato, deu-se como uma encomenda: os músicos se juntaram para acompanhar Milton Nascimento em uma série de shows intitulada *Milton Nascimento, ah, e o Som Imaginário*, que ocorreram no Rio de Janeiro (Teatro Opinião) ainda em

1970. Nesse show, a banda ainda contou com a participação de Nivaldo Ornelas no sax e Toninho Horta em mais uma guitarra. Com Robertinho Silva na bateria, Tavito no violão e guitarra, Fredera na guitarra solo, Wagner Tiso no piano, José (Zé) Rodrix no órgão e flauta e Luiz Alves no baixo, essa formação inicial ainda contou com a presença de Naná Vasconcelos em diversos trabalhos – como a gravação de um dos discos seminais daquele período, intitulado apenas *Milton*. Também em 1970, a banda lança seu primeiro disco pela Odeon, o único com essa formação original. Logo na segunda semana de shows com Gal, uma matéria no *Jornal do Brasil* (edição do dia 17 de janeiro) destaca a banda escolhida por Macalé nos seguintes termos: "Visual, antes de ser verbal, místico, antes de ser realista, aberto, antes de formal, o Som faz pesquisas em que a última intenção é inovar por modismos".

É com esse som do Som que Gal Costa ocupa um espaço já conhecido na cidade – o Teatro Opinião, localizado no Shopping da rua Siqueira Campos, em Copacabana. O show começaria no início de janeiro e, antes de sua estreia, Gal e Paulinho Lima visitaram Gil, Caetano e suas famílias durante dez dias no final de 1970. A cantora conseguiu novamente nessa viagem não só novas canções para o repertório, como também novas caixas de som Marshall – itens que causaram impacto na cenografia do novo show. A ambientação do palco, mais uma vez, ficara a cargo de Hélio Oiticica, que fez todo o plano antes de conseguir a viagem para Nova York com a bolsa da Fundação Guggenheim. Para executar suas ideias, Hélio convocou o jovem artista gráfico Luciano Figueiredo, recém-chegado de Salvador. Luciano era mais um dos amigos que entravam no grupo de Macalé, Gal e companhia, através de uma conexão anterior com Capinam e a família em Salvador. O projeto de Oiticica foi visto então como polêmico, pois situava a banda atrás de uma tela transparente, destacando a cantora à frente junto com Naná Vasconcelos e suas tumbadoras. A direção geral de Duda Machado foi um desejo de Gal Costa. Nesse período, Duda mora um tempo com Macalé, o que aumenta o número de parcerias. Todos esses preparativos ocorriam no final de 1970.

Na semana em que o show começa a ser anunciado nos jornais,

o panorama musical que ocupava o palco da cidade era quente. Milton e o Som Imaginário (em seus últimos dias, já que a banda se preparava para assumir o show com Gal) tocavam no Teatro Copacabana, enquanto Tim Maia estava no Teatro da Praia e Paulinho da Viola e a Velha Guarda da Portela (com Cartola convidando) no Teatro Conservatório (Praia do Flamengo). Nas peças em cartaz, o público podia assistir a montagem brasileira de *Hair* no Teatro Novo ou o sucesso de *Alzira Power* (texto aclamado de Antônio Bivar, cuja chamada na propaganda dos jornais era "Se você se sente marginal, veja") em cartaz no Teatro Gláucio Gil.

Com banda escolhida, repertório selecionado, ambientação montada, Gal estreia no dia 6 de janeiro. O show tinha não só a performance da cantora, mas também números solos do Som Imaginário e Naná Vasconcelos. As apresentações foram muito bem-sucedido na capital carioca (tanto no que diz respeito ao público quanto à crítica) e seguiram em maio para uma temporada de três meses em São Paulo. Na etapa paulista, porém, Macalé já não estava mais no país.

≡≡

Não foi apenas com os shows de Gal Costa que Jards Macalé se ocupou no início de 1971. O músico buscava, paralelamente ao papel de diretor musical, apresentar seu trabalho solo em palcos cariocas e nacionais. Com repertório renovado, novas abordagens sonoras e buscando aprimorar sua persona de cantor, Macalé conseguira alguns shows em pequenos teatros da cidade no ano anterior. Os shows no Teatro Poeira, com o grupo Soma, direção de Duda Machado e cenografia de Luciano Figueiredo, ficou pouco tempo em cartaz. Em 1971, ainda no início do ano, Paulinho Lima consegue um show solo para Macalé no Teatro de Bolso, com a mesma dupla de diretor e cenógrafo do ano anterior. Na autobiografia, o produtor relata um dos episódios inusitados que ocorreram com Jards nessa breve temporada – episódio este confirmado pelo próprio cantor:

Macalé passava por uma fase de extrema insegurança. Certa noite resolveu parar no meio do show. Uma das músicas do repertório dizia "Não é nada disso" e resolveu parar a apresentação no meio dela. Disse ao público, cerca de dez pessoas "É isso mesmo... não é nada disso... o show está uma merda, peguem o dinheiro de volta na bilheteria", e abandonou o palco.

Eu estava na entrada do teatro e, ao ver o público saindo antes da hora, procurei saber o que estava acontecendo. Ninguém entendera nada, porque a apresentação estava agradando. Esperavam pela devolução. Pedi que aguardassem eu fui conversar com Macalé no camarim.

Duda, Giselda e outros amigos já o cercavam, insistindo para que ele continuasse a função. Meu argumento foi definitivo. Pagara uma conta da produção com o dinheiro dos ingressos e, para devolvê-los, precisava que arcasse com a despesa. Voltou à cena. O público, vendo que o show recomeçaria, retomou seus lugares na plateia. (p. 263)

Aparentemente, com os rumos de sua carreira indefinidos, Macalé estava sob pressão. A direção musical de discos e shows de Gal não era a realização efetiva na trajetória de artista solo que ele buscava. Na entrevista que deu para a revista *Bondinho* em fevereiro de 1972, Jards diz que, nessa época, estava "arrebentado" por não ter mais satisfação com a carreira. Sem gravadora, com a necessidade de se afirmar como cantor, sem público para os shows, Jards ainda enfrenta no início do ano os problemas complexos do primeiro grande Festival de música que tentavam realizar no país – o Festival de Verão de Guarapari.

Ocorrido em fevereiro na cidade capixaba, o Festival de Guarapari entrou para a história da música brasileira mais pela promessa – ser o primeiro Woodstock brasileiro – do que pela realização. Antônio Alaerte e Rubens Alves, os organizadores, conseguiram convidar um número expressivo de nomes da música brasileira de então, porém não conseguiram viabilizar uma estrutura – e nem os cachês – que garantiriam um evento desse porte. Para se ter uma ideia do peso do evento programado, no dia 9 de fevereiro o *Jornal do Brasil* publicava a confirmação (não efetivada) de que Elis Regina e Roberto Carlos estariam no Festival.

Ausência de linhas telefônicas, falta de pagamentos, precariedade do equipamento de som e da parte elétrica, transformaram o Festival em um evento nefasto para os participantes. Some-se a isso o fiasco de público – tanto devido à repressão da polícia local aos jovens (com centenas de polícias locais e agentes federais trabalhando no evento), quanto à recusa de muitos em pagar o valor do ingresso. O Festival, por fim, só aconteceu porque o prefeito da cidade, Benedito Soter Lira, assumiu todas as dívidas da organização e entregou a direção artística a Carlos Imperial – ou seja, estatizou o Festival.

Mesmo assim, com todos os problemas e péssimas condições – um dos impasses dos shows eram os pedidos de pagamento adiantado por parte de alguns artistas – Macalé se apresenta na madrugada de 11 de fevereiro. Era o dia de abertura do evento, porém ela ocorre com grande atraso – fato que motivou um início de depredação do palco por parte do público pela demora e má qualidade dos shows de bandas locais amadoras. Nessa noite, até a presença de Chacrinha não foi suficiente para conter a insatisfação da plateia. Após alguns contratempos, Macalé se apresenta na mesma noite em que também tocaram Milton Nascimento e o Som Imaginário. Antes deles, a noite contou com a apresentação dos Novos Baianos (apenas com o nome de Baby Consuelo na programação), e dos cantores Ângela Maria, Fábio e Wanderléa. Gal Costa protagonizou o caso mais famoso ao se recusar a se apresentar sem o pagamento do cachê combinado. Chegando no mesmo dia na cidade, o clima caótico do evento fez com que a cantora não saísse do hotel, mesmo com os apelos dos produtores. É curioso pensar que ela e Macalé eram praticamente parceiros de trabalho nesse momento (a cantora inclusive tocaria com o Som Imaginário, banda que a acompanhava nos shows desse período), mas tomaram atitudes bem diferentes.

23

O verão de 1971 também foi responsável pela consolidação de uma amizade fundamental para a música brasileira. Waly Salomão, baiano de Jequié, nascido no mesmo ano que Jards (exatos seis meses depois), se formou em direito na UFBA em 1967 e migrou para São Paulo se instalando no grupo de amigos que Caetano, Gil e Gal Costa reuniam na temporada paulista de 1968. Ao longo de sua vida, Waly se transformou em um dos principais poetas e letristas de sua geração. Muitas dessas letras que o consagraram tiveram no violão de Jards Macalé sua medida exata. Os dois se conheceram nesses trânsitos baianos com o Rio de Janeiro, cidade que Waly finalmente pousa de vez em 1970. Nesse período, Jards e Giselda eram os anfitriões das longas noites (e dias) do sobrado em que moravam na rua Teresa Guimarães. Waly foi um dos convivas mais assíduos da Casa 9, assim como seu irmão, o também poeta Jorge Salomão.

No capítulo anterior, foi destacado como a trinca de poetas José Carlos Capinam, Duda Machado e Torquato Neto foram os responsáveis pelo salto qualitativo na carreira de Jards Macalé durante entre os anos de 1969 e 1970. A Waly, porém, cabe um lugar de destaque, já que ele não seria apenas um parceiro nas letras. A amizade entre os dois rendeu shows, projetos fonográficos, papos intermináveis, brigas, enfim, tudo que alimenta uma verdadeira relação criativa. Waly e Jards tinham ainda um terceiro vértice nesse encontro: Hélio Oiticica. Durante 1970, a amizade do poeta com o artista visual fez com que Waly pela primeira vez organizasse seus escritos visando uma publicação lançada, enfim, em 1972 (o livro *Me segura qu'eu vou dar um troço*). Macalé também estava próximo da dupla, inclusive trabalhando com Oiticica nos shows de Gal Costa e em composições que acabaram não sendo gravadas.

Quando iniciavam suas parcerias, Waly é preso em São Paulo, na Casa de Detenção que ficaria conhecida como Carandiru. Ele passa dezoito dias entre janeiro e fevereiro na cela em que escreve o célebre poema "Apontamentos do Pav dois", abertura de seu livro de 1972. Era exatamente o período de estreia do show *Deixa sangrar*. Após a soltura, Waly encontra Jards e amigos, como Duda Machado e Capinam envolvidos diretamente com a carreira de Gal Costa. A necessidade de produzirem novas faixas para a cantora, assim como para a carreira solo de Macalé, detonou o processo de composição com petardos como "Mal secreto" e "Anjo exterminado". Mas é durante os ensaios de *Deixa sangrar*, no final de 1970, que a dupla comporia o primeiro sucesso: "Vapor barato". No livro *Álbum de retratos: Jards Macalé*, organizado por João Pimentel, Waly dá um depoimento sobre esse momento:

> Começamos a trabalhar exatamente naquele período que marcava um vazio depois do AI-5, depois de tudo o que foi o tropicalismo em 1968 e que foi cortado violentamente no final daquele ano. 1969 começava como um período de esmagamento total vindo de cima, do poder. A gente conversava muito e eu ficava incitando o Macalé a quebrar os vínculos com os remanescentes da bossa-nova ou então com a música de concerto, com aquele perfeccionismo. Insistia na necessidade de ele criar um espaço próprio. Isso era fundamental naquele momento – uma voz que continuasse cantando e mantivesse acesa a chama. Nessa época escrevi e Macalé musicou "Vapor barato", uma letra oposta à tendência "liricista" e nebulosa que predominava. Era direta, frontal, dizendo o que era possível naquele momento de desencanto.[53]

Essa declaração de Waly mostra como ele e Jards já trocavam ideias desde 1969. Waly percebe o movimento de Jards em busca de um espaço próprio e a necessidade de reinventar com a formação ipanemense e os ensinamentos da Pro-Arte. A ruptura do cantor é possível justamente pelas parcerias que encontra no grupo de amigos poetas – que também se tornavam produtores e diretores dos shows.

"Vapor barato", porém, foi a primeira canção composta pelo grupo (e por Macalé) que se tornou conhecida do grande público.

---

53 | J. Pimentel, *Álbum de retratos: Jards Macalé*, Rio de Janeiro: Folha Seca, 2007.

Mais que isso, tornou-se um hino geracional. Jards diz que a canção foi composta em incríveis quinze minutos, durante intervalos e encontros nos bastidores de preparação do show de Gal. Ela foi lançada em um compacto duplo da Philips em que Gal cantava, além da parceria de Waly e Jards, as faixas "Zoilógico", de Capinam e Gil, "Sua estupidez", de Roberto e Erasmo Carlos e "Você não entende nada", de Caetano Veloso. O arranjo do compacto era completamente diferente do que fez sucesso quando gravada na apresentação de Gal no show *A todo vapor*, no final de 1971. Com uma pegada rock, coros e tumbadoras, solos de guitarra e a voz da cantora no seu registro mais agudo, contrasta com a versão acústica que a consagrou. No arranjo original, a letra marca ainda mais essa atitude direta que Waly reivindica, falando de um cotidiano de jovens como eles, sem perspectiva no país, porém plenos de ideias e projetos profissionais – todos, em ampla maioria, interditados ou inviabilizados pela situação política e econômica.

Oh sim,
eu estou tão cansado
Mas não pra dizer
Que eu não acredito mais em você
Com minhas calças vermelhas
Meu casaco de general
Cheio de anéis
vou descendo por todas as ruas
E vou tomar aquele velho navio

Eu não preciso de muito dinheiro
Graças a Deus
E não me importa não
Oh minha Honey Baby
Baby, honey Baby

Oh sim,
eu estou tão cansado
Mas não pra dizer

Que eu estou indo embora
Talvez eu volte
Um dia eu volto
Quem sabe?
Mas eu quero esquecê-la
Eu preciso
Oh minha grande
Oh minha pequena
Oh minha grande obsessão
Oh minha Honey Baby
Honey Baby

Os shows cariocas de *Deixa sangrar* ocorreram até o dia 14 de fevereiro. Durante esse período, Hélio Oiticica já tinha ido morar em Manhattan, e Waly passa a morar na casa de sua família. O disco com a canção só é lançado em agosto de 1971, porém o impacto é imediato. Na coluna de Zózimo Barrozo do Amaral, publicada no *Jornal do Brasil* no dia 21 de agosto, a nota diz que foi "lançado com maior sucesso mais um compacto de Gal Costa, que está vendendo seu disco como banana". Se Waly podia usufruir do reconhecimento público pela sua letra, Macalé só saberia do sucesso por cartas, já que nessa época do ano se encontrava em Londres, ao lado de Caetano no projeto de disco que resultaria em *Transa*.

A história famosa sobre como Macalé foi parar em Londres durante 1971, conta que o convite para a viagem foi feito por Caetano Veloso durante o carnaval em Salvador. Macalé diz que, ao voltar ao Rio, ligou para o cantor que confirmou o convite e se comprometeu com as despesas da viagem, tanto dele quanto de Giselda. A história fica mais longa se lembrarmos que Caetano chegara ao Brasil em 6 de janeiro daquele ano, na primeira de duas visitas que faria ao país durante o exílio Londrino. O músico vem ao país por conta dos quarenta anos de casamento dos pais, que seriam comemorados em família na sua cidade natal, Santo Amaro. Apesar do período mais agudo da ditadura – o governo Médici – e de Caetano continuar como uma personalidade que o regime militar queria ver longe, uma conexão entre Benil Santos (empresário de Maria Bethânia), Chico Anísio e o humorista Castrinho (ironicamente amigo de Jards no período em que estuda no internato do Colégio Militar e tinha parentes no regime), fez com que o músico conseguisse vir para as comemorações das bodas de rubi dos pais. Nessa estadia, Caetano ficou até o dia 7 de fevereiro, isto é, um longo período em que conseguiu entrar novamente em contato com amigos como Gal e Macalé. As conversas sobre som e vida sem dúvida nenhuma animaram Caetano em relação ao trabalho dos amigos, que fervilhavam com shows, discos, outros músicos surgidos durante sua ausência, além de um punhado de composições novas.

Além das cartas que trocava com Macalé ao longo do exílio, essa breve passagem de Caetano pelo Brasil, reata entre eles o laço criativo que o interregno tropicalista tinha rompido. Se em 1969 é com Gil que Macalé faz a primeira parceria musical (a gravação em estúdio de uma versão de "Cultura e civilização"), é com Caetano que ele efetiva um trabalho completo: a direção musical do próximo disco que o artista gravou em Londres. Na coluna de fofocas do *Correio da Manhã*, Germana de Lamare publica uma pequena nota indicando que a demanda londrina pela presença de Macalé não era exclusiva de Caetano: Gil também escrevia ou enviava fitas cassetes convocando sua presença. Ela afirma no dia 31 de janeiro, ou seja, enquanto Caetano Veloso ainda está no Brasil, que "Gilberto Gil mandou carta gravada em fita de Londres chamando Macalé e Naná para irem trabalhar lá com ele". Essa troca de fitas como cartas coletivas era comum no período, principalmente na comunicação com os exilados. Macalé também enviava fitas com gravações suas e de Naná para Londres. A qualidade das gravações musicais da dupla eram, inclusive, motivos de comentários efusivos por Caetano (especificamente uma versão de violão e berimbau de "É proibido fumar") em cartas para Jards.

Nessa toada de trocas postais, logo após gravar seu primeiro disco londrino, no primeiro semestre de 1971, Caetano já escreve para Macalé convidando a dupla para iniciar um novo trabalho. Em 17 de fevereiro, ainda no carnaval brasileiro, Jards recebe dessa vez uma carta de Guilherme Araújo, também convocando-o imediatamente... com Naná Vasconcelos. Para completar o imbróglio de versões, uma matéria no *Diário Carioca* do dia 20 de fevereiro é intitulada "Caetano está na fossa" e diz, no último parágrafo, que "O empresário Benil Santos informou que traz um convite de Caetano para que Macalé vá ao seu encontro em Londres, a fim de participar de um trabalho musical".

Independentemente se o chamado londrino veio de Caetano em um telefonema no carnaval baiano de 1971 ou se foi fruto de um longo namoro por cartas para que Macalé fosse para Londres acompanhar o cantor, a motivação foi suficiente para fazer com que Jards saísse pela primeira vez do Brasil para uma longa temporada. No *Correio da Manhã* do dia 17 de abril, a colunista Andréia de Lima publica "Beijos dolorosos pra Macau", espécie de carta-despedida para o cantor que embarcava para terras distantes. Fazendo um minucioso balanço dos últimos anos de trabalho do músico carioca, a autora escreve que

> Chegou a hora e a vez de Macalé. De malas em punho, com sorriso tranquilo nos lábios e aquele seu jeito de balançar os braços, abraçando a todos num silêncio vivo, partiu Macau para Londres. (...) Macalé parte deixando um trabalho de importância que ainda não foi descoberto, explorado e sacado como devia ser.

Sua chegada na capital inglesa em abril – sem a companhia tão desejada de Naná – é o começo de um processo de trabalho coletivo que resultou em um dos mais aclamados discos da música brasileira em todos os tempos. Com as ideias em ebulição de Caetano Veloso, Jards assumia guitarras, violão e arranjos, além da direção musical do projeto feito ao lado dos músicos Tutty Moreno (bateria e percussão), Moacyr Albuquerque (baixo), Áureo de Souza (bateria e percussão).

O trabalho de Caetano Veloso em Londres havia sido retomado ainda em 1970, quando inicia seu vínculo com uma filial da Philips internacional e a parceria com o produtor Ralph Mace. Seu primeiro projeto (terceiro disco solo na carreira), foi intitulado apenas *Caetano Veloso* e era, basicamente, um grupo de canções inéditas, parte delas em inglês, além de uma regravação ("Asa branca", de Luiz Gonzaga e Humberto Teixeira). *Transa*, nome escolhido com uma gíria da época, seria o primeiro disco gravado pelo baiano com uma banda sua, além de um repertório ensaiado e pensado coletivamente. Com tamanho entrosamento, o disco foi gravado praticamente ao vivo após longos períodos de prática.

Os ensaios ocorreram inicialmente nas casas dos músicos e em parques da cidade. Macalé afirma em sua entrevista para *O Bondinho* com precisão que tudo começou com um piquenique em Hampstead Heat "numa tremenda primavera". Em seguida a banda passou a ocupar o espaço experimental de arte chamado Arts Lab, em que eram obrigados a dividir um grande galpão com outros artistas locais. A convivência depois de um tempo não foi mais possível e os músicos terminaram a jornada em uma igreja em Camden Market. Em meio ao processo de ensaios, Caetano vem mais uma vez para o Brasil, dessa vez para um convite irrecusável: cantar com seu ídolo João Gilberto e a amiga Gal Costa em um programa de televisão para a rede Bandeirantes de São Paulo. Durante a visita, numa das poucas entrevistas que deu (para a revista *Manchete*), o cantor se referiu ao trabalho em andamento na Inglaterra com grande entusiasmo. Quando perguntado sobre seus planos futuros, o músico responde: "Planos? Não sou de fazer planos, não. Vou acabar de fazer meu disco com Macalé, depois penso em passar o carnaval na Bahia."

Transa talvez seja um dos discos mais comentados da música brasileira. Seu frescor sonoro o transformou em um clássico, sempre contemporâneo, sempre transgressor e sempre impactante. Apesar de Caetano ter passado os primeiros anos londrinos em depressão ou marasmo, nunca deixou de compor. A estadia no exílio também lhe permitiu mais intimidade com o violão, a ponto de gravá-lo no disco de 1970. O interesse por literatura, cinema e filosofia crescia com contatos pessoais que fazia (desde Jorge Mautner até Violeta Arraes) e ampliava os assuntos e reflexões sobre o Brasil. Uma certa nostalgia (nome inclusive de uma música do disco) fez também com que ele revisitasse antigas canções que ouvia nos tempos de formação. A vida londrina já de alguns anos deixava-o cada vez mais desenvolto no inglês e ligado aos ritmos internacionais. Outro ponto importante nas composições de Caetano para o disco é uma espécie de acerto de contas com canções e amigos da música brasileira que os anos de tropicalismo o afastara (caso de citações de Carlos Lyra e Edu Lobo), além de louvar os mestres como Luiz Gonzaga e Dorival Caymmi. As canções trazem diversas colagens sonoras, citações sutis, cruzamentos inusitados de materiais pop e folclóricos. De alguma forma, as experiências de um som universal intuídas por Caetano no período tropicalista (Beatles e Caymmi, rock e afoxé) mas nunca executadas à contento em suas gravações, finalmente ganhava a banda perfeita para a tarefa. Como ele mesmo afirmou diferentes vezes, *Transa* era "o fim da fossa" em sua vida – e em sua música.

O que marca o disco de Caetano é, justamente, o modo como o violão de Macalé e o som criado com os demais músicos conseguem traduzir de um jeito orgânico o momento de reviravolta pessoal e musical do baiano. A primeira faixa, *"You Don't Know Me"* já abre os caminhos com a serenidade sonora de um arranjo entre a balada e o blues que sublinha uma letra dura, direta: você não me conhece, e aposto que nunca irá me conhecer. A partir daí, o disco entra em uma torrente de canções que atravessam dos shows londrinos ao agreste nordestino, do recôncavo baiano ao samba carioca, do barroco ao rock and roll.

Em *"Nine Out of Ten"*, segunda faixa do álbum, o violão de Jards conversa com a guitarra (também gravada por ele), criando um arabesco sonoro cujo famoso solo iniciado após Caetano convocá-lo pelo apelido carinhoso que tinha ("Bora Macau") é outra marca registrada do disco. O solo, aliás, foi o único de guitarra gravado por Jards. Essa foi também a primeira canção em que o reggae, música jamaicana que até então nunca fora gravada por brasileiros, marca presença. A inclusão não só da (brevíssima) levada no início e no fim da faixa, mas também da palavra (logo no primeiro verso) é cercada de debates sobre quem se ligou primeiro na novidade caribenha que emanava das ruas de Portobello Road, local frequentado por todos. Segundo Macalé, "eu conheci o *Reggae*. Caetano diz que foi ele, eu digo que fui eu. E o Gil diz que foi ele". Ainda sobre seu o assunto, Jards diz com humor que:

> Na verdade, é tudo junto. O Caetano fez "*Walk down Portobello road to the sound of reggae, I'm alive; The age of gold, yes the age of gold*"... Bom, tá. Aí eu fui a Portobello Road comprar maconha... Tinha lojinhas de jamaicanos assim, várias lojinhas. A dos jamaicanos tinha skank, aquelas coisas. Aí no fundo tinha uma parede de espelho e umas gavetinhas assim, duas gavetas. Aí você chegava lá, com o seu dinheirinho, "Quanto é x de maconha?", "É x". Você chegava lá na frente do espelho e ficava olhando o espelho. Aí abriam a gaveta assim, para você botar o dinheirinho lá dentro. A gaveta fechava. Demorava um pouquinho e a outra gaveta abria. Estava lá a maconha.
>
> E lá fui eu comprar maconha, porque me lembrei dessa história de Portobello, era em Portobello. Tinha uns caras lá tocando, para variar né. Aí conversa vai conversa vem com um maluco, eu digo "Vem cá, que é esse negócio de *reggae*, hein? Como é que é essa batida de *reggae*? Eu sou brasileiro e tal." "Ah, brasileiro? Então tá, eu te mostro de *reggae* e você me mostra de samba." (Macalé cantarola no ritmo do *reggae*). Eu digo "Ih, caralho... bacana". Aí eu peguei, puxa, tão fácil assim.
>
> E aí eu levei a batida e botei como introdução e como final do "*Portobello Road*". Caetano chamou atenção para o *reggae* e eu fui lá assuntar e peguei a batida do *reggae*. Enquanto isso, Gilberto Gil se entusiasma com o *reggae* à moda dele... Só que eu cheguei no Brasil e fiz "Negra melodia". Aí eu saí dizendo que tinha gravado o primeiro *reggae* do Brasil. Só que isso é verdade. Gilberto Gil ouviu o *reggae* lá, Caetano falou a parada e eu toquei.

Outra faixa marcante do disco é "Triste Bahia", experimentação sonora de quase dez minutos em que Caetano musica um poema do poeta baiano barroco do século XVII, Gregório de Matos (poeta que anos mais tarde Macalé também musicaria). Na faixa podemos especular por que Naná Vasconcelos era visto como músico fundamental para o projeto inicial do disco. O som do berimbau acompanhado de atabaques logo na abertura, ambos tocados por Áureo de Souza e Tutty Moreno, remetem aos sons que Naná vinha fazendo no Brasil ao lado de músicos como Milton Nascimento e o Som Imaginário. A música segue em uma batida monótona de violão, que aos poucos se adensa com o baixo e mais um violão. A percussão acompanha tudo com diversos efeitos até subir com a interpretação cada vez mais acelerada de Caetano – cuja letra mistura o poema de Gregório com canções de capoeira e músicas folclóricas baianas como, entre outras, "Eu já vivo enjoado" de Mestre Pastinha, um dos principais nomes baianos de capoeira na história.

As demais faixas, cada uma delas, contém a performance sonora de músicos no auge de uma rara intimidade criativa. A entrada de "Mora na filosofia", em que Jards e Moacyr fazem uma cama tensa e lírica para o samba de Monsueto de Menezes, também marca o disco. O arranjo elegante dos dois (aqui podemos ouvir ecos do Jards que tocava violão com Nora Ney três anos antes) e a levada precisa de Tutty Moreno (um dos pontos altos do disco), são bruscamente transformados em um rock pesado que, subitamente, volta ao clima intimista de uma bossa conduzida por um trio de jazz. O violão de Jards, cultivado por anos entre tantos caminhos, além de seus conhecimentos de arranjo e direção musical, se mostram maduros para a versatilidade necessária ao projeto. Segundo ele, sua função era limpar as canções em seus arranjos finais, dar a forma adequada às ideias do cantor, sempre como um trabalho de banda. *Transa* ainda contém participações especiais de Gal Costa (em mais uma visita à Londres) e uma novíssima Ângela Ro Ro gravando gaita na última faixa do disco ("Nostalgia").

Com o trabalho pronto, e com a banda mais afiada do que nunca, Jards e a trupe de Caetano saem em turnê para uma série de shows em cidades europeias. Todos, segundo os participantes e os que assistiram, muito bem-sucedidos. Na Maison de la Mutualité em Paris, apresentação programada com a ajuda de Violeta Arraes, tocaram para duas mil pessoas, além de apresentações em prestigiosos programas da televisão francesa. Outro show importante foi o realizado no British Council Student's Office, no dia 17 de julho. O principal, porém, ocorreu na própria capital inglesa, no Queen Elizabeth Hall, no dia 2 de novembro, com casa lotada e aclamação da plateia. Sobre o show no British Council Student's Office, uma matéria na revista *Intervalo*, escrita por O. P. do Valle, deu a transcrição completa do show:

> Os ingressos para o show de Caetano Veloso em Londres, realizado na noite de quinta-feira, 15 de Julho 1971, no auditório do British Council Students Centre, em 11 Portland Place, ao norte de Oxford Circus, se esgotaram na terça-feira. Mais de 600 pessoas, predominantemente brasileiros, tomaram o local de assalto e aplaudiram entusiasticamente o artista durante a apresentação de duas horas.
>
> A estreia destinava-se, declaradamente, a promover o LP recentemente lançado na Inglaterra e no Brasil. Mas Caetano cantou de tudo. Abriu a audição com "*In The Hot Sun of a Christmas day*", seguindo-se "*Shoot Me Dead*", "*Asa branca*", "*London, London*", "*Maria Bethânia*", "*A Little More Blue*" e "*If You Hold a Stone*". Isso misturado com números mais antigos de seu repertório como "Triste Bahia", "Cinema Olímpia" e "De manhã", e a apresentação de duas novas canções que deverão figurar na gravação de seu próximo disco: "*You Don't Know Me*" e "*It's a Long Way*".
>
> Depois de duas horas, com um breve intervalo, a plateia ainda queria mais músicas, mas o show teve que ser encerrado, pois os funcionários do British Council Student's Centre estavam impacientes – aproximava-se a hora do último trem metropolitano para os que queriam ir pra casa.

O acompanhamento de Macalé, ao violão, foi o ponto alto do conjunto de Caetano. Moacyr Albuquerque também esteve bem no contrabaixo, e Áureo de Souza incumbiu-se da bateria e percussão. Caetano apresentou-se muito informalmente, vestindo uma camisa nº 10 do Clube de Regatas do Flamengo – aquela com que comparecera à estreia de Gilberto Gil, em março de 1971. Vestia ainda uma calça de brim, tipo bombacha e calçava um tamanco Dr. Scholl. Acompanhou-se frequentemente ao violão, e estabeleceu logo grande comunicação com o público. Na parte final de "Maria Bethânia" fez uma longa improvisação marcada por prolongadas "mastigações" e "gemedeiras".

"Asa branca" de Luiz Gonzaga esteve muito presente nas intercalações que fez durante os diversos números. Essa mistura musical, acompanhando acordes semelhantes e fundindo canções aparentemente distantes, foi uma das características do show, e pelo seu caráter inesperado provocou reação muito favorável da assistência. Por exemplo, cantando "O que é que a baiana tem?" de Dorival Caymmi, ele encontrou uma ponte para algumas linhas de *El manisero*; durante *You Don't Know Me*, saiu-se com um trecho de "Eu quero é rosetar" (Não me importa que a mula manque, o que eu quero é rosetar...) marcha de 1947 de Haroldo Lobo com Jorge Veiga, outro de "Canto de Ossanha"... e assim por diante.

Enquanto cantava, diante de um considerável grupo de brasileiros, Caetano pareceu, às vezes, emocionado, com muitas recordações musicais forçando passagem por entre as suas novas composições. Quando cantou *If You Hold a Stone* (versão de "Marinheiro só"), foi alvejado com flores por um grupo de jovens brasileiros das primeiras filas do auditório. Antes de encerrar o show, devolveu algumas flores para a plateia. Depois, sentou-se pacientemente no palco, bateu papo com as pessoas presentes e autografou trinta de seus LPs, vendidos na hora.

A estreia de Caetano foi mais movimentada que a de Gilberto Gil. Isso explica-se em parte, considerando-se que julho é o apogeu da temporada turística, e muitos brasileiros que estavam passeando em Londres não quiseram perder a oportunidade de revê-lo. Aliás, a grande afluência de brasileiros chegou a dar a impressão de que Londres já oferece um bom mercado para outros artistas do Brasil. Além da flutuação da população de turistas brasileiros – em julho eles estavam desembarcando em Londres numa média superior a quinhentos por semana – a colônia brasileira permanente também vem crescendo muito ultimamente.

A próxima apresentação de Caetano está marcada para 22 julho de 1971, num festival de música pop a realizar-se em York, no nordeste da Inglaterra.

Como pode ser lido na matéria, os shows que Macalé fazia com Caetano davam conta tanto do repertório que viria a compor *Transa*, quanto das canções que ele lançava no disco gravada ainda em 1970 e lançado no ano anterior na Inglaterra. Isso mostra como a ida do músico carioca foi um projeto além da gravação do novo disco de Caetano. O principal objetivo era realmente a formação de uma banda para trabalhar com o cantor. Essa formação, porém, não dura nem um ano, já que será desmembrada ainda no início de 1972. De qualquer maneira, o período que Jards passa tocando em Londres com Caetano foi uma virada para a carreira de ambos.

∑∃

Não foi apenas a gravação de *Transa* ou os shows e viagens por diferentes cidades europeias que registraram a presença de Jards na Inglaterra. A estadia na capital inglesa rendeu uma série de pequenas histórias que ficaram marcadas na sua vida. Jards já era um adepto das câmeras super-8, conhecidas por ele quando tocou com Capinam em Manaus no final de 1969. Filmava tudo pelas ruas da cidade e, assim que chegou, já se tornou ator de um filme experimental realizado por Jorge Mautner, amigo de Caetano e Gil que aportara em Londres pouco antes da chegada de Jards. Em *O demiurgo* ele entra em cena numa atuação com Caetano, fazendo um personagem sem definição precisa, como quase tudo que entrou na edição final de Mautner.

Durante o período na cidade, outros brasileiros próximos ao grupo de músicos estavam morando lá – como os cineastas Neville de Almeida (morando com a atriz Maria Gladys) e o casal Julio Bressane e Rosa Dias. Jards também participa de alguns eventos marcantes com esse coletivo de brasileiros – o mais comentado foi a ida de todos a mais um dos grandes festivais do verão europeu – dessa vez, em Glastonbury. Novamente (como Gil e Caetano já tinham feito em anos anteriores), uma imensa caravana de brasileiros ocupa cabanas e tendas de forma precária, dentro da cultura hippie de então. É desse período as experiências intensas com LSD, distribuído fartamente em encontros de grupos jovens como o Festival. Pela memória de Macalé, a presença de Glauber Rocha provocou nessa edição momentos marcantes e psicodélicos. Segundo ele, uma confusão envolvendo barracas os fez construir uma (péssima) cabana com pedaços de madeira que se mostrou inviável de habitar. Apenas o diretor baiano teria ficado durante a noite na barraca, em uma solitária viagem lisérgica.

Outra situação que Jards viveu em Londres foi poder assistir o seu, na época, cunhado e amigo Turibio Santos em um concerto no mesmo Queen Elizabeth Hall onde tocou meses depois com Caetano. O violonista, responsável por momentos importantes na formação de Jards, já se tornava um dos maiores nomes do instrumento no mundo. Outros shows e sons rolavam ao seu redor. Em novembro daquele ano Gal Costa volta à Londres para alguns shows com Gilberto Gil, além de fazer participação já citada nas gravações de *Transa*. O repertório das canções que Gal cantou nesses shows com o amigo baiano (e a banda formada por Bruce Henry no baixo, Tutty Moreno na bateria e Chiquinho Azevedo na percussão) trazia as que ela interpretava com imenso sucesso no novo show carioca intitulado *Gal a todo vapor*. E um dos pontos altos era justamente a parceria de Jards e Waly, "Vapor barato", recém-lançada em compacto no Brasil. Um dos shows, realizado no dia 26 de novembro na City University of London, foi registrado e lançado em 2014 em disco (iniciativa do pesquisador Marcelo Fróes). Nesse registro londrino, podemos ouvir a música de Jards e Waly numa versão única, executada de forma suingada pelo violão de Gil em plena experimentação com a voz de Gal. Se Jards não estivesse em turnê com Caetano, certamente estaria na plateia.

Como sempre na vida, Jards fazia dessa experiência londrina a possibilidade de cruzar sons que iam do reggae de Portobello Road aos concertos de violão clássico, das bandas em festivais de rock às rodas de violão tocando sambas antigos e temas nordestinos. Cada vez mais ele ampliava sua capacidade de músico e compositor, mergulhando em pesquisas sonoras que em breve resultariam nos trabalhos solos quando retornasse ao Brasil.

A estadia em Londres ainda reservaria um último e pouco comentado evento musical reunindo Caetano e Macalé. Ele é resultado da relação íntima e apaixonada que ambos tinham com o carnaval – seja o baiano, seja o carioca. Ambos vinham compondo, de forma esporádica, algumas canções carnavalescas que, em 1971, visavam outros circuitos musicais que não apenas o público cativo de jovens ligados ao universo da contracultura. Essas canções carnavalescas tiveram visibilidade a partir de supostas gravações atribuídas na imprensa da época à Wanderléa. Em uma repaginação da carreira, a antiga "ternurinha" da jovem guarda paulista dá uma guinada em direção a um som mais pop e pede canções para Caetano Veloso em visita ao cantor em Londres. Uma das músicas sugeridas por ele, porém não gravada pela cantora, era "Pula, pula", marcha composta por Macalé e Capinam.

No final das contas, foi o próprio Caetano quem gravou a canção em um EP lançado pela Philips brasileira e intitulado *O carnaval de Caetano*. O disco, com capa vermelha e letras amarelas (escrevendo "gravado em Londres, novembro de 1971"), conta com cinco faixas: "Chuva, suor e cerveja" (Caetano Veloso), "Qual é baiana?" (Caetano Veloso e Moacyr Albuquerque), "Barão beleza" (Tuzé de

Abreu), "Pula, pula (Salto de Sapato)" (Macalé e Capinam) e "La barca" (Caetano Veloso e Moacyr Albuquerque). A gravação contou com a colaboração de Macalé (tocando violão e executando arranjos) e o restante da banda de *Transa* – Tutty, Áureo e Moacyr – tocando percussão. Pouco comentado, esse disco mostra como esse encontro de 1971 foi produtivo para os músicos envolvidos: um disco antológico, um EP por pura diversão, shows em diferentes países e a possibilidade de viverem de forma comunitária, pensando e fazendo som todos os dias. O que poderia dar errado?

Desde que veio pela segunda vez ao Brasil, em agosto de 1971, Caetano Veloso sentia que estava chegando a hora de voltar. Apesar de investir pesadamente na carreira internacional, gravando um novo disco que deveria ser lançado no exterior, a vinda definitiva para o Brasil sempre esteve no seu horizonte imediato de interesse. É o próprio artista que afirma isso nos posteriores relatos autobiográficos. Nesse sentido, não foi surpreendente para os amigos mais próximos que Caetano, sua esposa Dedé e seus parceiros musicais – nesse momento também sua banda – viessem com ele definitivamente em 11 de janeiro de 1972.

Três dias antes, porém, dia 8 de janeiro, Jards chega ao Rio de Janeiro após nove meses de imersão em Londres. Era um sábado, e as notícias eram que Caetano retornava por uma breve temporada brasileira para, logo em seguida, arriscar a carreira em Nova York. Nesse momento, Jards era parte da banda, e aterrissa na cidade natal com os demais músicos baianos e com o empresário Guilherme Araújo. O grupo já chega com datas marcadas e divulgadas no Teatro João Caetano (14, 15 e 16 de janeiro) e em outras cidades brasileiras como São Paulo, Recife e Salvador. Além disso, tinham também apresentações marcadas na TV Globo – um show no Teatro Municipal ao lado de Gilberto Gil. Para dar conta de tudo isso, trouxeram direto de Londres os técnicos de som Chris Burton e Morris Hughes, responsáveis por operar o novo equipamento importado que utilizaram no Brasil.

Comprometido com os shows de divulgação do disco de Caetano – no final das contas *Transa* foi lançado apenas em sua versão brasileira, frustrando os planos de Ralph Mace em Londres – Macalé teria nos próximos meses uma decisão para tomar: seguir como músico permanente, parceiro, amigo e violonista das carreiras cada vez mais bem-sucedidas de Caetano Veloso e Gilberto Gil, ou iniciar uma carreira solo, própria, com uma banda, executando o repertório que crescia mais e exigia que o compositor fosse a voz daquela canções.

Logo que chegou, os shows lotados com Caetano, muitos envoltos em polêmicas na imprensa de então, e as demandas de entrevistas ocuparam Macalé por um período. Algumas apresentações, como as duas realizadas no verão carioca em pleno Teatro Municipal e no Teatro João Caetano – foram fartamente noticiadas pelas atitudes irreverentes e a androginia provocadora de Caetano no palco. Em uma nova persona pública – batizada pelo crítico literário Silviano Santiago na época como o *Superastro* – o cantor tinha uma excelente banda e estava seguro nos palcos, a despeito das críticas de setores politizados ou polemistas, em ampla maioria machistas e conservadores.

O esperado show de estreia no Teatro João Caetano foi feito para mais de 1.300 pessoas, com um repertório de 27 canções incluindo algumas músicas de *Transa*, outras do LP londrino de 1971 e do EP com músicas de carnaval, além de canções compostas por Caetano durante o período de exílio (como "Você não entende nada") e de outros compositores como Paulinho da Viola, Jorge Ben, Roberto e Erasmo Carlos, Chico Buarque, Novos Baianos, João Gilberto e Johnny Alf. Assim como o primeiro, os demais shows foram lotados, consagrando o músico e a banda, e preparando terreno para o lançamento do vinil de *Transa* após o carnaval. Jards, totalmente integrado ao grupo e à vontade nos palcos, era sempre destaque com suas performances.

Com o retorno também imediato de Gilberto Gil, Jards acaba passando por esse período tocando com os dois. De alguma forma, o início de 1972 apresenta o melhor momento de um grupo de músicos que iniciara sua trajetória conjunta de forma quase amadora nas peças do teatro de Arena em 1966. O famoso carnaval de 1972 em Salvador – em que praticamente todos os amigos dos músicos baianos, além de cariocas que já eram vistos como os hippies locais, estavam presentes – sela esse período de parceria e criação coletiva que Macalé compartilhou com seus amigos. Eles fizeram shows no Teatro Castro Alves e esticaram para a folia marcada pela psicodelia da época e pela alegria pela volta de todos ao Brasil.

O que poderia até mesmo ser um caminho mais longo de trabalho envolvendo Jards e Caetano Veloso, porém, foi interrompido por um fato que se tornou lendário na história da música popular brasileira. Após vários adiamentos, o disco *Transa* foi finalmente lançado pela Philips com um ousado projeto gráfico concebido por Aldo Luiz e executado por Álvaro Guimarães, velho amigo de Caetano e de muitos dos envolvidos com a banda. O formato inovador – e inusitado – transformou a capa em um objeto plástico. Alvinho batizou o projeto de *discobjeto*, cujo design tridimensional consistia em um prisma.[54]

Tal esmero gráfico, porém, não incluiu uma informação básica para um trabalho coletivo como *Transa*: os créditos de arranjos e direção musical. A ausência do nome dos músicos e, principalmente, de Macalé, serviu de motivação para um afastamento de Caetano Veloso. Apesar das matérias e críticas em geral ressaltarem os arranjos e direção musical do carioca, e mesmo com declarações do próprio Caetano para a imprensa reclamando que "não saiu nada do que estava combinado" na capa do disco, a ausência dos devidos créditos serviu de alguma forma para que a carreira solo de Macalé fosse finalmente enfrentada. Ao mesmo tempo, a banda de *Transa* entrava em recesso para que Caetano fixasse residência

---

54 | Citando novamente a pesquisa sobre capas de disco de Aïcha Barat: "A economia da arte – toda em preto, vermelho e prata –, assim como o aspecto geométrico do *discobjeto*, lembra criações concretas e neoconcretas, como os *poemóbiles* (1968), de Augusto de Campos e Julio Plaza González, *Não* (1958), de Ferreira Gullar e até mesmo os *bichos* de Lygia Clark. (...) A capa se torna um poliedro de várias faces, as faces internas são estampadas por flechas que contêm fotografias do rosto de Caetano e indicam o sentido correto de montagem do objeto poético, também se lê a palavra CAI, num jogo com o nome do cantor e com o sentido de orientação da flecha."

em Salvador e se dedicasse a novos projetos – como a gravação da trilha sonora de *São Bernardo*, filme de Leon Hirszman, e os primeiros esboços do que seria *Araçá azul*, o disco experimental e solitário de 1973. Observando o panorama geral, esse era o momento ideal – somado a uma motivação pessoal que se tornou um afastamento definitivo – para que o plano que se iniciava em 1969 – ser um cantor e compositor popular – fosse posto à prova.

260 > Revendo amigos

Jards Macalé. É nos pequenos anúncios em jornais com a divulgação do show de Caetano, em janeiro de 1972, que aparece pela primeira vez a grafia definitiva do novo nome profissional. Era o nascimento de um novo personagem, não mais portador exclusivo do apelido popular.

A incorporação do primeiro nome junto ao apelido que o popularizou era uma ideia de Guilherme Araújo. Segundo Macalé, o empresário sempre incentivou seus clientes a usarem nomes compostos. E foi justamente nesse momento que Guilherme trabalhou por breve período com o artista que já conhecia de longa data. A parceria tinha relação direta com a participação de Jards na banda de Caetano Veloso durante o período londrino, com ensaios, gravações e shows. Com todos seus artistas gravando discos pela Philips (que no mesmo ano de 1972 se tornaria Phonogram), a empresa capitaneada então por André Midani, ao lado de Roberto Menescal e Armando Pittigliani, foi o caminho natural para Macalé. Afinal, Gil, Gal e Caetano (principalmente o último) se tornavam verdadeiros astros – e vendedores de discos – naquele momento, por diferentes motivos. E Macalé era parte efetiva desse sucesso.

∑∃

Enquanto Gil, Caetano e Macalé passavam o ano de 1971 em Londres, a carreira de Gal Costa seguia os rumos que a Tropicart iniciou ainda em 1969. A cantora era, cada vez mais, uma voz colada à geração de jovens cujo estilo de viver e pensar vai aos poucos se apropriando do imaginário internacional ligado à cultura hippie e à contracultura. São pessoas de diferentes idades que se deslocam do tema da liberdade enquanto luta política contra o governo civil-militar para a liberdade enquanto política do corpo, da expansão da consciência, da transgressão comportamental, crítica aos cânones oficiais e outros aspectos, gerando o que muitos sintetizaram nas expressões da época como *desbunde* ou *curtição*.

Gal se torna a imagem icônica desse momento no Rio de Janeiro porque foi justamente em 1971 que ela, sua mãe e o empresário Paulinho Lima se mudam para Ipanema, na rua Alberto de

Campos, e passam a frequentar um dos locais históricos do bairro – uma faixa de praia entre dunas e obras de um emissário submarino. O píer de Ipanema tornou-se um espaço famoso no imaginário daquela geração, ao se transformar em ponto de encontro para o pensamento livre, o uso de drogas, a liberação sexual, conversas de trabalho e todos os demais assuntos que eram geralmente velados ou impossíveis no dia a dia da sociedade em geral. A união entre o prazer da praia e do sol com a transgressão política – tanto em relação à ditadura quanto às pautas oficiais do pensamento de esquerda marxista e hegemônico até então – transformou o píer em um território autônomo – as Dunas do Barato, como Waly Salomão batizou – onde Gal Costa era vista como uma espécie de representante estética e política.

Quando Jards embarca para Londres, deixa para ser lançado o petardo "Vapor barato". Além disso, abre mão da direção musical dos shows de Gal Costa e da gravação de um possível disco – o grupo de trabalho da cantora muda um pouco, mesmo que ainda entre amigos de Macalé. Capinam se afasta definitivamente do trabalho com ela. Já Duda Machado é retirado (não sem contrariedade) da direção do próximo espetáculo que estava sendo programado para o novo Teatro Teresa Rachel no segundo semestre de 1971. O Som Imaginário já tinha retornado aos seus trabalhos solos e passava por reformulações. Era preciso montar, sem Macalé (que tinha feito esse trabalho nos últimos dois anos) uma nova banda. Lanny Gordin, que já tinha sido convidado por Jards para gravar o disco *Legal*, assume a direção musical do espetáculo e escala Novelli para o baixo. A banda contava ainda com os jovens músicos que vieram morar no Rio de Janeiro acompanhando o grupo Novos Baianos. Liderada pelos compositores e cantores Moraes Moreira, Galvão, Paulinho Boca de Cantor e Baby Consuelo, eles eram uma novidade que aos poucos se afirmava no cenário musical da cidade. Os músicos que foram tocar com Gal eram Jorginho Gomes na bateria e o percussionista Baixinho. O espetáculo, que estava programado inicialmente para uma temporada de duas semanas, perde Lanny Gordin (com outros compromissos em São Paulo) e incorpora o irmão de Jorginho, Pepeu Gomes, nas guitarras. Jorginho e Pepeu eram parte da banda Leif's, a mesma que tocou com Gil e Caetano no show de despedida pré-exílio *Barra 69*. Essa formação instrumental que acompanhava os Novos Baianos é batizada de A Cor do Som.

Gal a todo vapor estreou em 8 de outubro de 1971, com uma temporada de três semanas (até o dia 25), e um breve intervalo para uma viagem de Gal Costa a Londres – a mesma em que faz shows com Gil e grava sua participação especial em faixas de *Transa*. Após a virada do ano, o show ainda ficou em cartaz de 6 de janeiro até meados de fevereiro de 1972. Quando o show vira febre, Macalé está longe e, ao contrário do que muitos dizem, não tem participação direta no espetáculo. Mesmo assim, o envolvimento de Waly na direção, de Luciano Figueiredo na (inovadora e marcante) cenografia, além de Lanny na direção musical e a participação como compositor com duas músicas – "Vapor barato" e "Mal secreto" – ambas com Waly, faziam com que a figura de Macalé estivesse imbricada no show de Gal Costa. O artista afirma que não conseguiu assistir as apresentações quando voltou para a cidade em janeiro de 1972. Apesar disso, se integra totalmente ao clima que o show despertou na cidade. Nessa altura, "Vapor barato" já se tornara hino, principalmente com o lançamento bem-sucedido, ainda em 1971, do disco do show, gravado ao vivo pela Philips de forma inédita e batizado de *Gal fa-tal*. Nesse cenário favorável, Macalé e Giselda caem de cabeça no cotidiano do Pier de Ipanema e da contracultura carioca, seguindo com sua casa aberta na travessa Teresa Guimarães. Mais do que nunca, a usina de Macalé está fervendo com a carreira solo que finalmente começa a se desenhar.

∑∑

Apesar do afastamento que ocorre entre Macalé e Caetano Veloso após o episódio dos créditos no encarte de *Transa*, o primeiro seguiu ligado à efervescência sonora que seus amigos produziam quando todos voltaram ao país. Nesse momento do retorno, Macalé acaba mais ligado a Gil. Ainda na já citada entrevista para *O Bondinho*, concedida exatamente nesse momento de sua vida, Jards afirma que "Gil é um material muito importante, um músico excepcional, uma coisa fundamental. Tem-se que ficar muito atento ao trabalho dele. Para mim, ele é uma alimentação constante".[55]

Ao voltar de Londres logo após Caetano, Gil monta uma banda que mistura músicos de Gal – Lanny Gordin na guitarra – e músicos de Caetano – Tutty Moreno na bateria. Ambos, amigos de vida e palco de Macalé. Gil completa a banda com Antonio Perna Fróes, amigo de Salvador, ainda dos tempos de shows no Teatro Vila Velha. Lanny, após tocar com Gal no ano anterior, entra na turnê que Gil faz por cidades brasileiras. Já Tutty estava liberado após os shows do primeiro semestre com a banda de Caetano. Este, se recolhia em Salvador após o lançamento de *Transa*, a gravação da trilha sonora de *São Bernardo* (filme de Leon Hirszman) e o mergulho solitário no estúdio para produzir as experimentações de *Araçá azul*. Além disso, Dedé Gadelha, sua esposa, anuncia a gravidez do primeiro filho do Casal, Moreno Veloso.

Com a volta de Guilherme Araújo ao Rio, o empresário retoma a carreira de Gal Costa e mantém Paulinho Lima, parceiro da cantora nos dois intensos anos anteriores, como assistente. A troca foi fruto de uma grande pressão para que Paulinho Lima abrisse mão da produção de sua amiga (eles, inclusive, moraram juntos e eram vizinhos em um prédio na Avenida Niemeyer). Na visão de Guilherme, a cantora precisava se preparar para a carreira internacional que o empresário preparava para seus artistas. Ao retornarem ao Brasil, seus planos eram a preparação de uma viagem para Nova York, shows na Europa e a abertura para outros possíveis convites desse tipo que ocorressem. Guilherme também tinha ampla relação com André Midani e sua gravadora, formada por um time de artistas que se consolidava no mercado fonográfico nacional em um novo panteão. Foi nesse momento ambicioso de empresários e corporações que Jards Macalé encontra finalmente a possibilidade de gravar o primeiro disco.

No segundo semestre de 1972, portanto, uma série de situações se sucedem, aproximando muito Jards, Gil, Gal e os músicos que trabalhavam com eles. Com vontade de tocar pelo país, a despeito dos lucros ou prejuízos que podia ter, Gil pediu a Guilherme de Araújo uma série de shows pelo novo circuito universitário que se abria para

---

55 | M. Jost e S. Cohn (orgs.), *O bondinho*, op. cit., p. 112.

músicos locais. Desbravado pelos intrépidos Toquinho e Vinicius de Moraes, era um circuito que continha uma série de cidades do interior de São Paulo. Paulinho Lima foi encarregado de seguir com Gil. E Guilherme, já empresário de Jards Macalé, escala o artista carioca para fazer os shows de abertura. Ele, por sua vez, monta uma banda com Aloísio Milanês nos teclados, Luiz Alves no baixo e o mineiro Robertinho Silva na bateria (os dois últimos remanescentes dos tempos de trabalho com o Som Imaginário). Durante um período, os trios de Gil e Jards caíram na estrada. Essa convivência sonora aumenta após Jards convocar Tutty e Lanny para gravarem juntos seu disco de estreia e Gil incorporar Aloísio Milanês na nova formação da banda a partir de 1973 (com Rubão Sabino no lugar de Bruce Henry e Lanny Gordin deixando a guitarra para o próprio Gil). As conversas sonoras entre Jards e Gil seguiram naquele ano e culminaram com Jards gravando em seu primeiro disco a faixa do amigo intitulada "A morte".

Essa relação entre Jards e Gil é pouco comentada no longo período de trabalhos com os baianos – período que terminaria justamente em 1972. É com Gil que Macalé faz a já comentada sessão de "Cultura e civilização" em 1969. É com ele também que toca violão em Londres, no período em que os dois estavam em plena libertação do instrumento brasileiro em direção a novos sons e fusões com o que ouviam pelas ruas e shows de Londres. É com Gil que Jards faz shows no interior do país, que comunga de músicos e interesses sonoros. Friso isso porque geralmente a relação de Jards com seus amigos baianos é cheia de mitos, equívocos, sintetizados em um caso pontual com Caetano Veloso após o lançamento de *Transa*. Apesar disso, a parceria do carioca com os baianos durou de 1965 até 1973, e resultou em diversos discos marcantes, shows e musicais em teatros. São participantes destacados na formação de uma comunidade que trabalhou intensamente em prol da abertura do cenário musical brasileiro – e de seus projetos profissionais. Aos poucos, e por diversos motivos, ao longo dos anos 1970 os rumos musicais e pessoais de Macalé, Gil, Gal, Caetano e Maria Bethânia ficariam algum tempo sem se cruzar novamente.

Jards viabilizava com Guilherme Araújo e André Midani o primeiro *Long Play* solo enquanto fazia shows com Caetano. Gravado quando a Philips no Brasil cria o selo Phonogram, as sessões no estúdio da gravadora foram feitos no primeiro semestre do ano. Isso só ocorreu após uma série de ensaios em condições não muito favoráveis no porão do Teatro Opinião em Copacabana. Segundo Macalé, foi "uma semana no meio dos ratos e baratas. Dali para o estúdio. No estúdio saiu o disco". Jards repetiu com Tutty e Lanny o método utilizado na produção de *Transa*: ensaiar incansavelmente para entrar no estúdio e realizar praticamente tudo ao vivo. Nesse método de trabalho intensivo, o som fluido que ouvimos na gravação precisa de uma banda na ponta dos cascos.

O disco, apenas com o nome do músico, tornou-se um clássico ao lado dos outros trabalhos dessa época como o próprio *Transa* de Caetano, *Gal fa-tal*, *Acabou chorare*, dos Novos Baianos ou *Clube da esquina*, de Milton Nascimento e Lô Borges. Ao contrário dos demais, porém, o que chama a atenção é o clima enxuto, coeso e direto da sonoridade crua da banda. Baixo, violão e bateria, nenhum efeito de estúdio, sem cordas, metais ou orquestras, poucos solos de Lanny gravados em *overdub* e um repertório matador de canções que esperavam o momento certo de ganhar o mundo. Sem olhar para trás, Jards não gravou nenhuma das canções que compôs e não eram inéditas. As exceções foram as brevíssimas vinhetas de "Vapor barato" (com Waly Salomão) e "Mal secreto" (com Duda Machado), já conhecidas na voz de Gal Costa.

O repertório de *Jards Macalé* é a consolidação do grupo de letristas que o músico soube como poucos cultivar e selecionar durante 1969 e o início de 1971, época da casa na vila de Botafogo com Giselda Santos. Capinam, fiel desde a revolução de "*Gotham City*", comparece com a faixa de abertura, "Farinha do desprezo" e com uma sequência consagradora de três faixas – "78 rotações", "Movimento dos barcos" e "Meu amor me agarra & geme & treme & chora & mata". A segunda já havia se tornado conhecida do público carioca na voz de Maria Bethânia e seu mais do que bem-sucedido show *Rosa dos ventos*, ocorrido em outubro de 1971 no Teatro da Praia com direção de Fauzi Arap. Curioso é que o show de Bethânia foi gravado e lançado pela Philips ainda no mesmo ano. Talvez por não ter sido sucesso como "Vapor barato", Jards não se preocupou em repeti-la no disco solo. Com Waly Salomão, parceiro mais próximo na época que Macalé faz o disco, temos "Revendo amigos" (a única canção com versos censurados) e "Mal secreto". Torquato Neto finalmente vê gravada a parceria *Let's Play That*, feita por ambos para Naná Vasconcelos e aproveitada por Macalé. Ele ainda grava duas faixas que não eram suas: "Farrapo humano", do mais novo amigo de infância Luiz Melodia, e "A morte", de Gil.

"Farinha do desprezo" é uma das aberturas mais impactantes de um disco nesse período. Jards Macalé, Lanny Gordin e Tutty Moreno atacam com violão, baixo e uma impressionante bateria com pedal de bumbo em que a agilidade de Tutty é marcante para gerações de bateristas que viriam depois. Extremamente técnico e estudioso, o baterista afirma que o bumbo era o som que deveria prevalecer nas canções desse trabalho com Macalé. Nessa abertura vertiginosa, todos os três atacam em uníssono, executando de forma perfeita uma introdução que, após uma virada elegante de Tutty, deságua no solo de violão com cordas de aço feito por Lanny. A voz de Macalé, dessa vez límpida, sem os problemas de gravação presentes no primeiro EP de 1969, canta a letra de Capinam com firmeza e desenvoltura: "Já comi muito da farinha do desprezo/ não, não me diga mais que é cedo." O som do trio transita por um *groove* de blues em um tempo forte marcado entre baixo e bateria, passagens com levadas de samba e *jam sessions* entre os violões.

O lado A do disco segue com a vinheta à capela de "Vapor barato" (gravada pela primeira vez por Macalé) e com "Revendo amigos", outra faixa em que a banda alterna quebras e solos, em uma espécie de xote com pegada de *power* trio. Pela letra de Waly, com diversas idas e vindas da censura na época, Jards diz "Eu vou, eu mato, eu morro, eu volto pra curtir". Já nas primeiras músicas, o disco cantava um universo poético de solidão, abandono, morte, amor e ressureição. Esses temas amarram a obra e fazem-na um retrato do tempo de (auto) censuras, silêncios e sonhos interrompidos.

A música seguinte, "Mal secreto", tem um arranjo de *rythm and blues* e fortes traços de samba-canção, com uma atmosfera que remete às noites de música em Ipanema na juventude de Macalé. Seu violão é solto e faz uma cama para que o baixo de Lanny possa solar e alternar os andamentos da melodia. A quebra da bateria de Tutty nos versos "vejo o Rio de Janeiro" amarra o nome da cidade do cantor com a sonoridade típica da bossa-nova e indica um tom melancólico inerente à uma faixa cujo título é retirado de um poema do parnasiano Raimundo Correia em que o tema trata, assim como a canção de Jards e Waly, daqueles que mascararam sentimentos como o medo, a dor e "tudo que punge, tudo o que devora o coração". E, ao contrário de "Oriente", composição filosófica de Gilberto Gil lançada naquele mesmo ano, Waly e Macalé afirmam de forma provocadora que, mesmo naquele período sem rumo que o país atravessava, não precisavam "de gente que me oriente".

A quarta faixa, "78 rotações", composição de Macalé e Capinam, segue com o trio atravessando várias sonoridades, sempre soando, ao mesmo tempo, como um disco de jazz, um disco de rock e um disco de música popular brasileira. Três instrumentistas no auge que executam as músicas com precisão, na medida certa das temáticas e climas que as letras pediam. A faixa fecha o primeiro lado do disco, assim como a outra parceria da dupla abre o lado seguinte. Em "Movimento dos barcos", Jards assume de vez o proscênio ao cantar de forma belíssima os versos devastadores narrando o fim de uma relação amorosa. Apenas com voz e violão, porém, a história de uma separação soa também como a história daqueles que tinham que se despedir rumo ao exílio ou vidas clandestinas. O pedido de desculpas pelo ar roubado e "o futuro esperado que não dei" podia perfeitamente ser feito pelo país a uma população e aos projetos interrompidos pela violência ditatorial da sociedade brasileira de então. Ao cantar que "é impossível levar um barco sem temporais" Macalé segue, faixa a faixa, entoando versos sobre o desencantamento de sua geração vista até então sob o signo vazio do desbunde de beira de praia. "Meu amor me agarra & geme & treme & chora & mata", faixa seguinte, é mais uma das três com Capinam que não deixa brecha para quem pensava que o cantor performático de *Gotham City* faria um disco "de rock". Seu clima denso e sufocante é fruto de um blues sem trégua, uma lírica agônica entre a perda do amor e a perda de muito mais.

Já a sétima faixa se tornou um clássico imediato. *"Let's Play That"*, assim como "Farinha do desprezo", é executada pelo trio em uma sequência de quebras, viradas de bateria e solos que culmina no famoso refrão com o título da música. A interpretação jocosa e brilhante de Macalé para a frase – uma emissão como se estivesse engasgado com o que precisa dizer – termina com um grito-vômito que libera a banda para mais uma *jam session* de pleno improviso ensaiado. A faixa de quase seis minutos é a síntese desse disco, desse trio, desse tempo. A gravação ainda se torna mais valiosa porque no mesmo ano em que o disco é lançado, o letrista e amigo de todos, Torquato Neto, se suicida em plena noite de aniversário. Uma tragédia que abalou seus amigos e, principalmente, Macalé. Como na faixa de abertura do disco, mais uma vez, o bumbo veloz e preciso da bateria de Tutty, o baixo surpreendente de Lanny e o violão de Macalé funcionam de forma orgânica, executando em uníssono um *riff* hipnótico. A banda monta uma base simples para que o improviso – com solos secos de violão, um baixo que desenha melodias desconcertantes e viradas inesperadas de bateria – seja a tônica de um clássico imediato.

 O disco ainda termina com dois petardos: o rock de "Farrapo humano", faixa de Luiz Melodia, compositor e cantor do Morro de São Carlos que Waly Salomão conhecera através de Hélio Oiticica e as amigas Tineca e Rose. Em 1968, Jards conhece Melodia ao tocar com ele e com Gal Costa em um show no presídio Frei Caneca. Waly apresentou o trabalho de Melodia para Gal Costa (que cantava em *Gal a todo vapor* o hit instantâneo "Pérola negra") e posteriormente para Jards, quando este retorna de Londres. Melodia e Macalé se tornam amigos imediatos e para o resto da vida. "Farrapo humano" é mais uma das faixas que falam de situações extremas – quem canta está acabado, abatido, prestes a estourar, virar farrapo, tentar suicídio. A música vem colada em "A morte", canção de Gilberto Gil que só Macalé registrou – mais uma balada em que a banda toca quase um samba-canção e Macalé canta sobre morte e medo. Fechando o disco, "Hotel das estrelas", canção feita com Duda, torna-se a vinheta de encerramento em voz e violão, com Jards cantando apenas as primeiras estrofes. Em seu final, o cantor diz "é, uhum, tá legal". Ouvimos o técnico de gravação ao fundo dizendo "Mais uma vez Macau", e fim.

Essa sequência de faixas é importante porque Jards, desde seu primeiro trabalho, fazia questão de, como ele mesmo diz, montar o disco. Pensar no encadeamento das canções, uma espécie de desenho, de narrativa que se desvelaria durante a audição do trabalho. Para ele, cada disco conta uma história. E a primeira história que Jards contou era plena de zonas sombrias e sorrisos nervosos em meio a um calor sonoro feito pelo trio de músicos geniais que se reuniram para a tarefa.

O primeiro disco, portanto, estava finalmente gravado. Preocupado com todos os passos, Jards também fez questão de ter amigos por perto na hora de produzir a capa. Conseguiu que Luciano Figueiredo e seu parceiro Óscar Ramos fossem os responsáveis pelo trabalho marcante, incluindo a contracapa e um encarte com trabalhos gráficos que remetiam à criminalidade urbana e à cidade, além de uma foto do cantor em que não vemos seus olhos.

Apesar de todo empenho e qualidade, Macalé espera meses até ver seu trabalho lançado. Gravado antes de junho, só saiu no final de outubro. No mesmo ano, saíam pela Philips/Phonogram os discos *Construção*, de Chico Buarque, *Expresso 2222*, de Gilberto Gil e *Acabou chorare*, dos Novos Baianos. Caetano Veloso, por sua vez, lançava dois trabalhos: *Transa* e o disco gravado ao vivo ao lado de Chico Buarque, *Chico e Caetano juntos ao vivo*. Além desses, foi o ano de Paulinho da Viola com *Dança da solidão* e Milton Nascimento, Lô Borges e todo o coletivo de instrumentistas mineiros com *Clube da esquina*, ambos pela EMI. Isso sem contar os discos novos de Elis Regina, Jorge Ben, Rita Lee com os Mutantes, Tim Maia, Tom Zé e uma infinidade de outros nomes. Mais do que nunca o mercado fonográfico brasileiro estava aquecido e Macalé rapidamente viu que não era uma das prioridades da gravadora durante a espera.

A despeito desse hiato entre a gravação e o lançamento – certamente prejudicial para o trabalho – o ano seguiu com shows ao lado de Gil no interior de São Paulo durante todo mês de novembro e a preparação de um show solo para o disco que acabara de sair. Macalé seguia ligado a Guilherme Araújo e para de acompanhar outros cantores. Mergulha na carreira enfrentando um mercado que se segmentava na separação dos grandes nomes consolidados ainda nos anos 1960 e os "novos" que estavam surgindo na década seguinte. Pela relação com o som internacional e a ligação – principalmente visual – com o espírito de contracultura brasileiro de então, Jards é logo empurrado para um espaço restrito demais para sua qualidade e diversidade sonora. Apesar de atravessar de ponta a ponta a década anterior como músico, arranjador e diretor musical, ele é posto como um dos "novos", como se começasse do zero a trajetória. Logo ele se viu em uma espécie de gueto em que as gravadoras chamavam de "música jovem" ou algum tipo de rótulo que vendesse uma espécie de rock local.

Em 17 de julho de 1972, com o disco já gravado, Macalé faz parte da matéria "O rock made in Brazil", publicada na revista *Manchete*. Na abertura, lemos o anúncio de que estava em criação "uma etiqueta destinada a lançar discos de músicos, cantores e compositores marginalizados na área do consumo imediato". Nesse primeiríssimo momento em que a ideia de marginalidade – em voga em outros meios de produção como o cinema e a poesia do período – se aproxima da música popular (provavelmente a "área do consumo imediato" destacada na matéria), Jards Macalé ainda não está associado a ela. Os nomes marginais citados na matéria, porém, são próximos a ele: Luiz Melodia e Jorge Mautner. Em pouco tempo, Macalé será posto ao lado desses dois como um trio que comumente passará a ser chamado de "maldito". O parágrafo da matéria dedicado ao artista carioca – cuja referência ao lançamento de seu disco era a promessa de sair no mês de agosto – mostra que as marcas recentes do lançamento de *Transa* repercutem em suas opiniões:

> Há vários pontos de concordância. Um deles é que os músicos devem ser mais respeitados. E todos afirmam que, antes de tudo, é necessário que eles se respeitem, façam exigências. A primeira seria *a inclusão de seus nomes nas capas dos discos*. Macalé, um instrumentista, lembra que na época da bossa-nova havia mais oportunidade para os músicos. "Hoje é muito mais difícil você se firmar assim."

Ainda se posicionando publicamente entre um instrumentista que reclama os créditos e oportunidades de trabalho, e um cantor e compositor que aguarda o lançamento do primeiro disco solo, Jards Macalé dava suas opiniões de forma direta. Como músico, ele sabia que a única forma de ter seu trabalho reconhecido por parte do público era com os devidos créditos. Afinal, nos shows de Caetano Veloso de volta ao Brasil, Macalé se destacou mesmo com todos os holofotes – e mais alguns – voltados para o cantor. Na entrevista para a revista *O Bondinho*, dada ainda em fevereiro de 1972, ou seja, logo depois que retornou ao país fazendo direção musical e tocando ao lado de Tutty, Áureo, Perinho e Moacyr na banda de Caetano, ele era chamado pelos jornalistas de "operário da música". É possível, portanto, enxergar o contraste entre um homem tranquilo nos shows da volta ao Brasil, e a marcante e histriônica imagem (im)popular que ele criara com a apresentação de *"Gotham City"* há pouco mais de dois anos: "Sua atitude no palco mostrou claramente sua intenção de simplesmente apresentar um trabalho. Para quem só tinha dele a imagem antiga, Macalé se tornou irreconhecível pela simplicidade e pela sobriedade da sua presença, do seu jeito de mestre de obra."[56]

Era nesse contraste, entre o músico operário e o cantor performático que precisava adentrar a disputa dos palcos e praças de divulgação com um novo e ansiado trabalho autoral, que Jards Macalé inicia novamente um trajeto que já era longo. Tocando em público com os conjuntos de balanço desde ao menos 1962, tendo passado por alguns dos principais eventos da música brasileira nos anos de 1960, ele parecia começar novamente a carreira, com o agravante da marca de *"Gotham City"* e da divulgação de uma imagem que o associava à loucura e à agressividade. Restava a Jards seguir a travessia.

---

56 | Trecho citado da entrevista intitulada "Não, absolutamente não! Macalé? Aquele louco?", in M. Jost e S. Cohn (orgs.), op. cit., p. 109.

274 > Só mesmo vendo como é que dói

O lançamento do primeiro LP de Jards pela Philips/Phonogram não foi ideal. Programado na época para sair em uma tiragem curta, sem grandes investimentos, o disco virou imediatamente sucesso de crítica, porém pouquíssimo conhecido pelo público. Naquele período, sem a força que a televisão ou o teatro teve na década anterior (principalmente devido à censura), o disco era o principal veículo para se conseguir shows e divulgação do trabalho. Quanto menor a circulação fonográfica, menor a chance de ter bons públicos – e vice-versa. Durante 1973, Jards seguiria trabalhando com Guilherme Araújo e a poderosa gravadora, visando se integrar no circuito carioca de shows, aquecido após a volta de Caetano Veloso e Gilberto Gil de Londres e um ano excelente para a música brasileira.

Além da produção de suas apresentações, o contrato anterior com a gravadora de André Midani seguia ativo. Ele inclusive participa do famoso evento Phono 73, uma série de shows que a Phonogram promoveu com praticamente todo o seu elenco estelar de artistas. Os shows ocorreram no Centro de Convenções do Anhembi, em São Paulo, entre os dias 10 e 13 de maio. Lá, Jards apresenta "Movimento dos barcos" de forma solene e fulminante. Em uma edição do *Pasquim* (nº 208), Júlio Hungria comenta o evento e publica uma frase de Macalé que demonstra a irreverência do músico, não poupando nem mesmo sua gravadora: "A inclusão de Odair José no elenco dos espetáculos foi vista por Macalé como uma tentativa 'de alargar o mercado para a rainha da Holanda'." A Phonogram, ligada à gravadora holandesa Philips, dava o tom da provocação do músico.

Comentários ácidos à parte, o fato é que a proposta de um segundo disco estava na mesa. Jards precisava compor um novo repertório e repensar o modelo de produção utilizado no primeiro disco – apenas ele e outros dois músicos no estúdio, tocando praticamente ao vivo. Não que Jards recusasse tal formato musical. Já com uma certa estrada, porém, ele iniciava um deslocamento fundamental de seu perfil, marcado publicamente por uma excessiva aproximação com o trabalho dos baianos. O desejo de poder apresentar um novo caminho munido de toda a diversidade que compunha sua trajetória de violinista, compositor, arranjador, diretor musical e, cada vez mais, cantor, desembocou no ambicioso projeto batizado de *Aprender a nadar*. Mesmo que o disco fosse lançado apenas em 1974, foi durante o ano anterior que toda a concepção, composição e execução foi planejada por Jards Macalé. Era um projeto em que, mais do que nunca, ele precisava do parceiro ideal. Para sua sorte, ele já tinha alguém assim por perto.

∑∃

Parcerias musicais são comuns no universo da canção popular. Algumas, porém, se tornam emblemáticas de uma época ou um gênero, tanto pela sua capacidade de fabricar sucessos quanto pela qualidade das composições. Em 1973, Jards Macalé e Waly Sailormoon (alcunha que Waly Salomão usava nessa época com frequência) estavam compondo uma série de canções que, se não foram exatamente sucessos populares, certamente eram obras-primas. A dupla já vinha desde 1970 trabalhando junta, com resultados excelentes. A prova maior foi a explosão de "Vapor barato" e o impacto de "Mal secreto".

Apesar das personalidades distintas – um mais contido e outro exuberante – e de formações bem diferentes – Jards um rapaz tijucano de classe média criado em Ipanema e Waly um descendente de sírios e sertanejos crescido em Jequié – foram eles que conseguiram expandir um trabalho para além do núcleo de grandes nomes dos baianos. Após o fim de 1972, ano em que Waly terminava o vínculo com o espetáculo de Gal Costa (*Gal a todo vapor*) e que Jards precisava construir o próprio público, os dois passaram a trabalhar juntos na feitura de um disco e na produção dos seus shows.

Essas parcerias foram construídas quando boa parte do repertório que Jards gravou em 1973 foi composta. Ainda em junho do ano anterior, quando ocorre o lançamento de *Me segura qu'eu vou dar um troço*, primeiro livro de Waly Salomão, uma reportagem no *Correio da Manhã* traça um perfil do poeta e anuncia que, até aquele momento, ele tinha composto novas músicas com Jards: "Anjo exterminado", "Rua Real Grandeza" e "Senhor dos sábados".[57] Era um período de

---
57 | Matéria publicada no *Correio da Manhã*, em 20 de junho de 1972.

intenso trabalho do letrista, com os shows de Gal, o lançamento do livro e a feitura da revista *Navilouca*, ao lado de Torquato Neto. A revista teve o lançamento adiado devido ao suicídio de Torquato em novembro daquele ano. Waly fez ainda, ao lado da designer e viúva de Torquato, Ana Duarte, a primeira edição de *Os últimos dias de pauperia*, obra póstuma de poeta e compositor piauiense.

    1973, portanto, já se inicia com Jards tocando o novo repertório que desembocaria em *Aprender a nadar*. Ao mesmo tempo, precisava divulgar o lançamento tardio do disco de 1972. Isso fez com que, novamente, Jards tivesse uma espécie de *delay* em sua produção. E é realmente no início do ano – mais precisamente no dia 9 de janeiro (após um adiamento de cinco dias) – que Jards Macalé finalmente estreia o primeiro show solo desde que era contratado da Philips/Phonogram. Intitulado *Meu amor me agarra & geme & treme & chora & mata* (título de uma das canções do disco de 1972), o espetáculo estreou no teatro Tereza Rachel em pleno verão carioca. Na divulgação do show pelos jornais da cidade, uma foto do cantor era encabeçada por "Guilherme Araújo apresenta" e o selo de "artista exclusivo da Philips". A banda que Jards arregimenta para o show é composta por novos e velhos nomes de estrada. Aloísio Milanês e Rubão Sabino eram respectivamente o pianista e o baixista que Jards e Gil compartilhavam com frequência nesse período. Chiquito Braga no violão e na guitarra, Nivaldo Lima no sax e na flauta, Rubinho Moreira na bateria e o fantástico Pedro "Sorongo" dos Santos na percussão – ou "bambu eletrônico, brinquedos e percussão", como trazia a divulgação do show – fechavam a formação. No cenário do teatro, Macalé fez questão de colocar um imenso pano ilustrado por um gorila gigante, indo direto ao ponto do clima sufocante que cercava a todos no país. No livro *Álbum de retrato*, Jards descreve exatamente a origem do cenário:

> Quando lancei meu primeiro LP, chamei o Guilherme Araújo para produzir o show de lançamento, *Meu amor me agarra & geme & treme & chora & mata*. Eu tinha ganho um cartão de uma amigona do Hélio Oiticica, a Rosa, a mais bonita do

Estácio, com um King Kong. Fui a um cinema que tinha no Largo do Machado e encomendei uma reprodução enorme. Quando entraram seis caras carregando três rolos enormes com a pintura, o Guilherme quase morreu. Para mim isso simbolizava a ditadura. Foi um verão barra pesada. Era 1973 e a zebra estava montada...[58]

A persona que Jards começa a construir com esse show passava também pela sua performance. Aos poucos, se tornavam um especialista no palco e na relação com o público. Além de tocar e cantar, Jards era o próprio malandro, piadista, com humor ácido e abertura para um repertório variado, contendo todos os gostos. Numa declaração para a imprensa durante a divulgação dos shows, ele afirma que "Faço música brasileira porque nasci no Brasil. Mas desde criança gosto, canto e toco todos os gêneros musicais, desde rock, samba, choro, seresta, jazz, bolero". De alguma forma, Jards já apontava para o ecletismo que vinha elaborando em sua próxima gravação. O show, que durou duas semanas, foi o primeiro de muitos que ainda faria naquele ano de intenso trabalho.

Não foi apenas da carreira solo, porém, que Jards se ocupou no começo daquele ano. Ainda em fevereiro ele participa de um show em benefício do Teatro Oficina em São Paulo e parte para mais um carnaval em Salvador. A estadia fez com que voltasse a tocar com os amigos do tempo do *Arena conta Bahia*. Gil ocupava o Teatro Vila Velha durante uma semana inteira e, em um dos dias, contou com a participação de Jards. Na capa do "Caderno B" do *Jornal do Brasil* do dia 25, o título "O som intimista de Gilberto Gil", trazia a foto do compositor baiano empunhando a guitarra no palco. Ao seu lado, vemos Jards Macalé tocando violão. Ambos, sorridentes e em plena ação.

Nesse período, Gil encontrava-se em um momento decisivo de sua carreira. Ao chegar ao Brasil em janeiro de 1972, Guilherme Araújo deixava em aberto uma possível experiência internacional

---

[58] J. Pimentel, *Álbum de retratos: Jards Macalé*, Rio de Janeiro: Memória visual/Folha Seca, 2007, p. 55.

para o cantor. Os planos mudaram com a volta do exílio e o encontro de Gil com a música brasileira. A sua disposição em abandonar o projeto de um segundo disco na Philips inglesa e o mergulho sonoro que fez na gravação e shows do disco *Expresso 2222* representaram a afirmação de um criador ao mesmo tempo popular e experimental, *hit maker* e violonista inventivo. Sua efervescência podia ser comprovada na série de trabalhos que faz simultaneamente. Ele sai em pequenas turnês pelo interior do país com voz e violão, monta bandas de grandes músicos (Tutty Moreno, Lanny Gordin, Perinho Albuquerque, Rubão Sabino, Aloísio Milanês, Bruce Henry, Antonio Perna Fróes e Tuzé de Abreu foram alguns deles), todos preparados para acompanhá-los nas longas *jam sessions* que seus shows tinham se tornado (as músicas podiam ter até dezoito minutos). É o período em que Gil arrisca diferentes formatos sonoros para as canções e compõe diversas músicas novas – a ponto de já ter repertório para um disco novo e duplo. Apesar de gravado durante fevereiro de 1973, o trabalho – batizado de *Cidade do Salvador* – é arquivado e só é lançado em 1999.

  Era esse Gil efervescente que volta e meia tocava com Macalé após o período londrino. Suas bandas eram praticamente as mesmas, com músicos circulando entre shows e discos. Algumas vezes, como nesse show de 25 de fevereiro, Jards assume o palco ao lado de Tuzé de Abreu, Naná Vasconcelos, Aloísio Milanês e Rubão Sabino (esse dois, músicos de Macalé nos shows que ocorreram no Rio). O improviso era a regra em cada noite, principalmente quando Macalé entrava na jogada. Desde "Cultura e civilização", em 1969, que os seus violões livres se sacavam. A presença de Naná Vasconcelos nessa temporada baiana realizava finalmente um velho desejo de Gil escrito em cartas para Macalé ainda em 1970. Os três, tocando juntos, em livre improviso, e ainda em Salvador, foi certamente uma noite cuja falta de registro para a posteridade deixa um vazio na música brasileira.

  Macalé também cantava algumas de suas composições no show do Castro Alves. A primeira, "Volto para curtir" (na verdade um engano para nomear a canção "Revendo amigos"), é gravada no seu disco de 1972. Já a segunda, "Anjo exterminado" anunciava que o repertório de *Aprender a nadar* já estava em circulação. Ambas as canções que Macalé escolhe para cantar são parcerias com Waly.

∑∑

Quando se instala no Rio de Janeiro definitivamente em 1970, Waly Salomão estava com um livro praticamente pronto de poemas. Foi seu encontro com Hélio Oiticica naquele ano que, pela primeira vez, detonou um processo de encorajamento e edição do trabalho que resultaria em *Me segura qu'eu vou dar um troço*, lançado pela José Álvaro Editores em 1972. Waly, portanto, era diretor do show mais quente da cidade e tinha na praça – literalmente, vendido em bancas de jornais – o primeiro livro. Também já tinha escrito durante o primeiro semestre de 1971 uma coluna sobre cinema e super-8 no *Correio da Manhã*, junto com Torquato Neto. Quando Jards volta de Londres, Waly estava entrosado com a cidade que adotara, conhecendo ruas e quebradas da Zona Norte até a Zonal Sul. Em seu poema "Roteiro turístico do Rio" vemos como o poeta baiano descrevia o impacto da capital carioca sobre ele e os espaços que circulava em um circuito que juntava Zona Norte, Centro e Zona Sul: Tijuca, Santa Teresa, Copacabana, Ipanema, Estácio, Lapa, São Cristóvão, Vila Isabel, Gávea e Jardim Botânico são alguns dos bairros a que Waly faz referência, em um circuito que reunia o MAM, os shows no Shopping da Siqueira Campos, a zona do mangue, o morro de São Carlos, o apartamento de Gal Costa e a casa de Hélio Oiticica. Nesse circuito, a casa de Jards Macalé era uma das principais referências. Ele lembra que Waly, ao chegar de São Paulo, teria passado um período em Niterói, evitando cidades grandes depois de sua segunda prisão em dois anos. Macalé também se refere à memória de que foi Waly que trouxe para o repertório a canção "Mambo da Cantareira", gravada em *Aprender a nadar*. Pela passagem no município do outro lado da Baía de Guanabara, Waly cantava a música aos berros quando chegava próximo a casa de Macalé em Botafogo.

Nessas visitas, as parcerias que nasceram entre 1972 e 1973 produziram um quarteto de composições que detonaram a ideia de *Aprender a nadar*. Eram canções que se baseavam em um princípio estético, amarradas por uma espécie de projeto poético-sonoro batizado de "linha de morbeza romântica", espécie de marca conceitual do trabalho de Jards. Apesar da expressão ganhar ao longo do tempo diversas definições flutuantes e diferentes explicações tanto da parte de Jards quanto de Waly, um dos rastros possíveis pode ser pensado a partir de Oswald de Andrade. Em seu famoso – e muito lido por Waly Salomão – "Manifesto da poesia pau-brasil" de 1924, lemos a expressão "morbidez romântica" em um de seus versos em prosa.[59] Muitas das declarações de Waly ao redor do primeiro livro enfatizavam o cinquentenário de Semana de Arte Moderna de 22. Introduzir de forma estratégica uma ideia que movimenta a obra de um poeta na época em destaque como Oswald podia ser uma das origens da expressão criada por Waly. De qualquer maneira, no livro *Gigolô de bibêlos*, lançado em 1983 (dez anos depois das composições), o poeta aponta ao menos a gênese da ideia em um pequeno texto intitulado "Mal secreto da linha de morbeza romântica???":

> Ao escrever o "Senhor dos sábados", musicada por Jards Macalé, me identifiquei com o amor feminino das santas mulheres especialmente a devota Santa Terezinha suplicante por ser abrasada penetrada pelo amor divino e ser submergida num ardoroso abismo e em que é evidente a analogia entre a linguagem erótica e a linguagem mística.
>
> Me tornei SERVA DO SENHOR, naquele tempo *once upon a time* naquele então da linha de da linha de da LINHA DE MORBEZA ROMÂNTICA.
>
> Hoje: me libertei daquela vida vulgar...
> Amanhã: *He'll be big and strong*
> Assinado: O FAQUIR DA DOR[60]

---

59 | O verso completo é "O trabalho contra o detalhe naturalista – pela *síntese*; contra a morbidez romântica – pelo *equilíbrio* geômetra e pelo *acabamento* técnico; contra a cópia, pela *invenção* e pela *surpresa*". In O. de Andrade, *A utopia antropofágica* – 4ª ed., São Paulo: Globo, 2011, p. 63.
60 | W. Salomão, *Gigolô de bibêlos*, Rio de Janeiro: Rocco, 2008, p. 143.

A nota explicativa de Waly inicia com o próprio título fazendo uma espécie de ponte entre as canções que já vinha compondo com Macalé ("Mal secreto") e a nova leva que são a base da "morbeza romântica". Talvez fosse uma forma de dizer que a canção gravada por Macalé no disco de 1972 pudesse fazer parte desse novo conjunto de parcerias. Waly localiza ali o dínamo poético dessa safra em que o eu lírico de todas as letras afirma um amor sob impasse. A impossibilidade de Santa Terezinha consumar sua paixão em pleno gozo por Jesus (o poeta certamente se refere à carta da freira francesa de 8 de setembro de 1896, publicada como um dos textos da sua autobiografia *História de uma alma*) move a voz que contempla o ser amado pela perspectiva da impossibilidade, da ruptura ou da incompreensão. Nas quatro canções de Waly e Macalé – "Senhor dos sábados", "Anjo exterminado", "Rua Real Grandeza" e "Dona de castelo" – vemos essa perspectiva que o crítico Augusto de Campos batizou de "bacilo Lupicínico". A referência de Waly à santa francesa faz também com que adote uma perspectiva masculina do amor feminino, em seu "ardoroso abismo" numa sociedade cuja submissão violenta das mulheres foi tema corrente no cancioneiro nacional. Dessa vez, eram os homens que veriam as mulheres os destratarem, saírem de casa, abandonar seus pares, deixá-los sucumbindo ao sofrimento e sua expiação – o faquir da dor. Vale lembrar que "Anjo exterminado" se torna um dos carros-chefes do disco de *Drama – Anjo exterminado*, gravado e lançado por Maria Bethânia (com produção de Caetano Veloso) em 1972. A voz de Bethânia registra em primeira mão a intricada melodia que Macalé consegue compor a partir dos versos de Waly.

As músicas de Macalé, aliás, são decisivas para que a ideia de "morbeza romântica" se consolide no imaginário melancólico e lírico que Waly desejava imprimir nas letras. Com toda a experiência musical germinada a partir do universo sonoro da Rádio Nacional, ele conhecia perfeitamente boleros, sambas-canções, rumbas e outros gêneros que davam à "morbeza" sua dose exata de romantismo derramado. O violão de Macalé, cada vez melhor, sabia como ativar o imaginário do ardoroso abismo que o amor e suas tragédias carregam.

Se nas letras de Waly é o fantasma do gaúcho Lupicínio Rodrigues que chama a atenção do crítico e poeta paulista Augusto de Campos, o signo sonoro que ilumina toda a ideia das canções ligadas à morbeza romântica é oriundo de um velho ídolo de Jards: Nelson Cavaquinho. É em *Aprender a nadar* que o músico encontra sua voz singular, muitas vezes emulando o sambista que conheceu nos anos de 1960 em bebedeiras com Cyro Monteiro. Como Nelson, ele desenvolve um canto ébrio, que se funde com o motivo cantado. Meio bêbado, meio trôpego, ora apressado e ofegante, ora solitário e melancólico, Jards inventa uma nova persona e descobre que podia fazer da voz cinema.

Essa descoberta da voz, segundo Jards, passa por uma curiosa história com Waly. Ainda em 1972, Elis Regina fazia a já tradicional coleta de composições para um novo disco. Em plena transição e com o primeiro trabalho ao lado de César Camargo Mariano, é o ano em que ela grava pela primeira vez nomes praticamente inéditos como João Bosco e Aldir Blanc, Vitor Martins e Ivan Lins, Belchior e Fagner e Guarabyra e Zé Rodrix. Jards e Waly formaram uma das duplas que foram até a casa da cantora mostrar algumas composições para quem sabe, fazerem parte do repertório. Nas palavras de Jards, sua timidez diante de Elis fez com que ele cantasse de forma introspectiva as canções que tinha para apresentar. Ao saírem da mal-sucedida audição, Waly teria dado uma dura em Jards, estimulando-o firmemente a se dedicar ao amadurecimento de seu trabalho como intérprete. Esse fato deu gás para que, na gravação de *Aprender a nadar*, possamos ouvir um cantor completamente diferente do primeiro disco.

Essa transformação já pode ser conferida na segunda faixa do disco, a clássica "Rua Real Grandeza". Macalé afirma que sua intenção com a voz e o violão, como dito acima, era ser Nelson Cavaquinho. Com essa inspiração, ele queria dar ao disco o clima de amor e tragédia que povoa o universo do mangueirense. De alguma forma, essa embocadura estética deu o tom de um trabalho que faz o cruzamento perfeito entre diferentes gêneros de samba, improvisos de jazz, boleros, mambos e colagens sonoras.

Com recursos da gravadora que contava com Jards em seu *casting*, Aprender a nadar apresenta um extenso time de músicos convidados. A montagem desse repertório e das ideias básicas de arranjo foram compostas ao longo do primeiro semestre de 1973, inclusive em novos shows que o músico fazia. No dia 1º de junho, os jornais anunciavam que Jards estrearia mais uma produção de Guilherme Araújo. Um evento inesperado, porém, quase pôs tudo a perder. Como seriam três dias no Teatro Opinião, em Copacabana, Jards sempre fazia o percurso entre o bairro e adjacências de táxi. No dia 31 de maio, véspera do espetáculo, o *Jornal do Brasil* trazia a seguinte nota:

> Entre as 12:30 e as 13h de ontem, no trajeto Botafogo-Ipanema, o compositor Jards Macalé perdeu seu violão dentro de um táxi TL do qual não se lembra a cor nem a placa. O instrumento, presente do violonista Turibio Santos, é de estimação e seria utilizado pelo dono num show marcado para estrear amanhã, às 21:30h, no Teatro Opinião.
>
> Macalé pede ao motorista que o conduziu ou a quem encontrou o violão que o entregue no teatro, na rua Siqueira Campos, 143.

Esse contratempo dramático adiou, mas não impediu que Jards estreasse o show ao lado de Tenório Junior no piano (que desapareceria em Buenos Aires três anos depois, durante a ditadura argentina), Guilherme Franco na bateria e Ion Muniz na flauta. Os novos músicos, em uma nova temporada, fizeram com que ele arriscasse outros arranjos para as canções que vinha tocando desde 1972 e pudesse experimentar novos repertórios. A direção do show, sob o comando do parceiro Waly Salomão (assinando nos jornais como Sailormoon), fazia das apresentações laboratórios para que eles vissem como a linha de morbeza romântica funcionaria nos palcos – e no futuro disco. Basta ouvir como a flauta de Ion Muniz é onipresente em diferentes faixas de *Aprender a nadar*.

Apesar de ter sido anunciado para ficar apenas três dias em cartaz, o show de Jards – com "um novo repertório" propagado nas divulgações da imprensa – teve que ser esticado por exigência do público que lotava o teatro. No dia 7 de junho já eram anunciadas apresentações extras com dois horários nos sábados e domingos. A palavra que os jornais usavam para definir o show de sucesso era "O público exigiu mais 4 dias!!!".

Após apresentações esporádicas em colégios (Zacarias, no Catete) e universidades como a PUC-Rio, o show seguinte pensado por Jards foi um projeto em que apenas ele e o flautista Ion se apresentavam. Novamente dirigido por Waly e produzido por Guilherme Araújo, Jards já estreia no teatro Tereza Rachel em 3 de agosto, com uma série de três apresentações batizadas de *Cântico para flauta e violão*. Sobre a ligação do que fazia nos palcos com a preparação de seu novo disco, Jards destaca esse show ao lado de Ion Muniz:

> A partir do *Cântico* nós podíamos começar a gravar o disco, mas não havia, ao entrarmos nos estúdios da Phonogram, nada de planejado, de pré-estabelecido. Apenas tínhamos uma vaga linha mestra e uma visão já madura do trabalho possível. Juntamos uma porção de músicos e amigos e o disco foi nascendo quase que como uma filmagem, tomada sobre tomada de um mesmo número se repetindo com modificações e improvisações até que o disco surgisse como um todo homogêneo.

Antes de entrar em estúdio, portanto, Jards seguiu com os shows durante uma época de intensa agenda na cidade entre os meses de junho e agosto. Tocou em diferentes espaços como os teatros Tereza Rachel, Opinião, da Praia, além de palcos em escolas e universidades. Em um mesmo mês, era possível vermos no Rio de Janeiro shows com Gilberto Gil (cercado por Tutty Moreno, Aloísio Milanês, Rubão Sabino e Chico Azevedo), Caetano Veloso (com Perinho Albuquerque, Moacyr Albuquerque, Tuzé de Abreu e Enéas), Gal Costa e uma nova e sensacional banda (com Toninho Horta, Robertinho Silva, Dominguinhos, Luiz Alves e Alberto das Neves) e Paulinho da Viola (com Copinha e Elton Medeiros). Eram novos momentos de carreiras que já vinham lado a lado desde pelo menos 1965.

A lista de músicos acima é importante não só para mostrar a riqueza que existia nos palcos cariocas daquele período, mas também porque muitos deles seriam parte do coletivo que Jards e Waly formaram nas gravações de *Aprender a nadar*. Tutty Moreno, Aloísio Milanês, Luiz Alves, Robertinho Silva e Rubão Sabino tocaram em suas faixas, além de Perinho Albuquerque, que faria algumas das orquestrações de cordas e regências. Essa intensa circulação de músicos no período mostra como se consolidava um mercado efetivo para alguns nomes que, se não eram as estrelas que apareciam nas capas dos discos, eram integrantes fundamentais da qualidade sonora que só crescia no país.

Era julho daquele ano quando as notícias sobre um "novo disco de Jards Macalé" começava a circular por notas na imprensa. No dia 31, uma coluna do *Diário de Notícias* assinada por Luís Carlos Cabral diz que o repertório do disco já estava definido, porém alguns dos títulos anunciados pelo colunista acabam ficando de fora, como "Um favor", de Lupicínio Rodrigues, e "Noites alegres, sem assunto", parceria com Capinam que, até hoje, é inédita – a música, aliás, é censurada. Após vários acertos necessários por parte do artista e da Phonogram, ele finalmente entra no estúdio em setembro para iniciar as gravações. O título completo que a capa do disco anunciava era *Jards Macalé apresenta Sailormoon's linha de morbeza romântica em Aprender a nadar*.

Como se fosse um romance antigo, seu nome assinava o trabalho como uma espécie de menestrel que faria, em onze faixas e duas vinhetas (abrindo e fechando o disco), uma história autoral (a apóstrofe após o nome de Waly indica isso) contada com começo, meio e fim. A morbeza romântica encapsulada nas quatro faixas compostas com Waly daria régua e compasso para a montagem complementar do repertório. Com esmero, Jards agrega um grupo de antigos sucessos radiofônicos da época em que o samba-canção, o pagode e as matrizes latinas do mambo e do bolero são suas referências. São músicas que Jards ouviu ainda garoto pela Rádio Nacional ao lado de sua mãe Lygia – que, não à toa, participa como cantora na última faixa do trabalho. Como ele dizia na época, era um disco para voltar às raízes tijucanas e se afastar de vez da aura de baiano que circundava sua persona artística na imprensa. Esse mosaico entre as composições atuais e os sucessos passados fez de *Aprender a nadar* um disco em que Jards pode mostrar toda sua qualidade de compositor e intérprete. Além disso, o disco comprova o seu gênio na hora de montar um repertório e, principalmente, de escolher os músicos para executarem cada ideia que tinha na cabeça.

Ao contrário da economia de instrumentos que seu primeiro disco apresentava – fazendo justamente do *power* trio enxuto com Tutty e Lanny a força do trabalho –, esse era o momento de utilizar os recursos de uma grande gravadora ao seu favor. Para cada faixa de *Aprender a nadar*, Jards conseguiu trazer desde mestres de seu passado mais longínquo – como a participação dos violonistas Meira (seu professor de violão nos anos 1960) e Dino Sete Cordas (com quem Jards tocou no show *Mudando de conversa*, em 1968) até craques instrumentistas como Canhoto, Zeca da Cuíca e Carlinhos Pandeiro de Ouro. Ele mostrava para o meio musical da época que, apesar de constantemente ser reduzido ao tipo hermético, louco e ligado aos baianos, era na verdade um típico carioca criado no caldo sonoro e popular da cidade. A persona maldita que vinha do visual de hippie ipanemense era agora deslocada para um compenetrado malandro sofredor.

Na montagem do repertório do disco, bolado na época a partir da divisão entre lado A e lado B, Jards e Waly pensaram o trabalho como uma espécie de narrativa em que uma faixa se contaminava com a outra, fazendo das músicas conversas internas, usando-as como citações implícitas ou, muitas vezes, um amálgama de diferentes ideias. Como se fosse um filme, ouvimos sonoplastias, orquestras e vozes compondo um mosaico em que amor e dor dão o tom. E por ser gravado em 1973, a política do período também serviria como moldura violenta – o medo, a censura e o silêncio – para o conjunto final.

A abertura dos trabalhos ocorre com uma espécie de *pot-pourri* em que quatro músicas tocam ao mesmo tempo em uma engenhosa montagem com fitas de gravação. A atriz Ana Miranda – então nova parceira de Jards após o fim do longo relacionamento com Giselda Santos –, começa recitando quase em sussurro a valsa "Dois corações", de Herivelto Martins e Waldemar Gomes. Ao fundo, irrompe uma gravação como um rádio distante tocando "No meio do mato", composição de Jards, além dos versos de "Jards Anet da vida" (trecho de uma carta de Gilberto Gil para Jards da época de Londres) e "Faquir da dor", poema de Waly Salomão. A peça sonora faz uma colagem que apresenta, ao mesmo tempo, a assinatura do disco – "meu nome é Jards Anet da Silva, ou melhor, da selva, ou pior, da Silva, ou pior, da selva, ou melhor, da Silva" – e o narrador daquela história – "Distinto público, vou ficar aqui exposto à audição pública como o FAQUIR DA DOR" (repetido várias vezes).

Como cinema, a voz de Ana Miranda entoando a valsa é lentamente substituída pelo violão de Jards e sua voz cantando "Rua Real Grandeza", a primeira pedrada da "morbeza romântica". É aqui que ele se transmuta em Nelson Cavaquinho, dando ao drama do homem abandonado na famosa rua do bairro carioca de Botafogo o tom agônico de quem vive "sem amor, sem carinho" e prestes a se arruinar. A entrada da imagem dos "jatos de sangue/espetáculos de beleza" de Waly ganha dramaticidade na melodia e Jards vai até o fim da faixa em uma performance de tirar o fôlego para quem esperava um roqueiro que voltou de Londres ou hermetismos vanguardistas. Voz e violão estabelecem o rumo de um disco que daria "um corte em quem me embroma". Vale aqui, como nota das coincidências da história, citar que no mesmo ano de 1973, pelo Odeon, Nelson finalmente registrava seu primeiro disco por uma grande gravadora. Esse vínculo de Jards com Nelson ainda retornaria nos anos de 1980, quando ele gravasse o álbum *Quatro batutas e um coringa*.

No verso final de "Rua Real Grandeza", a voz de Jards anuncia que "vale a pena ser poeta, escutar você torcer de volta a chave na fechadura da porta". É a senha para que um som de chaves, o choro de um bebê e batidas frenéticas numa porta fizessem mais uma colagem, dessa vez bem-humorada na transição de faixas. Aliás, a própria polifonia já é uma das faixas do disco – o samba "Pam pam pam" de Paulo da Portela. Segundo Jards, essa parte do disco tem o dedo de Waly Salomão, quem aliás sacode as chaves, bate na porta e grita parte da música como se estivesse falando com quem deseja entrar em algum lugar, mas encontra a porta trancada. No final, o samba que estanca solto é formado por um paredão que conta com o violão de Dino Sete Cordas e Meira, além de Zeca da Cuíca, Canhoto no cavaquinho e Carlinhos Pandeiro de Ouro. Um grupo de primeira para os críticos mais nacionalistas do período.

Na faixa seguinte, mais um mergulho surpreendente de Jards no repertório brasileiro, confirmando sua incrível memória musical. "Imagens", canção de Valzinho e Orestes Barbosa composta em 1945, apresenta uma letra que parece feita por Waly para o disco. Como diz o título, o poeta de "Chão de estrelas", jornalista que ficou preso durante 1922 e sabia como poucos dos amores e tragédias que habitavam o coração das ruas cariocas, abre a canção com os versos antológicos "A lua é gema de ovo no copo azul lá do céu", para depois assumir sua "alma em sinuca" por conta de um amor não correspondido. Outras imagens impactantes como "o beijo é fósforo aceso na palha seca do amor" e "foi o teu desprezo que me fez compositor" encerra uma faixa em que o violão de Macalé, uma elegante percussão, baixo gordo e pratos, embalados pelo arranjo de cordas de Perinho Albuquerque, dão efeito etéreo e onírico ao conteúdo da letra.

Em seguida, o próximo petardo das parcerias ao redor da "morbeza romântica". "Anjo exterminado" é a história de um homem desesperado, mais uma vez solitário pelos apartamentos cariocas, que sobe e desce escadas.. Waly faz com que sua canção desloque a ação do famoso título do filme do diretor espanhol Luis Buñel, *O anjo exterminador*. Aqui, ele é o exterminado, sentindo na carne a passagem de ativo a passivo na lógica da destruição. Ao contrário do primeiro disco, em que Jards preferiu não gravar parcerias com Waly que já eram sucessos na voz de Gal Costa, dessa vez a gravação bem-sucedida de Maria Bethânia no ano anterior não impediu que o compositor fizesse questão de registrar a sua versão. Como um autêntico *crooner* de gafieira, Jards canta com rara beleza essa história de uma espera eterna em que o "moço solitário, poeta bem quisto" fica planejando atitudes e decisões enquanto admira as "janelas sobre a Guanabara" e não pensa mais em nada.

O anjo exterminado, aquele que espera com angústia a mulher independente, agarrado à vã esperança que ela sempre torna ao lar após "as curtições otárias", tem semelhança com outra personagem musical dessa época. Um outro amante agônico que fica em casa aguardando mulheres que varam e vasculham a madrugada. A faixa é "Duas horas da manhã" de Ary Monteiro e, sim, Nelson Cavaquinho, gravada por Paulinho da Viola no disco *Dança da solidão*. Sua história dialoga diretamente com o samba de Jards e Waly ao cantar "qual será o paradeiro daquela que até agora não voltou?".

No que diz respeito à banda, a bateria de Robertinho Silva, o baixo de Luiz Alves e o piano de Aloísio Milanês se juntam ao violão de Jards para uma levada sem freio em que o melhor do Beco das Garrafas se junta ao melhor do *groove* de uma banda de jazz afiada. Roberto Silva é um show à parte, sincopando tudo que pode. O solo de piano de Milanês lembra Luís Carlos Vinhas e tudo vai num crescendo até o final apoteótico. "Anjo exterminado" é mais uma das músicas do disco em que vemos como Jards se torna um novo cantor. Como um carro desgovernado de amor e fel numa ladeira, ele canta de um fôlego só a letra sinuosa de Waly, em zigue-zagues vocais cheios de ginga carioca (como na palavra "otárias" cantada aberta, plena de rua). Uma faixa que, não à toa, se tornou um dos clássicos instantâneos do repertório de Jards Macalé.

A montanha russa de amor e dor segue com a próxima faixa, "Dona de castelo". A terceira da linha de morbeza romântica, o clima agora é o contrário de "Anjo exterminado". Aqui é o fundo do poço, um blues atravessado pelo bolero, em que Jards atinge zonas insuspeitas até então de sua voz. É a segunda faixa em que ouvimos as orquestrações de Perinho Albuquerque, dessa vez com as cordas sublinhando o clima de fossa que corta a letra de Waly. Novamente, a voz masculina leva a pior na história de amor. Amargurado, ele ameaça de forma dramática ir embora. O monólogo, porém, soa como bravata de quem quer testar o amor da parceira "embromadora":

"Diga que perde a cabeça se eu me levantar da mesa e partir antes do final do jogo." A alusão ao baralho e ao jogo faz com que o castelo que fala o título da música seja frágil, feito de cartas equilibradas em uma mesa. Apesar dessa imagem, Waly sempre disse que o "castelo" do título era uma alusão ao antigo nome dado a casas de prostituição. A atmosfera sufocante que a parte instrumental da faixa consegue produzir faz com que "Dona de castelo" seja o sumo da morbeza romântica. Um "amor de perdição" que termina com a chegada desoladora do frio. O canto de Jards, sôfrego, dá por fim o arremate dessa música que poderia perfeitamente ser cantada por Dalva de Oliveira ou composta por Antônio Maria. Quem em 1973, afinal, escreveria ou cantaria um verso como "sobre o borralho da sarjeta chegou o inverno"?

Colada na faixa anterior – a ponto de não constar no encarte nem na capa do disco quando lançado – vem "Estatuto da gafieira", composta por Billy Blanco em 1954 para ser gravada por Inezita Barroso. Jards tinha nove anos de idade quando esse samba se torna sucesso. Sua inclusão no disco mostra como ele estava interessado em um tipo de sonoridade que desse ao conjunto da obra um clima ao mesmo tempo *noir* e malandro, em que a morbeza fosse também parte desse imaginário brasileiro ligado aos bares, gafieiras e pagodes. Tanto que a faixa, tocada o tempo todo apenas pelo violão de Jards, uma caixa de fósforo e uma discreta bateria com escovinha, começa com o cantor avisando que ia "bater um papinho". Com esse papo de gafieira, o herói da morbeza romântica termina o primeiro lado do disco.

O lado B abre com a música que traz o título do disco: "Aprender a nadar", de Eloide Warthon e Barbosa Silva. Mais uma vez, Jards e Waly mostram como sabiam transitar entre repertórios que habitavam o imaginário musical de sua geração. Apesar do título ser, segundo Jards, uma espécie de metáfora a situações repressivas que vivera no período com a ditadura militar e seu sistema de vigilância, prisão e tortura, "Aprender a nadar" também se encaixava como título de um disco que falava basicamente dos encontros e desencontros do amor. O suingue caribenho é mais um resultado genial da banda que Jards monta para a gravação. Anunciando logo na introdução a presença do velho amigo e parceiro de discos e shows – "Tutty Moreno!" – o mambo tem arranjo de metais de Perinho Albuquerque e clima galhofeiro, como uma paródia levada à sério por parte de quem estava tocando e cantando. A faixa se torna uma espécie de fôlego festivo para mais um mergulho no lado sombrio do disco, com a música seguinte: "E daí?"

Em "E daí? (Proibição ilegal e inútil)", composição de Miguel Gustavo, Jards e seus músicos fazem uma faixa soturna, cujo clima da letra – um amante que se declara ao seu par afirmando que nada impedirá a realização do seu amor – ganha camadas políticas no contexto ditatorial de então. Era esse, aliás, o desejo do cantor. Já o título, trazendo a ideia de proibição, falava diretamente com a censura que grassava naquele momento no país e, principalmente, entre os músicos. Ainda no governo asfixiante de Emílio Garrastazu Médici, o samba de Miguel Gustavo composto em 1959 se tornava a contestação aberta de uma voz afirmando que não iria se calar em nenhuma hipótese, mesmo com todas as repressões em curso.

A primeira versão gravada dessa canção foi na voz inconfundível de Isaura Garcia, acompanhada pelo conjunto do famoso tecladista Walter Wanderley em compacto lançado pela Odeon. Maysa e Aracy de Almeida também a gravaram, sempre com uma base de samba cheias de ritmo em seus arranjos. Todo o suingue dessas primeiras versões foi apagado por Jards. Em seu lugar, um surdo solitário abre de forma marcial o início de uma pequena suíte incidental com "Mora na filosofia", de Monsueto Menezes. O arranjo – e piano – de Wagner Tiso, a bateria de Robertinho Silva e o baixo de Luiz Alves reeditavam a amizade feita na época em que o Som Imaginário tocou com Gal Costa e Jards era o diretor musical. A presença da música de Monsueto também é um jogo interessante nos trabalhos passados de Jards, já que na gravação dessa música no disco *Transa*, de Caetano Veloso, ele faz o contrário: é a música de Miguel Gustavo que surge como tema incidental. Notícias dos shows de Caetano quando voltam no verão de 1972 também falam de "E daí?" no repertório da banda. A ideia de gravar essa faixa, portanto, pode ter nascido anos antes, ainda nos ensaios de Londres.

A orquestração de cordas e sopros em "E daí?" fica à cargo de Wagner Tiso, que consegue extrair o clima sufocante presente no canto de Macalé. Zeca da Cuíca pontua os intervalos com seu instrumento, contribuindo para o arranjo soturno. O bumbo em conversa com o baixo marca a canção e prepara a cama para a parte em que Macalé literalmente sussurra no microfone enquanto a música faz um jogo entre crescidas e descidas, até entrar em uma *jam session* acelerada de samba solto, com Robertinho Silva e Luiz Alves produzindo um balanço pesado em meio aos agudos de flautas e paredes de metais ameaçadoras. Se a ideia de Jards era enviar um recado sinistro para censores, certamente conseguiu.

Na sístole e diástole dos climas, Jards enfileira mais uma pérola quase escondida do cancioneiro nacional: "Orora analfabeta", de Gordurinha e Nascimento Gomes. A letra do baiano Waldeck Artur de Macedo, comediante famoso nos anos de 1940, é plena de ironia sobre a pouca intimidade de uma "moça boa lá de Cascadura" com a língua portuguesa. Essa faixa tem relação direta com outras do disco, já que sua primeira gravação foi feita em 1959 por Jorge Veiga, conhecido sambista carioca que, nos anos de 1950, foi responsável, junto a Moreira da Silva, pelo início de um estilo que viria a ser chamado depois de Samba de Breque. Jorge Veiga não só gravou "Orora analfabeta" como também "Estatuto da gafieira" – e com grande sucesso. Além disso, ele era o principal intérprete de Miguel Gustavo, autor que Jards gravou com "E daí?". De alguma forma, *Aprender a nadar* também prega um tributo ao samba de Jorge Veiga, personagem bem similar, aliás, à persona que Jards Macalé construía naquele período e nos anos seguintes.

O arranjo, conduzido pela flauta de Ion Muniz, é mais um em que o clima de samba se instala como se estivéssemos ouvindo um regional em descontraída interpretação. Macalé e seu violão são acompanhados simplesmente por Canhoto no cavaquinho, Tutty Moreno na bateria e Perinho Albuquerque nas chaves e violão. A faixa viraria um hit nos futuros shows de Jards pelo país.

No apagar das luzes do disco, a última faixa da linha de morbeza romântica: o bolero (ou rumba) "Senhor dos sábados". Essa foi a letra que, segundo Waly, detonou toda a concepção do projeto de suas composições seguintes. Aqui, mais uma vez, o amor em extremos, o fervor (atribuído por ele a leituras da história de Santa Terezinha) de uma alma que arde, a vida atravessando "noites em claro" que "não matam ninguém". De novo, como nas outras canções, alguém se encontra em suspenso, louvando e amaldiçoando simultaneamente um amor ausente. Grita por toda parte do edifício, quebra vidraças ("estilhaços de vidro espatifados no chão"), risca nomes em paredes do apartamento, mas nada faz com que seu bem volte cedo. Madrugadas insones. De certa forma, a espera em "Rua Real Grandeza", "Anjo exterminado" e "Senhor dos sábados" é a mesma. Quando será que ela irá chegar? Ou melhor: será que ela irá chegar? Enquanto isso, o amor consome as horas dentro da escuridão do quarto. Só resta ao poeta, como uma Penélope às avessas, desfiar a dor de cotovelo e mastigar entre os lábios todo seu amor para alguém que talvez nunca voltará. A linha de morbeza romântica é a narrativa musical de um corpo contaminado de forma irreversível e delirante pelo bacilo Lupicínio. Waly faz com que a maldição escrita pelo compositor gaúcho em "Nervos de aço" seja o norte de sua epifania: "Eu não sei se o que trago no peito é ciúme, despeito, amizade ou horror, eu só sei que quando eu a vejo me dá um desejo de morte ou de dor." E Jards foi o violão e a voz que transformou isso tudo em um mundo próprio e definitivo. Jards dizia que a interpretação que escolheu para a canção é inspirada na grande amiga e mestra Nora Ney e sua inconfundível forma de cantar temas trágicos como o drama de "Senhor dos sábados".

    O disco, porém, ainda tem um *gran finale*. Novamente com Wagner Tiso, Robertinho Silva e Luiz Alves, Jards grava "Boneca semiótica", parceria inédita que fez com um trio de novos e velhos amigos. Rogério Duarte, Duda Machado e Chacal são autores de uma canção que os demais compositores admitem que foi Rogério quem deu boa parte da contribuição na letra. Para quem conhecia a trajetória de designer e filósofo de Rogério, sem dúvida entende como palavras como "signos", "programadora", "digital e analógica" poderiam parar em um samba como aquele.

Rogério e Duda já eram velhos amigos e parceiros de Jards desde os anos de 1960. Chacal, porém, era a novidade naquele grupo. O jovem poeta tinha acabado de entrar em circulação no meio cultural carioca com o lançamento de seus primeiros livros mimeografados, produtos que eram fruto direto do clima de transformação comportamental e intelectual que a juventude carioca vivia no início da década. Morador de Copacabana, Chacal era presença constante em todos os shows no Shopping Siqueira Campos (onde os teatros Tereza Rachel e Opinião se localizavam) que Jards e Waly participaram de forma direta ou indireta no período. Além disso, a praia das dunas de Ipanema e os demais circuitos culturais como o MAM e casas de Santa Teresa fizeram com que Waly conhecesse o trabalho de Chacal e o incorporasse como parte de uma nova geração de poetas que circulavam na cidade. Em janeiro de 1972, no momento em que Jards retornava ao Brasil, Waly publica na "Geleia geral", coluna de Torquato Neto no jornal *Última Hora*, um texto em louvação a Chacal e seu livro de estreia, *Muito prazer, Ricardo*. Nesse contexto, Chacal tinha feito amizade com Macalé nos papos infinitos da praia e deu ao músico seu primeiro trabalho. Já a parceria, é contada pelo próprio poeta em sua autobiografia *Uma história à margem*:

> Uma tarde cheguei na casa de Macalé, em Botafogo. Estavam ele e Rogério Duarte compondo e me chamaram pra fazer uma parceria ali na hora. Macalé tocou um samba-canção que tinha feito naquele dia. Eu falei: "Samba é sempre a mesma história", pensando em dor de corno, vingança e desejo. Rogério já emendou com "nosso amor morreu na Glória" e foi embora fazendo quase toda a letra. Pinguei uma coisinha aqui, outra ali. Duda Machado, que morava com Macalé, chegou no fim e colocou outra coisinha, e lá ficou a criação coletiva de Rogério, batizada com o nome de "Fantasma da boneca". Depois Waly, cérebro do disco, mudou para "Boneca semiótica". Isso foi em 1972.[61]

---
61 | Chacal, *Uma história à margem*, Rio de Janeiro: 7 letras, 2010, p. 36.

A faixa coletiva do disco seria mais uma em que Jards sugere uma citação como homenagem e jogo com o ouvinte. Ele pede para que Wagner Tiso insira na introdução os acordes de "Insensatez", sucesso de Tom Jobim. A faixa foi lindamente gravada por João Gilberto em seu disco de 1961, feito todo com a presença do compositor no piano e arranjos de cordas. Wagner Tiso fez com que sua introdução, também com cordas, incorporasse a canção de Jobim e desse a ela um acento orquestral que, como em outras músicas do disco, prepara o ambiente para a entrada da voz de Jards Macalé. A homenagem aos dois ídolos não parava aí. A presença de um solitário solo de trombone com surdina pode ser também alusão à introdução da faixa na gravação de João Gilberto.

Encerrando com chave de ouro, Jards faz com que *Aprender a nadar* funcione como uma viagem circular, já que termina com a valsa "Dois corações", a mesma que abre o disco. Dessa vez, porém, quem cantarola seus versos é Lygia Anet, mãe de Jards. Sua voz empostada acaba em risada, fazendo com que o último registro da viagem pela linha de morbeza romântica seja um travo irônico com tudo o que se acabou de ouvir.

≍≍

Mais uma vez, após o disco pronto, Jards precisava aguardar o momento em que a gravadora lançaria o trabalho. A relação de Jards com a Phonogram seguia boa, ao menos no que diz respeito aos recursos utilizados e a possibilidade de fazer parte do maior grupo fonográfico do momento no país. Era um período em que André Midani investia pesado na transformação dos padrões de lançamento e divulgação dos seus artistas. Ele sabia que o perfil do público mais jovem estava mudando e que a situação política do país fazia com que as músicas fossem aos poucos se tornando mais sofisticadas. Nessa época Midani criou, inclusive, um grupo de notáveis que debateriam com alguns de seus artistas as ideias e visões que cada um tinha de seu trabalho. Nomes como Zuenir Ventura, Rubem Fonseca, Nelson Motta e Dorrit Harazim, entre outros, formavam esse grupo de trabalho. Segundo Jards, *Aprender a nadar* foi um disco debatido por membros do grupo a pedido de Midani. Sem a força de um nome construído ainda no período efervescente da década de 1960 – como era o caso de Chico Buarque, Elis Regina, Edu Lobo, Gilberto Gil ou Caetano Veloso –, Jards seguia uma carreira fonográfica que parecia novamente estar começando. A gravação de um disco conceitual (porém com canções populares) como *Aprender a nadar* não destoava de obras muito menos acessíveis lançadas naquele ano, como *Araçá azul*, de Caetano Veloso ou *Milagre dos peixes*, de Milton Nascimento. Pelo contrário, a fusão de sambas antigos e novas composições abria para Macalé um caminho mais amplo do que um nicho específico. Talvez tenha sido a partir do seu perfil eclético e sem amarras que a trajetória de Jards na gravadora seguiu um caminho tortuoso – ampliado com a gravação de *Aprender a nadar*.

Um episódio que colaborou para que existissem tensões entre o artista e os diretores da Philips ocorreu a partir de um tema aparentemente menor frente ao imenso trabalho de estúdio que Jards havia realizado. Próximo do lançamento do disco, a gravadora apresenta ao músico a capa que tinha elaborado. Com uma caricatura desenhada por Nilo de Paula, na qual seus dentes se sobressaem no rosto composto pelos óculos e um boné, Jards simplesmente detestou a proposta da gravadora. Artista que se interessa por todos os detalhes que acompanham seu trabalho musical, ficou irritado com o fato de não ter sido sequer consultado para aprovar o resultado final. Segundo Jards, essa atitude da gravadora fez com que ele acabasse provocando um *happening* criativo em frente aos executivos. Jards conta a história em uma entrevista para Alex Antunes:

> O Lino de Paula (sic), um chargista maravilhoso, fez a caricatura. Mas me mostraram a capa pronta. E eu tinha pedido pra ver antes. Ficou aquela coisa: "Ah, mas agora já está pago, fica difícil" e tal. Então pedi cartolina branca, tinta vermelha, cola, uma caixa de fósforos e um fotógrafo. Botei a cartolina no chão do departamento de arte, lambuzei de cola, joguei a tinta e botei fogo em tudo. Tanto que saíram gritando: "Macalé está botando fogo na Polygram, Macalé está botando fogo na

Polygram." E eu expliquei que não era nada, só estava fazendo a "contra a capa" [risos]. Depois, nas lojas, o disco era exposto virado pra esse lado que eu fiz, não o da frente. Isso foi feito inspirado pelo Hélio [Oiticica], pela Lygia Clark, pelo Rubens Gerchman, pelo Roberto Magalhães [os quatro citados, artistas visuais]. Vendo esse pessoal, você se liberta, não fica só nesse negócio do jabá, da rádio, do mercado, não sei o quê... bum! Você estoura o negócio.[62]

O relato dá o tom de Jards em relação às formas distintas como ele e a gravadora viam o desenrolar de sua carreira. De fato, a contracapa do disco é creditada ao cantor, com realização final de Aldo Luiz. Além da arte brutalista de Jards, logo abaixo lemos a dedicatória referida, aos artistas Hélio Oiticica e Lygia Clark, seguidas das assinaturas de Jards e Waly, como se fosse um documento.

A dedicatória para os dois artistas ocorre no momento em que ambos se encontram fora do país: Hélio em Manhattan e Lygia em Paris. Ao contrário da segunda, que vinha de vez em quando ao Brasil – conhecendo, inclusive, Macalé, Waly e companhia – Hélio não retornava já fazia mais de três anos. A distância acabou por afastá-lo um pouco de Jards, apesar do contato permanente com Waly. Sabia de tudo que se passava na cidade. Em carta para Lygia Clark escrita em 10 de outubro de 1974 (o disco foi lançado em abril daquele ano), comenta com ela o trabalho de Macalé, porém de forma oblíqua: "É legal que você tenha gostado do disco de Macalé; não ouvi também talvez com receio de não gostar (??) e já que é a nós dedicado (!!) estou até hoje adiando; ando bem desinteressado de músicos brasileiros."

Tal recepção desconfiada (típica da fase nova-iorquina de Oiticica com tudo que vinha do Brasil) não abalou em nada a amizade entre ambos ao longo dos anos seguintes. O mesmo ocorre com Lygia Clark que se torna, inclusive, sua terapeuta durante parte dos anos de 1980.

---
62 | Entrevista publicada no site *Ocupação*, Jards Macalé/Itaú Cultural.

O trabalho gráfico do disco ainda traria mais um elemento. O encarte, feito com esmero por Jards e Waly, foi fruto de uma parceira com o amigo e vizinho Luiz Carlos Lacerda, o Bigode. A partir dos fotogramas de um filme super-8 intitulado "Kakodddevrydo" e fotografia de Rogério Noel, o encarte fazia do cinema a linguagem subjacente ao projeto. A presença de Bigode e do cinema no resultado final de *Aprender a nadar* apontam para outro trabalho que Macalé realizou no final de 1973 e que o marcou profundamente: sua participação na trilha sonora e no elenco de atores de *Amuleto de Ogum*, filme de Nelson Pereira dos Santos.

Junto com Nelson e Bigode, outra pessoa ligada aos filmes do diretor mais experiente do Cinema Novo era Ana Miranda. Ana era atriz dos filmes de Nelson e amiga de Bigode. Através de amigos em comum como Vera Barreto Leite, Jards conhece Miranda fazendo com que ele se aproximasse ainda mais da família de atores ao redor de Nelson. A frequência na vila da rua Teresa Guimarães estreitou o contato. De alguma forma, o disco gravado em 1973, encerrava o ciclo de parcerias e vivências que Jards iniciara com a guinada de "Gotham City" e do trabalho ao lado de Gal e Capinam em 1969.

Jards diz que foi com o cinema que se redescobriu performer e, principalmente, músico. Suas experiências anteriores tinham sido restritas à trilha sonora. No final de 1973, ele inicia uma nova frente de trabalho se tornando também ator. O primeiro filme em que aparece nas telas foi *Amuleto de Ogum*, longa-metragem de Nelson Pereira dos Santos. Filmado no verão de 1973 para 1974, só estreia nos cinemas em 1975, provocando mais um deslocamento de tempo na trajetória criativa de Macalé. As gravações marcaram o artista através do contato que passou a ter com Nelson. A amizade chega a tal ponto que, em uma troca de papéis, o diretor faz coro em "Classificados", faixa extra das sessões de *Aprender a nadar* não incluída no disco.

Diretor de longa estrada no cinema de sua geração, Nelson já tinha um extenso currículo quando se aventurou em contar a história do filho de santo com o corpo fechado em meio aos conflitos de bandos armados e políticos em Duque de Caxias, na Baixada Fluminense. De alguma forma, o trabalho do diretor já tinha impacto na vida de Jards, mesmo de forma indireta. Em *Rio 40 graus* e *Rio Zona Norte*, Zé Keti e Grande Otelo estavam entre os atores e ambos seriam amizades marcantes na vida do músico. O universo popular que Nelson incorporou em seus filmes tornou-se referência para toda a geração de artistas na década de 1960. Nascido em 1928, Nelson era bem mais velho que os jovens nascidos no início dos anos 1940, como o próprio Macalé, além de Glauber Rocha, Cacá Diegues, Joaquim Pedro de Andrade, Leon Hirszman e outros jovens diretores que formaram o grupo batizado de Cinema Novo.

Foi, porém, através de um novíssimo cinema brasileiro que Jards se conectou ao universo de Nelson Pereira dos Santos. Como dito anteriormente, o amigo Luiz Carlos Lacerda inicia com o longa *Fome de amor*, de 1967, um duradouro trabalho de assistência de direção para Nelson. Em 1970, filmam em Paraty *Como era gostoso meu francês...* Nessa época, uma notícia no *Jornal do Brasil* diz que Macalé fez a trilha sonora de um curta-metragem ("em fase final de realização") de Lacerda, dedicado à obra do poeta piauiense Mário Faustino – o nome seria *O homem e sua hora*. O projeto em comum, além da vizinhança, mostra a aproximação que Jards e Lacerda criaram ao redor do cinema.

Quando foi convidado para participar de *Amuleto de Ogum*, Nelson tinha pensado em Jards fazer o que era seu costume: a trilha sonora do filme – que, aliás, foi feita. Durante as filmagens, porém, o diretor encontra um papel na medida para o artista e faz de Jards um violeiro cego, cuja participação abre e fecha a história. Espécie de cruzamento entre exu e cantador, sua participação é marcante e transforma da noite para o dia Jards em ator. Apesar da breve participação em Londres no psicodélico *Demiurgo* de Jorge Mautner, só com Nelson, Jards experimenta um verdadeiro set de filmagem, em meio a atores, técnicos, câmeras e principalmente um diretor que tinha um jeito único de conduzir os trabalhos. As equipes de Nelson formavam verdadeiras famílias, na qual Jards se integrou por alguns anos. Anecy Rocha, sua amiga desde os tempos de convívio com Maria Bethânia, também participava do filme, o que fez tudo ficar ainda mais familiar.

O universo que Nelson Pereira aborda em *Amuleto de Ogum* (batizado inicialmente de *Amuleto da morte*) era um mergulho inédito do cinema brasileiro nos mistérios da umbanda. Por conta disso, Jards, como o personagem que incorporou, fechou o corpo em terreiros na baixada. Além desse tema quase tabu – afinal, o diretor tinha uma sólida formação no Partido Comunista brasileiro e, por conta disso, a religião não era um assunto bem visto – o filme mergulha no submundo do crime da Baixada Fluminense, terra em que políticos temidos como Tenório Cavalcanti e os Esquadrões da Morte davam o tom de violência no imaginário local. Por ser tratar de uma saga sobre migrantes nordestinos em Caxias (a Baixada sempre foi um espaço de migração para as populações do Nordeste), o universo do violeiro cego, como o famoso repentista cearense Cego Aderaldo, é incorporado com perfeição por Macalé. Ele é o primeiro a surgir em cena na tela, tateando a rua com sua bengala e seu violão. Acossado por três arruaceiros que o agridem e forçam-no a cumprir o papel de contador, ele topa o desafio e anuncia "uma história que aconteceu de verdade que eu inventei agorinha: *Amuleto de Ogum*". Logo a seguir, o filme se desenrola até o fim, quando o cego é assassinado pelos malandros. O cego Macalé, porém, se torna um espírito justiceiro e, ao ressuscitar como entidade, executa os mesmos que tentaram assassiná-lo.

Na trilha, Jards mescla o som de trens e trilhos, a bateria versátil de Edson Machado, pontos de umbanda, além de temas de violão compostos para o filme, de músicas suas (a maioria já gravadas em *Aprender a nadar*, como "Senhor dos sábados" e "Mambo da Cantareira") e de outros compositores brasileiros ("Esse cara", de Caetano Veloso na voz de Maria Bethânia, por exemplo) e internacionais. Uma das locações do filme – uma boate cujo gerente era Madame Moustache, interpretado por Luiz Carlos Lacerda – fazia com que Macalé pudesse alternar baladas *disco* da época com a gravação de *"Angie"* dos Rolling Stones. O filme termina com o cego "cantando" a parceria de Macalé e Waly, "Revendo amigos". A faixa, porém, foi gravada por Jackson do Pandeiro especialmente para o filme de Nelson Pereira. Macalé sempre diz que teve "a honra de dublar" o cantor pernambucano.

Em meio a esse trânsito eclético de sons, na trilha de *Amuleto de Ogum* vemos o embrião de algumas ideias que Jards desenvolveria durante a concepção de *Contrastes*, disco que gravou em 1976. Numa sequência em que Ney Pereira e Anecy Rocha (atores de *Amuleto*) visitam a família nordestina dela em São Paulo, ouvimos os atores cantando "Candeeiro" de Luiz Gonzaga. Logo depois, os dois dançam ao som do xote "Sim ou não", de Geraldo Gomes Mourão (irmão de Jackson do Pandeiro). A música e todo o clima nordestino dessa cena serão retomados na gravação, um dos pontos altos do futuro disco.

A parceria com Nelson Pereira dos Santos seguiu firme dois anos depois, quando Jards é convidado para atuar em *Tenda dos milagres*, filme baseado na obra homônima de Jorge Amado. Mais uma vez, Jards foi responsável pela trilha do filme, ao lado da música-tema "Baba alapalá", a cargo de Gilberto Gil (gravação, aliás, retirada do show de Gil no Festival de Arte Negra da Nigéria, realizado em 1977). Nesse filme, Ana Miranda era uma das três assistentes de Nelson Pereira e estava com o filho Rodrigo, cujo pai era o ator Arduíno Colassanti e muito ligado a Jards.[63] O convite fez com que o músico mergulhasse por meses no universo sonoro baiano (na companhia muitas vezes de Tuzé de Abreu e Perna Fróes), descobrindo instrumentos banidos como o batacotô (palavra oriunda do ioruba que designava um tambor utilizado no século XIX para convocar revoltas de escravizados na capital baiana), visitando terreiros e arquivos ou conversando com músicos populares nas feiras e ruas do Pelourinho.

O mergulho sonoro também era um laboratório de ator. No novo filme de Nelson Pereira, Jards ganha um surpreendente papel principal e entra de cabeça na vida de Pedro Arcanjo, herói do romance. Apesar disso, Jards atua apenas em parte do filme, quando

---

63 | Nos créditos do filme o nome de Ana Maria Miranda aparece como assistente de direção. Na biografia de Helena Salem, intitulada *Nelson Pereira dos Santos: o sonho possível do cinema brasileiro*, a ficha técnica do filme indica, porém, que Ana Miranda trabalhou na continuidade.

o personagem é jovem. Mesmo assim, sua participação não passa desapercebida na época, gerando vários elogios.

A participação em *Tendas dos milagres* é que faz com que, pela primeira vez, o público pudesse ligar Jards ao tema racial no país. Visto muito mais como um mulato (nos termos da época) do que como preto, o tema do racismo fora até então eclipsado em sua obra. Fazendo um personagem importante na história da luta antirracista brasileira, Jards convive intimamente com o universo preto de Salvador. Para interpretar Pedro Arcanjo, ele ostenta um pequeno bigode em um rosto (e corpo) macérrimo. Quase sempre de terno branco, o ator faz com desenvoltura um personagem que transitava entre a malandragem dos bares e prostíbulos, os terreiros de candomblé e a faculdade de medicina.

Apesar de Jards ter feito diversas cenas de Pedro Arcanjo jovem, a longa convivência em Salvador durante o segundo semestre de 1975, os conflitos no set e o excesso de trabalho fez com que ele largasse as filmagens antes do fim. Com esse evento inesperado, o diretor precisou se virar para encontrar um novo ator e continuar a filmagem (o outro Pedro Arcanjo foi interpretado por Juarez Paraíso). Em uma das versões contadas por Jards, o motivo do afastamento foi uma briga com o diretor ("puxei uma faca pra ele" – na verdade um canivete automático que ele arrancou da mão de um moleque no pelourinho). Na hora da demissão, Jards ainda lembra que uma telha de um dos velhos sobrados da área cai em cima do seu carro. A briga se deu, segundo Macalé, pela reivindicação para sair do filme e se dedicar apenas à trilha. Em versões da época durante o lançamento, porém, Jards afirma que a mudança de atores foi apenas uma ideia de Nelson Pereira, devido a dificuldade dos maquiadores de envelhecê-lo para o papel.

Apesar desse desencontro, Jards sempre fez questão de frisar que Nelson Pereira dos Santos foi um dos seus grandes mestres – e dileto amigo pelo resto da vida. A oportunidade de conviver com o diretor em atividade no set de filmagem, na ilha de edição e nos bares e resenhas após os trabalhos causou um impacto criativo na obra de Macalé. Ele lembra com carinho das tardes em que frequentava a casa de Jorge Amado, vendo o escritor trabalhar na máquina a adaptação do livro para roteiro cinematográfico. Nelson Pereira ficava na sala, andando e "vendo o filme na cabeça" enquanto Macalé ficava fazendo a trilha na hora, em improvisos. Jards diz que a partir do envolvimento com a temática do filme e com o personagem, adotou provisoriamente o K na grafia de seu nome.

Ele também aprende com Nelson seu estilo de direção, sabendo improvisar nas adversidades e a tirar o melhor de cada um. Com ele, o músico diz que entendeu como conduzir um trabalho coletivo com harmonia (a gravação de um disco, por exemplo) e manter uma equipe motivada. E aprendeu, principalmente, a pensar cada vez mais sua obra em diálogo com o cinema.

Na verdade, o cinema sempre esteve na cabeça de Jards, mas após o trabalho com Nelson ele viu na prática o que suas intuições poéticas sugeriam. Se observados com atenção, alguns dos seus discos funcionam como montagens. São os casos principalmente dos dois discos gravados durante os contatos com Nelson: *Aprender a nadar* e *Contrastes*. A cabeça do artista trabalha muitas vezes por edição, criando cortes abruptos e fusões, alternando ritmos e planos. Além disso, os shows tornavam-se, cada vez mais, verdadeiros recitais em que Jards atravessava diferentes personagens para cada canção que apresentava. Sua paixão desde criança pelo cinema fez com que ele se envolvesse com a sétima arte de muitas formas ao longo da vida: atuando, filmando em super-8, compondo trilhas, sendo personagem de documentário, imaginando longas-metragens nunca realizados. O próprio Jards pensa a presença do cinema na sua obra não como uma exceção, mas no bojo de outros trabalhos de sua geração: "É porque todo mundo era justamente isso, todo mundo tava interessado por cinema, ou por música, ou por teatro. Pelas manifestações das artes plásticas. Todo mundo interessado por tudo." O artista, porém, arremata o raciocínio definindo o carro chefe desse "interesse por tudo": "O cinema é o grande colonizador, né?"[64]

Assim como a trilha de *Amuleto de Ogum* traz em uma das cenas a canção "Sim ou não" presente três anos depois em

---

64 | Conversa com o autor, em 20 de dezembro de 2018.

Contrastes, em *Tenda dos milagres* Jards aproveita para o disco da Som Livre as peças instrumentais "Choro de Arcanjo" (tocada na hora em que Pedro Arcanjo falece num prostíbulo), "Rancho de Kirsi" e "Ojuobá Bá-Ô". Também ouvimos em uma cena de bar, ao fundo, "*Rebel Music*", canção de Bob Marley, para, no mesmo bar em cena posterior, ouvirmos "Negra melodia", um *reggae* em parceria com Waly Salomão, e que entrou no repertório do próximo disco. Esse contraponto entre o *reggae* de Marley e o *reggae* de Macalé/Waly marca bem a matriz de diáspora que o músico captou na feitura da trilha. Era o momento em que Gil lançava *Refavela* e que a *Black Rio* surgia como movimento cultural e político da causa preta no país (Movimento Negro Unificado). Não à toa, a banda de Oberdan Magalhães, Barrosinho e outros, fora batizada justamente de Black Rio e acompanhava nesse período o grande amigo de Jards, Luiz Melodia, em *Maravilhas contemporâneas*, disco decisivo para a sonoridade brasileira daquela época. Ouvindo as trilhas que Jards montou para os dois filmes de Nelson Pereira, portanto, percebemos que ambos funcionaram como laboratórios para a formação de um novo repertório após a travessia de *Aprender a nadar*.

308 ➤ Direitos humanos no banquete dos mendigos

Desde a adolescência, o mineiro Xico Chaves fez parte do movimento secundarista em Brasília. Em 1967, já era presidente de um dos diretórios da Univerdade de Brasília (UnB), onde estudava na Faculdade de Ciência da Comunicação. Xico se formou – na universidade e na vida – durante o período em que a polaridade entre a esquerda ortodoxa e as primeiras manifestações da contracultura se instalavam como debate incontornável na prática política de uma geração. Na UnB, convive com os últimos remanescentes do desmonte da universidade perpetrado pelo golpe civil-militar de 1964. Ele foi testemunha ocular de uma das muitas invasões que ocorrem no campus durante o ano de 1968. Após a instalação do AI-5, passa um breve período longe de Brasília (morando em Niterói). Ao retornar à capital, ele vai estudar no Centro de Ensino Unificado de Brasília (CEUB), onde se aproxima ainda mais de novas linguagens e ideias artísticas experimentais (como o uso de mimeógrafos, por exemplo). Foi nessa nova faculdade que Xico fundou com amigos A Tribo, um coletivo de arte que chegou a reunir, no início dos anos de 1970, mais de trezentas pessoas.

Em 1972, Xico casa-se com Flor Maria, chilena, e consegue viabilizar sua saída do país se instalando em Santiago. Querendo levar para a viagem um disco brasileiro que trouxesse algo de novo, vai a uma discoteca da cidade e resolve comprar um trabalho recém-lançado. A escolha recai sobre o primeiro álbum de Jards Macalé. O nome fez com que Xico lembrasse de uma apresentação de Jards em Manaus, durante 1969, assistida pela TV e que o marcou profundamente. A escolha do disco, segundo o próprio, se deu porque: "Tinha o pop, o rock, tinha uma experimentação que jamais ia tocar no rádio naquele período. Aí eu lembrei dele. Olha o que vai acontecer. Eu fui pro Chile e levei esse disco. Esse disco rolou entre o pessoal de contracultura lá, tinha um grupo grande de gente de todo o lugar do mundo."[65]

No Chile, Xico mergulha de cabeça no caminho de uma militância transgressora que aliasse arte e política. Sua trajetória no

---

65 | Entrevista concedida ao autor, no dia 18 de janeiro de 2019.

país, porém, é interrompida com a percepção de que tudo caminhava para o brutal golpe ocorrido no dia 11 de setembro de 1973. Até então um espaço possível de ação, a situação na capital chilena se torna insustentável. Poucos dias antes do fatídico 11 de setembro, ele retorna ao Brasil com uma extensão universitária em Tecnologia do Som e Teoria da Comunicação pela Universidade do Chile. O voo de volta, em um avião da FAB, teve a companhia ilustre de um amuado Geraldo Vandré, de cabeça raspada.

Após um breve período descansando (e se escondendo) na fazenda de um tio em Mato Grosso, Xico resolve que chegara a hora de arriscar a sorte no Rio de Janeiro. Após aterrissar na cidade, decide procurar amigos próximos e não os acha em lugar nenhum. Era o período dos sumiços, autoexílios e de um imenso silêncio – exatamente a cidade das janelas vazias e da "morte rainha" cantados por Macalé no disco de 1972. Um encontro por acaso, porém, abre novas portas para Xico Chaves. Na Praça Nossa Senhora da Paz, em Ipanema, ele cruza com uma antiga amiga chamada Zilda. Segundo Xico, foi ela quem o levou até a famosa casa na Travessa Teresa Guimarães:

> A Zilda me levou na Teresa Guimarães. Aí que vai entrar o Macalé. A Casa 9. Aí eu chego lá, eu não tinha onde ficar, e fiquei lá num quarto. Dormi esse dia lá e no dia seguinte aquela galera começa a chegar, né. Waly Salomão, o Bigode, Sônia Braga… Aí na noite do dia seguinte eu tava na cozinha, né, e papo de cozinha é sempre genial. Aí eu tava sentado na pia e ouvi um som assim. De repente abriu o armário da cozinha e saiu lá de dentro um magrelo assim. Sentou do lado e a gente começou a falar sobre o Chile, disco voador, um monte de coisa. Aí fui dormir e no dia seguinte me acordaram me chamando pra sair. Aí a gente pegou um táxi, eu, esse cara, a Ana Miranda e mais um outro que eu esqueci o nome. "Ah, a gente vai na Polygram pra ver a capa do segundo disco do Macalé". Aí eu falei "Cara, você que é o Macalé?"[66]

---
66 | Idem.

Com esse encontro inesperado, Jards conheceu seu mais novo parceiro para a vida. Xico Chaves se tornou não só amigo fiel, como também letrista com uma série de parcerias que se iniciaram ainda nos anos 1970 e tiveram na década seguinte seu auge. Nesse primeiro momento, em 1973, Xico rapidamente entra no cotidiano de Jards Macalé e Ana Miranda, se tornando parte de uma das empreitadas mais ousadas da carreira do músico carioca: *O banquete dos mendigos*.

A história desse concerto (e disco) é feita de uma série de eventos que transformam uma ideia quase irônica de Jards Macalé em um ato político e um dos maiores momentos da música popular no enfrentamento do regime civil-militar que comandava o país. Após gravar *Aprender a nadar*, a Polygram (novo nome da Philips após a Phonogram) demora meses para lançar o disco. Além do atraso, episódios de embates em torno de direitos autorais e da capa do novo álbum azedaram de vez sua relação com os executivos da gravadora.

Após as gravações em setembro de 1973, portanto, Jards ficou em suspenso, aguardando o trabalho ser posto na rua para poder circular com o novo show e usufruir de toda a mídia que um lançamento de disco promovia até então. A demora do disco e a ruptura iminente com a gravadora fizeram com que Jards pensasse alternativas para que a carreira – e o sustento – não secassem. A saída que encontrou, bem ao seu estilo, foi promover um show em "autobenefício". Aproveitando que muitos concertos eram feitos em prol de entidades ou viabilizando ajuda financeira para pessoas prejudicadas pelas condições adversas do período (ele era um dos músicos que mais atuavam nesse tipo de colaboração), Jards viu a oportunidade de jogar com o formato político e transformar a si mesmo em uma causa para ser defendida. Por uma série de coincidências, porém, o que era a tentativa de pagar o aluguel se transformou na criação do *Banquete dos mendigos*. O show despretensioso que Jards planejara acaba sendo realizado no MAM-RJ, em dezembro de 1973, e se torna uma epopeia envolvendo a ONU. Em um depoimento sobre o evento, fornecido a Marcelo Fróes, Jards resume o ocorrido:

Era uma época difícil. Tinha acabado de lançar meu disco *Jards Macalé* e me desentendi com a gravadora. A relação tornou-se difícil e minha condição econômica estava precária.

Na época vários artistas se reuniam fazendo shows beneficentes para entidades ou colegas em dificuldade política. Participei de vários. Pensei em fazer um show em meu benefício como atitude de humor, denúncia e necessidade.

Passei a procurar local para a sua realização. Fui ao Museu de Arte Moderna do Rio de Janeiro (MAM) e conversei com meu amigo Cosme Alves Neto, então diretor da Cinemateca do MAM, e perguntei se havia a possibilidade de usar o museu como local do evento. Haveria uma mostra da ONU comemorando o 25º aniversário da Declaração Universal dos Direitos Humanos, e ele propôs aliar o show a este momento.

Na época, no Brasil a expressão "Direitos Humanos" era tida como palavrão pelo regime do governo militar de então. Cosme apresentou-me ao diretor do Centro da ONU no Brasil, Antonio Muiño, e à diretora do MAM, Heloísa Lustosa. Ambos se entusiasmaram com a possibilidade da junção do espetáculo à comemoração da ONU.

Propus ao meu amigo, o poeta Xico Chaves, que encarássemos juntos a tarefa de produzir e dirigir o show, o que foi realizado sem nenhuma preparação ou ensaio. Procurei alguns colegas, compositores e/ou músicos de várias vertentes da música brasileira e, pessoalmente, os convidei para participar da manifestação. Uma vez aceita a proposta, enviamos ao departamento de censura a relação de músicas que seriam apresentadas, e este, para inviabilizar o espetáculo, cortou 70% do roteiro.

Mesmo com essa limitação, realizamos o espetáculo denominado *Direitos Humanos no banquete dos mendigos*, em 10 de dezembro de 1973, gravado clandestinamente pelo nosso engenheiro de som Maurice Huges. Posteriormente, eu e Xico Chaves, de posse das fitas, rodamos as gravadoras para registrar em disco esse momento histórico. Montamos um álbum duplo em vinil e sua veiculação foi proibida em todo o território nacional por cinco anos, só sendo liberado em 1979.[67]

Esse depoimento é a síntese de uma série de peripécias que acompanhou Jards, Xico e os demais colaboradores durante a idealização e realização do evento. O espetáculo – ou manifestação, como ele chama – ocorre em dezembro de 1973. Apesar de já ter gravado *Aprender a nadar*, Jards talvez não se refira ao disco porque o trabalho ainda não estava na praça. A época de vacas magras era decorrente da falta de shows e, após assumir a carreira solo, dos poucos trabalhos como músico. Eram raras as oportunidades, como a trilha para a peça *O que mantém o homem vivo?*, de Bertolt Brecht, com produção do Grupo Teatro Vivo (com Renato Borgi e Esther Góes). As músicas eram de Kurt Weill e Macalé. Esse trabalho, apesar de breve, é importante na trajetória de Jards pois cria o laço definitivo com a obra do dramaturgo alemão, iniciado com "Poema da rosa", musicado por Jards em 1969. Poucos anos depois, em *Contrastes*, ele gravou pela primeira vez a canção na tradução de Augusto Boal.

Colaborações pontuais como essas, porém, não mantinham seu sustento. Jards sabia que a estratégia autobeneficente era uma jogada tanto arriscada quanto ácida. Aliás, típica de quem sempre transitou entre o humor, a denúncia e a necessidade. Dessa vez, não seria diferente. Era um período em que sua persona pública começava a se afirmar por paradoxos – ora um hippie das *Dunas do barato*, ora um ator em um filme de Nelson Pereira dos Santos, ora um exímio cantor de samba-canção, ora parceiro de Brecht, ora de Waly Sailormoon.

A ironia política do show para beneficiar a si mesmo, apesar de provocadora, rapidamente é abandonada em prol de algo radicalmente diferente. Foi o contato pessoal com Cosme Alves Neto

---

67 | Depoimento de Jards Macalé à Marcelo Fróes, publicado no encarte da caixa de CDs *Direitos Humanos no banquete dos mendigos*, lançado em 2015 pelo Selo Descobertas.

em busca de um palco que acabou inserindo-o em uma ação política de proporções internacionais. Essa ponte formada nos meios culturais da cidade – afinal, a Cinemateca do MAM sempre foi um ponto de encontro e referência para artistas da cidade desde meados da década de 1960, justamente na administração de Cosme Alves – fez com que Jards oferecesse ao amigo um show em nome próprio e saísse com um show em nome da ONU. O evento pessoal é transformado numa comemoração coletiva dos vinte e cinco anos da carta de Direitos Humanos da ONU no Brasil – e em plena ditadura do governo Médici. A contraproposta do diretor da Cinemateca foi direta: se o museu tinha na programação uma exposição envolvendo o tema, por que não organizarem um show? A inteligência de Cosme em articular a ocupação de Macalé com a programação do Museu de Arte Moderna instalava uma visão política inerente ao ato individual, impedindo Jards de ser o único beneficiário da iniciativa. Dessa vez, a necessidade e o humor deram lugar à denúncia, exclusivamente.

A conversa com Cosme conectou Jards à Heloísa Lustosa, diretora do MAM no período, e Antonio Muiño, espanhol e diretor do Centro de Informações das Nações Unidas no Brasil. Seu empenho em realizar a exposição em comemoração aos 25 anos da Declaração dos Direitos Humanos era parte de um esforço maior, envolvendo outras atividades no período. Um artigo (com trechos censurados) publicado no *Estado de São Paulo* no dia 8 de dezembro de 1973, isto é, dois dias antes do *Banquete*, anunciava o representante da ONU na Câmara Municipal de São Paulo em sessão especial promovida pelo Instituto Brasileiro de Direitos Humanos. Antonio tinha 43 anos e havia assumido o novo cargo há poucos meses – mais precisamente, em outubro daquele ano. Segundo declarações suas para o *Jornal do Brasil*, até então ele achava que o Brasil "é um dos países que mais fielmente procuram cumprir os preceitos contidos na carta da ONU". Mesmo com tamanha declaração controversa – ou diplomática – no período violento que o país atravessava, Muiño chancela o show. Após a realização do *Banquete dos mendigos* e seus desdobramentos, provavelmente ele muda de ideia sobre o governo brasileiro. Antonio Muiño fica no cargo da ONU no Brasil até 1976.

Já Heloísa Lustosa assumira a direção do MAM no início de 1973. Nome da alta sociedade carioca, filha do político mineiro Pedro Aleixo e testemunha de quando seu pai foi impedido de assumir o governo em 1969 após o general Artur da Costa e Silva ser acometido de uma trombose, ela chegava à direção do museu em um período especialmente difícil para a arte brasileira – e para o museu, em consequência. Problemas financeiros se tornavam constantes e o MAM vivia através de uma série de recursos extras, oriundos do restaurante, dos estacionamentos, da cantina. Esse foi o interesse de Jards no início, de aluguel de seus espaços para eventos. No primeiro semestre daquele ano, o museu ficou alugado para um grande evento da Câmara Internacional do Comércio. Heloísa buscava divulgar as dependências do museu de variadas maneiras e talvez tenha pensado que um show de Jards Macalé e grande elenco poderia ser uma boa visibilidade para sua instituição. Ou simplesmente ela tenha tido o desejo de demarcar politicamente o espaço que o MAM representava naquele momento do país.

Ao ser convidado para organizar o show que juntasse o MAM e a ONU ao redor da Declaração dos Direitos Humanos, ficava evidente o tamanho do desafio do artista. Como falar de um documento que tocava diretamente nos temas da tortura, da liberdade de expressão, do direito de ir e vir e outros pontos no mínimo sensíveis para o período político do país? E mais, como promover um concerto ao redor de tal tema sem serem acusados de organização de protesto político? Para uma empreitada tão delicada quanto desafiadora, Jards se juntou com o grupo de amigos mais próximos no momento e montou uma usina de trabalho em sua casa. O recém-chegado Xico Chaves assumia o posto de coordenador geral, tornando-se um faz tudo do evento. Ana Miranda e Flor Maria, respectivamente parceiras de Jards e Xico, fecharam o quarteto que movimentou o necessário para o show acontecer. A participação desse grupo – e não de amigos de outros tempos, como Capinam, Duda Machado ou Waly Salomão – pode ser explicada tanto pelas mudanças que vinham ocorrendo na vida de Macalé quanto pelas circunstâncias nas vidas de seus antigos parceiros. Waly, por exemplo, estava de partida para Nova York nesse período. Em entrevista para o autor, Xico Chaves conta como ele acabou se tornando peça fundamental na armação do *Banquete*:

> Vou explicar o que aconteceu. Eu consegui um subsolo em Santa Teresa, pra morar. Um apartamentozinho. Aí eu ampliei aquilo com tábua e ficou um *loft* enorme. E não sei por que cargas d'água que eu comecei a organizar espetáculos de música em lugares alternativos desativados. Fizemos um circuito aberto de música brasileira. Juntando, por exemplo, Cartola com Macalé, Ademir Fonseca com Sérgio Sampaio, Naná com não sei quem. Sempre um cara mais velho com um cara novo. Então todo mundo topava fazer, não tinha dinheiro na história. Era produção alternativa. Aí eu ganhei um espaço no *Globo*. Então me deram uma coluna pra escrever sobre equipamento de som debaixo do Nelson Motta. Chamava "Circuito integrado". Aí eu fiz um mapeamento no *Globo* de como fazer uma produção independente. E aí começou a sair produção independente uma atrás da outra. Pegaram o modelo e fizeram. Tipo de equipamento, como organizar. Aí virou uma febre.
>
> E aí o Macalé brigou com a Ana Miranda. Isso tudo em 1973. Isso tudo ocorreu em dois, três meses. Tava todo mundo miserável. Aí a Ana Miranda foi morar num quartinho que eu tinha lá pendurado no morro. E ela pintava umas imagens assim meio infernais. Mulheres de chifre, nuas, no meio da lama. E o Macalé acabou acampando lá, né, pra não dar mole.
>
> Aí vinha todo mundo. Milton Nascimento de porre. Lô Borges tomando cachaça o dia inteiro... E a *Nuvem cigana* ali do lado, um pouco acima. Eu apresentava os shows também falando poesia, misturava. E atravessavam noites. E o Macalé na pior também. Todo mundo Durango Kid. Raul Seixas também. Paulo Coelho... O Macalé ficava acampado lá. Aí nessa ele resolveu fazer o show autobeneficente pra poder levantar uma grana

pra sobreviver. Aí veio toda a história do *Banquete dos mendigos*. Eu tenho até o papel carbono com o texto do release. A gente ali bolou a estratégia pra fazer um show alternativo.[68]

Mesmo sendo novo na cidade, Xico rapidamente se enturma no meio musical carioca e passa a ser um dos articuladores de pequenas cenas musicais, além de propositor de encontros que apontavam caminhos independentes naquele período difícil. Somando a falta de grana com as instabilidades pessoais que muitos atravessavam, a organização do show no MAM seria ligada diretamente a essa célula de amor e trabalho que unia Jards, Ana Maria Miranda, Xico e Flor Maria. Entre Botafogo e Santa Teresa, ocorreram as reuniões para arregimentar convidados. A lista de nomes que participam traz amigos de diferentes épocas de Macalé, antigos parceiros de palco e papo, além de nomes surpreendentes para o tipo de show. Ela é também uma prova inconteste do poder de articulação do artista, com capacidade de produção raramente associado ao seu nome.

Xico Chaves conta que foi o próprio Macalé, munido apenas de um telefone, que convidou todos a partir de afinidades e do que ele achava que seriam trabalhos relacionados ao desafio do show. Dos amigos do peito, vieram Paulinho da Viola, Gal Costa, Luiz Melodia e Jorge Mautner. Dos amigos de palco e gravações, vinham Edison Machado, Pedro Santos "Sorongo" e Soma (banda de Bruce Henry, que tocou com Jards em seu primeiro compacto pela RGE em 1969). Dominguinhos estava tocando com Gal Costa nos shows de lançamento do disco *Índia* e também embarca, assim como o novato Gonzaguinha, além de Raul Seixas, outro que despontava naquele período com o disco *Krig Ha, Bandolo*. Chico Buarque (com o MPB4) e Edu Lobo eram os pesos pesados dos anos 1960 ao lado de Milton Nascimento, um dos frequentadores dos encontros na casa de Xico Chaves em Santa Teresa. Por fim, a nobreza bossa-novista de Johnny Alf fechava o time escalado.

Montado o grupo, Jards diz que ocorreram debates acalorados e empolgados a respeito dos artigos da Carta de Direitos Humanos

---

68 | Entrevista concedida ao autor, em 18 de janeiro de 2019.

que deveriam ser lidos entre as apresentações. Essas reuniões, algumas feitas inclusive na casa de Chico Buarque, ocorriam motivadas por um evento totalmente diferente de festivais ou de programas de televisão. Elas juntavam músicos que estavam ali não através de contratos de gravadoras ou ofertas de empresários, prestes a se apresentar em um palco improvisado sob o risco de resultados nefastos para suas vidas profissionais e pessoais. Afinal a possibilidade de realizar um show com teor político junto a um órgão multilateral e internacional como a ONU abria uma brecha inédita e, ao mesmo tempo, perigosa para todos. Nas fotos dos shows, da plateia e dos bastidores com músicos reunidos e conversando, é possível sentir a tensão nos semblantes. De qualquer maneira, após a definição do repertório, todas as canções foram submetidas à censura que, como conta Jards, vetou quase 70% do apresentado. Seja como for, o resultado ainda assim foi espantoso.

Como seria um show ao vivo, de noite única, e dentro do Salão Nobre do MAM (a imensa sala no segundo andar do Museu, logo quando saímos da escada que a liga ao foyer), os preparativos deveriam ser certeiros. Sem anúncios em jornais – um único e breve registro no dia 9 de dezembro de *Diário de Notícias* comenta o "show beneficente" em prol do próprio Jards Macalé, intitulado erroneamente de *Poeira das estrelas*, a matéria anuncia presenças que não constaram no final da programação, como Gilberto Gil, Jorge Ben e Sérgio Sampaio – a divulgação foi feita mais por boca a boca e distribuição de panfletos. Mesmo assim, o público lotou o espaço com estimativas de mais de 3 mil pessoas. Todos sentados e aglomerados diante do palco improvisado em frente ao paredão de concreto. Ao fundo, uma bandeira da ONU (mal) arrumada na última hora dava o tom "oficial" ao espetáculo.

A preparação política também foi delicada, porém foi possível que o poeta e tradutor Ivan Junqueira, então Assessor de Imprensa do Centro de Informações das Nações Unidas, lesse trechos da Carta homenageada. Ironicamente, ou não, a Carta dos Direitos Humanos foi enviada para a Censura Federal e retornou, obviamente, cheia de vetos – prontamente desobedecidos. Procedimento, aliás, que também ocorreu com as músicas censuradas. A decisão de Jards e dos demais músicos foi tocar o que quiserem. E pagar pra ver. Xico Chaves conta alguns ocorridos dos bastidores que davam o tom do evento, entre a resistência e a loucura das épocas:

> Eu sei que tinha uma exposição do Kandinsky. Aí as obras foram afastadas assim, colocadas com uma divisória, e essa divisória era o camarim. Então todo mundo se arrumava ao lado de um Kandinsky que valia milhões. Os papos mais absurdos nesse camarim decorado por Kandinsky. O palco ali, bandeira da ONU no concreto. Os artistas acordaram isso numa reunião acalorada, porque muita gente foi contra. Não queriam relação com nenhuma instituição. Isso foi antes do show. Porque tinha uma exposição de fotografia em comemoração aos 25 anos dos Direitos Humanos. E a Heloísa Lustosa cantou a pedra. Aí o show que era pra ser autobeneficente virou uma comemoração. E lotou até a tampa. Não tinha mais como ninguém entrar ali. E a divulgação foram os meninos de rua que fizeram. Foi feito os panfletos e eles distribuíram na Cinelândia, Ipanema. Isso rodou muito. E o panfleto na época era mais rápido do que a internet. A panfletagem se espalhava numa velocidade infernal. Naquela época o pessoal ia pro show pra ver trabalho inédito, pra ver o que tocava no rádio. E as pessoas tinham uma ansiedade por conviver, por estar junto.[69]

Mesmo com o temor constante de uma invasão por parte da polícia ou agentes da repressão paraestatal – era uma época em que os infiltrados em tais eventos era regra – o show ocorreu completo, com momentos antológicos para os presentes. Jards conta que as providências de produção do show envolveram percalços naturais ao juntar tantos nomes e duas instituições de peso como o MAM e a ONU. Isso não impediu, porém, que ao longo de todo evento, cada pessoa presente tivesse a certeza de que, a qualquer momento, a polícia invadiria o museu. Se os músicos conseguiram levar até o fim, era porque sabiam o peso daquele ato e o clima sufocante

---

69 | Entrevista concedida ao autor, em 18 de janeiro de 2019.

que pairava no ar. O repertório escolhido por cada um diz muito sobre essa atmosfera. São canções como "Roendo as unhas", de Paulinho da Viola, "Pra dizer Adeus", de Torquato Neto e Edu Lobo, "Palavras", de Gonzaguinha, "Pesadelo" de Maurício Tapajós e Paulo César Pinheiro, interpretada por Chico Buarque e MPB4, "Abundantemente morte", de Luiz Melodia e "Cais", de Milton Nascimento e Ronaldo Bastos.

O final do show foi épico e quase trágico. A força daquele evento com milhares de pessoas parecia resultar numa possível tomada do poder com o público marchando pelas ruas da cidade. A realidade, porém, era outra. O exército já cercava todo o museu e a saída dos presentes teve de ser estrategicamente negociada para que uma prisão coletiva – ou algo pior – não ocorresse. Por fim, tudo se resolveu, e um show dessa proporção não teve sequer uma linha publicada nos jornais da época – seja pelo sucesso, seja pela subversão.

Todo esse esforço poderia ter resultado em uma noite tão histórica quanto fugaz no final de um ano conturbado. Jards e Xico, porém, tinham outros planos. Para transformar o histórico em perene, eles gravaram secretamente os shows (inclusive sem a maioria dos músicos presentes saberem), as leituras de Ivan Junqueira e, principalmente, as reações da plateia. Durante a gravação clandestina, agentes do DOPS se postaram do lado da mesa que era operada por Bruce Henry, baixista do grupo Soma e dono do equipamento. Desconfiados, questionaram a presença do gravador, mas foram ludibriados pelos técnicos que alegaram ser apenas um aparelho de efeitos para o som do palco. Após o fim do show, Maurice Hughes, um dos técnicos que ajudavam na gravação, foi instruído a escapar silenciosamente com as fitas originais e sumir por um tempo. Os agentes do DOPS confiscaram a fita, porém receberam uma cópia em branco. Com essa artimanha, conseguiram efetivar o registro.

Para cada trecho lido como o Artigo V – "Ninguém será submetido à tortura nem à tratamento ou castigo cruel, desumano ou degradante" – era possível ouvir palmas e urros de vibração na plateia. Essa gravação fazia parte de um resquício do plano inicial de Macalé envolvendo algum tipo de benefício profissional: já que organizara todo o show na companhia dos amigos, o disco ao vivo poderia ser tanto um gesto político, por fazer aquela noite mágica circular para um público amplo, como um gesto empresarial, por viabilizar um produto pronto e de alto valor para uma gravadora interessada. O dinheiro arrecadado no dia do show foi todo gasto para o pagamento de músicos e técnicos, inclusive com Jards tirando parte do pagamento do próprio bolso. Ainda em 1974, Jards e Xico circularam pelo Rio de Janeiro, sempre de ônibus, com as fitas explosivas e proibidas do show no MAM, enviando pedidos para as grandes gravadoras que, solenemente, recusaram a batata quente. O único que topou o desafio foi o jovem compositor Vitor Martins, um dos responsáveis pela editora da gravadora RCA-Victor. Com Jards e Xico, editaram as quatro horas de show, transformando em um disco duplo. O título é uma tradução direta de *Beggars Banquet*, famoso álbum da banda Rolling Stones, lançado em 1968.

A edição de *Banquete dos mendigos* gerou para Jards uma série de controvérsias ao redor de pagamentos relacionados ao trabalho que ele e Xico Chaves tiveram na produção do disco. Como era uma obra que tinha o apoio da ONU, inclusive com documentos oficiais publicados na parte gráfica do álbum, parte dos direitos autorais (cinquenta por cento, segundo Macalé), foram cedidos para um fundo de ajuda contra a fome e a crise humanitária que ocorria em regiões da África Ocidental, como a Mauritânia. Pagaram também os direitos autorais de todos os participantes e, por fim, cobraram um valor pela produção do disco e suas várias etapas técnicas, incluindo a limpeza das fitas, cortes etc. Esse valor pago a Jards e Xico gerou então comentários sobre um suposto aproveitamento de ambos sobre o trabalho alheio. Tais comentários era mais uma das muitas contendas que ocorriam entre as esquerdas no país, em que figuras transgressoras como Macalé não eram bem vistas. Essa tensão teria o ponto culminante no final da década, com episódios que incluem uma segunda etapa da trajetória do *Banquete*.

Com o disco editado pela RCA-Victor, o ritual do período foi cumprido: enviaram o conteúdo para a censura na vã esperança de obterem uma liberação para o lançamento. Antes do veredicto, porém, fizeram com que circulassem algumas cópias promocionais, logo tornadas itens de colecionador. Após idas e vindas e longos silêncios oficiais, Jards recebe um telex comunicando que a difusão e venda do trabalho estava suspenso em todo território nacional. No encarte que foi produzido, fotos do evento e de populações africanas em estado de miséria vinham juntas, seguidas de uma "Mensagem do Secretário-Geral [da ONU] Kurt Waldheim no Dia dos Direitos Humanos", da "Declaração Universal dos Direitos do Homem" na íntegra, todas as letras das músicas selecionadas para a edição final, créditos dos trabalho. A mixagem ficou a cargo de Paulo Frazão e Luiz Carlos. As fotos presentes no disco eram de Alexandre Koester, Cleber Cruz e Ivan Klingen e a direção de arte ficou a cargo de Ney Távora. Na capa, um marcante trabalho de Rubens Gerchman, aproveitando uma imagem *kitsch* da Santa Ceia no interior de uma moldura espelhada e detalhes jateados. O encarte traz também um texto em formato de documento manifesto, assinado de próprio punho por Jards, Xico, Ana Maria Miranda e Flor Maria. Eis o escrito na íntegra:

> Este trabalho começou como beneficência e continua beneficente. Nós todos, artistas, gravadoras, equipe de trabalho da feitura do disco, abrimos mão de nossos direitos artísticos e fonográficos em função de outros direitos que se tornam urgentes: o Direito à Vida, à Sobrevivência. Metade do recolhimento deste disco deverá ser creditado ao Centro das Nações Unidas no Brasil para ser entregue ao Special Sahelian Office, escritório especial da Divisão dos Direitos Humanos. Destina-se a regiões da África Ocidental que vêm sendo assoladas há mais de seis anos pela seca do complexo geográfico saariano, para milhões de pessoas vítimas inocentes da miséria e fome que destroem especialmente o oeste da Mauritânia e o leste da Etiópia. Nós da equipe de feitura do disco, devemos agradecimentos a todos os que colaboraram na realização deste documento:
>
> Antonio Muiño (Diretor do Centro de Informações das Nações Unidas no Brasil)
>
> Ivan Junqueira (Assessor de Imprensa do Centro de Informações das Nações Unidas no Brasil)

Heloísa Lustosa (Diretora do Museu de Arte Moderna do Rio de Janeiro)

Cosme Alves Neto (Diretor da Cinemateca do Museu de Arte Moderna do Rio de Janeiro)

Newton Anet (Advogado – Assessor Jurídico)

À ODEON por ter gentilmente cedido seus artistas à RCA.

À Phonogram por ter gentilmente cedido seus artistas à RCA.

À RCA por ter gentilmente cedido sua empresa para este registro.

Aos funcionários do Museu de Arte Moderna do Rio de Janeiro.

Aos ARTISTAS e MÚSICOS que participaram do evento.

Aos meninos da favela do MORRO DO PINTO, da COMUNIDADE SÃO LOURENÇO e à LITA.

No mais, ficam os versos de Lupicínio Rodrigues da música "Um favor":

Poetas, músicos, cantores
Gente de todas as cores
Façam este favor pra mim
Quem souber cantar que cante
Quem souber tocar que toque
Flauta, trombone ou clarim
Quem puder gritar que grite
Quem tocar apito apite FAÇA ESSE MUNDO ACORDAR

Esse disco é dedicado ao poeta TORQUATO NETO.

Mais uma vez, Jards registrava em disco um projeto que seria adiado. A sina do artista era fazer discos que não tinham lançamento nos períodos em que ele esperava. *Banquete dos mendigos* se tornou, como os próprios organizadores dizem no texto, um documento precioso e preciso de uma época em que era praticamente impossível imaginar trabalhos desse tipo. E logo organizado por um músico como Jards Macalé, cuja fama de problemático vinha crescendo aos poucos em diferentes meios. Rompido com a principal gravadora do país, visado pelos militares, Jards adentraria 1974 com um disco solo para lançar, um disco coletivo censurado e a necessidade de criar novas formas de conseguir liquidar dívidas e silêncios.

326 > Maldito ou amaldiçoado?

1974: Jards inicia o ano suspenso entre um disco gravado no ano anterior e um filme que só sairia no ano seguinte. Esse interregno foi movimentado pelo lançamento de *Aprender a nadar* em abril e pela necessidade de sua carreira seguir com shows. Afinal, todo o trabalho para conseguir editar o disco do *Banquete dos mendigos* também se mostrara em vão após a censura sumária das faixas. Para completar o quadro adverso, a Phonogram promove o destrato com Jards e, ainda no início do mesmo ano, ele desfaz a parceria com a Gapa, produtora de Guilherme Araújo.

Todos esses impasses, porém, não frearam a produção do músico, que seguia buscando levar seu trabalho para um público mais amplo. O segundo disco solo, mesmo com o atraso, era um trabalho que merecia ser lançado com toda dose de provocação que o conteúdo sonoro trazia. E no balanço de carreira, o ano não tinha sido ruim, pelo contrário. Jards teve mais visibilidade na imprensa do que nunca, passando a ser visto como um dos grandes nomes de sua geração em atividade. Fez uma série de shows com público presente, gravou um disco pela maior gravadora do país e teve um dos principais, se não o principal empresário do momento conduzindo sua carreira. Era natural, portanto, que o lançamento fizesse jus a esse cartaz conquistado.

Em abril, quando sai o segundo disco, vários veículos de imprensa fizeram grandes matérias sobre o artista. Quase todas traziam, junto aos comentários sobre o trabalho, balanços sumários de sua carreira. Para muitos, *Aprender a nadar* era um disco diferente do que se esperava, principalmente pela presença de um repertório da década de 1940 e 1950, garimpado com esmero pelo autor. No final das contas, a demora para lançar o disco deu a Jards tempo para elaborar uma ação multimídia que utilizou panfletos, fotos, cartazes e uma performance em formato de show – ou vice-versa.

Na matéria do *Jornal do Brasil*, assinada por Luís Gleiser e citada no primeiro capítulo, entendemos o esmero na divulgação do disco:

> Eu saí para organizar o *Banquete dos mendigos*, espetáculo que demos no MAM em comemoração ao dia da Declaração dos Direitos do Homem, e para compor a música da peça *O*

que mantém o homem vivo, coletânea de textos de Brecht que Renato Borghi está apresentando agora no Rio.

Waly por outro lado cuidava da edição do livro póstumo de Torquato Neto, *Os últimos dias de pauperia*. Ambos porém sentiam a necessidade constante de revitalizar o interesse pela divulgação – quando liberado – de *Aprender a nadar*, e, entre uma atividade e outra, foram surgindo o encarte que acompanha o disco, feito com fotogramas de um curta-metragem filmado na Lagoa, e o aluguel da Cantareira para a festa do lançamento.

Apesar de o disco ter custado mais de 80 mil cruzeiros, para a gravadora, nós não sabíamos quais e quantos cuidados seriam postos na divulgação. Aos poucos nós fomos incorporando na promoção do disco uma porção de dados e vivências que se acumulavam nas diversas atividades que cada um de nós desempenhava. Fazer o convite para hoje à noite, como um jornal popular, por exemplo, surgiu no trabalho com Nelson Pereira dos Santos nas filmagens de *Amuleto da morte*, em Duque de Caxias.

Nessa fala, Macalé mostra como o ano de 1973 foi movimentado para ele e Waly. A publicação da obra póstuma de Torquato foi seguida da publicação de *Navilouca*, revista experimental de exemplar único editada justamente por Waly e Torquato em 1972, antes do suicídio do segundo. Já do seu lado, Macalé inicia o processo de aprendizado com Nelson Pereira e amplia suas referências. Ana Miranda, Xico Chaves e Luiz Carlos Lacerda eram novas parcerias que mudavam a visão do músico em prol de uma relação mais orgânica com o Rio de Janeiro, suas quebradas, sua mitologia marginal, sua memória urbana e popular. A super-8, o panfleto mimeografado e o design gráfico eram linguagens em voga na época, como formas alternativas de circular informações e tanto Jards quanto Waly estavam muito próximos disso. O resultado é o surpreendente encarte do disco, que não passou desapercebido. Já na revista *Veja* do dia 1 de maio, era a vez de Tárik de Souza dissecar o novo trabalho de Jards. Tárik já era um jornalista com alguma estrada na crítica musical e, por ser próximo da mesma geração do músico carioca, tinha uma visão mais aberta sobre o trabalho. Intitulado "Lição de vida", o texto de Tárik enfatizava como o novo trabalho apontava uma mudança na trajetória de Macalé. Além disso, mostra como, já em 1974, ele ingressava na tensão classificatória do artista "maldito". Desde "*Gotham City*" que Macalé trilhava o fio da navalha em setores da opinião pública. Com a mídia voltando a falar dele, o tema inevitavelmente era uma espécie de gancho obrigatório nas matérias. O crítico afirma que esse era um disco "em que Macalé deixa de ser confundido com 'um dos baianos', para propagar uma identidade (real) carioca". Por fim, ressalta o silêncio ao redor do primeiro trabalho fonográfico e cita o artista ao dizer que *Aprender a nadar* é "a tentativa de 'abrir mais campo de trabalho'".

Abrir o campo de trabalho era mais do que uma meta artística naquele momento. Afinal, Jards seguia passando por dificuldades financeiras. A busca de novos ares profissionais fez com que ele tivesse breve relação com o empresário Benil Santos, o mesmo de Maria Bethânia. Macalé, porém, continuava essencialmente independente. A relação com o público se torna uma preocupação cada vez maior para ele, tanto pelo aspecto financeiro quanto pelo aspecto artístico. Era um período em que ele definitivamente decide se tornar um artista popular – tanto para um público mais amplo quanto em relação ao repertório que trabalhava em shows, discos e trilhas sonoras. Em mais um perfil dedicado ao lançamento de *Aprender a nadar* pela imprensa, Rosa Nepomuceno apresenta Jards e seu disco no *Diário de Notícias*. Ela comenta as faixas, anuncia o lançamento nas barcas, debaixo da Ponte Rio-Niterói, e dá a palavra ao músico:

> Nesse disco eu realmente abri a linguagem. Ela é popular, mas não popularesca. Acho que se o artista tem que viver do produto que faz, não é por isso que deve dispensar a criatividade. O que contribuiu muito para que eu fizesse um disco mais popular foi meu trabalho no filme de Nelson Pereira dos Santos. A minha parte foi filmada toda em Duque de Caxias e eu

pude assistir a realidade brasileira mais de perto. Sai da torre de marfim para ir para a ponta da língua do povo. Sai do palco para ficar no meio da rua, em contato direto com as reações populares. Muita gente assistia as filmagens e se dividia em torcidas. Uns a favor do ceguinho de corpo fechado, que eu fazia, e outros contra. A vida é que é o palco. A gente transa com as pessoas num nível de realidade, como elas são realmente. E eu só fiz representar meu próprio papel, eu mesmo, exposto ao público.

Esse desejo de estar "na ponta da língua do povo" e de "viver do produto sem dispensar a criatividade" mostra para Jards o caminho de seus futuros shows. Sua marca performática podia ser usada para além do choque, fazendo dele um intérprete completo na execução pública de suas músicas. Ainda na matéria do *Diário de Notícias* ele afirma que

No teatro, por exemplo, me sinto afastado das pessoas, há sempre uma distância natural que me causa um certo incômodo. Fico contido, esperando as reações e preparado para reagir. Quando eu começar meu show em abril é que vou testar realmente até que ponto me abri. No momento acho que vou enfrentar o palco como uma pessoa, não como um artista. E tudo será mais natural e mais fácil.

Nessa matéria, publicada no dia 4 de abril, duas notícias são lidas sem alarde nas entrelinhas: a primeira é que Jards estava nesse período morando com Ana Miranda em uma casa na Barra da Tijuca; a segunda é que ele dava aulas de violão na casa da mãe, em Ipanema. Entre seus planos, Jards desejava – algo que aparece em diferentes entrevistas – viajar pelo mundo e sair um pouco do Brasil novamente. Mas isso não aconteceu nos anos seguintes.

A época em que Jards lançava *Aprender a nadar* era mais uma em que a música brasileira assistia transformações nas trajetórias maduras dos jovens que tinha surgido na década anterior. Milton Nascimento e o Som Imaginário tinham feito *Milagre dos peixes*, disco brutalmente censurado, mas com shows lotados pelo país. Maria Bethânia fazia uma longa temporada com o sucesso *A cena muda*, novamente dirigida por Fauzi Arap. Gal Costa assumia um tom intimista ao gravar o disco *Cantar*, com produção de Caetano Veloso e presença de Gil e João Donato. Os que apareceram na década de 1970 também começavam a dominar mercados, como Raul Seixas com o bem-sucedido *Gita* e Martinho da Vila com *Canta canta, minha gente*. Tinha ainda o encontro inédito de *Elis e Tom*, o primeiro disco solo homônimo de Cartola pela Marcus Pereira, o clássico *Tábua de esmeraldas*, de Jorge Ben e o primeiro de Belchior. Nesse cenário, o segundo disco de Jards se torna para muitos um corpo estranho. Um disco de sambas e boleros vindo de um compositor que todos situavam pejorativamente numa experimentação radical.

Foi nesse tom que o *Jornal do Brasil* publicou a crítica do disco de Jards pelas mãos do implacável José Ramos Tinhorão. Com o título "Há uma coisa de bom no disco de Macalé: é o violão de Dino", o crítico já dizia a que veio no texto. Como um rolo compressor, ele enfileira ofensas técnicas e pessoais ao músico, chamando-o de péssimo cantor – "um Tim Maia bêbado" –, péssimo instrumentista – "não conseguiria emprego como violonista" – e um desperdício artístico – "o pessoal da Philips deve andar no mínimo louco". Apesar do conhecido conservadorismo de Tinhorão desde sua cruzada contra as inovações cosmopolitas da bossa-nova, salta aos olhos uma escrita tão ácida sobre um disco que buscava, justamente, um ajuste de contas com a herança sonora que Tinhorão tanto prezava na música brasileira. Argumentando que Macalé "usou" músicos como Dino Sete Cordas, Canhoto ou Meira, ele demonstra não ter o menor conhecimento da relação pessoal e profissional que Macalé tinha com esses nomes desde a década anterior. Além disso, demonstra que a acusação de um "cantor bêbado" comprova de forma torta a eficácia performática do canto inspirado em Nelson Cavaquinho ou nas vozes derramadas e sofridas das cantoras de samba-canção.

Esse tipo de recepção preguiçosa de sua obra só comprovava que o estigma de maluco ou maldito de Macalé dava lastro para que críticos importantes como Tinhorão escrevessem textos completamente descolados das intenções do artista carioca. Certamente tal atitude era fruto de uma escuta contaminada pela sua imagem em *"Gotham City"* ou pela relação com a eletricidade sonora do período – algo marcadamente ausente em *Aprender a nadar*. Tinhorão não comenta os arranjos de Perinho Albuquerque ou Wagner Tiso, muito menos as homenagens a compositores esquecidos. Difícil para Jards não se sentir atingido profissional e pessoalmente por uma crítica como essa.

Para cada Tinhorão, porém, Jards contava com o antídoto de outro nome importante como Augusto de Campos. O poeta, tradutor e crítico já vinha, desde a década anterior, escrevendo com frequência sobre as transformações que a música popular brasileira passava durante o período que ia da bossa-nova até a jovem guarda e a revolução tropicalista. Na segunda edição da coletânea de artigos sobre música *Balanço da bossa e outras bossas*, publicada justamente em 1974 (a primeira edição é de 1968), Augusto faz uma nova conclusão, incluindo músicos e discos que saíram na primeira metade da década de 1970 e que se relacionavam com sua linha argumentativa, sempre articulando a canção popular com a ideia de *invenção*.

Nesse contexto, ele dedica boas linhas ao trabalho de Macalé e, principalmente, à *Aprender a nadar*. A crítica positiva de Augusto ao disco passa pelo talento que vê no violonista, mas principalmente pela sua relação com a obra de Lupicínio Rodrigues – grande ídolo do poeta paulistano. Apesar do compositor gaúcho ter ficado fora do repertório final, a ideia conceitual da *morbeza romântica* é transformada pelo crítico em "bacilo-de-Lupicínio", uma espécie de vírus lírico que contamina todo o álbum. Ao contrário de Tinhorão, para Augusto o disco é obra de um "violonista exímio" e de um artista-autor que "se improvisou como cantor, e partiu para a briga, como um 'faquir da dor' num momento difícil".[70] Do "canto bêbado", Augusto entende que é parte de um outro momento, em que Macalé "reaprendeu a cantar, descobriu uma outra voz e começou a fazer

---
70 | A. Campos, "Balanço do balanço", in *Balanço da bossa e outras bossas*, São Paulo: Perspectiva, 1996, 3ª edição, p. 338.

coisas incríveis com ela". A consagração viria justamente com a faixa que Tinhorão detona, "Rua Real Grandeza": "A deformação patética da dor, grotescontraída, chega ao limite do impossível em 'Rua Real Grandeza', canto-último-arranco, delirium-tremens de amor, uma página monstruosamente bela e absolutamente única na música popular brasileira."[71]

Como podemos ver, o trabalho de Jards obtém recepções completamente distintas, deixando o artista e seu desejo de se comunicar com um público mais amplo à deriva. Em um período cujo papel da crítica musical ainda era fundamental na recepção dos trabalhos. Os extremos entre o conservadorismo de Tinhorão e a abertura inventiva de Augusto de Campos situam o cenário crítico do país naquele momento. Tais divisões intelectuais e políticas só cresciam entre os que atravessavam debates há mais de uma década.

1974 foi também o ano em que Ernesto Geisel subiu ao poder. Contraditória – e tragicamente – foi também o ano em que Lupicínio, o mesmo compositor homenageado pela morbeza romântica, falece em Porto Alegre. Nesse contexto, *Aprender a nadar* se torna um disco isolado, em que as transformações que Macalé traz para o trabalho não são plenamente assimiladas para além, novamente, de uma leitura reducionista ligando-o à vanguarda. Essa prática em que qualquer experimentação sonora que escapasse da norma bem-comportada que se impunha à canção popular é condenada como uma contaminação da "normalidade", marcou profundamente a trajetória de artistas como Jards, que simplesmente buscavam expandir os limites de um formato já consagrado – e muitas vezes opressor. O "músico maldito" emerge aí, na recusa de Jards aceitar passivamente esse gueto e lutar sempre para ampliar o público. Daí em diante, todo trabalho de Macalé será visto pela lente obtusa de uma "arte difícil". A pergunta que nunca responderam era: difícil para quem?

Assim, seguidamente, Jards precisava dar entrevistas explicando que visava sim o consumo das massas, porém sem abrir mão

---

71 | Idem.

de sua autonomia criativa. Tinha consciência que a música popular era mais um produto de mercado que precisava ser disputado em muitas frentes. Em mais uma matéria sobre o disco no *Diário de Notícias*, dessa vez no dia 19 de maio, ele afirma sua plena consciência de que "o artista brasileiro tinha que sobreviver à dura realidade do capitalismo, que não permite que se faça trabalho para a História". Jards, então com 31 anos, seguia uma luta cotidiana pela sobrevivência artística, financeira e mental.

O ano seguiria como todos os outros: em busca de trabalho e shows que pudessem finalmente lançar o "velho novo disco". Jards tinha planos com Nelson Pereira dos Santos que acabaram não sendo cumpridos – como um musical em que o músico seria uma espécie de Gene Kelly dos trópicos – ou com apresentações esporádicas que ganhavam a mídia. Isso podia ir desde um show na Semana Afro-brasileira, ocorrida no MAM durante o final de maio e início de junho – com a participação de outros artistas pretos como Jorge Ben, Gilberto Gil, Milton Nascimento e Clementina de Jesus – até um show na PUC-Rio, em motivo do lançamento de um curso sobre música popular brasileira no âmbito do Departamento de Letras. Essa passagem pela universidade carioca é importante pois Jards já tinha participado, no ano anterior, do evento *Expoesia*, quando pela primeira vez músicos e poetas debateram com acadêmicos a relação da canção popular com a poesia brasileira. Organizado pelo então professor Affonso Romano de Sant'anna, o evento contou com a presença de Chico Buarque, Gilberto Gil, do próprio Jards e de ninguém mais, ninguém menos que João Cabral de Melo Neto. O curso do ano seguinte contava com professores como Ricardo Cravo Albin, Guerra-Peixe (ex-mestre de Jards), Sérgio Cabral, Tárik de Souza e o próprio Affonso Romano. Na matéria do *Jornal do Brasil* que anuncia o curso, no dia 27 de maio, Jards declara mais uma vez o que vinha dizendo em outras entrevistas: sua relação produtiva com o arquivo da canção popular (recusando veementemente o rótulo de nostálgico e apontando a atualidade permanente das canções de

Cartola, Nelson Cavaquinho, Miguel Gustavo e Lupicínio), o desejo de debater o papel de produto da música no Brasil, sua reinvenção como artista a partir do aprofundamento do trabalho com o teatro e principalmente o cinema.

O show na PUC-Rio era uma tendência da época, que se convencionou chamar de "circuito universitário". Jards, que já tinha tocado na USP naquele mesmo ano, seguia na busca do público e precisava de um show maior para que o ano de lançamento do disco novo não fosse apenas marcado por polêmicas inúteis sobre o trabalho – mais uma vez. Essa tarefa, porém, não parecia fácil. Em julho, Jards precisa cancelar uma série de três apresentações marcadas para o teatro Tereza Rachel. Era a tentativa de por na rua o show *Smile*, em que Jards faria uma homenagem ao cinema através da figura de Carlitos. Numa pequena nota no *Jornal do Brasil*, redigida por Tárik de Souza no dia 28, o quadro do músico parecia dramático, mesmo tendo acabado de lançar o disco pela poderosa Phonogram: "Feitos os cálculos, e mesmo reduzida a exibição ao artista e seu violão, a conclusão foi a desistência. Apresentando-se quase apenas 'para comer', Macalé discordou das elevadas percentagens exigidas pelo teatro."

O que ocorre quando um artista reconhecidamente talentoso, carismático, com uma série de composições marcantes no seu tempo, chega ao ponto de apresentar-se "apenas para comer"? Jards não era um artista hermético, não fazia música experimental, não se recusava a dialogar criativamente com a tradição e muito menos se colocava como um *enragé* que sempre precisava bater de frente com o "sistema". Suas rupturas com a gravadora de André Midani e com Guilherme Araújo (com esse apenas no nível profissional) fizeram com que um circuito já restrito se fechasse ainda mais para ele. A experiência política com o *Banquete dos mendigos* também poderia pesar nesse momento, já que o disco censurado fora recusado por diferentes gravadoras (até o aceite da RCA) e deixava Jards sem retorno do trabalho. O gradual afastamento dos amigos baianos também pode ser visto como um momento em que a afirmação de sua musicalidade carioca não seria aceita de forma tão simples.

Em uma espécie de limbo crítico e financeiro, Jards finalmente consegue datas para um show solo em agosto. Mais uma vez, o MAM abriga o artista e o novo trabalho. O núcleo criativo do *Banquete* seguia firme, com Xico Chaves e Flor Maria dirigindo o espetáculo. Ele convoca a cantora e violonista Marluí Miranda, então irmã de Ana Miranda, em início de carreira, além do percussionista e parceiro de outras épocas Pedro Santos, conhecido no meio como Pedro Sorongo. O nome do show acabou sendo *Sorriso (smile)* e, após os três dias (23, 24 e 25 de agosto), o resultado não é surpresa – ao menos para Jards: casa lotada em todos eles. O sucesso das apresentações fez com que Tárik de Souza, novamente ele, publicasse a seguinte – e pertinente – nota: "Ainda sobre incompetentes. Não confundir malditos com amaldiçoados. Jards Anet da Silva, o Macalé, na semana em que era despedido da Phonogram por inviabilidade comercial, enchia três casas, sexta, sábado e domingo, no Museu de Arte Moderna."

Esse trecho é revelador do que viria a ser, dali em diante, a marca de Jards: de um artista maldito, passou a ser um artista mal dito, isto é, alguém que sempre tinha que recusar um rótulo que, como o jornalista aponta, amaldiçoava sua obra – e, porque não, sua existência artística. A motivação de sua "inviabilidade comercial" para o destrato com a gravadora de André Midani é apenas a ponta do iceberg, já que Jards se mostrava viável perante um público ávido em ouvi-lo. Afinal, a ideia de "viabilidade comercial" não podia ser aplicada, por exemplo, a discos recém-lançados e fracassados da gravadora como *Araçá azul* de Caetano Veloso. Havia claramente uma escolha em se afastar de um artista polêmico pelas suas posições críticas ao esquema comercial que se impunha sobre as carreiras – ao menos àqueles que não tinham uma espécie de salvo-conduto para tal situação. Apesar de Jards não ser uma pessoa "dócil" na relação com os poderes que atravessam sua criação, ele sabia como poucos na época extrair o melhor dos recursos financeiros disponibilizados em uma gravação – ou um lançamento, como demonstrou na festa para *Aprender a nadar*. Se brigava por capas, era por um princípio estético rigoroso que cultivava como criador.

Esse é o momento em que o tema do maldito transborda em diferentes frentes, transformando poetas, cineastas ou veículos da imprensa independente em "marginais". A própria Phonogram planeja um selo de discos intitulado *Pirata* para lançar artistas cujas obras seriam, na visão deles, distintas das obras feitas pelos medalhões da gravadora. O selo foi capitaneado durante um breve período por Nelson Motta e foi o responsável pelo lançamento de Jorge Mautner (*Para iluminar a cidade*), de um pequeno compacto dos Novos Baianos e do disco *Barra 69*, show de despedida de Gil e Caetano do país naquele ano. A ideia de ligar músicos com trabalhos "difíceis" a selos e rótulos que indicavam uma espécie de impossibilidade comercial, contribuiu bastante para que a ideia de maldito saísse de uma referência romântica e transgressora para uma referência contagiosa e redutora. Era como se o artista maldito no Brasil do "Milagre econômico" ocorrido na primeira metade da década de 1970 fosse alguém passível de ser recusado ou isolado devido sua suposta baixa aceitação popular. Nomes como Sérgio Sampaio, Jorge Mautner, Luiz Melodia ou o próprio Jards eram criadores populares legítimos, intimamente ligados às matrizes da canção brasileira, mas seus comportamentos independentes, questionadores ou provocadores eram transferidos para a recepção de suas músicas. Na sua entrevista ao *Pasquim*, em 1975, Macalé faz um balanço lúcido sobre esse período em sua trajetória:

> Teve um momento em que para mostrar meu próprio trabalho – tanto de arranjador como de compositor – tive que gravar discos cantando. Gostei de gravar. Só que essa determinação do consumo do que vende e o que não vende, do que é e o que não é... Essa gama de classes A, B, C... No final disseram que não havia uma parcela pra mim nessa situação. Fui escorraçado da Philips pelo Sr. André Midani, que chama as pessoas, paternalisticamente, de "meus meninos". As coisas estavam separadas em industrial e lixo industrial. Lixo industrial seria o que chamam de vanguarda. E acabei sendo considerado pra vender. Não vendeu. Sendo considerado como maldito – mais um rótulo. O último maldito foi o Baudelaire. Não vendeu. Não

vendia não pela transação do consumo, mas por falta da colocação no mercado pelas gravadoras. Saí da Philips e assinei com a Som Livre. Isso aconteceu por causa de uma desorganização interna da Som Livre, que não é uma gravadora. É uma editora de discos que foi feita.[72]

De alguma forma, não há como não relacionarmos a expansão comercial da indústria fonográfica brasileira à definição daqueles que seriam tidos como os atores principais e os simples coadjuvantes na festa. Em menos de dez anos, as vendagens dos discos de artistas da chamada MPB saíam da casa das dezenas de milhares para centenas de milhares. O produto fonográfico passou a se especializar tanto tecnicamente quanto mercadologicamente, enquanto os empresários faziam novos modelos de negócios em que os clubes, teatros e boates iam sendo substituídos por ginásios e casas de show mais amplas como o Canecão, no Rio de Janeiro. Gravar um disco a partir de 1975 não seria mais como no início da década, já que o nível de compromisso financeiro e de retorno esperado das gravadoras era outro. Departamentos de marketing podiam ser tão importantes quanto direções artísticas. A entrada de multinacionais como a Warner (que foi assumida por André Midani após sua passagem vitoriosa pela Philips e Phonogram) esquentavam essa competição e a busca por novos nomes vendáveis ampliava a tensão no meio musical brasileiro. Na reconfiguração que ocorria no mercado fonográfico, Jards termina 1974 contratado pela gravadora Som Livre, através, novamente, de João Araújo, e de Guto Graça Mello.

Foi em meio a essa movimentação que os antigos festivais da canção retornaram. Nos novos tempos, a Rede Globo de televisão substituía a antiga Record, e seu monopólio nacional ampliava a repercussão de um evento como esse. A emissora também se envolvia cada vez mais com o meio musical brasileiro a partir da criação da gravadora Som Livre, empresa feita para produzir e comercializar suas trilhas sonoras para as novelas. Nesse contexto, a emissora,

---
72 | *O Pasquim*, 12 de setembro de 1975, p. 10.

ao lado da Prefeitura de São Paulo, cria em 1975 o Festival Abertura, evento em que, mais uma vez, a performance de Jards Macalé ganha destaque – negativo. O Festival ocorreu no Teatro Municipal de São Paulo, durantes os meses de janeiro e fevereiro. Entre os diversos concorrentes, nomes da velha guarda, nomes novos e nomes novíssimos. Da chamada "geração 60 da MPB", apenas Macalé figurava. É importante frisar isso porque os shows "principais", atrações para o público durante a apresentação dos concorrentes, eram Gilberto Gil, Milton Nascimento, Dorival Caymmi e Ney Matogrosso (em carreira solo após o sucesso estrondoso da banda Secos e Molhados). O fato de Jards estar concorrendo e não figurar entre nomes já consagrados de sua geração como uma das atrações principais demonstra como ele permanecia, mais de dez anos depois do início da carreira de músico, buscando caminhos possíveis para o seu trabalho solo.

Abertura foi também o festival em que Walter Franco, Hermeto Pascoal, Alceu Valença, Ednardo, Carlinhos Vergueiro (o vencedor, com "Como um ladrão"), Leci Brandão e Djavan (que gravou nesse mesmo ano seu primeiro disco, *Voz e violão*, justamente pela Som Livre) se destacaram e se tornaram nomes nacionais. Clementina de Jesus, Luiz Melodia (também artista da Som Livre nesse período com o disco *Maravilhas contemporâneas*) e Elza Soares também participaram da competição. O Festival era uma grande produção, com Miele, Marília Gabriela, José Wilker e Marta Rodrigues como apresentadores.

A primeira apresentação de Jards Macalé na etapa eliminatória transcorreu sem sustos. "Princípio do prazer", música e letra compostas por ele e com um arranjo de samba malandro das antigas, foi classificada para a final, no dia 4 de fevereiro. Jards executava a canção tocando prato e faca, instrumentação tradicional encontrada, por exemplo, no samba de roda da Bahia. Jards diz que procurou Clementina de Jesus – companheira de trabalhos como em *Mudando de conversa*, show de 1968 – para ensiná-lo como tocar. Já na apresentação final, seu ímpeto performático falou mais alto. Numa entrevista para *O Pasquim*, em 12 de setembro daquele ano, ele conta como se deu a aula particular:

Quando eu passo uma noite inteira aprendendo a tocar prato com Clementina de Jesus: "Meu filho, pra você tocar prato tem que fazer o seguinte: pega o prato, procura um asfalto áspero, e raspa o prato. Depois volta aqui." Encontrar um asfalto áspero desse em São Paulo me custou uma noite de procura. "Agora segura o instrumento como se segurasse um violão. Agora toque. João da Baiana tocava assim."

Como se o Festival da Globo fosse uma espécie de retorno do recalcado (os intensos festivais da década anterior), a plateia paulista utilizava das vaias para demarcar seu gosto. Jards, ao lado de Walter Franco, era um dos alvos prediletos. Certamente os ecos de *"Gotham City"* ainda se faziam ouvir entre o comportamento reativo do público. Jards não deixou de provocar algum tipo de ruído, e acabou cometendo mais um ato que marcou sua persona artística – novamente em cadeia nacional. Na primeira etapa eliminatória, Jards tocou a música apenas acompanhado de seu violão. Já durante a apresentação na final, acompanhado de outros músicos, ele distribui para a plateia pétalas de rosa, pedaços de maçã e saquinhos de farinha. Para completar, canta um trecho da música mastigando as pétalas e a fruta, criando uma imagem que o acompanhou por muito tempo. Segundo o músico, até sua mãe ficou impressionada com o ocorrido – e o repreendeu por "cantar de boca cheia". Ainda na entrevista para *O Pasquim*, Jards segue a provocação:

> Há uma classe média que não tá entendendo nada. Na Europa eu comia geleia de rosas, de lírios, os colonizados tavam todos se divertindo. Mas quando pinta a rosa, da roseira do Sô Zé, o pessoal chia. A classe média já tá vaiando a sua comida elementar. Quando ela nega o princípio do prazer, não temos nada pra conversar. Ou então temos tudo a conversar.

A participação de Macalé não foi compreendida por muitos. Os jornais usaram palavras como "inconformista" e "perturbadora" para classificá-la. O eterno colunista do *Jornal do Brasil*, Carlinhos de Oliveira, não perdeu a oportunidade na sua coluna do dia 14 de fevereiro de rotular o músico como uma espécie de tropicalista fora de época, mesmo reconhecendo sua qualidade. O relato sobre a cena é detalhado:

> Finalmente entra em cena um malandro com rastro intelectual: Jards Macalé. Cabelos cortados rente. Rosto escanhoado. Óculos claros. Aspecto geral de primeiro colocado no vestibular de Psicologia, graças aos ensinamentos adquiridos no curso Impacto. Com um prato e uma faca, fazendo-se acompanhar de um regional de alta categoria, Macalé nos apresenta um chorinho. Ele é músico, conhece o *métier*, interpreta bem sua canção. Mas de repente dá a louca no malandro e ele se põe a comer, alternadamente, uma maçã e uma rosa vermelha. E vai cuspindo pétalas de rosa e nacos de maçã. Em seguida, quebra o prato a golpes de faca. Um *happening*. Porém resulta nauseante o espetáculo colorido de um homem cuspindo seja lá o que for; cuspindo maçãs, que é bom de comer, e engolindo rosas, que fazem mal ao estômago. Acredito que Macalé se diverta fazendo isso, mas acontece que o tropicalismo já foi assimilado. Melhor fora que ele ficasse quieto, enquanto um flautista admirável nos soletrava o seu gracioso chorinho.

Outros, porém, entenderam imediatamente a ideia – e seu impacto performático. É o caso do maestro – e amigo de Jards – Júlio Medaglia. No seu balanço do Festival Abertura publicado no jornal *O Pasquim* no dia 5 de abril, ele fala sobre os músicos brasileiros que se arriscam a fazer algo diferente, e escreve comentários sobre Smetak, Gismonti, Walter Franco e Macalé. Sobre esse último ele diz:

> Isso para não falar de Macalé, um grande músico e batalhador que, às vezes, é levado ao desespero das pessoas que têm plena consciência dos fatos, comendo flores em público, jogando farofa na plateia e atirando restos de maçã na cara de um determinado júri que prefere premiar o gosto do garçom de costeletas...

"Princípio do prazer", uma música segundo Macalé feita "em parceria com Wilhelm Reich", mal foi ouvida para além da ação televisiva do cantor. Classificada como um choro, o "regional" que toca com Macalé na etapa final é conduzido simplesmente por Oberdan Magalhães, músico fundamental no período, à frente da banda Black Rio e de discos de Luiz Melodia ou Gilberto Gil (o caso de *Refavela*, também de 1977). Mais uma vez, o fantasma de "*Gotham City*" é usado para o empurrar mais para o espaço limitado do maldito, sem apreciação correta de suas composições. Macalé, porém, tinha plena noção de como seu trabalho ficara espremido entre uma concepção puramente mercadológica das gravadoras e o estigma repetido pelos jornais ou por críticos como Tinhorão. Como sempre, surpreendendo quem esperava amargura, a saída de Jards Macalé foi um *Sorriso*.

∑∃

O Amuleto de Ogum finalmente é lançado em fevereiro de 1975, dando visibilidade para Jards como o cego cantador que abre e fecha o longa-metragem. Após as peripécias do Festival Abertura, ele organiza um novo show. Dessa vez, conseguiu levar a temporada que fez na Sala Corpo e Som do MAM-Rio no ano anterior para todo o Brasil. O show carioca, que estreou programado para durar três dias, ficou todo mês de março em cartaz. Batizado agora de *Sorriso verão*, a temporada começou nos últimos dias de fevereiro, ainda com a participação de Marluí Miranda e direção de Xico Chaves.

Na divulgação do show, o roteiro trazia a primeira parte com compositores brasileiros como Lupicínio, Ary Barroso e Billy Blanco, a segunda parte com compositores norte-americanos que iam de Louis Armstrong a Jimi Hendrix e a terceira parte dedicada aos contemporâneos brasileiros como Paulinho da Viola, Gilberto Gil e Chico Buarque. O show também ficou marcado para Macalé por um fato genialmente inusitado: o cenário consistia em uma única privada, em que Jards, sentado, cantava com o seu violão. No MAM, tal cenário era emoldurado pela paisagem do Rio de Janeiro, criando um efeito que o músico nunca mais se esqueceu.

Lotando os lugares por onde passou, *Sorriso verão* ficou dois anos em cartaz, circulando por diversas cidades e regiões do país. Finalmente Macalé consegue realizar de forma independente uma turnê, fazendo o que mais gosta: curtir a liberdade de shows solos, ampliando repertórios com violão e voz, cada vez mais versáteis. Para a crítica especializada, *Sorriso verão* foi o melhor show do país em 1975. Em cidades como Vitória, Porto Alegre e Salvador, o show chegou a ter públicos de até 3 mil. Jards tocou também em todas as capitais do Nordeste, além de Manaus, Brasília e Belém e cidades do interior, como Jequié e Juazeiro. Nada mal para um "maldito". Ou, como disse Tárik de Souza, nada mal para um músico que finalmente deveria ser visto como um dos criadores mais férteis da música brasileira. Em entrevistas da época, Jards diz que o sucesso de *Sorriso verão* também foi financeiro, possibilitando o pagamento de um valor alto de imposto de renda atrasado.

☓☓

Durante os intervalos de *Sorriso verão*, o artista se envolveu de corpo e alma em uma frente de ação fundamental para sua carreira: a luta pelos direitos autorais. Jards foi um dos que lideraram a ruptura com a Sicam (Sociedade Independente de Compositores) e a fundação de uma sociedade arrecadadora independente, gerida pelos próprios músicos – a Sombras. Inicialmente batizada de Sombrás, a iniciativa teve que retirar o acento agudo porque o sufixo "brás" seria de posse (!) do governo militar brasileiro. O rompimento de Jards e demais compositores com a Sicam ocorre no início de 1975, quando são publicados nos jornais comunicados da sociedade anunciando a expulsão sumária de vários músicos devido a cobranças públicas e privadas de prestação de conta e pagamentos atrasados. Entre eles, claro, estava Jards Macalé. Segundo a entrevista para *O Pasquim* no mesmo ano, Jards afirma que o dinheiro relativo a trilhas e músicas de sua autoria estava preso na Sicam e que só o pagaram quando ele foi lá pessoalmente, armou uma cena conflituosa e obteve na marra o valor.

Independentemente do episódio pessoal, o debate sobre a precariedade de pagamentos relativos a direitos autorais já vinha de anos anteriores. Músicos e compositores como Sérgio Ricardo e Torquato Neto atuaram sistematicamente nessa seara. A fundação da Sombras, portanto, era uma saída não só de solidariedade aos que foram expulsos da Sicam, como também a oportunidade de, pela primeira vez, os próprios artistas interessados gerirem seus pagamentos. Na época, o ECAD tinha sido fundado e o crescimento vertiginoso do mercado fonográfico fazia com que ficasse evidente a baixíssima remuneração dos compositores.

Jards relata que o embrião da Sombras se deu nas reuniões feitas durante a organização dos músicos ao redor do *Baquete dos mendigos*, ainda em 1973. Enquanto se debatia o repertório do evento dedicado à comemoração dos 25 anos da Declaração Universal dos Direitos Humanos, também se tramava uma Declaração Nacional dos Direitos Autorais no Brasil. A ideia inicial ganha fôlego com a participação de Sérgio Ricardo, insuflado por Glauber Rocha (e Nelson Pereira dos Santos, ainda segundo o compositor de "Beto bom de bola") a mergulhar na política comercial da área, como fizeram os cineastas em sua seara durante a década anterior.

Do encontro da iniciativa de Jards e demais músicos com as ideias de Sérgio Ricardo, a Sombras estreia para o grande público com uma matéria de capa no "Caderno B", suplemento cultural do *Jornal do Brasil*. No dia 19 de março era anunciado o início de uma série de show no Teatro Casa Grande, cujo objetivo era a arrecadação de recursos para a sociedade de compositores. O *Ensaio geral* (como o evento foi batizado) contava com um time eclético de participantes (escalado principalmente por Aldir Blanc e Maurício Tapajós) que já mostrava como a ideia de Jards e seus companheiros foi abraçada por boa parte da música popular brasileira: Clementina de Jesus, Elton Medeiros, Copinha, Dino Sete Cordas, Beth Carvalho, O Terço, Sá e Guarabyra, Ivan Lins, Fagner, Evinha, Suely Costa, Danilo e Dori Caymmi, Caetano Veloso, Milton Nascimento, Marlene, João Bosco, Tamba Trio, Nora Ney e João Goulart, Lúcio Alves, Gal Costa, João Donato, Luiz Melodia, Gonzaguinha, Roberto Nascimento, Toninho Horta, Cartola, Nelson Cavaquinho,

João Nogueira, Ivone Lara, Leci Brandão, Chico Buarque e MPB4, entre outros. Não bastasse o altíssimo nível dos nomes envolvidos, *Ensaio geral* tinha mais um atrativo: os músicos tocariam apenas canções de outros compositores que nunca gravaram antes. Foram formadas duplas inusitadas como Gal Costa e Lúcio Alves cantando músicas das rainhas do rádio, João Bosco e Marlene cantando Dorival Caymmi, Caetano Veloso interpretando Assis Valente, Ivan Lins cantando Zé Keti e assim por diante. Os produtores da iniciativa naquele momento eram Sérgio Cabral, não só jornalista e agitador cultural, mas também compositor, e Albino Pinheiro. Talvez não seja coincidência que o tipo de espetáculo pensado para o *Ensaio geral* – músicos de diferentes gerações interpretando repertórios cruzados – seja o esboço do que Albino aprimoraria em seu Projeto Seis e Meia, iniciado imediatamente no ano seguinte.

Na referida matéria de Maria Lúcia Rangel no *Jornal do Brasil*, a Sombras é apresentada através de depoimentos dos organizadores e novos membros. Ela é definida como uma entidade voltada para "o estudo, a preservação e a divulgação da música brasileira e a defesa dos direitos por ela gerados". Assim como Sérgio Ricardo conversa com Glauber Rocha sobre o tema, as bases para as primeiras ideias da Sombras surgem a partir de encontros entre músicos e cineastas – afinal, o cinema era uma área que, graças aos esforços políticos da geração do Cinema Novo, articulou uma arte autoral com sua dimensão industrial. Após a fundação da Embrafilme em 1969, eles participam ativamente da condução de uma empresa estatal de cinema em plena ditadura militar. Reuniões com Jards, Chico, Gil, Capinam, Joaquim Pedro de Andrade, Cacá Diegues, Nelson Pereira, Antonio Houaiss e outros fomentaram a ação desencadeada pela postura autoritária dos dirigentes da Sicam.

Vale aqui destacar que 1975 foi um ano intenso no quadro político brasileiro de então. Era um início tímido do que o presidente-general da vez, Ernesto Geisel, batizou de "Abertura lenta, gradual e segura". É quando ocorre a fusão dos estados da Guanabara e do Rio de Janeiro e o jornalista Vladimir Herzog é assassinado na cela do DOI-CODI de São Paulo. Nas eleições legislativas de 1974, o MDB, partido de oposição ao governo, infligiu uma derrota sonora ao regime, criando mesmo que temporariamente um campo novo de possibilidades políticas. Somado a isso, o fim do ciclo batizado de *Milagre econômico brasileiro* evidenciava um país em crise financeira lado a lado com a especialização do capital financeiro e de uma voraz indústria cultural via satélites.

Nesse quadro efervescente, a Sombras e o Teatro Casa Grande tornaram-se espaços possíveis para se retomar uma vida política no âmbito da sociedade civil e dos seus agentes culturais. Não é à toa que no mês seguinte, abril de 1975, o Teatro organiza um *Ciclo de debates* cujas mesas – abrangendo as áreas da música, do cinema, das artes plásticas, da literatura, do jornalismo, do teatro, da televisão e da publicidade – deram o que falar por muito tempo.[73] Os debates comentavam abertamente a censura e os entraves que o regime militar criava em suas respectivas áreas de atuação. Na mesa sobre música, com Sérgio Cabral, Albino Pinheiro (os produtores do *Ensaio geral*) e Chico Buarque e Sérgio Ricardo, a Sombras e a péssima política de arrecadação e distribuição dos direitos autorais foram assuntos constantes. Para ambos, assim como para Macalé, a luta pelos direitos autorais finalmente produzia no meio musical um sentimento de classe, intensificando o tom político em uma nova chave de direitos – não só os criativos, mas principalmente os trabalhistas.

Os compositores que estavam à frente da Sombras eram principalmente Macalé, Sérgio Ricardo, Hermínio Bello de Carvalho, Maurício Tapajós e Aldir Blanc. Chico Buarque foi outro importante componente desse esforço. Mesmo assim, com tantas adesões, a formação da diretoria talvez precisasse de um nome com maior peso – tanto musical quanto político. Segundo Jards, o primeiro e óbvio nome cogitado foi Tom Jobim. Segue em suas palavras o relato desse convite:

> Aí resolvemos colocar o Antonio Carlos Jobim na presidência. Porque afinal de contas, puta que pariu, é o cara mais respeitado dessa merda e é internacional. Aí me destacaram para convencer o Antonio Carlos Jobim para ser o nosso presidente.

---

73 | Conferir a publicação *Ciclo de debates do Teatro Casa Grande*, Rio de Janeiro: Editoria Inubia, 1976.

Lá saí eu. Fui na casa do Tom e aí ele me recebeu de pijama, numa boa. Sentei no sofá da sala, ele na poltrona e eu no sofá ao lado dele. E expliquei pra ele que ele tinha que ser presidente, expliquei o que era a Sombras, ele sabia mais ou menos mas eu expliquei, e que ele teria que ser presidente, simplesmente isso. Aí eu estava explicando pro Tom e aí o Tom de repente fica olhando pra mim e diz assim: "Tereza, traga-me o revólver! Querem me fazer presidente." Era piada, claro. Aí a Tereza, que estava ouvindo o papo meio que na escada, já desceu dando esporro nele. "Então você vai ser sim. Fica aqui reclamando, enchendo o saco o dia inteiro por causa dessa porra de direito autoral, agora você vai ser presidente." Ela deu um esporro nele, eu digo ih, caralho. Aí o Tom "Porra, Tereza...", quase que vira um... puta, uma separação. Aí o Tom fala "Tá, tá tudo bem. Mas vamos fazer o seguinte. O meu nome vai ser a fachada e eu dou procuração pro Chico Buarque."

Aí voltei lá pra Sombras. "Ô Hermínio" – o Chico não tava – "o Tom disse que ele é presidente, mas o Chico Buarque tem que ser o presidente em exercício". "Ah, então você vai lá na casa do Chico." Eu digo "Hermínio, pelo amor de deus, eu não vou ficar andando o Rio de Janeiro inteiro". "Não, vai lá, você..." Aí cheguei na casa do Chico, falei tudo o que se passou na casa do Antonio Carlos Jobim, e disse que ele era o nosso presidente em exercício. Aí o Chico "Não, pelo amor de deus, Macau. Vamos fazer o seguinte? Tudo bem, eu assino, mas eu dou uma procuração pro Hermínio Bello de Carvalho".

Aí eu voltei. "Ô Hermínio". E o Hermínio queria ser presidente, desde criancinha que ele queria ser presidente. Pô, ele é o presidente. O resto só assina. Eu aprendi a assinar a assinatura do Tom Jobim, do Chico, não sei o quê lá. Aprendemos as assinaturas de toda a rapaziada. Qualquer documento, "Ó, assina aí pelo fulano."[74]

---

74 |Conversa com o autor, em 11 de dezembro de 2018.

O sucesso da iniciativa entre compositores e instrumentistas foi grande e imediato. A Sombras ficou alojada em uma pequena sala no MAM (eterno parceiro das iniciativas de Macalé), perto da Sala Corpo e Som, administrada então pelo também músico Sidney Miller. O fim da sociedade ocorre de forma trágica e abrupta em virtude do incêndio devastador do museu em 8 de julho de 1978. Macalé traça com tristeza e delírio o cenário em que se encontrava quando soube da notícia que encurtou o sonho de um sindicato unido de músicos brasileiros:

> Porra, eu tô em Salvador, cara, num quarto de hotel, vendo televisão. Aí aparece "urgente", corta e pápápá, o Museu de Arte Moderna pegando fogo. Eu digo "Caralho". Não pela Sombras, sabe? Era o futuro, um museu. Ainda vi lá pelas tantas, volta e meia eu dava uma olhada assim, eu tive a impressão que eu vi o Hermínio saindo com um saco cheio de cinzas dos nossos documentos. Eu tive a impressão. Acho que não é verdade. Mas de qualquer forma tava o fogo lá, o MAM, a Sombras e o Hermínio no fogo. O nosso presidente, porra...[75]

---
75 | Idem.

350 ➤ Contrastes, milagres e malandros

Quando a segunda metade da década de 1970 se inicia, Jards Macalé era um artista em ação permanente, com um show de sucesso nacional, um dos líderes do levante sindical dos compositores com a Sombras, além de ator e compositor da trilha de mais um longa-metragem de Nelson Pereira dos Santos. Apesar de todas as frentes de trabalho, aumentavam as leituras preconceituosas e os comentários ácidos, sempre vinculando o aos atos performáticos das apresentações em festivais e a uma independência artística que, no período de massificação da música brasileira, marcava a recusa em fazer de sua obra um produto mediado por fórmulas industriais de "sucesso". A conta dessa postura livre e do enfrentamento das demandas mercadológicas fazia com que sua fama injustificada de "artista difícil" se disseminasse independentemente dos esforços para popularizar sua obra.

Em 1976, Macalé segue o trajeto oscilante entre o "faquir da dor" e o "sorriso verão", entre uma persona pública empurrada para o lado escuro da maldição e um artista criativo que era pura luz solar nos palcos. Em meio a essa cansativa dinâmica, o ano traz um encontro que revolucionou a vida de Jards Anet e a obra de Jards Macalé. Não que Jards adotasse uma nova moda musical ou um novo discurso político. A revolução se dá quando ele conhece finalmente um mestre da sua infância e adolescência, um músico e pensador urbano cuja obra parecia pronta para aprimorar a verve cada vez mais ácida do tijucano que nunca saiu do ipanemense. O nome dessa revolução é Moreira da Silva.

Ao conhecer e trabalhar intensamente com o grande sambista de breque por três anos seguidos (1976-1978), o impagável Kid Morengueira dá para Jards novo fôlego sonoro, poético e, principalmente, performático. Moreira era mais velho, porém era o criador de um personagem fantástico, fazendo nas suas interpretações a união perfeita de três coisas que Jards sempre amou: o samba, o rádio e o cinema. Moreira da Silva era um intérprete e compositor cinematográfico, criador de cenas, sonoplastias, velocidades diferentes que marcavam ritmos de fraseados estonteantes (quase um rapper em primórdios nacionais), ou seja, as manhas que um cantor de samba de breque, gênero tão carioca, precisava dominar.

O encontro entre o senhor de 72 anos e o jovem adulto de 33 ocorreu no segundo semestre, quando Albino Pinheiro e Hermínio Bello de Carvalho convidam os dois para integrarem o Projeto Seis e Meia, iniciativa que se mostrou um estrondoso sucesso popular. De um trabalho profissional surgido através de um convite de terceiros, o encontro virou uma parceria de vida, transformando Moreira e Macalé em uma dupla que atravessou palcos, delegacias, prisões, hotéis, bares e composições musicais.

De alguma forma, Jards já vinha se preparando para o encontro com Morengueira, mesmo sem saber que isso ocorreria. Em *Sorriso verão* ele vinha ampliando diante de plateias brasileiras o leque de composições e interpretações, aprimorando repertórios em pesquisas musicais cada vez mais intensas, burilando a voz e o canto cada vez mais eclético e inventivo. Desde *Aprender a nadar* que ele mergulhava em um manancial que sua geração bossa-novista tinha apagado da "linha evolutiva" da então consolidada MPB. Era Nora Ney, Jorge Goulart, Jorge Veiga, Miguel Gustavo, Lupicínio, Gordurinha, Haroldo Lobo e outros nomes que ia desencavando de uma memória musical assombrosa. Entre esses nomes, Moreira da Silva estava na espreita, principalmente pela predileção de Macalé em gravar as composições de Miguel Gustavo, compositor que criou algumas das crônicas mais alucinadas e precisas da vida urbana e suburbana do Rio de Janeiro em seus sambas – gravados por nomes como Roberto Silva, Elizeth Cardoso e Isaura Garcia. Para Moreira, Miguel compôs "O rei do gatilho", "O último dos moicanos", "O sequestro de Ringo" e "Rei do cangaço". Miguel faleceu em 1972, logo após um dos trabalhos mais polêmicos de sua carreira – o jingle "Pra frente Brasil", em que utiliza o *slogan* do governo militar de Emílio Garrastazu Médici na fase mais aguda da repressão para embalar a campanha vitoriosa da seleção brasileira de futebol no Tricampeonato conquistado na copa do México em 1970.

Mas é com uma canção em especial que fazemos a ponte entre Macalé, Moreira e Miguel Gustavo. "O conto do pintor" foi gravado por Morengueira no disco *Malandro em sinuca*, de 1961 e passou a frequentar os shows de Jards durante a turnê de *Sorriso verão*. Ele já tinha gravado Miguel Gustavo com o petardo "E daí?" e repetiria a dose quando começou a planejar o repertório de seu novo disco, o primeiro gravado pela Som livre. Na verdade, o repertório já começara a ser montado anos antes, quando Jards utilizava os filmes de Nelson Pereira dos Santos como laboratório para o próprio trabalho musical. Quando assinou o contrato com a gravadora em 1975, começou a vislumbrar um novo disco cujo resultado seria o retrato de seu ecletismo.

A entrada de Macalé no *casting* da Som Livre, porém, não foi fruto de um simples convite ao músico. A gravadora, fundada em 1969, passava por uma transformação em suas atividades, se descolando da exclusividade das trilhas sonoras para as novelas da Rede Globo de Televisão. Era o início de uma participação efetiva na produção de discos para músicos locais através do nome comercial Sigla. A presença de João Araújo desde sua fundação dava à Som Livre um perfil diferente das outras gravadoras, já que ele era um profissional com passagens bem-sucedidas pela Odeon, pela Philips e pela RGE. Na RGE, foi o responsável pela contratação de nomes como Tom Zé, Novos Baianos e o próprio Macalé no primeiro compacto duplo da carreira. Em 1975, mais uma vez, João Araújo decide apostar em nomes que pareciam rejeitados pela Phonogram após os primeiros trabalhos. Luiz Melodia é, provavelmente, o mais emblemático desse momento, já que após a gravação de *Pérola negra* (1973) pela Philips, lança os álbuns *Maravilhas contemporâneas* (1976) e *Mico de circo* (1978) pela Som Livre. Segundo Jards, ele tem certeza que o nome "Som Livre" foi retirado das entrevistas que deu para a imprensa após o episódio de *"Gotham City"* no Maracanãzinho. Sua chegada à gravadora capitaneada por João Araújo era, aliás, uma espécie de justiça para o criador não reconhecido do nome da empresa. Certo ou não, o fato é que o contrato com a gravadora abriu novas portas de trabalho, pois contava com apoio de profissionais como Guto Graça Melo e outros que lhe deram toda a liberdade para montar o disco que tivesse na cabeça.

A Som Livre também era responsável por outros braços fonográficos naquele momento, envolvendo principalmente uma nova leitura do que era a relação da música popular (nacional e internacional) com a programação da maior rede televisiva do país – a Rede Globo. Isso envolveu festivais como o já referido *Abertura*, de 1975, além de todos os programas de teledramaturgia, como novelas, seriados e especiais. Jards seria um artista da gravadora que, com um disco engatilhado, participaria dessas outras frentes. Além de se apresentar no Festival, teve uma de suas músicas na trilha sonora da novela *Espelho mágico* (com a canção "Sem essa") e outra dedicada ao personagem Barnabé na trilha sonora do programa *Sítio do Pica Pau Amarelo* (essa em parceria com Marluí Miranda). O disco, com grandes nomes, virou um clássico para todos os públicos, de todas as idades.

Assim, quando entra nos estúdios de dezesseis canais da gravadora carioca na rua Assunção, em Botafogo, Jards já estava devidamente incorporado às etapas da empresa em relação aos seus artistas. Apesar de carregar a fama de difícil, estava mais produtivo do que nunca em relação aos compromissos profissionais. A gravação do novo disco, portanto, seria feita com esmero. Seguindo a seara aberta em *Aprender a nadar*, Jards convida uma série de músicos e parceiros para executarem suas faixas. Guto Graça Mello (que insere Jards nas trilhas de novelas e programas da Globo) produz o projeto enquanto Jards assume toda a parte musical. No início, o disco ainda se chamava – ao menos informava Jards em entrevistas – *Morro dos prazeres*. Conforme o tempo foi passando, porém, a concepção do trabalho se transformava. Jards decidiu que esse seria um disco de um músico rodeado por outros músicos que admirava. Nas suas doze faixas, Jards é essencialmente um intérprete, usando o violão apenas em duas delas. Os músicos convidados a dedo brilharam em um disco cujos colaboradores foram selecionados a partir do afeto e da necessidade de se chegar a resultados sonoros bem precisos em cada arranjo preparado. O pensamento de um disco "de músicos" também se relaciona com a militância na Sombras e a experiência em uma carreira cujo anonimato dos instrumentistas era cada vez mais cruel no país que transformava a música popular em produto de paradas de sucesso.

Além dessa presença militante dos músicos, o novo disco de Macalé também seria impregnado de outra experiência marcante no período. Como dito antes, Jards tinha mergulhado durante o ano de 1975 na cultura musical de matrizes africanas da Bahia para compor sua atuação como Pedro Arcanjo em *Tenda dos milagres*. Enquanto trabalhava o terceiro disco de carreira, Jards atravessara os últimos três anos em meio às intensas experiências ocorridas nos sets de filmagem do cineasta. Pela segunda vez seguida, alternava o trabalho entre a trilha do filme e a atuação. Deixando uma área impregnar a outra o tempo todo, a ideia cinematográfica de edição, deram a Macalé um entendimento mais amplo sobre seu trabalho. Por que não pensar (como aliás já havia arriscado em *Aprender a nadar*) um disco a partir de uma montagem, executar um trabalho em que cada faixa conte uma história diferente da outra, em que as músicas tenham sonoplastias, efeitos, orquestras e o resultado fosse um emaranhado dos muitos mundos que habitavam a cabeça de Jards Macalé? A partir dessa ideia cinematográfica de montagem, o artista chegou ao título sintético do disco: *Contrastes*.

Em um longo perfil de Ana Maria Bahiana para o jornal *O Globo*, publicado no dia 9 de maio, a jornalista explica detidamente a ideia do disco "no mínimo surpreendente":

> O tipo de disco impossível de descrever, rotular, amarrar, prender. Amplo, misturado, alimentício, disco geleia geral a partir de uma ideia contida num samba de Ismael Silva, "Contrastes". Tudo contrasta e se mistura nesses 42 minutos de som. Macalé soa como Cauby Peixoto ou Jackson do Pandeiro, homenageia o Black Rio e o violonista Garoto, incorpora Louis Armstrong e Moreira da Silva.

Contrastes é o nome da faixa de Ismael Silva que abre o disco. As inversões e paradoxos da letra ("Existe muita tristeza na Rua da Alegria, existe muita desordem na rua da Harmonia") são o abre alas perfeito para um trabalho em que Jards não veio explicar, facilitar o consumo ou livrar sua trajetória da complexidade criativa que sempre caracterizou seu som. Cantando de forma impecável, ele desliza na faixa que abre com o sax contralto de Paulo Moura. O coral das Gatas (Zélia Bastos, Keila dos Santos, Zenilda Barroso e Dinorah Pires) e o balanço da bateria de Paulo Braga dão o tom descontraído que atravessa todo o disco.

Logo de cara, Jards evoca tanto sua formação sentimental e musical quanto suas amizades do presente. Se temos entre os compositores a velha guarda representada por Ismael, Miguel Gustavo e Haroldo Lobo, temos também Duda Machado, Waly Salomão e Walter Franco. Jards ainda agrega ao disco uma legião de participações que mais parecia uma seleção de craques em diferentes posições: Gilberto Gil, Dominguinhos, As Gatas, Neco, Gereba, Paulo Braga, Robertinho Silva, Wagner Tiso, Tomás Improta, Paulo Moura, Perinho Santana, Luiz Alves, Jackson do Pandeiro, Arnaldo Brandão, Djalma Corrêa e Marluí Miranda eram apenas alguns dos nomes que desfilavam pelas doze faixas do trabalho. Macalé teve o segundo semestre de 1976 (de julho a dezembro) para fazer o disco com toda a calma e o apoio financeiro da gravadora. A produção de Guto Graça Mello e a direção de Sérgio Mello deram liberdade para o artista levar até o limite suas ideias.

Na segunda faixa do disco, "Sem essa", Jards regrava uma das suas primeiras composições, em parceria com Duda Machado feita pela dupla ainda nos idos da década anterior. (Mal) Gravada originalmente apenas com a voz e o violão de Jards no compacto duplo pela RGE lançado em 1970, ela reaparece dessa vez em uma versão blues impecável para um cantor em plena forma. A interpretação de Jards é acompanhada pelo belo arranjo de Wagner Tiso e sua cama de cordas, pelos metais de Nivaldo Ornelas e pelos solos elegantes de guitarra de Chiquito Braga. O resultado é um canto pungente que corta o peito de quem escuta a gravação.

A música seguinte, "Poema da rosa", já tinha sido gravada por Nara Leão em seu disco de 1969. A composição é uma parceria de Jards e Bertolt Brecht, com a intermediação de Augusto Boal na tradução do poema retirado da peça *Mãe coragem* (1941). Brecht, Boal e Macalé já tinham se cruzado em outras situações, como o espetáculo *Tempo de guerra*, de 1965. Jards e Brecht, por sua vez, também foram "parceiros" no espetáculo *O que pode um homem?*, cuja montagem de Renato Borghi e Esther Góes foi encenada em 1973, com trilha do músico carioca ao lado das composições de Kurt Weill, Hanns Eisler e Paul Dessau. Em *Contrastes*, seu arranjo é de uma valsa, conduzida por belo conjunto de cordas e a "baixaria" do violão de sete cordas tocado por Valdir Silva, músico renomado nos regionais e rodas de choro da cidade. O piano de Wagner Tiso e a bateria de Paulo Braga fazem a cama para que cordas e sopros criem o clima lírico que a faixa apresenta.

Em seguida, outra guinada sonora. Dessa vez, em direção ao velho jazz norte-americano através da gravação de "*Black and Blue*", versão para a faixa "(*What Did I Do to Be So*) *Black and Blue*", composta por Fats Waller em 1929 e que, no mesmo ano, ganhou letra de Harry Brooks e Andy Razal para um musical da Broadway intitulado *Hot Chocolates*. O standard foi gravado por Armstrong no disco *Satchmo at Symphony Hall*, de 1947 e lançado pela Decca em 1951. Como dito no primeiro capítulo deste livro, Jards conheceu essa música ainda garoto, através dos discos norte-americanos que seu pai trouxe de uma viagem aos Estados Unidos no mesmo ano em que o vinil foi lançado. A imitação que Jards consegue fazer do timbre singular de Armstrong impressiona e mostra ao ouvinte um pequeno exemplo do que ele vinha fazendo em seus shows ao redor do país. O arranjo e orquestração de Paulo Moura conta com o banjo de Neco e um conjunto quente de metais com trompete, trombone e clarinete. Mais uma vez, o cinema fazia com que o cantor soubesse assumir personagens no próprio canto, não se preocupando em fazer do trabalho uma paródia – muito bem executada – de um *standard* internacional em um disco de canção popular brasileira. Mais do que influência, o que Jards fazia com maestria era a recriação completa da faixa sem abrir mão do sabor na gravação original.

Essa capacidade de transformar sua voz ganha outra camada na faixa seguinte, o xote "Sim ou não", de Geraldo Gomes Mourão. A música aparece como pano de fundo de uma sequência de *Amuleto de Ogum* e Jards já vinha tocando-a nos shows. A entrada em *Contrastes* é marcada pela risada de Marluí Miranda, seguida pela performance primorosa de um conjunto cuja sanfona matadora é de Dominguinhos, sustentada pela base rítmica formada por Jackson do Pandeiro e seu conjunto Borborema. A escolha dessa faixa (aliás, de autoria do irmão de Jackson) é fruto de um período em que Jards andara por Duque de Caxias, que viajava constantemente pelo interior do Nordeste e que planejava com José Carlos

Capinam um filme (não realizado) sobre Luiz Gonzaga. A escolha por Dominguinhos ocorre quando o sanfoneiro se transformava em um músico cada vez mais requisitado. Ele tinha sido da banda de Gal Costa durante a turnê do disco *Índia* em 1973, participara com coragem do *Banquete dos mendigos* e era parte fundamental do disco *Refazenda*, de Gilberto Gil em 1975. Além de Dominguinhos, a faixa contava com a presença do emergente grupo Bendegó – criado ao redor do músico baiano Gereba e de seu violão de dez cordas. Já a presença luxuosa do pandeiro de Jackson é fruto do contato que Jards fez com ele durante a participação em *Amuleto de Ogum* – quando o genial músico paraibano dubla o cego interpretado por Jards em algumas cenas. Essa configuração 100% nordestina, mostra que Jards foi atrás dos melhores músicos do momento para a gravação de um *hit* atemporal que, infelizmente, não fez o devido sucesso na época.

Para fechar o lado A, Jards grava a inacreditável e impagável história de Miguel Gustavo e seu "O conto do pintor". Como dito antes, a música fora lançada na década anterior por Moreira da Silva, com quem Jards começava nesse mesmo período um ciclo de trabalho que dura até 1978. A ideia original de Miguel Gustavo e Morengueira era fazer uma crônica *à la clef* sobre um evento polêmico na arte carioca que ocorreu em 1959. O pintor francês Georges Mathieu, um divulgador do expressionismo abstrato, tinha ganho fama internacional ao realizar imensas pinturas ao vivo, no que se chamava na época de "encenações pictóricas", isto é, uma espécie de *happening* que misturava pintura e performance. Com Mathieu em plena ação, o público era convidado para assistir *in loco* o processo do artista polêmico.

A letra de Miguel Gustavo, portanto, parece ser pura invenção, porém apenas narra na língua do sambista os fatos da visita do pintor ao Rio de Janeiro. Pela música, sabemos quando Mathieu foi convidado por Niomar Muniz Sodré, fundadora e diretora do então recém-inaugurado Museu de Arte Moderna da cidade. No MAM, Mathieu fez sua performance com um salão lotado e o acompanhamento musical dos atabaques e bailarinas do Balé Folclórico Mercedes Batista. Mathieu, por fim, conheceu o presidente Juscelino

Kubitschek, ganhou breve notoriedade e marcou o imaginário popular da época. É esse personagem exótico aos olhos dos populares que está devidamente registrado na composição da dupla. Para além da incrível incorporação da elitista arte abstrata em um samba de malandragem, a letra tem referências precisas a personalidades de então, dando um ar verossímil ao que era cantado. Há também a marca política da época, quando o malandro pinta as "espadas e vassouras", símbolos da disputa eleitoral entre o Marechal Lott e Jânio Quadros.

Na versão presente em *Contrastes* ouvimos mais uma mutação da voz de Macalé, incorporando um Kid Morengueira que substitui o nome de Moreira da versão original para Macao, o apelido do apelido. O músico carioca vai além da voz e exerce toda sua genialidade ao reinventar a letra de Miguel Gustavo se colocando no lugar de Moreira e atualizando para o seu tempo – e sua vida – as referências da música de 1960. Onde ouvimos na primeira versão "Santos Vahlis", famoso empreendedor imobiliário venezuelano, Macalé insere o nome de Sérgio Dourado, o equivalente de Vahlis na década de 1970. Quando Moreira é condecorado por (Assis) Chateaubriand, Macalé invoca o nome do crítico e desafeto (José Ramos) Tinhorão (e lhe pede "calma"). Ao dar entrevistas, Moreira fala com Rubens do Amaral, enquanto Macao conversa com Sérgio Chapelin. E confirmando toda sua verve e sagacidade, no momento em que Moreira ironiza Mathieu ao dizer que pintou "dando cambalhotas", Macao diz que "comeu rosas". A referência explícita ao episódio do Festival Abertura ocorrido no ano anterior demonstra como Jards sabia como poucos rir de si mesmo e dar a devida dimensão performática ao seu ato.

Na parte musical da faixa, o samba de breque é executado à perfeição por nada mais nada menos que a mui querida Orquestra Tabajara, conduzida pelo mestre absoluto Severino Araújo. As gravações de *Contrastes* permitiram o encontro dos músicos originais que não tocavam juntos há vinte anos. Esse reencontro com o pai do amigo Chiquinho Araújo ainda tem um bis no disco com a execução quente de "Choro de Arcanjo", segunda faixa do lado B. Ainda em "O conto do pintor", Jards introduz uma série de efeitos sonoros criados pelo grande sonoplasta Geraldo José. Jards o conhecera nas gravações de *Tenda dos milagres*. Ele fica muito próximo de membros da equipe, como Geraldo e Severino Dadá (outro Severino que era pernambucano em sua vida), o montador dos filmes, nome a que Jards sempre se refere com carinho quando fala do período. "O conto do pintor", portanto, era a faixa em que os mundos da música e do cinema que habitavam Jards se encontram de forma magistral. Moreira da Silva e Nelson Pereira dos Santos, Miguel Gustavo e Geraldo José, tudo isso faz com que sua interpretação se torne parte de uma peça sonora inovadora e ao mesmo tempo clássica.

Assim, *Contrastes* tem o primeiro lado em que temos, na sequência, um samba, um blues, uma valsa, um *standard* de jazz, um xote e um samba de breque. A ideia de um disco em que as partes não se encaixavam seguia no segundo lado, cuja abertura já é ao sabor do *reggae* jamaicano. "Negra melodia" é uma faixa composta com Waly Salomão cujos desdobramentos podem ser prolongados até as incursões nas vendas de Portobello Road, em Londres, quando Jards ia atrás do fornecimento de cannabis através dos imigrantes caribenhos. Não à toa, Jards convida Gilberto Gil, seu velho amigo de sons e fumaças, para fazer o arranjo e tocar com perfeição a batida difundida mundialmente por Bob Marley. Era o momento em que Gil estava mergulhado nas influências africanas e caribenhas na sua música e ligado, principalmente, à descoberta do trabalho do cantor e compositor jamaicano. A música, aliás, traz no encarte do disco duas homenagens e um subtítulo: "*Soul Train* domingueira – homenagem a Luiz Melodia e a turma da Black Rio – baseado numa canção de Bob Marley." O jogo de palavras baseado/Bob Marley certamente estava ali de forma estratégica.

Apesar de literalmente eles citarem trechos de "*Rebel Music*", vale lembrar que Gil tinha sido preso no ano anterior, em Florianópolis, durante a turnê dos Doces Bárbaros (banda que aliás, grava a faixa no disco de Jards) sob a alegação, justamente, de portar em seu quarto de hotel um baseado. A prisão de Gil, assumida publicamente por ele com coragem até então inédita quando o tema era drogas e famosos, fazia com que ele fosse o mais indicado para conduzir o *reggae* de Macao e Waly. A homenagem a Melodia e a Black Rio era fruto tanto da amizade que os compositores tinham com o artista do Largo do Estácio de Sá, quanto da atenção dedicada por eles ao movimento que agitava a cena musical na época. A polêmica que se cria ao redor dos bailes black que ocorriam nos subúrbios do Rio e de outras cidades no país dizia que o consumo de soul music norte-americana era uma forma de alienação do movimento negro brasileiro e de sua luta política. Sambistas do porte de Candeia e Elton Medeiros (amigo de Macalé) eram frontalmente contrários ao movimento, mas Jards via de outra forma. Na referida entrevista para Ana Maria Bahiana no *Globo*, Jards afirmava que

> É uma questão muito complexa. Basicamente, eu creio que não adianta ficar rechaçando, de cara, um movimento assim, ficar criando tensões e rejeições ainda maiores. O importante é atrair esses caras, ficar junto. Depois, é muito difícil, de fora, ficar fazendo julgamentos, se é alienação ou não. Quem diz que o preto dançar soul é alienação, deve primeiro olhar pra trás e ver se toda a sua formação também não é importada, não vem da tradição lógica europeia ou da tradição americana de harmonia, de arranjo. Se a cultura importada atinge tudo, por que não haveria de atingir o negro?[76]

É curioso que numa declaração como essa Jards Macalé não se veja como parte dos músicos pretos brasileiros. Ou ao menos não como integrante de um grupo social que deveria pensar sua condição racial no Brasil. De qualquer maneira, "Negra melodia" é um dos momentos em que o tema da cultura negra atravessa o trabalho de Jards, assim como as pesquisas que fez para *Tenda dos milagres*. E ter Gil presente, no mesmo ano em que viaja para o Festival de Arte Negra, na Nigéria, muito próximo do som da Black Rio e de Oberdan Magalhães, faz de "Negra melodia" um ponto luminoso da música brasileira daquele período.

Contrastes segue em sua jornada eclética com a sequência mais experimental do disco. "Choro de Arcanjo", faixa instrumental de *Tenda dos milagres* executada "apenas" pela Orquestra

---
76 | Jornal *O Globo*, 9 de maio de 1977, p. 33.

Tabajara (com direito a Severino Araújo dizendo que "É pro meu amigo Macalé"), foi composta em um cavaquinho durante uma viagem de carro rumo a Salvador, com cada corda arrebentando ao longo do processo. Jards afirma que desde sua composição ele já imaginava a Tabajara executando sua ideia.

O balanço sensacional de "Choro de Arcanjo" é sucedido por "Cachorro babucho", música quase minimalista de Walter Franco, que esteve com Jards em 1975 no Festival Abertura. O arranjo de Júlio Medaglia faz com que os violões e vozes de Jards Macalé e Marluí Miranda dialoguem com uma série de efeitos sonoros, instrumentos de percussão, metais, vibrafones, cordas, beijos e, principalmente, o latido de Joaninha, a cadela do maestro paulista – devidamente creditada entre os participantes da faixa. Logo depois desse interregno lúdico, vem "Garoto", choro composto por Jards Macalé e dedicado a Rodrigo (filho de Ana Miranda e quase um filho para o músico) e ao violonista de mesmo nome da faixa. Uma música que não nos deixa esquecer o aplicado aluno da Pro-Arte e dos violonistas técnicos como Jodacil Damaceno. O conjunto musical convocado para a gravação tem como destaque o experiente violão solo de Neco, ou Manuel Antenor de Sousa, um veterano nascido em 1893, tocador de modinhas e compositor que já gravava suas músicas desde 1912. Wagner Tiso no piano, Paulo Braga na bateria e Luiz Alves completavam a faixa.

Fechando a sequência vertiginosa, Jards propõe uma guinada no lirismo do choro anterior e explode tudo com "Passarinho do relógio (cuco maluco)", marcha de Haroldo Lobo e Milton Oliveira composta para o carnaval de 1941. Se ouvirmos gravações como as de Aracy de Almeida e, depois, a de Jards Macalé, conseguimos atingir o grau de desconstrução que ele cria no disco. Em *Contrastes*, a marcha vira uma espécie de texto sonoro, em que Jards conta com o auxílio luxuoso da equipe que trabalhava no programa de rádio Globo Patrulha (Honório de Souza, Luiz de França e José Claudio, o Formiga). A faixa é, inclusive, gravada nos estúdios da Rádio Globo, no emblemático feriado de sete de setembro. Apenas com sua voz e violão, o acompanhamento feito por uma série de vozes, sons, efeitos – que vão de sinos, sirenes e locomotivas até bombas, gritos e a flatulência do músico – transformam a faixa em um programa popular que liga diferentes temporalidades, um corte seco no disco, uma espécie de intervenção que desloca e provoca a audição automatizada de qualquer público naquele período.

O disco encerra com a sensacional "No meio do mato (toda cidade nasce, vive e morre)", composição de Jards cujos batuques de caboclinho e candomblé finalizam uma obra feita em diálogo permanente com o que ele viveu durante a feitura de *Tenda dos milagres* e as experiências marcantes – como conhecer Camafeu de Oxóssi ou Eduardo do Ijexá, nomes históricos da religiosidade popular baiana. Como um Pedro Arcanjo, Jards entoa um mantra sustentado pelas vozes do conjunto vocal As Gatas, cuja letra evoca um jogo com a ideia de rio e Rio, o fluxo das águas e da cidade, o contraponto entre o mato e a urbe. Jards se recorda que pediu a Wagner Tiso um arranjo cuja abertura deveria remeter o ouvinte a um épico de Villa-Lobos, um clima grandioso de floresta amazônica – pedido devidamente cumprido pelo arranjador. A música deságua literalmente nos atabaques e percussões a cargo de Djalma Corrêa, Hermes, Elias, Jorge José e Nelson França. "No meio do mato", que já aparecia de forma embrionária e tímida na colagem que abre o trabalho anterior, agora era gravada de forma grandiosa para encerrar um disco em que o autor repete até o fim a frase "no meio da vida".

Nesse final de *Contrastes* pode ser ouvido, enfim, um Jards Macalé que curtia a vida. Em paz com o seu lugar artístico, viajando pelo país, amadurecendo as metas e vencendo as inseguranças. Apesar de ter inúmeros amigos ao seu redor quando entra no estúdio, sua transformação ocorre principalmente quando está sozinho no palco, sem hora para acabar, olho no olho com o público. É ali que ele começa a se firmar como um dos maiores shows de sua geração. Só assim, através de concertos acompanhado apenas pelo violão, é que ele consegue atravessar os longos tempos de vacas magras que viriam nas décadas seguintes.

Após o sucesso de *Sorriso verão*, o show de lançamento de *Contrastes* no Teatro Tereza Rachel era um longo passeio pelo universo de Jards Macalé. A estreia ocorreu no dia 11 de maio e, graças ao trabalho do pesquisador fonográfico Marcelo Fróes, o show pode atualmente ser ouvido na íntegra. Com sete músicas do disco e uma série de composições de diferentes tempos e parceiros, o show tem longas falas de Jards com o público. Ali, ficam registradas as questões que atravessavam o músico e sua profissão, além de podermos ouvir seu pensamento político, sua generosidade artística e seu sarcasmo em alta voltagem. Jards toca o próprio repertório ao lado de clássicos de Moreira da Silva como "Olha o Padilha", além de canções de Gilberto Gil, Paulinho da Viola ou Ary Barroso. O uso inventivo do microfone, com ecos, diferentes vozes, pausas e atuações – principalmente nas músicas de Miguel Gustavo e Moreira da Silva – conseguem obter reação imediata do público. A gravação do show, portanto, mostra um músico no domínio pleno do palco e da plateia. Numa das falas gravadas, ele apresenta as motivações do formato que abraçava por um longo tempo:

> Pensei em fazer isso aqui com mais pessoas né, com um grupo, com mais músicos etc. Mas praticamente estou fechando um ciclo de trabalho que vem de *Sorriso verão*, de três anos praticamente, um show que eu fiz, é... a *Tenda dos milagres*, um filme de Nelson Pereira, do qual participei durante dois anos e meio, fazendo a trilha e uma pitadinha de ator, como também o disco, que já tá na rua, foi durante um ano. Então pensei em fazer um show sem maiores complicações. Mesmo porque 25% aqui, 10% aqui, 5% ali, fica sempre mais difícil (risos). Mesmo porque eu gostaria de tocar como há muito tempo eu queria fazer, como toca na casa de Valdir Silva no Jacaré, no quintal, debaixo de uma mangueira, coisas assim, numa cozinha, coisas gostosas de fazer, sem maiores problemas. Ou então quando vou fazer shows em sanatórios e presídios, que é a dádiva da gente fazer música para as pessoas e a dádiva das pessoas receberem a música, uma coisa bem legal. Uma pessoa me falou "Mas rapaz, você vai falar que vai fazer show em sanatórios, presídios, como o respeitável público vai falar, como vai se sentir?", e eu disse "Ué, menino, qual a diferença se estamos presos do lado de fora?".

Contrastes, portanto, é o trabalho "no meio da vida" de um artista que fechava uma espécie de trilogia involuntária iniciada em 1972 com um disco feito apenas com dois amigos da mesma geração o acompanhando em quatro canais e que chegava em 1977 com um disco feito por dezenas de colaboradores dos mais variados estilos e idades em dezesseis canais. Um disco digno de quem atravessou uma série de espaços e sons ao longo de uma carreira de mais de quinze anos, amadurecendo entre erros e acertos, sempre na frente do público. Jards ainda se mostrava um sobrevivente dentro de uma era acelerada de massificação dos artistas de sua geração frente a um público em transformação.

Em matérias jornalísticas da época, a eterna "crise" da MPB ganhava um novo capítulo a partir da diversificação de vozes e gêneros que a segunda metade da década trazia. As transformações no mercado fonográfico eram velozes e, cada vez mais, trabalhos como *Contrastes* seriam vistos como "difíceis". Mesmo que "Sem essa" fosse para a trilha sonora de uma novela da Globo, o disco não foi recebido como um sucesso popular. As críticas mais que positivas da imprensa não surtiram efeito em vendagens.

Jards levou até o fim o desejo de fazer de cada disco uma obra completa. Junto ao trabalho gráfico de Antônio Henrique Nietzsche, Jards pensou a capa com o amigo e fotógrafo Ivan Cardoso e a companheira Ana Miranda. Foi a partir de uma série de fotos do casal, tiradas em um bucólico parque em Copacabana, que eles escolheram uma imagem em que Jards beija Ana Miranda — na verdade, um quase beijo, a iminência de um beijo — recostada em um belo fundo de samambaias. A foto, com o casal de lado, Ana com o corpo inclinado e Jards colado a ela, um homem preto e uma mulher branca, ou seja, o próprio *contraste* entre gêneros e cores de peles, tornou-se uma marca incontornável quando se pensa no disco. Anos depois, o artista afirma que jornalistas ao redor do Brasil assumiram discursos abertamente racistas ao comentarem a "capa do beijo" e a "ousadia" do músico no ósculo inter-racial. Outras fotos do casal, divertindo-se ao redor de um lambe-lambe, também entraram no encarte final. Mas o que ficou praticamente esquecido nessa história foi que a inspiração para a famosa fotografia de *Contrastes* é uma citação direta de uma cena do filme *Hotel imperial*, dirigido por Robert Florey em 1939, em que Ray Milland e Isa Miranda se beijam da mesma maneira. Nada mais perfeito para um disco em que o cinema o atravessa de ponta a ponta.

Toda essa sintonia na época da feitura da capa, porém, foi desfeita quando Jards Macalé foi convidado pelo selo Dubas, de Ronaldo Bastos, para reeditar o disco em 2003. Após uma sólida carreira na literatura, e por motivos ligado ao término da relação, Ana Miranda proibiu o uso de sua imagem em uma reedição. O beijo que chocou críticos pudicos ou racistas na época, agora era vetado por uma de suas partes. Os designers responsáveis pela capa resolveram a questão com uma ideia que fazia todo sentido: queimar a parte do rosto da escritora e só deixar o de Jards. A ação citava diretamente a letra de "Sem essa", cujos versos dizem "Fazer um álbum de fotografias para depois queimar". Seja lá o que foi queimado entre o casal no final da história, tornou-se um comentário visual que deu novo sentido a todo o projeto original.

Já na contracapa do disco, como uma espécie de *Sargent Peppers* tropical, Jards e Ivan executam uma minuciosa montagem com fotografias de praticamente todos os músicos, amigos, compositores e participantes diretos ou indiretos do disco, emoldurados pelo Pão de Açúcar e a Baia da Guanabara. Vemos até mesmo personagens que não estão presentes, mas iluminam as faixas, como Moreira da Silva, Luiz Gonzaga ou Alfred Hitchcock. Ainda na contracapa, Jards coloca a definição de "contraste" no dicionário, como se fosse uma bula para o público avisando o que ele encontraria quando colocasse o vinil na vitrola. Entre vários termos, diz lá que a palavra podia significar "esbarrão, encontro, embate" e "diferenças de tons ou de luz numa pintura ou em fotografias".

O encarte do disco, em página dupla, traz todos os nomes envolvidos em cada faixa, além de uma foto famosa de Mario Luiz (um menino segurando um instrumento improvisado), as letras e um agradecimento que, entre os nomes no disco, termina com a clássica ironia que só Macalé sabia fazer: "Inclusive agradecimento especial a Ibrahim Sued, Sérgio Dourado, José Ramos Tinhorão, ao maioral e ao Brasil." O trio é destacado a partir da participação especial – e debochada – dos três na versão que Macalé inventa de "O conto do pintor". Perguntado hoje em dia se tal provocação lhe criou problemas, Jards diz que ocorreu o oposto. Um dos "homenageados", o dono de construtora Sérgio Dourado, enviou para ele uma garrafa de vinho francês no natal daquele ano. Nada mal para uma provocação nas entrelinhas de um disco imenso.

Durante as gravações de *Contrastes*, Jards Macalé recebeu um convite irrecusável em todos os sentidos. Seus amigos Albino Pinheiro e o incansável Hermínio Bello de Carvalho o convidam para o Projeto Seis e Meia. A ideia de Albino, então administrador do Teatro João Caetano na Praça Tiradentes, centro do Rio, era ocupar o palco da casa em um horário de intenso fluxo devido à saída do trabalho, porém ocioso em sua programação. A ideia de Hermínio, como no show *Ensaio geral*, da Sombras, era juntar músicos de diferentes gerações. Quando pensaram em Moreira da Silva, Jards já estava íntimo do repertório de um de seus heróis cuja música ocupava seu imaginário desde a infância na Tijuca. A oportunidade de tocar com Moreira era a coroação desse período que resultou em *Contrastes*. Se já havia gravado "O conto do pintor", ele também tocava outras músicas do velho sambista nos shows. Além dessa memória afetiva, Moreira tinha acabado de ser retratado em um curta-metragem feito por Ivan Cardoso, amigo de Macalé, e era um herói para os artistas que viveram os tempos da Casa 9 ou das dunas da praia de Ipanema.

Se o convite foi recebido de forma efusiva por Jards, Moreira da Silva recebeu-o de forma desconfiada – principalmente pelo nome escolhido para acompanhá-lo. Para Morengueira, Macalé era o nome daquele barbudo que gritava e comia rosas pela televisão. Logo nos primeiros encontros, porém, a malandragem de Jards casou-se perfeitamente com Moreira e os dois formaram uma dupla imbatível. Na ótima biografia de Moreira da Silva escrita por Alexandre Augusto, essa parceria entre Moreira e Macalé é dissecada em todos os pormenores. Lá sabemos que os primeiros shows que fizeram juntos acompanhados pelo grupo instrumental Nó em Pingo D'água, ocorreram entre 16 e 20 de agosto, todos com casa lotada e ovações por parte do público. Após recusarem convites para continuarem as apresentações naquele ano – Jards precisava terminar seu disco – tudo muda de figura no ano seguinte. O que começara como uma ideia carioca, agora ganhava o país. O Seis e Meia de Albino e Hermínio se transformara no Projeto Pixinguinha, série nacional de shows bancado pela Funarte, órgão ligado ao Ministério da Educação e Cultura. Jards e Moreira passariam mais de um mês viajando pelo país com o show, encontrando casas lotadas, consagração pública e, claro, acontecimentos com os "Padilhas" da época.

O evento sem dúvida mais marcante nesse sentido foi o show que deram em Vitória. Após o início de imenso sucesso no Teatro Dulcina no dia 23 de junho, a dupla e os músicos viajaram para a capital capixaba prontos para dar sequência ao bem-sucedido show. Lá, logo na primeira noite, Macalé resolve inserir em sua parte duas músicas que não estavam no roteiro pré-combinado com a censura: o xote de duplo sentido "Sim ou não", gravada em *Contrastes* e "Casca de ovo", uma paródia infame criada por Macalé a partir da candidatura do banqueiro mineiro Magalhães Pinto para governador de Minas Gerais. A partir daí, o próprio Macalé explica em entrevista para Marcelo Fróes o funesto ocorrido:

> Aí eu cantei, no primeiro dia lá em Vitória, e na plateia estava o diretor da Polícia Federal, lá na ala VIP e tal, vendo o show. E eu botei o público pra dizer "pode" mas a plateia só dizia "fode". Eu nunca disse "fode", só o público disse "fode". (...) E a "Casca de ovo" era uma paródia, não se tratou do assunto, mas eu botei o público inteiro cantando "Será que esse pinto sobe, será que esse pinto desce, será que esse pinto murcha ou será que esse pinto cresce? Dizem que esse pinto é belo, dizem que esse pinto é feio, dizem que é papo é careca, e dizem que joga no meio". Levamos uns quinze minutos fazendo essa brincadeira. Aí bateram na porta do meu quarto de hotel às seis horas da manhã, bateram não, invadiram meu

apartamento, me cutucaram: "Polícia Federal." Eu: "O que que é isso?", e eles: "O nosso delegado quer falar com você!" E eu disse: "Eu não saio daqui sem antes falar com o Moreira da Silva!" Ele estava no apartamento embaixo. "Enquanto isso a gente dá uma geral no quarto." E estava limpeza total, mas aí eles encontraram um livro que eu tinha comprado, chamado *A ditadura dos cartéis*. "Olha aqui, *A ditadura dos cartéis*!". Mas aí o outro disse "Não, não, esse o pessoal da faculdade já está lendo". Eles discutindo entre eles lá pra saber que porra que eles conseguiam, e eu tomando um calmantezinho, mas aí para eles terem um motivo para me levarem acabaram perguntando "Cadê a porra da receita?". Tarja preta. Eu disse: "Não, eu não tenho" enquanto eu ligava pro Moreira, coitado... Eu só disse isso: "Os homens estão no meu quarto." Ele falou: "Nos encontramos no saguão." Quando cheguei lá embaixo no saguão, ladeado pelos policiais, já estava o Moreira – impecável, todo de branco, com a camisa rosa e de chapéu. Quando o policial viu o Moreira, disse: "Moreira da Silva, sou seu fã!" Aí eu pensei: "Puta que o pariu, estou livre!" Livre é o caralho, me botaram nove horas incomunicável, só saí pra fazer o show.[77]

O episódio da prisão de Macalé em Vitória trouxe ainda uma série de peripécias envolvendo Moreira da Silva e o delegado que "convocou" Macalé. O agente da Polícia Federal presente no show e que testemunhou a ovação da plateia com Macalé e sua performance conduzindo os cantos de duplo sentido de suas músicas se chamava Newton dos Santos Brito. Já o hotel em que ele e Moreira da Silva estavam hospedados era o Hotel Cannes. Moreira da Silva não só tenta interceder a favor de seu amigo como acaba indo de camburão ao seu lado até a delegacia da Polícia Federal. De frente para o delegado, Moreira percebeu que o clima não estava para brincadeiras e que seria inútil sua presença como forma de dissuadir a

---

[77] | Entrevista concedida a Marcelo Fróes e publicada no encarte do CD *Jards Macalé canta no presídio*, lançado pelo selo Discobertas em 2018.

ordem de prisão proferida em direção aos demais policiais: "Tira os óculos, o cinto e recolhe o homem!"[78]

Jards foi liberado em cima da hora de fazer o show com Moreira, mas o périplo para que isso ocorresse foi longo e intrincado. De volta ao Hotel, Moreira da Silva acionou por telefone os organizadores do Projeto Pixinguinha e a imprensa, fazendo com que a notícia chegasse a Roberto Parreira, diretor executivo da Funarte. Esse, por sua vez, telefonou para o governador do Espírito Santo solicitando a soltura do músico. Após o delegado da Polícia Federal se recusar a atender os telefonemas do próprio governador, o assessor jurídico da Funarte, José Carlos Risk, tenta falar com Macalé, porém é recebido pelo chefe do Serviço de Censura que negou o acesso do advogado ao prisioneiro. Jards só seria liberado após um interrogatório e a proibição expressa por parte do delegado de tocar novamente "Sim ou não" e "Casca de ovo". De lambuja, Newton dos Santos Brito também proibiu que tocassem "Na subida do morro" – o motivo, ninguém entendeu.

Chegando no show após passar rapidamente no hotel para pegar o violão e trocar de roupa, Jards tem uma participação evidentemente tensa por conta não só da censura imposta, mas principalmente pela presença de policiais à paisana no recinto. Como sinal de protesto, o músico fez um minuto de silêncio, com a cabeça baixa. A notícia de sua prisão ainda não tinha circulado publicamente naquela noite e apenas parte da plateia compreendeu o gesto. Jards não tocou as músicas censuradas pelo delegado local – apesar de ambas terem sido aprovadas pela Censura Federal para fazerem parte da turnê – e Moreira, evidentemente, fez questão de cantar "Na subida do morro". No dia seguinte, além do sucesso da apresentação (era uma temporada de cinco noites), os jornais locais davam ampla cobertura à prisão de Jards, fazendo com que rapidamente toda a imprensa nacional também repercutisse o ocorrido. A detenção feita de forma arbitrária, sem direito a advogados na assinatura do depoimento e com o delegado se negando a receber ordens superiores

---

78 | A passagem da prisão de Jards Macalé em Vitória é contada minuciosamente por Alexandre Augusto em sua biografia *Moreira da Silva – o último dos malandros*, nas páginas 159-172.

foi motivo para que o deputado capixaba Argilano Dario, do MDB, fizesse um discurso na Câmara Federal relatando o ocorrido.[79] Em um período em que a ideia de abertura começava a se insinuar como algo viável, a prisão de Jards se tornava um exemplo dos limites que a sociedade tentava impor ao clima de vale tudo autoritário que se instalou entre as autoridades ligadas ao regime militar.

Na versão de Jards para o que ocorreu em Vitória, sua prisão e soltura movimentou a política do período para além da Funarte. Se em uma das versões o caminho para sua libertação começou com a ligação do Diretor Roberto Parreira para o Governador do Espírito Santo, Jards relata que outra ligação fundamental foi de Parreira para Amália Lucy, filha do presidente Ernesto Geisel e madrinha do Projeto Pixinguinha. Segundo o artista, ela acionou o pai para falar de sua prisão arbitrária, e mesmo o general ignorando quem era Macalé, ordenou ao chefe do SNI, João Batista Figueiredo, que intervisse no caso e pedisse a imediata soltura do músico. Não por Macalé, claro, mas pelo Projeto Pixinguinha e pelo pedido da filha. Esse circuito oficial e militar em prol de Macalé seria mais uma das etapas confusas do período, em que o mesmo General que assistiu Rogério Duarte numa cela durante suas sessões de tortura em 1968 é o que liga para um delegado em Vitória liberando o cantor.

Após o imbróglio, os shows da dupla Morengueira e Macalé seguiram por outras capitais, sem maiores problemas – até chegarem a Brasília na segunda semana de setembro. Na capital federal, novamente a censura "solicita" que Macalé não cante as músicas que causaram a polêmica na capital capixaba. Dessa vez, a direção do evento foi alertada e, na ameaça dos músicos não realizarem os shows em protesto contra a situação, se responsabilizou por qualquer problema que pudesse vir a ocorrer. Mesmo assim, a proximidade com a cadeia não largou a dupla, já que o diretor do Presídio da Papuda os convida para se apresentar em uma feijoada em prol do Dia do Presidiário. Apesar do aceite de Moreira, é Macalé quem

---

79 | A. Augusto, *Moreira da Silva: o último dos malandros*, Rio de Janeiro: Sonora, 2013, p. 171.

vai e, na companhia de alguns músicos, realiza um show recheado de clássicos de Moreira e de outros músicos que cantavam a vida da malandragem como "Acertei no milhar", "Olha o Padilha" e "Vara criminal" – para delírio dos detentos.

O show, realizado no dia 11 de setembro, foi lançado em CD com o título *Jards Macalé canta no presídio*, em mais uma iniciativa de Marcelo Fróes a partir dos arquivos e fitas guardadas pelo músico. Ali podemos ouvir como Macalé consegue envolver os presidiários em sua performance, com destaque, claro, para o coro em "Sim ou não", música que se torna sua *piece de resistance*. No show, ele ainda faz a fala sensacional "Esse negócio de poder é uma coisa séria. Tem gente que luta pra poder e tem gente que pode naturalmente, pelo talento". Vai emendando com "Vocês preferem o poder no claro ou no escuro?" e termina discursando: "O poder não é pra machucar ninguém, o poder é pro prazer real das pessoas, de verdade." A relação entre poder e foder mostrava a genialidade de Jards em perceber que as duas palavras, no Brasil de 1978, criavam uma tensão política, para além do duplo sentido da piada sexual.

Após todos esses episódios, a relação entre Jards e Moreira se estreita de tal forma que o único resultado possível seria um presente para o primeiro. Após o show da dupla seguir por diferentes cidades, o caso ocorrido em Vitória não saía das cabeças e dos papos entre os dois. Em Belém do Pará, após mais um espetáculo bem-sucedido, Jards e Moreira iniciam no hotel a composição que até então tinha apenas o título sintético: "Tira os óculos e recolhe o homem!"

374 ▶ Militares

A última vez que Jards viu o pai, em fevereiro de 1959, ele estava na rua com amigos quando uma vizinha chamou-o para subir até sua casa. O adolescente de quinze anos entra no apartamento e encontra o pai, já desacreditado, deitado em sua cama entre aparelhos médicos. Pelo clima, ele havia entendido que era uma despedida. Jards Gomes perdia a batalha de forma veloz para uma leucemia que não demorou mais do que cinco meses para consumi-lo. Desconcertado, tentando ver da porta o pai moribundo, o jovem é expulso da cena de morte e sai do quarto ao ouvir Jards Gomes ordenar à mãe que tirasse o menino dali porque "ele não quer nada".

Mesmo com o respeito e amor que tinha e tem pela memória de seu pai, Jards nunca mais esqueceu o impacto emocional do ocorrido e manteve distância da memória paterna por muito tempo. Ele diz que foram quarenta anos de ressentimento e quinze anos de análise para finalmente superar o fato. Apenas com a capa do disco *O q faço é música*, de 1999, é que ele se concilia com esse fantasma ao inserir, na capa do trabalho, uma foto do pai levantando-o no colo ainda bebê. Das memórias positivas sobre Jards Gomes, além das idas ao cinema, concertos na infância e visitas em submarinos e porta-aviões, Macalé se recorda com carinho de uma roupa que o pai havia lhe trazido em uma de suas viagens e que o filho batizou de "marinheirinho". Ele afirma que por muitos anos a roupa foi seu xodó ou, nas suas palavras, seu *rosebud*, fazendo referência ao objeto secreto que o personagem de Orson Welles cultuava em *Cidadão Kane*. Jards diz que, até hoje, pensa nesse uniforme da Marinha em versão infantil. A frase final dita pelo seu pai, porém, ressoava mais alto.

Os conflitos que levaram Jards Gomes a proferir frase tão dura sobre o filho eram, obviamente, frutos das diferenças que ambos já enxergavam no seu dia a dia e, principalmente, nas suas perspectivas sobre a vida. Quando criança, ele se lembra dos medos de surras de cinto, típica punição de pais que tinham tradições de origem nordestina e formação militar. Ao longo dos anos, o comportamento cada vez mais distante da carreira fardada e de toda a disciplina que exigia por parte do filho, não facilitava a aproximação. Já envolvido com o violão e as festas e bares de Ipanema dos anos 1950, Jards mostrava para o pai que gostaria de seguir outros rumos, destoando tanto da farda quanto das profissões liberais que eram comuns em sua geração. Jards pulava de colégios, era expulso com frequência e não demonstrava pendor para além do que ele foi – um artista.

De forma tragicamente irônica, só quando o pai falece, Jards entra para o ambiente que tanto recusara. Por serem filhos de militares, ele e o irmão Roberto se tornam alunos do Colégio Militar, escola tradicional da Tijuca, por quase três anos (1959-1961). Por ser viúva de militar, Lygia Anet tinha desconto nas mensalidades do estabelecimento e não pensa duas vezes quando precisa reorganizar a vida após a morte do marido. Além de ter feito boas amizades e guardar lembranças de esbórnias na Praça Saens Pena e adjacências, o período no Colégio marcou Jards por um evento típico de sua personalidade desviante. Desde esse período que o aspirante a músico já era famoso por tocar violão em qualquer ocasião de lazer. No Colégio Militar, seu comportamento não era diferente.

A passagem entre os jovens aspirantes e os comandantes do Colégio foi interrompida pela relação crítica com o que ocorria nas suas dependências. Jards não se esqueceu da história de "Porquinho", apelido de um dos alunos que estudaram com ele no período. Gay, no meio desse ambiente altamente homofóbico, "Porquinho" foi pego em ato obsceno com um aluno do Colégio Pedro II. Pior do que a homofobia, porém, foi o fato de que as duas instituições eram inimigas mortais na época. O "crime", portanto, era duplo. Segundo Jards, "Porquinho" foi humilhado publicamente por todos os alunos do Colégio, com a farda arrancada na frente dos demais alunos. Foi também vítima de cuspes e ofensas e de uma surra, já na rua, em trajes civis. Em suma, uma punição exemplarmente executada pelo ambiente militar de então. A cena marca Jards de forma indelével.

Pouco tempo depois, Jards seria o próximo expulso daquele ambiente. Já francamente em vias de confronto com o universo militar – a ideia de marchar todos os dias lhe era insuportável – a forma encontrada para sair da (in)disciplina militar não foi de responsabilidade exclusivamente dele. Segundo suas memórias, ele saiu "na porrada" com o comandante de sua companhia (a Quarta Companhia), o Capitão Zamith. Jards diz que Zamith convocou a mãe para fazer queixas de seu comportamento errático. Nesse dia, o comandante recebeu Lygia Anet para uma conversa e se trancou com ela em um escritório, deixando Jards na porta da sala, em posição de sentido, por longo tempo. Jards enfatiza que achava aquela situação absurda por conta da condição da mãe, recém-viúva e com necessidade de manter o filho no Colégio. Ao abrir a porta para que Jards entrasse, a cena que o aspirante a violonista vê é a mãe aos prantos. Revoltado, ainda escuta Zamith lhe dizer: "Olha o que você fez com a sua mãe." De pronto, Jards responde "Eu fiz? Olha o que VOCÊ fez com a minha mãe, seu filho da puta!". A partir daí, a história degringola para uma cena tipicamente Macalística: o Comandante lhe diz que se ambos não estivessem fardados ele lhe daria uma surra, no que Jards responde "Não seja por isso" e, ali mesmo, fica nu em pelo para o confronto físico com o superior militar – e parte pra cima dele.

O resultado foi uma briga generalizada e sua presença à frente do temido Comandante Geral do Colégio, o General Augusto da Cunha Magessi Pereira, ou simplesmente General Magessi. Ele tinha sido vizinho da família de Jards nos tempos da Rua Pucuruí, na Tijuca. Apesar de Jards ser muito querido por todos – era inclusive *crooner* da banda do Colégio e ator bissexto das peças de teatro daquele período –, o General alega que a quebra da hierarquia, pecado mortal na corporação, não podia ser relevado. Para que a vida civil não fosse prejudicada, ele é "desligado" do Colégio Militar, com a benevolência do General Magessi. Era o fim de sua trajetória sob a sombra da figura paterna.

O que Jards não podia saber nessa época porque não era profeta, é que o Comandante da Quarta Companhia, o cearense José de Ribamar Zamith, seria um dos principais integrantes do aparelho repressivo que vinha se constituindo no Rio de Janeiro após o golpe civil-militar de 1964. Zamith é um dos nomes que aparece com frequência nos relatórios do grupo Tortura Nunca Mais. Na década em que Jards consegue ser expulso da vida da caserna, Zamith se torna Capitão e Comandante da Polícia do Exército na Vila Militar do Rio de Janeiro e um dos principais braços intervencionistas do Regime de 1964 na política da Baixada Fluminense. É Zamith o responsável direto por episódios como o *impeachment* do Prefeito de Nova Iguaçu, Ari Schiavo, em 1967 – caso que, ainda sem a publicação da censura bruta após o AI-5, foi fartamente comentado pelos principais jornais da época. Seu nome aparece sempre associado a pressões e atos violentos sobre a carreira de políticos de oposição na região da Baixada e do Estado do Rio de Janeiro por muito tempo. Em 1968, após acusações comprovadas de tortura dos prisioneiros em um caso que ficou famoso como o "Processo dos Trotikistas", Zamith é (não de forma surpreendente), enviado pelo Ministério do Exército para estudar nos Estados Unidos em um "Curso Avançado de Material Bélico". É notório hoje em dia que tais cursos nada mais eram do que formas de ensinar a membros das Forças Armadas locais técnicas de investigação e tortura por parte das forças norte-americanas. Na década de 1970, Zamith seguia como um dos principais braços paramilitares do regime, sendo acusado da participação na organização e execução do sequestro e tortura de Dom Adriano Mandarino Hypólito, então Bispo de Nova Iguaçu. Zamith ainda seria implicado com envolvimentos laterais no caso das bombas que explodiram no dia 1 de maio de 1980 no Rio Centro. Após esse extenso currículo durante a Ditadura, podemos afirmar sem sombras de dúvida que o jovem Jards Macalé escolheu a hora certa para sair "na porrada" com o Capitão Zamith. Anos depois, tal situação provavelmente geraria um desfecho bem diferente.

  A briga com Zamith e o "convite" para deixar o Colégio Militar, portanto, chegara na mesma hora em que o país ainda se encontrava em vias de manutenção da presidência de João Goulart. Era também o passe livre para que ele resolvesse arriscar a carreira de músico de forma efetiva. E foi justamente essa carreira que o fez, novamente, ficar frente a frente com Comandantes e Generais. Esse novo encontro, porém, se deu em um clima bem diferente daquele que ocorrera no início da década de 1960, quando o Brasil ainda se via em meio aos planos frustrados de uma democracia nos trópicos.

  O momento desse novo encontro foi em 1979. Depois de cinco longos anos censurado e banido de qualquer estabelecimento comercial, *O banquete dos mendigos* havia finalmente sido liberado pela Censura Federal. Um ano antes, quando a censura quis proibir duas músicas do show com Moreira da Silva, em Brasília (as mesmas que criaram problemas em Vitória), Jards disse tranquilamente que não iria subir no palco. Tal postura firme contra arbítrios e prisões demonstrava como ele levava essas situações. Nunca conivente com o poder coercitivo do regime militar, sempre utilizando a imprensa e a liberdade de expressão para se manifestar quando era possível.

Esse histórico (negativo) com os militares foi rapidamente redimensionado quando ele decide que o melhor lugar para lançar finalmente o disco fruto do show de 1973 em homenagem à Declaração dos Direitos Humanos seria em Brasília. E não só em Brasília, mas no cento do poder federal, ao levar em mãos o vinil (ou o "triangulo redondo" que aparece no final do "Conto do pintor", como ele gosta de citar) para o segundo nome na hierarquia dos políticos militares de então: o temido Chefe do Gabinete Civil, Golbery do Couto e Silva. A iniciativa de Jards – na verdade, da diretora do MAM, Heloísa Lustosa – foi ambiciosa. Certamente, ela tinha como lastro estratégico o clima de retomada (muito) paulatina da participação política de organizações civis na vida nacional. Os resultados e desdobramentos dessa sua ida ao gabinete de Golbery, porém, tiveram consequências muito maiores do que Macalé poderia imaginar em sua carreira e em sua vida:

> A Heloísa Lustosa, diretora do Museu de Arte Moderna do Rio de Janeiro na época, filha de Pedro Aleixo, tinha um grilo com aquela história que ela foi... que o Pedro Aleixo ia assumir a República, não era Revolução de 64 porra nenhuma, e de repente pegaram ele, tiraram ele da frente e botaram o Castelo Branco. Tem toda uma história de mágoa nessa história. Então a Heloísa, amiga do Golbery, que era amigo do Pedro Aleixo, amigo de todo esse pessoal, perguntou pra mim o seguinte: "Macalé, você tem algum problema em levar esse disco ao Golbery?" Porque é importante politicamente, eu sabia. "Claro, tudo bem." "Então eu vou armar esse esquema." Armou uma audiência com o Golbery e lá fui eu com o disco embaixo do braço, álbum duplo.

Chegando lá fui recebido pelo Petrônio Portela, aí tivemos uma conversa ali na antessala. Aí eu brincando falei "Ministro, assina aqui por favor, vai ver eu não vou mais em cana", e ele riu. Assinou. E me levou até o Golbery. Aí tava o Golbery na porta, esperando, naquela posição dele meio de sentido. Como militar faz. Já é um ato assim normal. Apertamos as mãos, ele me introduziu à sala dele, eu entrei, e ele "Por favor, senta". Sentei na poltrona. Ele tava de pé na janela, assim. Aí de repente ele ficou olhando a janela, meditando assim, e eu com aquela porra debaixo do braço. Aí ele falou "Você é filho de militar, né? Seu pai foi ajudante de ordens do Ministro da Marinha do Juscelino". "É verdade" e tal. Só não falou que tinha sido expulso do Colégio Militar. Aí eu disse "Ministro, eu vim aqui lhe trazer, através da Heloísa...". "Ah, sim, Heloísa. Como ela está?" "Tudo bem. Eu vim trazer esse disco, *O banquete dos mendigos*, que fomos nós que produzimos", aí eu contei a ele. Aí ele ficou quieto, ouvindo e tal. E também um plano cultural completamente abilolado. Com duas páginas e tal. Eu tenho aí, mas não sei onde tá. O plano cultural começava com Clementina de Jesus e seus terreiros invadindo... Era um plano mirabolante pra caralho. Eu entreguei e ele leu sério pra caralho. Aí ele ficou com o disco também. Ainda levei um poema do T.S. Eliot, em inglês... Tenho aí em algum lugar. E eu não sei por que eu levei esse T.S. Eliot, mas eu levei.

Aí ele me deu o livro dele, *Geopolítica do Brasil*, assinado. "Ao incrível Macalé, toda admiração e respeito do Golbery do Couto e Silva." Trocamos figurinhas. Direitos humanos pra lá, geopolítica pra cá. Entendeu? Aí voltei pro Rio de Janeiro. Quando eu voltei pro Rio de Janeiro, o resultado... Aí a Heloísa Lustosa juntou jornalistas pra falar do resultado da empreitada. Porra, aí uma repórter não sei da onde, da *Folha de São Paulo* ou *Estadão*, esculhambou. Aí começou né: "Por que que você foi? como é que você pode?" Incendiou o papo. E eu dizendo "Não, pô. Heloisa, explica pra ela". Não adiantou nada, a mulher escreveu uma escrotidão do caralho. E ficou aquela coisa no ar. Aí, os meus coleguinhas já se encresparam, não entenderam porra nenhuma pra variar.

Então vem a Regina Echeverria e a Beth Carvalho fazer uma entrevista comigo na *Veja*. "Páginas amarelas" Lá vou eu. Falei pra caralho, elas falaram pra caralho. Desanquei todo mundo. Lá pelas tantas eu falei a frase "A esquerda é de direita" (??? não deu pra entender direito 1:54:00), entre outros absurdos que só lendo a entrevista. Teve outros absurdos que eu falei. Imagina que eu saí na manchete, Macalé diz: "A esquerda é de direita". E aí, mermão... *Pooorra*. Passei onze anos na escuridão.

Esse longo relato localiza Jards Macalé na transição exata entre décadas. Findava-se o intenso e produtivo período da década de 1970, em que, contraditoriamente, o auge da repressão militar foi também o auge de um ciclo de trabalhos que resultavam para o músico em três discos, dois filmes, diversos shows e direções musicais, viagens nacionais e internacionais e outros momentos criativos que Jards exerceu sozinho ou com diversos parceiros e amigos. Quando a década se encerra com a extinção do AI-5 (em janeiro de 1979) e a possibilidade concreta do governo de João Batista Figueiredo promover a abertura política, o horizonte aponta notícias transformadoras como a volta dos exilados e o fim (ao menos oficial) dos porões de tortura e arbitrariedades por parte da justiça.

É nesse cenário que Jards arrisca uma espécie de performance *camicase*, muito semelhante aquela que seu grande amigo e mestre de Vitória da Conquista praticava então. Glauber Rocha talvez fosse o único intelectual no Brasil que, após anos fora do país justamente por conta de truculência militar, retorna com o discurso polêmico de apoiar Geisel e seu projeto de abertura. Uma série de textos, entrevistas e falas do cineasta ocorrem nesse sentido, e suas ideias apontavam para uma tendência de parte da esquerda latino-americana do período – isto é, a construção, mesmo que precária, de pontes com os militares no poder em prol de uma inflexão democrática. A Anistia já havia sido instituída em agosto de 1979 e a década seguinte despontava com um novo campo de possibilidades para artistas e criadores no país.

Não seria, porém, sem ressentimentos, traumas e amarguras que essa transição entre um governo de militares torturadores e um governo de militares se preparando para devolver o poder aos civis ocorreria. Os longos anos de prisões, exílios, censuras e medos vivido no âmbito das esquerdas, organizações sindicais, partidos políticos, movimento estudantil, além do clero e demais segmentos que de alguma forma fizeram oposição ao regime civil-militar, fez com que muitos vissem em movimentos como os de Glauber Rocha e Macalé um tipo de adesão imperdoável. Mesmo que as trajetórias de ambos mostrassem de forma inconteste que era impossível compactuarem com qualquer forma de violência e totalitarismo, o depoimento de Jards mostra bem como declarações provocadoras de sua parte – respostas ácidas em relação às críticas que sofreu por conta da visita a Golbery do Couto e Silva – definiram muitos dos descaminhos que seguiria nas décadas seguintes. E ele tinha consciência plena disso. Até mesmo sua declaração sobre seus candidatos à Presidência e Vice na eleição indireta que ocorreria serem Clementina de Jesus e Moreira da Silva e se autoproclamar membro de um único partido político – o Partido Alto – não foi recebida com a devida ironia estratégica que o músico desejava.

Além disso, a visita aos gabinetes de Brasília foi cheia de provocações performáticas como cumprimentar o então Ministro da Justiça Petrônio Portela com a saudação de Xangô, autografar em seu exemplar do *Banquete* "Mestre Petrônio, tome as providências necessárias à história. Este disco, recentemente liberado, esteve por muitos anos sob censura". Usando boina, camisa do Flamengo e um gesso no braço quebrado, pediu para o Ministro assiná-lo como espécie de *habeas corpus* caso ele fosse novamente preso. O gesto, aliás, lembra outra passagem da relação entre música e política no Brasil, quando em 1908 o sambista João da Baiana ganha do poderoso senador Pinheiro Machado um padeiro gravado com o nome do político gaúcho após o sambista ter perdido o instrumento para a polícia em uma das Festas da Penha. Toda essa dimensão performática passou ao largo das críticas que receberia então. Por fim, Jards levou, junto com o *Banquete*, um "plano de cultura" escrito por ele e entregue diretamente na mão de Golbery. Em uma matéria do jornal *O Globo* de 27 de setembro de 1979, lemos que

> O plano objetiva acabar com o colonialismo cultural do Brasil, e está dividido em sete pontos: política cultural que proteja o artista nacional; questão do mercado de trabalho do artista; questão da memória nacional; abertura de novos espaços culturais; apoio à cooperativa dos músicos brasileiros; recuperação do Museu de Arte Moderna do Rio de Janeiro; questão do direito autoral.

Para quem já acompanhava a trajetória de Jards, é possível ler nos pontos do plano suas bandeiras políticas de longa data: direitos autorais, auto-organização dos músicos brasileiros, regulação da presença do capital internacional nos meios de massa locais e o vínculo profundo com o MAM, espaço que tanto o formou como cidadão quanto o abrigou como artista e que tinha passado pela tragédia do incêndio no ano anterior. Apesar disso tudo, o que ficou dessa visita de Jards ao governo militar e seus representantes foi a imagem estática de um artista conversando com ditadores. Essa inflexão de Jards em prol de um mínimo, porém possível diálogo com o poder foi definida como pecado cuja pena deveria ser a sua morte simbólica. Veículos de esquerda da época o colocaram numa espécie de index de nomes que deveriam ser evitados ou simplesmente acusados de fazerem parte do grupo de artistas que buscavam benesses no governo militar.

O primeiro resultado prático dessa situação criada por Jards foi o total isolamento que o músico viveu no dia do lançamento do disco em um show na Quinta da Boa Vista, no Rio de Janeiro. No dia 5 de outubro, ele conseguiu a duras penas organizar, com apoio técnico da Funarte, com a venda de seu carro e com mais uma dívida bancária, um concerto aberto em que, para lançar um disco com dezenas de participações musicais de peso, se viu sozinho no palco, abrindo o microfone para a plateia se manifestar. Apesar disso, nem de longe o evento foi um fracasso, já que os jornais falam de um público de vinte mil pessoas. Jards recorda como foi importante ver populares ocuparem o palco com suas músicas, poemas e falas ligadas ou não ao tema do Direitos Humanos. No final das contas, a solidão do lançamento, de alguma forma, situa *O banquete dos mendigos* na versão de 1979 como um ato direto de Jards com a população das ruas e dos subúrbios da cidade.

O clima sufocante entre as próprias esquerdas era tamanho no período, que um dos principais debates na virada das décadas entre intelectuais de diversos matizes progressistas foi relacionado às chamadas "Patrulhas ideológicas". A expressão, criada pelo cineasta Cacá Diegues de forma espontânea em agosto de 1978 durante uma entrevista para o jornal *O Estado de São Paulo* em função do lançamento de seu filme *Chuvas de verão*, se alastrou igual pólvora no início da abertura política. Em entrevista para Heloísa Buarque de Hollanda e Carlos Messeder Pereira, publicada no livro *Patrulhas ideológicas* (1981), Cacá afirma que "patrulheiros e patrulhados" convivam em um "sistema de pressão, abstrato, um sistema de cobrança".[80] Foi esse "sistema" que se ocupou de Macalé de forma inclemente após sua ida à Brasília, suas explicações (ou expiações?) aos jornais de então e a bombástica entrevista à *Veja*. Mas o que Jards disse de tão grave na entrevista para Regina Echeverria e Beth Carvalho? Uma sequência de perguntas e respostas ajuda o leitor de hoje a entender o imbróglio que se criou para o compositor:

Veja: O que o levou ao Palácio do Planalto para conhecer o ministro Golbery do Couto e Silva?

Macalé: Primeiro, porque quando li seu livro *Geopolítica do Brasil*, encontrei em determinado trecho uma semelhança estilística com Jorge Mautner e seus *Panfletos da nova era*.

---

80 | H. Buarque de Hollanda e C.M. Pereira, *Patrulhas Ideológicas: arte e engajamento em debate*, Rio de Janeiro: Brasiliense, 1980, p. 18.

Segundo, porque a síntese do pensamento do livro me chamou a atenção – a ciência como instrumento de ação, a democracia como regime sociopolítico e o cristianismo como padrão ético. E, para mim, o importante no cristianismo é justamente o humanismo que ele contém. Eu quis ver o homem.

Veja: Que questões você pretendia abordar nessa conversa?

Macalé: Fui conversar com ele da mesma forma que converso com Jorge Amado, com Nelson Pereira dos Santos, Glauber Rocha, Caetano Veloso, Jorge Mautner. Não existe uma coincidência de ideias nem eu o "admiro" – entre aspas – muito. Não é a primeira vez que eu vou ao Planalto. Quando se discutia a situação de trabalho do músico e a invasão do nosso espaço cultural estive com Ney Braga. Dois anos atrás fui jantar na casa do ex-ministro Reis Velloso para tratar de assuntos culturais. E, além do mais, não tenho grilo de conversar com militares porque meu pai era militar.

Veja: Você apresentou um plano cultural ao ministro Golbery. Em que consiste esse plano?

Macalé: Basicamente, meu plano prevê uma guerra cultural anticolonialista. Nossos terreiros afro-brasileiros precisam invadir Nova York. E isso se dará por meio de nossos agentes culturais não colonizados, como Clementina de Jesus. Sugere também a reconsideração e reestudo das penas dos presos comuns, porque tenho vários amigos pessoais presos e conheço situações de pessoas presas arbitrariamente. Mencionei também o revigoramento do pensamento humanista que determina um valor ético-cristão e ainda sugeri o fim das divergências político-socioeconômicas, que é um assunto que o ministro Golbery, em 1958 já abordou em seu livro. Aliás, pedi a ele que, depois de uma *Geopolítica do Brasil*, escrevesse uma "Geopolítica cultural". Antes de me despedir, entreguei ao general uma fita cassete com as seguintes músicas: "Evocação em defesa da pátria" de Heitor Villa-Lobos; "Dona divergência", de Lupicínio Rodrigues cantada por Linda Batista; "Não chore mais", de Bob Marley na versão de Gilberto Gil e "Canção para inglês ver", de Lamartine Babo. É isso aí.

Veja: Essa visita tem recebido críticas violentas. *O Pasquim*, por exemplo, aconselha a rasgar com os dentes seu disco *Aprendendo a nadar* e suspender *O banquete dos mendigos*.

Macalé: Essa mesquinha luta político-partidária que está aí solta pelo Brasil me irrita. As pessoas são burras, não sabem de nada, não entendem o Brasil. Os intelectualoides ficaram chocados porque entrei no Palácio do Planalto vestindo a camisa do Flamengo e saudei as pessoas com o cumprimento de Xangô. E ainda tive o desplante de dar ao general o livro *Tenda dos milagres*, de Jorge Amado. Esses esquerdetes não suportam o povo. São racistas e preconceituosos. Troco toda essa genialidade dos intelectuais brasileiros pela intelectualidade dos Trapalhões. Para mim, essa luta partidária é *replay* menor. É papo de otário que não tem informação. A "inteligência" é burra e a esquerda é de "direita".

Veja: Você pode explicar melhor o que chama de "inteligência burra" e de "esquerda de direita"?

Macalé: A esquerda é conturbada, tanto quanto a direita, não entende diálogo em alto nível. A paixão política cega os homens. Eu admiro as pessoas que fazem de sua profissão uma arte. E é no nível da arte que converso com elas. Não converso com o lado escuro delas, este, eu apenas observo. Agora, quando sopram os ares de uma abertura – que aliás venho observando desde 1974 –, sobram só os intelectuais entreguistas, de mentalidade europeizada e americanizada, e uma esquerda burra, totalitária e fascista. Desapareceu a censura oficial, surgiram os censores reais. Onde é que está a liberdade de expressão de que falaram tanto? E minha liberdade de expressão?

Veja: Há uma grande distância do Macalé de *"Gotham City"*, vaiado no FIC em 1969, e o Makalé que vai hoje a Brasília.

Macalé: Claro. Primeiro, o mundo mudou. Depois, o Brasil mudou. A África mudou. A América Latina mudou. O que existe hoje é o "ocidentoriente". O homem de *"Gotham City"* entrou exatamente há dez anos atrás de camisolão no Macaranãzinho e, junto com José Carlos Capinam: "Cuidado, há um morcego na porta principal. Cuidado, há um abismo na porta principal. Não se fala mais de amor." Pediram minha cabeça naquela época. Agora, quem quiser que olhe para trás e veja seus últimos dez anos de vida. Quem não tomou cuidado, dançou. O Makalé de hoje é um homem livre das amarras da política. Antigamente, eu era teleguiado da direita e da esquerda, sem ter consciência para isso. Atualmente, o homem Makalé fez sua independência.

Essa entrevista, publicada no dia 17 de outubro de 1979, foi a segunda peça no dominó que Jards derrubava naquele momento. Além dessas declarações, chamava antigos parceiros como Waly e Capinam de "decadentes" e proclamava o nascimento de uma nova persona, mais um apelido do apelido: Makalé. Essa nova entidade incorporada empurrou Jards para um confronto aberto com seus críticos – e antigos amigos muitas vezes – fazendo com que declarações como as que deu nas páginas amarelas da *Veja* passassem a definir o tom de sua intervenção pública. Um homem "livre de amarras políticas" justamente no período em que as velhas posições das décadas passadas podiam novamente ser usadas como acusações e condenações. Tempos depois, Jards atribuiria a um momento de depressão e angústia pessoal algumas das declarações que ficaram registradas na polêmica entrevista.

Apesar disso, Jards segue participando de diferentes manifestações políticas da época, desde eventos ligados ao movimento negro carioca até os primeiros shows a favor dos sindicatos do ABC paulista durante seus movimentos grevistas. O músico lembra, inclusive, de acompanhar ao violão, a pedido do então pouco conhecido líder sindical Luiz Inácio Lula da Silva, um dos companheiros que exibiria seus dotes de cantor para a massa reunida em comício.

Se os formadores de opinião da época o deixaram marcado com a letra escarlate do "adesismo", novas frentes de ação e engajamento populares não faziam tal julgamento. Jards também termina a década fazendo shows e participando de grandes frentes de músicos, como o evento *Bye Bye 79* em que se apresentou em um réveillon na Cinelândia, ao lado de nomes como Geraldo Azevedo, Jorge Mautner, Zé Ramalho, Robertinho do Recife, Amelinha, Manassés, Jorginho do Império, o grupo de poetas Nuvem Cigana e o bloco carnavalesco Charme da Simpatia, cuja fundação teve participação direta do artista. Assim, foi no palco e na rua que Jards Macalé fechou uma década de intenso trabalho e de muitas polêmicas. Ao mesmo tempo, também inaugurava os anos 1980, em que seus posicionamentos independentes, seu ativismo pelo direito autoral, as declarações contra as gravadoras e o humor ácido cobrariam dele uma conta muito alta. Nada que o impedisse, porém, de seguir suas convicções artísticas e políticas.

Durante o polêmico encontro com Golbery do Couto e Silva, Jards foi perguntado pelo temido General e fundador do SNI sobre a carreira militar de seu pai. É curioso pensar que a longa ruptura que o músico carioca promoveu em relação à presença paterna em sua vida tenha sido justamente o espaço de mediação na conversa com Golbery. Jards responde também que, apesar de reconhecer o parentesco com o "ajudante de ordens do Ministro da Marinha de Juscelino Kubitschek", não falou que foi expulso do Colégio Militar por causa de uma briga com um dos nomes mais brutais do regime em sua dimensão clandestina e assassina nos chamados de porões da ditadura. Se a última frase que ouve de seu pai é que "ele não quer nada", vinte anos depois da morte de Jards Gomes o filho fora um dos que tiveram a coragem de propor um diálogo em prol da abertura política que se instalava aos poucos no país. Seria obviamente impossível saber qual seria a posição do pai ao longo de um regime político dominado por militares, mas provavelmente as brigas que Jards tinha com ele só teriam se acirrado cada vez mais.

De alguma forma, ir até Golbery do Couto e Silva com o *Banquete dos mendigos* é também uma forma de elaborar o que a presença militar em sua formação – a lembrança do Ministro da Casa Civil não foi à toa – podia trazer não de trauma para ser abandonado, mas de sabedoria para enxergar, como seu amigo e mentor Glauber Rocha, que a saída para o nó brasileiro – e latino-americano – passaria pela conversa aberta com os donos do poder. Assim como Glauber, também, Jards sabia que sua independência artística precisava de um posicionamento político correspondente. Ao contrário de outros de sua geração, ele não pleiteava o poder e muito menos a vida partidária, sabendo que seu principal papel como artista era justamente o de fustigar seus pares, desorganizar os posicionamentos dogmáticos e sempre apontar para a defesa do compositor popular no Brasil, custasse o que fosse. Inclusive sua reputação.

# 392 ➤ Makalé

MAZDA

A nova década trazia um cenário completamente diferente do início da década anterior. Não apenas pela distensão política que o regime civil-militar se viu obrigado a fazer, mas principalmente pela Anistia e a volta dos exilados – muitos deles fora do país desde a década de 1960. A abertura política também se transformou em abertura cultural e, principalmente, na retomada de uma série de embates que estavam silenciados enquanto todos tivessem um "inimigo em comum" que justificasse alianças, ou pelo menos reduzisse ruídos que sempre ocorreram no interior de grupos de esquerda no país.

Entre os que retornam de vez ao Brasil estava Hélio Oiticica. Após sete anos ininterruptos morando em Manhattan – sem nenhuma visita de Macalé – Hélio chega ao Brasil em 1978 depois de uma quase morte por motivos de saúde na ilha norte-americana. A vinda para o Rio de Janeiro, mais especificamente para o bairro do Leblon, foi transformadora para ele. Com o longo período de uso intenso de cocaína, o artista visual encontrava-se limpo, sem drogas, sem grandes noitadas, fazendo exercícios, indo à praia e voltando a circular nas suas quebradas prediletas da cidade. É esse Hélio renovado – porém cada vez mais crítico em suas perspectivas sobre arte e política no Brasil – que reencontra o amigo de quem se despediu ainda em 1970.

No ano de sua chegada, Hélio participa de um evento em São Paulo promovido pelo artista Ivald Granato que ficou conhecido como *Mitos vadios*. Hospedado na cidade, ele dá uma longa entrevista para Jary Cardoso, publicada no jornal *Folhetin* no dia 5 de novembro. Era uma época em que Jards frequentava São Paulo, sendo, inclusive, o anfitrião do papo. Nessa entrevista, além de Jary e Jards, encontrava-se também Luiz Fernando Guimarães, ator do Teatro Oficina e amigo de Hélio. O músico participa ativamente da entrevista com perguntas, comentários e, principalmente, como DJ, sem deixar a vitrola parar. Com a lista de músicas registrada pelo jornalista, sabemos que a trilha sonora da conversa teve "Sampa", de Caetano, além de discos dos Rolling Stones, "Juízo final" de Nelson Cavaquinho, João Gilberto cantando *"S'wonderful"* e o "Concerto para piano" de Mozart. Num exercício trivial de ouvir discos em casa com amigos – e certamente inspirado pela presença de Hélio – Macalé consegue amarrar sua formação musical: ouvia os novos discos dos amigos de estrada Caetano Veloso e João Gilberto (*Muito* e *Amoroso* tinham sido lançados naquele ano), passa pelo violão e a voz de seu muso inspirador Nelson Cavaquinho, atravessa o rock dos Stones e convoca a referência erudita com Mozart. Um ecletismo que sempre esteve presente em seu pensamento aberto para a música. Nesse clima de reencontros, histórias e sons, em determinado momento da entrevista, Jards declara que ele e Hélio, ou até mesmo os artistas em geral, eram "O esquadrão da vida".

Dois meses antes da entrevista para Jary, Oiticica já tinha criado um novo laço com Macalé após tanto tempo distantes. Quando Hélio retorna ao país, Jards está ora excursionando com Moreira da Silva no Projeto Pixinguinha, ora fazendo temporadas com o sucesso de "Sorriso verão". Depois do período nos EUA, não foram todos os amigos que quiseram – ou puderam – receber Oiticica na cidade. Além dos ânimos acirrados em certos embates da política cultural na época (o caso já citado das "Patrulhas ideológicas"), a maioria dos antigos amigos de rua e samba do artista estavam presos ou mortos. Foi o velho grupo formado ao redor de Gal Costa em 1970, incluindo Macalé, Waly Salomão, Luciano Figueiredo, o jovem Ivan Cardoso entre outros, que abraçam novamente o artista. A presença de Lygia Clark, também de volta ao Brasil desde 1976, faz com que Jards possa finalmente conviver com os dois amigos que homenageara em *Aprender a nadar*.

Em 1º de setembro de 1978, enquanto voltava de ônibus do centro da cidade para sua casa na rua Carlos Góis, no Leblon, Hélio concebeu a ideia da obra *Macaleia*. As anotações em um dos seus blocos de notas projetaram um penetrável como um cubo vazado, montado a partir de estruturas de ferro, telas coloridas (azul, branco, vermelho e amarelo) de alumínio, além de areias brancas, pedras e escombros. A obra, batizada com o apelido afetuoso de Oiticica para Macalé, indica que ele via na figura do amigo uma espécie de tradução visual, plástica ou poética da cidade que voltava a encontrar e que impactava algumas de suas novas criações.

Foi o caso de *Rijanivera*, trabalho que Hélio Oiticica apresenta no Café des Arts, localizado no Hotel Meridien Copacabana. A instalação de Hélio dividia espaço com a obra *Ovos de vento*, de Lygia Pape, frágeis sacos cheios de bolas infladas, empilhados e amarrados em estruturas de ferro e braçadeiras. A abertura do evento em 2 de julho de 1979 foi concorrida, reunindo nomes que, ao longo da década de 1970, se espalharam e há muito não se encontravam juntos no Brasil – caso de Macalé, Oiticica, Waly Salomão, Caetano Veloso, Dedé Gadelha e Lygia Clark. A artista, após o período parisiense, retorna ao Rio aplicando suas pesquisas com objetos relacionais e componentes terapêuticos em pacientes individuais. No final da década, Jards se tornara um de seus mais diletos frequentadores. Ambos estabeleceram uma estreita e importante relação até o fim da vida de Lygia, em 1988.

Era um período efervescente, que contava com Glauber Rocha na televisão anarquizando com o programa *Abertura*, com a praia de Ipanema voltando a ser um ponto de encontro entre a arte, a cultura, a política, as drogas e as polêmicas da corte carioca, com coletivos como o Asdrúbal Trouxe o Trombone e a Nuvem Cigana e com o Parque Lage abrindo um espaço ativo de ocupação sob a direção de Rubens Gerchman. Tal cenário foi brutalmente interrompido por duas perdas seguidas de pessoas muito próximas ao artista. Em 22 de março de 1980, Hélio Oiticica falecia devido a um derrame solitário em sua casa na rua Ataulfo de Paiva. E no ano seguinte, no dia 22 de agosto, morre Glauber Rocha. Jards ainda perde o amigo e poeta Vinicius de Moraes (9 de julho de 1980). Essas perdas, de alguma forma, ofuscavam as luzes da abertura que espantariam as trevas das décadas anteriores.

∑∑

Durante as primeiras semanas de setembro de 1981 o Presidente da República João Batista Figueiredo, último militar a ocupar o cargo, sofre um acidente cardiovascular. Após passar por exames os médicos recomendaram até oito semanas de repouso. Com o histórico de autogolpes dentro do regime – como foi o caso da junta militar que substituiu Artur da Costa e Silva – e com a eminência da abertura política que vinha sofrendo críticas e ataques da chamada linha dura ainda remanescente no governo, existia naquele momento um medo real de que o Vice-presidente civil Aureliano Chaves não conseguisse assumir a presidência. No dia 19 de setembro, o Presidente foi internado no Hospital dos Servidores localizado no Rio de Janeiro. E já no dia seguinte, um cidadão, preocupado com sua saúde e com a política nacional, achou por bem conferir como andava o tratamento oficial. Esse cidadão se chamava Jards Macalé.

A notícia publicada no *Jornal do Brasil* do dia 20 de setembro trazia um breve texto acompanhando uma foto em que Jards, como um Jânio Quadros de rua, é conduzido por dois policiais militares enquanto trança os pés descalços com um copo de cerveja na mão e uma pequena sacola. Eis o que a notícia descrevia:

> O cantor e compositor Jards Macalé estava ontem, desde cedo, nas imediações do Hospital dos Servidores do Estado, alegando que o povo – no caso ele mesmo e um colega, não identificado, que usava uma camisa do Flamengo – precisava visitar o presidente João Figueiredo. Fez várias tentativas, sem sucesso, de ultrapassar a portaria do hospital, numa delas levando junto seu copo de cerveja. Ele chegou a dizer que estava "com o espírito de Glauber Rocha". Diante de sua insistência, acabou sendo recolhido por uma rádio patrulha do quinto batalhão de polícia militar (número 52-1204). Às 19:45h, protestando que era o povo. Os soldados da PM informaram, no local, que ele seria conduzido para uma delegacia policial.
>
> Na 1ª DP, o cantor disse ao delegado Alexandre Magalhães que queria apenas "saber qual era o estado de saúde real do Presidente da República do Brasil". Jards Macalé foi mandado ao instituto Afrânio Peixoto para fazer um exame de embriaguez, constatando-se que ele havia ingerido bebida alcoólica, mas não estava embriagado. E foi então liberado.

Essa breve nota mostra que naquele momento Jards Macalé acreditava que todas as fronteiras entre arte, vida, ativismo e delírio precisavam ser rompidas em prol de atitudes que demarcassem algum tipo de ação performática e polêmica. Mostra também que suas ações já estavam no limite (ou até mesmo além) do que o próprio poderia aguentar. Não é à toa que ele evoca o espírito de Glauber Rocha, falecido no mês anterior desse acontecimento, para se colocar como um paladino e protetor dos rumos da República Brasileira. Jards vivia o cotidiano político do país com real interesse em diferentes níveis de atuação – como sua ida até o Gabinete de Golbery do Couto e Silva demonstrara dois anos antes. No mês seguinte, dia 20 de outubro, Jards dá mais um passo nessa guinada cívica ao participar, como ouvinte da reunião do PMDB em que foi decidido o veto ao ingresso de Jânio Quadros no partido. Uma notícia no *Jornal do Brasil* batizou sua presença como um "condimento especial" ao encontro e conseguiu declarações sérias de um Macalé mais sério ainda.

É justamente nesse momento que Otavio Frias Filho, um dos editores e donos do jornal *Folha de São Paulo*, convida Jards para ocupar uma coluna periódica, com textos publicados de acordo com sua capacidade de escrita. A participação dele no jornal durou até 1982 e foi a primeira vez que ele teve uma tribuna com tamanha repercussão pública. Apenas uma semana depois de ser detido na porta do Hospital dos Servidores do Estado, Jards Macalé publicava no jornal paulista no dia 27 de setembro o artigo "O Brasil in-fartou-se". Ali, explica minuciosamente o ocorrido da semana anterior e enfatiza seus pontos:

> Por burrice e má-fé uma grande parcela das comunicações escrita, falada e televisada fez questão de caracterizar minha atitude de irracional e louca, pejorativamente ao máximo, gerando falsas interpretações e escondendo, assim, o principal: um Músico Brasileiro preocupado com a Saúde Nacional.

Jards segue em um tom de desabafo, afirmando que "não suportam um Músico Popular Brasileiro que não suporta mais as rádios e televisões brasileiras" e sua programação "colonizada e colonialista".

Ao afirmar que, como o jogador Afonsinho, famoso na época pela sua liberdade profissional em um meio dominado por empresários, ele "comprou seu passe", Jards reivindicava sua independência total e indicava que não era nem gênio, nem louco, nem imbecil, nem político. Jards fazia questão de cobrar de todos que o acusavam de inconsequente uma perspectiva crítica: afinal, em meio ao que ocorreria naquele momento na música e na política brasileira, o que é exatamente ser visto como louco ou como inconsequente? Ainda na coluna, afirma em um tom típico de Glauber Rocha, que joga "no time da Liberdade, da Justiça, da Beleza e da Poesia" e que "fui preso e autuado pelo crime de Lucidez: por estar embriagado de Emoção Nacional".

Esse texto foi uma espécie de carta de intenções para os outros que Jards seguiu escrevendo na *Folha* de forma regular até o final daquele ano e parte do ano seguinte. No dia 14 de outubro, Jards volta ao tema do enfarte de Figueiredo, porém com uma diferença: seu nome agora era grafado como Jards Makalé (como ele tinha anunciado na entrevista para as páginas amarelas da *Veja*). A presença do K, segundo o próprio, remetia ao seu período baiano durante as filmagens de *Tenda dos milagres*. A incursão em casas de santo tradicionais de Salvador colocou-o em contato com pais e mães de santo como Mãe Menininha do Gantois, que revelou a Jards que ele era filho de Oxóssi. Na coluna "Romântico, xunaite e sem-grana" (julho de 1982), ele conta a passagem:

> À noite, no Gantois, fui pedir a bênção de Mãe Menininha. Levado pela mão de Creuza, sua filha, beijo a mão da Mãe. Menininha, depois de ouvir meu nome, diz: "Mookualé" quer dizer boa noite em iorubá. Me pergunta: "Onde você esteve?" Respondo que estive na Ponta da Areia (região onde fica o Terreiro dos Eguns Espíritos dos Mortos, terreiro delicado, perigoso, proibido). Ela diz: "Você foi longe demais. Você vai sempre longe demais na sua curiosidade."

Para Jards, portanto, a letra K africanizava seu nome e demarcava mais uma influência de Glauber Rocha, famoso por grafar uma série de palavras de forma bastante particular e inventiva. Ainda tinha a descoberta de que Jorge Mautner e outros fundaram em São Paulo, nos anos 1950, o Partido do Kaos, nome que, de forma evidente, atraia Makalé. O K, portanto, era uma forma de, mais uma vez, deslocar sua persona artística em uma direção que evoca um corpo fechado, uma língua em ebulição e a disposição para o risco.

A segunda coluna se intitula "O enfarte que fez do País uma democracia" e se inicia com uma lembrança da polêmica entrevista de 1979 nas "Páginas amarelas" da Revista *Veja*. Afirma que sua frase "a esquerda é de direita" foi cunhada em referência à revista *Isto é*. A lembrança ocorre por conta de uma nota da mesma revista dizendo que Jards havia ido ao Hospital em que Figueiredo estava internado após tomar "um porre de madrugada", e ter visto o sol nascer. Jards afirma que a informação é mentirosa por conta da prova da perícia. Também denuncia o linchamento e diz que "se precisam de um novo 'profeta' para crucificarem, escolham outro otário, não EU". Após escrever que a imprensa brasileira deveria abandonar padrões medíocres e tentar se juntar à grande arte dos criadores brasileiros, ele faz uma longa lista de nomes das "Artez Brazyleyras". Nessa vasta lista, chama a atenção a ausência de nomes consagrados naquele tempo atuando nas grandes gravadoras. Entre muitos parceiros (todos os vivos, inclusive Waly e Capinam, chamados dois anos antes de forma provocadora de "decadentes"), músicos, poetas, artistas visuais e pensadores, Jards insere Geisel e Golbery. Ainda na mesma coluna, louvando os gestos de Figueiredo na presidência, Jards avisa sem meias palavras: "Quem não estender as mãos agora, neste momento, nesta Nação, neste País, quem não estender as mãos uns aos outros é burro e fascista."

No mês seguinte, 11 de novembro, a terceira coluna: "O país dos 70 milhões de dólares" em que conta, como se fosse um diário ou um livro de memórias, sua saída = descrita como expulsão – da Phonogram em 1974, e a organização tanto do *Banquete dos mendigos* no MAM, quanto as primeiras reuniões e fundação da Sombras. Duas semanas depois, dia 15 de novembro, ele publica uma "parte 2" em que anuncia a outra coluna de 22 de novembro – "Encontros secretos". Nessa, usando o mesmo formato de diário, com datas às vezes precisas (dia, mês e ano), Makalé narra a série de reuniões secretas que os músicos brasileiros fizeram com membros do governo militar (como o Ministro da Educação Ney Braga) durante o ano de 1975 ao redor do tema dos direitos autorais. Encontros que contaram com Chico Buarque, Sérgio Ricardo e Hermínio Bello de Carvalho, que se ampliaram para idas até gabinetes de Brasília – essas já com Jards, além de outros como Cartola, e Júlio Medaglia – e chegaram até o Ministro da Justiça Armando Falcão. Em poucos parágrafos, ele sintetiza uma luta política silenciosa, porém eficaz dos músicos nas entranhas do poder, uma aposta arriscada contra as grandes gravadoras e multinacionais do período. Na visão dele de então, só era possível se engajar em tal ideia pela crença ferrenha de que Geisel iniciaria a abertura. A ida, quatro anos depois, à sala de Golbery, portanto, passa não por um ato extemporâneo, mas por uma aposta: a abertura deveria ser feita através da conversa entre as partes opostas do campo político, e não a partir do permanente enfrentamento. A coluna de novembro, porém, traz um p.s.: ao saber que o então líder sindical Luiz Inácio Lula da Silva, já conhecido do artista, havia sido preso, Jards se torna pessimista com os rumos do país.

No dia 29 de novembro, Jards escreve "Homens que viraram su(l)co", uma coluna que narra um de seus muitos encontros com Glauber Rocha e uma encomenda do cineasta para musicar um poema de Rui Barbosa chamado "A imprensa e o dever da verdade". Após relatar que perdera temporariamente o poema dado em mãos por Glauber e que, por conta disso, quebrara "em um acesso de fúria" a querida máquina de escrever, anuncia agora uma nova máquina – elétrica. Era a hora, portanto, de apresentar novas resoluções: "Cansei também daqueles artigos (?) idiotas que vinha escrevendo, contando um passado que não interessa mais. Interessa o Presente e projeto de Futuro." Essa introdução era apenas para chegar ao assunto principal do texto: o imbróglio envolvendo a saída de Chico Buarque da Philips (então selo da Polygram) em direção a uma nova gravadora brasileira – Ariola (subsidiária da matriz alemã de mesmo nome). A nova empresa, gerida no país por Mazolla, viu seu principal nome proibido de lançar discos por parte da antiga gravadora e alegações contratuais que o músico não tinha ficado atento, o que fez Makalé defender Chico – apesar de suas diferenças políticas naquele momento, como faz questão de frisar – e atacar Roberto Menescal (ainda na direção da Polygram).

Em 6 de dezembro o assunto gera uma nova coluna, dessa vez com um título que já ia direto ao ponto: "Chico Buarque da Holanda". O jogo de palavras lembrava que a Philips (dona da Polygram) era uma gravadora de matriz holandesa, e com isso Jards provoca mais ainda ao intervir de forma irônica no assunto. Entre outros apontamentos, Makalé chama Chico de ingênuo, e mostra, através de diferentes episódios que uniram os dois ao longo dos anos, como o compositor oscilava constantemente entre o papel de vítima da censura e a recusa silenciosa desse mesmo papel. A simpatia evidente de Jards com Chico – ele se coloca o tempo todo na defesa de um colega que foi enganado pela transação financeira entre a Ariola e a Polygram – não perdoa os momentos em que sentiu que sua ida ao gabinete de Golbery e sua entrevista à *Veja* o relegou ao ostracismo por parte das esquerdas daquele período – inclusive o autor de "Bye Bye Brasil" (ironicamente, uma parceira recente com Menescal). É um texto duro, amargo e direto. Jards arremata marcando a diferença entre os dois: enquanto Chico era um Homem Cordial (jogando com o conceito desenvolvido pelo pai do cantor, o historiador e crítico Sérgio Buarque de Hollanda), ele era um Homem Antropofágico. A coluna, evidentemente, não foi bem recebida pelo primeiro, ampliando ainda mais as reações negativas às opiniões de Makalé no meio musical da época – e alhures.

Nas colunas seguintes, duas publicadas ainda em dezembro, Jards homenageia João Gilberto (reproduzindo um belo diálogo telefônico entre eles sobre o Brasil) e lamenta as perdas de Glauber Rocha e Mário Pedrosa. Jards escrevia bem, de forma poética e clara, utilizando jogos de palavra e sabendo articular diferentes referências no texto. As colunas seguem ao longo de quase todo o ano de 1982, sendo interrompida apenas em setembro daquele ano. Com cada vez mais desenvoltura, Makalé seguiu alternando comentários sobre os eventos do presente com reminiscências suas do passado. São textos que permitem ao leitor mergulhar numa espécie de autobiografia em pedaços, escritos que revelam passagens nunca ditas até então pelo músico. Ele faz isso muitas vezes ao homenagear amigos e parceiros como Naná Vasconcelos, Moreira da Silva ou Torquato Neto. Na coluna de 10 de janeiro de 1982, por exemplo, faz um breve resumo de sua vida naquele momento. Após se afirmar "sem dinheiro, mulato e livre", Jards diz que, não tendo nada para fazer "fico deitado lendo, jogando xadrez ou fazendo amor com minha mulher, ouvindo Lupicínio Rodrigues ou Bola de Nieve e, vez em quando, levanto para uma partida de pingue-pongue". A coluna é uma pedrada no "vampiresco mercado diluidor de ideias" que sempre buscava um novo "gênio" para colocá-lo no centro de falsas polêmicas, exauri-lo até a penúria e, depois da miséria final, homenageá-lo com nomes em espaços e ruas.

O tema da falência financeira como contraponto à liberdade artística – ou vice-versa – era comum nos textos de 1982. O país passava por uma grave crise inflacionária que perduraria por toda a década. A vida de compositor e seus parcos direitos autorais eram insuficientes para que ele conseguisse sobreviver com estabilidade. Muitas de suas revoltas contra gravadoras, pares e imprensa vinham dessa sensação de ser um sobrevivente restrito a uma carreira independente em uma época de explosão da indústria fonográfica. Foi justamente em 1982 que a banda carioca Blitz explode no país inteiro de forma nunca vista com o hit "Você não soube me amar". Essa guinada rumo ao pote de ouro do rock local restringiu mais ainda o gargalo das rádios, casas de show e outros espaços de trabalho para músicos como Jards. Sem a garantia de um contrato que o permitisse levar sua obra adiante, os anos de 1980 se mostravam uma longa travessia inóspita. Ou, como o próprio decretava na coluna "Vale a pena ser poeta", publicada no dia 7 de fevereiro,

> Fui à falência, devo aos bancos e, se complicar muito, deito no banco de praça mais próximo só pra curtir, morenando ao sol, se não chover. Gastei meus últimos tostões pagando a conta de telefone do Sindicatos dos Músicos do Rio de Janeiro. (...)

Hoje me sinto como um dos frutos mais saudáveis de uma árvore em extinção. Canta Brasil. Vale a pena ser poeta.

Na coluna do dia 14 de fevereiro, Jards relata novamente sua dureza. Para ele, a situação de falência e penúria que atravessava era a confirmação de sua singularidade artística em meio a decadência musical no país. Apesar desse discurso, ele sempre lembrava para os leitores – e para si mesmo? – que parte dos motivos dessa produção "neutralizada" vinha por conta das "atitudes que tomei em relação a este próprio mercado e a algumas pessoas que atuam nele". Como mais um exercício digressivo, Makalé volta aos tempos da Tropicart para reafirmar que sempre precisou correr os riscos em sua "aventura criativa" (termo que tira de um texto de Glauber Rocha para a revista *Anima*, editada por Capinam e Abel Silva, em 1977). Em dois parágrafos, o colunista sintetiza sua visão de onde e como vivia então:

> Faço o que faço, com quem posso e como posso, fugindo da pasteurização geral que, salvo raríssimas excessões, atualmente se faz na música do Brasil.
>
> Não medindo estética pelo consumo não confundindo linguagem com um sorrisália televisiva sem falso discurso político vivo exilado em uma cultura tipo temporada de verão carioca permanente.
>
> Já vai longe o tempo em que era(mos) amaldiçoa(dos), vanguardista(s), elitista(s), esteticista(s), alguns rótulos – entre outros – dados para vendagem ou neutralização de produtos artísticos em um mercado que, como hoje, se mostra saturado na diluição de si mesmo.

A coluna do dia 7 de março é intitulada "Parque Fonográfico Nacional" e traz um texto defendido por Jards no Grupo de Trabalho dos Seminários da Universidade Federal da Bahia sobre Música Brasileira, realizado em Salvador em 18 de junho de 1975 (época em que filmava *Tenda dos milagres*). Jards, que participa ao lado de Gilberto Gil, apresenta longo texto defendendo uma empresa nacional voltada para os músicos brasileiros. A proposta é publicada na íntegra também na coluna seguinte. Nas demais colunas, Jards segue fazendo análises do mercado fonográfico brasileiro (algumas bem aprofundadas como o estudo com tabelas e dados financeiros publicada no dia 6 de junho) e outras vazando a fronteira entre vida e escrita ao falar de sua vida íntima, das memórias relativas ao pai e ao seu apelido, além do lindo texto sobre seu encontro com Mãe Menininha do Gantois.

Durante esse breve, porém intenso período que Macalé, ou Makalé, escreveu as colunas para a *Folha de São Paulo*, o público leitor ao mesmo tempo em que confirmou a persona polêmica, ácida e revoltada do músico carioca, também pôde entrar em contato com um escritor de excelente texto, com traços líricos, irônicos e delirantes. Elas foram a senha para uma década em que as duras perdas precoces dos amigos não seriam pontos negativos isolados. Apesar de tudo, porém, Jards sempre apontava uma espécie de esperança, de crença na saída através da afirmação de sua liberdade criativa e de sua arte. Como ele mesmo escreveu em uma das colunas desse período, ainda valia a pena ser poeta nos anos oitenta.

406 > Os anos do coringa

Em uma de suas colunas para a *Folha de São Paulo*, Jards afirmava que tinha composto nos últimos anos (isso era 1981) quase setenta canções a partir de letras e poemas de diversos tipos e procedências de parceiros. Ele cita os nomes de Abel Silva, Fausto Nilo, Xico Chaves, Gilberto Vasconcelos, Capinam, Waly Salomão, Brecht, Torquato Neto, Paulinho da Viola, Caetano Veloso, Gregório de Matos, Renô, Zé Ramalho, Paulo Leminski, Jorge Amado, Carlos Drummond de Andrade, Regina Braga, Vinicius de Moraes, Mário e Oswald de Andrade, Jorge Mautner e Ezra Pound. O que esperar, portanto, de um período em que a produtividade e criatividade de Jards estava em pleno vapor? A volúpia em compor seria provavelmente a senha para que a década de 1980 fosse plena de discos lançados. Apesar de não faltarem planos e projetos, porém, as gravações foram escassas. Uma delas, inclusive, sequer veio à público depois de pronta.

Desde o lançamento de *Contrastes*, em 1976, que Jards não tinha gravadora. A demissão da Som Livre ocorreu por conta de sua inapetência com a dinâmica empresarial que privilegiava os grandes vendedores de discos e de sua impaciência com os maus tratos de executivos. Foi o que aconteceu quando, após ficar aguardando por horas uma reunião com João Araújo na sede da empresa (a reunião visava discutir estratégias de promoção do disco recém-lançado), Jards virou com um tapa uma bandeja de café oferecida a ele e sujou toda a parede recém-pintada do escritório da gravadora. Durante as próprias gravações de *Contrastes* ele já tinha enfrentado problemas ao se recusar a ceder o estúdio para a gravação de um comercial. O pedido "vindo de cima" era simplesmente de Bonifácio Sobrinho, o todo poderoso Boni. Jards não só não atendeu ao pedido como desligou o telefone na cara do funcionário e tirou o fone do gancho. Imediatamente ele trancou o estúdio na marra e não permitiu que nada mais interferisse no trabalho. Isso tudo ocorreu porque era justamente o momento em que, finalmente, ele gravava "Choro do Arcanjo", faixa que planejara com a presença da muito adorada Orquestra Tabajara e do mestre Severino Araújo. Tais episódios só aumentaram sua fama de indisciplinado e aceleraram sua saída da gravadora da Globo.

O fim da década foi também o fim do relacionamento com Ana Miranda. Depois de morar por alguns anos com a artista, atriz e escritora no Bairro Peixoto, coração escondido de Copacabana, o casal rompe de forma definitiva. O músico então termina os anos 1970 vivendo com Maninha, ou Maria Eugênia Pereira, filha do então Governador de Minas Gerais, Francelino Pereira. A relação com Maninha é mais um ingrediente nos comentários e rejeições que atravessava após a visita a Golbery. Isso se justifica porque Francelino Pereira era um dos principais nomes do Arena, o partido de sustentação política civil ao regime dos militares. Sem se importar com tal situação, o casal vive junto por alguns anos. O caos e a penúria que Jards soube traduzir nas colunas da *Folha de São Paulo* desse período eram constantemente acompanhados de declarações sobre a vida privada com amor. Esse dado era importante por que sua travessia, já com tantos quebra-molas na estrada, se mostraria ainda mais difícil nos anos seguintes.

Em dez anos, Jards gravou apenas dois discos, um compacto e uma participação em um projeto de intérprete. O primeiro disco, antológico, foi fruto de uma sessão "olho no olho" com o velho amigo Naná Vasconcelos no final de 1980. O trabalho, que seria finalmente batizado de *Let's Play That*, acabou ficando engavetado por catorze anos, repetindo e ampliando em muito a sina do *Banquete dos mendigos*. O segundo disco, *Quatro batutas e um coringa*, foi lançado em 1987 e, apesar de ser visto ainda na época como um trabalho de excelência do músico, naufragou frente a um quadro musical cuja premissa era o sucesso radiofônico pop a qualquer custo. O compacto, com a inédita e irônica "Rio sem Tom" de um lado e uma versão de "Blues Sued Shoes" do outro, também de 1987, causou rebuliço na opinião pública, mas também ficou obscuro. Se o trajeto fonográfico permanecia acidentado, sua relação com os palcos e plateias do país seguia o rumo de sempre: breves, porém constantes temporadas em espaços diversos para shows, quase sempre solitário com o violão. No Rio de Janeiro, surgiam casas mais próximas do estilo de Jards, como o Mistura Fina e o Jazzmania, além dos velhos teatros, universidades e novos palcos maiores, como o Parque Lage e o Circo Voador.

Novamente em uma das colunas para a *Folha*, ainda 31 de janeiro de 1982, Jards dedica todo o espaço para contar sua longa relação com Naná Vasconcelos e como um encontro no final de 1980 desemboca na gravação que ficou por anos em silêncio. Já no mesmo espaço, em abril de 1982, Jards afirma que estava isolado em sua casa em Penedo – um abrigo familiar cujo terreno foi premonitoriamente comprado pela avó e madrinha Hilda Anet ainda nos anos de 1960 – e, entre uma série de discos que ouvia, destaca a fita da gravação de "Emoção direta", um "LP independente que poderá sair em julho, gravado com Naná Vasconcelos e Roberto Guima". Em outras versões dessa história, Jards lembra que o reencontro com Naná ocorreu nas areias da praia de Ipanema, numa época em que ele era mais *habitué* do que nunca do famoso Posto Nove. Na coluna de 31 de janeiro, ele abre o texto contando de forma cifrada a gênese da gravação com Naná: "Um ano com fita parada no estúdio Transamérica. Num jogo de pingue-pongue na mesa aqui de casa, Arrigo Barnabé derrota minha preguiça e propõe resgatar em disco a gravação olho no olho que fiz com Naná Vasconcelos em fins de 1980."

Jards diz que ambos não se viam há onze anos, o que tem um pequeno erro de cálculo, já que Naná morou com Jards no segundo andar da Casa 9 em 1970 e diz que o encontro na praia foi em 1980. Nesse ano, Naná retornava ao Brasil depois de longo período morando em Paris e Nova York, para se apresentar ao lado de Egberto Gismonti no Rio Jazz Monterey Festival, o primeiro grande concerto internacional de jazz que a cidade recebia, realizado em agosto daquele ano no Maracanãzinho (aliás, é justamente a referência que Jards fornece na coluna para situar o encontro com o amigo). Naná e Egberto já tinham gravado pela gravadora alemã EMC discos em que um participava da gravação do outro com grande destaque na crítica internacional – *Saudades*, do primeiro, e *Dança das cabeças*, do segundo (esse, premiado com o Grammy de melhor disco estrangeiro). A dupla passou a desenvolver, a partir de 1977, um trabalho em parceria que apareceria ainda em discos como *Sol do meio-dia* (1978) e *Duas vozes* (1985).

Em 1980 a crítica e o público brasileiro puderam conhecer, pela primeira vez ao vivo, o sucesso da percussão original e revolucionária que Naná Vasconcelos introduzia no jazz internacional. Em uma abordagem semelhante a de Hermeto Pascoal, Naná tanto inventava sons de novos instrumentos criados por ele, como reinventava a forma de tocar antigos instrumentos como o berimbau e o caxixi. Além disso, sua maciça formação nos ritmos populares nordestinos fez com que ele ampliasse ritmos, métricas e melodias no jazz do seu tempo. Umas das diferenças de Naná para outros percussionistas de sua geração era o uso extremamente original da voz, fazendo dela uma caixa acústica com diversos timbres e efeitos a partir da relação criativa com microfones e demais recursos de gravação. Em suma, um gênio.

O encontro entre Jards e Naná, portanto, ocorre quando o primeiro está sem gravadora, em pleno imbróglio de suas opiniões políticas e na ressaca do tenso lançamento do *Banquete dos mendigos* e o segundo está em plena ascensão internacional e consagração em uma carreira que se abria cada vez mais. A gravação dos dois, portanto, não é fruto de um projeto, de um contrato ou de uma demanda pelo sucesso. Ele é, isso sim, fruto de um amor sonoro à primeira vista, criado ainda nos palcos de *"Gotham City"*, no primeiro compacto de Macalé e nas aventuras musicais fundamentais que Jards pôde exercer ao lado de Naná e Maurício Maestro nos encontros do Curtisom. Em uma época de agenda atribulada – Naná gravaria ao menos seis trabalhos internacionais com diferentes músicos entre 1980 e 1981 – o percussionista pernambucano não hesitou em entrar em estúdio com o amigo e, finalmente, registrar o que fizeram muitas vezes sozinhos nas madrugadas da Casa 9, em Botafogo: levar um som "olho no olho" ou, na própria expressão de Jards, registrar "um dos nossos melhores momentos pessoais-musicais":

> É um disco de estúdio maluco, juntou dois malucos. Liga essa porra e começa. Escolhe um repertório e vamos nessa. Não tinha estrutura nenhuma, foi um disco pago pelo cara que deu a grana. Dei pro Dudu, ele arrumou o estúdio, chamei o Naná e fizemos. E não tinha mais nada pra distribuir, pra não sei o que lá. O cara que deu o dinheiro morreu no meio da história, nem chegou a ouvir a porra do disco. Porque ele tava namorando

uma amiga minha. Ela era escritora e roteirista de televisão. Eles estavam namorando, e a gente ia lá na casa dele ali na Gávea. Ele adorava música, jazz principalmente. E a gente ficava conversando, ele mostrava a coleção dele... Aí a gente conversava sobre jazz. E ele tinha um disco que virou meu disco de cabeceira. *Louis Armstrong & Oscar Peterson*. Porra, um disco maravilhoso.

Aí entrei em contato com o Dudu pra saber como é. Porque ele era o cara que tava mais próximo no estúdio da Transamérica na Tijuca, e perguntei pra ele quanto custava gravar isso. Ele disse "Depende, qual é o tempo que você quer?". "Eu quero três semanas. Duas pra gravar e uma pra mixar etc.". Ele fez o orçamento e me deu. Eu peguei o orçamento e levei pra esse cidadão. Aí ele falou pra mim "Passa lá no Ponto Frio", que era ali na Praça das Flores "e pega com a secretária o cheque". Nunca mais vi o cara. O cara morreu. Nunca mais vi. Mas como ele me disse na época, eu fui lá, peguei o cheque, entreguei pro Dudu e disse pra ele fechar as datas. Combinei com o Naná. Marcamos as datas e fizemos em uma semana, na realidade. Aí deu tempo pra mixar, pra ficar pensando.

A gravação desse encontro entre Macalé e Naná, portanto, tem uma longa história por trás. Aliás, como ocorre geralmente em se tratando dos trabalhos de Jards. Ela é fruto de uma semana no estúdio possibilitada a partir desse dado inusitado: um desconhecido, namorado de uma amiga, financiou toda a gravação e mixagem do encontro. Seu nome era Claudio Cohen, na época Diretor de Marketing do Ponto Frio, uma cadeia de lojas de eletrodomésticos famosa no Rio de Janeiro. Claudio não era apenas um nome que trabalhava na empresa. Ele era o primogênito do casamento entre Mario Cohen e Lily Watkins, mais conhecida posteriormente como Lily Safra. Após a separação de Lily e Mario Cohen, ela se casa com Alfredo (Freddy) Monteverde, então dono da rede de eletrodomésticos. Daí a relação entre Claudio, o Ponto Frio e a gravação de Jards e Naná.

Com o dinheiro do investidor, Jards buscou a ajuda do amigo Dudu, um técnico de som que trabalhou por alguns anos na Polygram e agora era um dos profissionais do Estúdio Transamérica, considerado na época um dos melhores da cidade. Dudu, aliás, o guardião por anos das fitas amaldiçoadas do *Banquete dos mendigos*, foi quem enviou o orçamento para a gravação e mixagem das faixas, como solicitado pelo cantor. Apresentado para Claudio Cohen, o cheque com todo o valor foi feito e entregue a Jards que, imediatamente, agendou o estúdio com Dudu por três semanas e combinou as datas com Naná. Estava tudo pronto para que a "emoção direta" entrasse em ação. O próprio Jards, na coluna dedicada a Naná na *Folha de São Paulo*, explica o conceito:

> Não utilizar *play-back*, técnica de gravarem-se os instrumentos primeiro como base para que depois se coloque voz ou instrumento solo sobre essa primeira gravação. Pra mim isso sempre neutralizou a emoção mais profunda, onde o artista não se torna dono de sua expressão mais limpa, livre para acertar ou errar, e tirar proveito disso.
>
> Inevitavelmente, com a "emoção direta", vira-se alvo de gente que acusará o trabalho de grosseiro, cheio de imperfeições, mal-acabado. O problema é que boa parcela desse pessoal se compõe de projetistas rigorosos, calculistas, com horror à liberdade, os "erros". Para eles parece contraditório trabalhar com ideias e utilizar a Emoção Direta para concretizá-las, pois desviaram a pureza e força que a tecnologia pretende possibilitar. Resultado: fazem arte tecnologizada. Trabalho técnico, frio, impessoal, de cuca só, onde a emoção custa a aparecer. Coisa de gabinete.
>
> A aparência de limpeza, o cálculo e a exatidão restringem o verdadeiro campo de ação: emoção. Como já não tenho nenhuma necessidade de corresponder às coisas que se apontam como de vanguarda, posso auditivamente parecer "agressivo" de novo.

(...) Tanto em discos quanto em shows, cinema, fotografia, teatro e artes plásticas, descobrindo e plantando codifiquei minha linguagem. Não dependendo atualmente das malhas da indústria, onde nem todas as decisões podiam ser exclusivamente minhas, me vi de novo na liberação que o ato de fazer música proporciona. O artista dono de sua mão, de suas próprias decisões, do seu toque e canto. Cada vez mais às claras, os mecanismos de emoção e o gesto liberado voltaram a representar o papel central: trabalhar sem depender da "exatidão". Criar atmosferas, climas com o Real Direto.

De alguma forma, sempre que foi possível Jards utilizava esse método que batizou de "emoção direta". No seu primeiro disco, fez o mesmo com Tutty Moreno e Lanny Gordin: ensaiar e entrar no estúdio para fazer um som direto, sem muitos *overdubs* e efeitos. Em 1980, a elaboração desse método se misturava com sua condição independente, livre no mercado das gravadoras e tendo domínio sobre seu processo de trabalho. A ideia de um disco como esse "não depender da exatidão" mostra muito como Jards se posicionava frente ao crescente nível de excelência técnica e mercadológica das gravadoras de então. Em *Let's Play That* esse princípio criativo e método de trabalho foi levado à risca. Ouvimos na gravação as falas entre os músicos, as repetições de início de uma faixa até que tudo engrene, os risos de Macalé, os comentários de satisfação após a execução. Emoção direta.

Apesar de todo esse trabalho empenhado e a possibilidade inusitada de contar com um financiamento privado que bancou o orçamento requisitado, Jards não pensou no passo seguinte da empreitada: prensar e lançar o disco, mesmo de forma independente. A gravação só se tornou um disco em 1994, quando o selo paulista Rock Company lança o trabalho. A capa simples e eficiente, quase uma arte concreta, não foi escolha de Jards, mas a ordem das músicas – a montagem do disco –, sim. Jards seleciona um repertório em que consegue aproveitar algumas das dezenas de composições que vinha fazendo nos últimos anos com novos parceiros como seu escudeiro Xico Chaves, além do cearense Fausto Nilo, um dos letristas mais profícuos de sua geração. Com Xico, era a primeira vez que Jards registrava as parcerias. As faixas foram "Pano pra manga" e "Estranha". Já com Fausto Nilo, ele registra a valsa "Mulheres no retrato".

O disco ainda trazia "Puntos cardinales", parceria com Jorge Mautner, amigo de longa data, mas que ainda não tinha participado de nenhum trabalho autoral de Jards. Ao entregar a Mautner a melodia da canção, Jards recebe de volta uma letra perfeita para uma rumba em castelhano, uma declaração irresistível de amor inspirada em uma frase de Fidel Castro retirada de um inflamado discurso do líder cubano: *"La revolución son nuestros puntos cardinales."* A parceria, aliás, é fruto de um momento bem anterior à gravação, quando Macalé e Mautner estavam trabalhando com o grupo de músicos que formaria o time do *Banquete dos mendigos*, em 1973. Macalé diz que a fita com o discurso de Fidel foi ouvida por ele através do material que a própria ONU forneceu para planejar o evento.[81] É o próprio Macalé quem sopra a frase pra Mautner, cuja sacada bem ao seu estilo transforma o chamado revolucionário em chamado amoroso.

O repertório se completa com "Luz", a primeira gravação de um poema de Ezra Pound musicado por Jards, além de duas composições próprias, "Lua luar" e "Língua de mosquito", uma faixa instrumental intitulada "Encontro" e, obviamente, *"Let's Play That"*. A parceria de Jards e Torquato Neto, como visto anteriormente, só existiu por conta de uma encomenda de Naná Vasconcelos ao poeta e letrista. Naná queria de Jards algo ligado aos rifs que Hendrix fazia naquele momento (a música foi composta em 1970). Basta ouvirmos faixas como "Fire" (*Are You Experienced?*, 1967) que entendemos de onde Naná passou para Macalé a ideia para o violão. Na gravação de 1980, eles registram a faixa duas vezes, abrindo e fechando o disco. A impressão que nos dá ao ouvirmos é que a primeira gravação feita por Jards no disco de 1972, apesar de impecável, ainda não era a versão que tinham imaginado, já que o mentor de toda a história não morava mais no Brasil e não esteve presente. Agora, Jards e Naná podiam tocar aquela ideia original que surgira no

---

81 | "Mautner e Macalé se encontram no SESC", in *Folha de São Paulo*, 16 de fevereiro de 2008. Disponível em: <www1.folha.uol.com.br/fsp/acontece/ac1602200803.htm>.

primeiro momento em que o percussionista imaginava o disco solo *Africadeus*, só lançado anos depois em Paris – sem Macalé e sem a faixa. Nas gravações do Estúdio Transamérica, ambos mergulharam fundo nas diversas variações e improvisos que a letra de Torquato e o canto e a melodia de Macalé podiam proporcionar para um percussionista disposto a correr todos os ricos da "emoção direta". Não à toa a primeira versão do disco tem oito minutos e a última versão tem sete. Ali, podemos ouvir o violão de Jards em plena forma, não devendo nada aos grandes nomes do jazz que tocavam com Naná pelo mundo naquele momento.

Com toda essa força presente, a gravação do disco, inicialmente, era batizada por Jards de "Emoção direta". O método dava nome ao próprio resultado encontrado pelos parceiros. Mas como é possível ler em um dos depoimentos anteriores, o jovem amigo e músico paulista Arrigo Barnabé, em uma visita ao Rio de Janeiro e à casa de Jards, insistiu para que o nome fosse a parceria com o Torquato. Talvez Arrigo soubesse de toda a história por trás da faixa, talvez achasse que o nome era sonoramente bom e representava exatamente o que Naná e Jards estavam fazendo naquelas dez músicas. Quando o disco é lançado finalmente, lá estava o nome soprado por Arrigo.

Outro fator que precisa ser ressaltado em *Let's Play That* é a presença de Roberto Guima, músico que surgira naquele momento na cena instrumental carioca. Jards o conheceu quando, em um dos vários shows dados no Parque Lage naquele período, Guima sobe no palco tocando de improviso um clarinete que o cantor achou maravilhoso. Talvez pelo seu vínculo afetivo com o som do clarinete de Severino Araújo soando em seu apartamento nas jovens noites de Jards em Ipanema, ele convida Guima para tocar o instrumento em "Pano pra manga", parceria com Xico Chaves. Uma faixa cheia de suingue no diálogo entre o violão marcado de Jards e os caxixis e guizos requebrados de Naná. No momento do solo, ouvimos Jards convocando "Guiminha" para um improviso ("Vai te embora") que marca qualquer um que escuta a música. A tragédia dessa participação é que Roberto Guima morreria logo depois, em março de 1981, afogado em uma praia em Cabo Frio. O músico tinha acabado de gravar o primeiro – e único – disco pela WEA, trabalho em que também cantava. Infelizmente, além do raro e pouquíssimo conhecido disco solo, "Pano pra manga" é uma das poucas faixas em que podemos conhecer o trabalho de um dos nomes que surgiam como um dos grandes talentos de sua geração.

Quando a gravação no Transamérica feita no final de 1980 e viabilizada por um cheque de Claudio Cohen aparece em 1994, o mecenas inesperado de Jards já tinha falecido. Claudio sofre um acidente de automóvel fatal em 1989 e, assim como Roberto Guima, não conhece o resultado fonográfico fruto de um papo informal de fim de noite sobre simpatias sonoras e discos de jazz. Mais uma vez, Jards guardou por anos a fio a fita, sabendo que o material era fundamental e merecia a paciência. Para lançá-lo posteriormente, além da dificuldade de conseguir uma gravadora que se dispusesse a isso, Jards penou para obter a liberação de Naná, sempre ocupadíssimo em viagens internacionais e morando em Nova York. Até o cantor resolver lançar a fita, conseguir a autorização do percussionista e finalizar o projeto, muitos anos se passaram.

O disco de Jards e Naná pode ser situado ao lado de outros que utilizam desse princípio experimental tão raro no meio fonográfico: juntar dois músicos em um estúdio e deixarem-nos à vontade para criar com total liberdade. É o caso de trabalhos como *Ogum Xangô* de Gil e Jorge Ben, ou de outros trabalhos do próprio Naná nesse formato, como os já citados ao lado de Gismonti ou o disco *Isso vai dar repercussão*, feito com Itamar Assumpção (1994). Reeditado em 2018 por Marcelo Fróes através do selo Discobertas, hoje *Let's Play That* está disponível em plataformas digitais e pode ser ouvido por quem quiser. Da fita gravada e guardada por mais de dez anos até a circulação digital irrestrita, o encontro entre Jards e Naná mantém a força libertária de sua "emoção direta" em cada audição.

"O que existe hoje em nossa música é pura ânsia pelo vil metal. Eu acho que ainda não conseguiram rotular minha música de nada, só de 'maldita', que de forma nenhuma ela é, mas particularmente acho que faço tudo: rock e pagode."

Essa declaração de Jards Macalé é parte de uma pequena matéria anunciando um show no Teatro Armando Gonzaga em setembro de 1987. No show, o repertório seria baseado no novo disco que Jards finalmente lançava depois de dez anos: *Quatro batutas e um coringa*. Gravado pela Continental, o trabalho era parte de um projeto mais ambicioso que Jards e a gravadora paulista estavam anunciando pela imprensa: um contrato de três anos, com três discos e um compacto engatilhados, sendo dois discos de regravações e um disco de inéditas. Desse plano inicial, apenas *Quatro batutas e um coringa* e o compacto "Rio sem Tom"/"*Blue Suede Shoes*" foram lançados. Ambos foram feitos durante um período de intensa concentração internacional do mercado fonográfico, com impactos diretos no mercado brasileiro. Nesse quadro, as últimas gravadoras nacionais – Copacabana e Continental – buscavam atravessar uma batalha inglória com as multinacionais de então. André Midani, lendário executivo da Philips/Polygram nos anos heroicos da gravadora holandesa, tinha se mudado em 1976 para a Warner Music, gravadora que abria um braço na América Latina. Como poucos, acompanhou passo a passo a transformação de um meio que foi deixando de dar destaque aos músicos para dar destaque aos números. Na autobiografia, falando especificamente sobre a virada que ocorria no mercado em 1985, ele diz que "ficou longe a época em que as gravadoras eram dirigidas por quem gostava de música, sendo, ao mesmo tempo, bom administrador".[82] Os anos de 1980 foi o que Midani chamou de era dos tecnocratas. Nada muito diferente do que Jards anunciava já em suas colunas na *Folha de São Paulo* em 1982.

Para agravar esse contexto, o novo ouro de toda gravadora sediada no Brasil não era mais retirado dos mananciais que os grandes nomes formados na geração de Jards Macalé forneciam. A renovação do rock brasileiro pelas novas gerações (principalmente após o sucesso nacional de bandas como a Blitz em 1982) e o crescimento de gêneros populares como o pagode e o sertanejo

---

82 | A. Midani, *Músicas, ídolos e poder: do vinil ao download*, Rio de Janeiro: Nova Fronteira, 2008, p. 216.

deslocavam a hegemonia histórica da MPB na lista dos sucessos radiofônicos de então. Na década anterior, mesmo que discos de Teixerinha ou Milionário e José Rico vendessem mais que os de Gilberto Gil ou Milton Nascimento, era ao redor desses músicos "cultos" que o sistema de produção e promoção girava. Nos anos de 1980, alguns desses artistas conseguiram se adaptar às novas demandas sonoras e comerciais que o pop e o popular inseriam nas contas de vendagem, mas muitos outros não.

No ano em que Jards assina com a Continental e grava o disco, o panorama de lançamentos no Brasil trazia álbuns de bandas como Paralamas do Sucesso (já no seu quarto disco, ao vivo em Montreux), Kid Abelha (*Tomate*), Engenheiros do Hawaii (*A revolta dos dândis*), Lobão (o sucesso *Vida bandida*), Titãs (o petardo *Jesus não tem dentes no país dos banguelas*) e Legião Urbana (*Que país é esse*). Internacionalmente, U2 (com *The Joshua Tree*), Madonna, Michael Jackson (com *Bad*), Whitney Houston, George Michael, Guns and Roses, Bon Jovi e similares também marcavam um vasto espaço nas programações de rádios e televisões. Após o país já ter sofrido o impacto profundo do fenômeno técnico e comercial que foi o *Rock in Rio* em 1985, a internacionalização pop da música brasileira nas grandes gravadoras era um caminho sem volta. Os departamentos de marketing e diretores artísticos miravam suas atenções, quase exclusivamente, para o público majoritariamente jovem e urbano que desejasse as últimas novidades da *new wave* norte-americana, do pós-punk inglês e dos hits produzidos pela MTV em escala mundial.

É nesse contexto que Jards pode declarar, tranquilamente, a "pura ânsia do vil metal" no meio musical daquela época. Alegando em entrevistas que não ouvia rádio e não acompanhava muito bem (e nem queria acompanhar) as novidades roqueiras daquele tempo, Jards consegue abrigo em uma gravadora nacional, de capital modesto, porém com planos de virada em sua discografia. A Continental/Chantecler era uma empresa presidida por Alberto Byington em São Paulo, cuja origem foi a representação da Columbia Record no Brasil ainda na década de 1920. Em 1987, Byington contrata o jovem Wilson Souto, conhecido em São Paulo como "o gordo", para criar um novo perfil fonográfico:

sem se preocupar com o rock radiofônico de então, a Continental buscou contratar justamente aqueles nomes com os quais as gravadoras multinacionais não renovavam contratos ou não contratavam por conta do suposto baixo retorno comercial. Privilegiadas pela lei do "Disco é cultura", ou o artigo 2º da Lei Complementar nº 4, de 2 de dezembro de 1969, as chamadas *majors* vinham acumulando capital para aprimorar seus instrumentos de divulgação e participação ativa nas programações de rádio – os chamados "jabás" e outras artimanhas de divulgação. A lei autorizava as empresas produtoras de discos fonográficos a abater do montante do Imposto sobre Circulação de Mercadorias (ICM) valor dos direitos autorais artísticos e conexos pagos aos autores e artistas brasileiros. Se por um lado a lei permitiu que a indústria fonográfica no Brasil chegasse em 1987 vendendo por volta de cinquenta e seis milhões de discos e 16 milhões de fitas cassetes, ela também teve como contra face a concentração do mercado ao redor do sucesso e do retorno imediato. Com o dinheiro para investimento em carreiras, qualidade de gravação e riscos – como foi o padrão da Polygram em seu auge – as gravadoras passaram a definir cada vez mais os padrões de produção e consumo do mercado fonográfico.

No início da década de 1980, a concentração do mercado internacional em grandes empresas com dinheiro em caixa para gastar fez com que artistas como Jards Macalé, que já não se adaptavam às transformações da década anterior, ficassem ainda mais marcados como "difíceis" e excluídos. Os números exorbitantes de vendagem (bandas como RPM vendiam mais de dois milhões de discos) empurravam artistas de públicos menores para a independência ou o ostracismo. Nesse sentido, o contrato com a Continental era uma salvação em uma época de trevas.

Wilson Souto Junior, responsável pelo convite a Macalé, foi contratado pela gravadora de São Paulo após seu sucesso dirigindo com amigos um pequeno teatro na Praça Benedito Calixto, localizada na rua Teodoro Sampaio, na capital paulista. O teatro de cento e cinquenta lugares, batizado de Lira Paulistana, foi responsável pela criação de uma cena cultural no início dos anos

1980 (sua fundação data de 1979) cujos desdobramentos foram nacionais. Shows seminais de bandas como os Titãs, além de músicos como Itamar Assumpção, Ná Ozetti, Tetê Espíndola e Arrigo Barnabé (grande incentivador de Wilson e do Teatro), um jornal com conteúdo próprio e outros eventos ao redor da Lira acabaram desembocando em um selo fonográfico que chegou a lançar dezenas de títulos. Foi após esse trabalho à frente do selo que a Continental contrata Wilson. Sua entrada na tradicional gravadora, com catálogo amplamente voltado para segmentos populares, sertanejos e regionais, consegue ampliar os contratados em direção aos nomes que foram fortes em outros períodos, porém frente à tecnocracia das grandes gravadoras, perdiam espaço. Assim, no mesmo ano em que Wilson contrata Jards Macalé, ele também consegue contratar Tim Maia e Luiz Melodia. Melhor companhia, impossível.

Com um novo contrato inicialmente até 1990, Jards tratou de entrar em estúdio. Dessa vez, porém, entrava sozinho. Ao contrário de todos os trabalhos anteriores, Jards gravava apenas voz e violão. O repertório era fruto de uma série de shows que vinha fazendo, muitos deles de perfil intimista. Entre 1985 e 1987 ele tocou composições inéditas – o show *Delta zero*, de 1985, que viraria disco, porém foi abandonado, com letras novas de Xico Chaves, Fausto Nilo, Gilberto Vasconcelos, Abel Silva, além de poemas de Glauber Rocha e Torquato Neto. Nesse período, Jards também fez, ao lado do baixista Luiz Alves, shows com o repertório de Tom Jobim e Newton Mendonça, batizados de *New-Tom*, em homenagem à Nova República. Ainda se apresentou em shows esporádicos tocando repertórios com pérolas de alguns de seus compositores favoritos, como Noel Rosa, Lupicínio Rodrigues, Geraldo Pereira e Paulinho da Viola. Para o primeiro, tinha planejado o disco *Noel Rosa na constituinte*, projeto que não vingou. Para os quatro últimos, Jards conseguiu fazer *Quatro batutas e um coringa*.

Com o repertório definido – três músicas de cada um – e produção de Sérgio Mello (que já havia trabalho com o músico em *Contrastes*) Jards entrou no estúdio e fez todo os violões. Segundo ele

Primeiro eu gravei só voz e violão. Aí mostrei pro Wilson Souto que me abriu o estúdio. Me abriu tudo e deixou eu gravar o que quisesse. Aí eu achei que tava pobre, que não tinha que onerar a empresa, e gravei voz e violão. Aí eu mostrei pro Wilson e ele disse que eu podia fazer melhor, mandou eu convidar alguém. Aí eu convidei o Júlio Medaglia pra fazer os arranjos de Lupicínio Rodrigues e Nelson Cavaquinho. Eu fiquei com Paulinho da Viola e Geraldo Pereira.

Assim, nas faixas "Dona divergência", "Exemplo" e "Torre de Babel", de Lupicínio e "Luz negra", "A flor e o espinho" e "Palhaço", do repertório de Nelson Cavaquinho, Júlio Medaglia, amigo de Jards que teve colaboração importante em algumas faixas de *Contrastes*, inseriu clarinetas, oboés, violinos, violoncelos, contrabaixos, flautas e outros instrumentos, transformando as faixas em uma espécie de samba de câmara (em "Dona divergência" Medaglia convida o pianista Amilson Godoy para ajudá-lo com as cordas). Já as faixas "Para ver as meninas" (em que grava três violões), "14 anos" e "Vela no breu", de Paulinho da Viola e "Bolinha de papel", "Ministério da Economia" e "Acertei no milhar", de Geraldo Pereira, ganharam por parte do arranjador Jards Macalé uma elegante percussão de samba, com surdo, tamborim, cuíca, apitos, garrafas, caixas de fósforo, chaves, agogôs e ganzás. Apenas em "Acertei no milhar" ouvimos bateria.

O resultado, bem gravado, bonito e econômico, fez com que *Quatro batutas e um coringa* ganhasse destaque entre os comentários críticos do ano. Frente a todo contexto competitivo e estridente que as rádios viviam naquele momento, era um trabalho que buscava dar continuidade a uma carreira cujo hiato fonográfico já fazia onze anos. A experiência frustrada com Naná Vasconcelos provavelmente fez com que Jards privilegiasse um disco mais simples de gravar em um primeiro momento do que um trabalho com inéditas. Um disco de sambas, com compositores consagrados – Jards inclusive sempre lembra da desconfiança de Paulinho da Viola por ter sido escolhido para figurar entre três autores defuntos – teria menos risco para a Continental e o novo contrato.

Mas ao lado das suítes e elegâncias dos *Batutas*, Jards também fez simultaneamente pela continental um outro trabalho, praticamente o avesso do primeiro. Em um compacto duplo, gravou uma canção que fez inspirado no verão lamentável que o Rio de Janeiro passava no início daquele ano. Os casos de dengue de repente triplicavam na cidade, as praias estavam poluídas com frequência, as passagens de ônibus viam seus preços dispararem e revoltas populares tomaram conta do centro da cidade, tiroteios se intensificavam nos conflitos entre facções do tráfico de drogas local e o HIV se tornara uma marca geracional que apavorava parte da população – principalmente artistas. "Rio sem Tom" foi a faixa que Jards compôs para sintetizar o quadro surreal que ele via na cidade:

> Vamos a la playa
> Pegar conjuntivite
> Quem sabe uma cistite
> Talvez uma hepatite
> Vamos a la playa
> Do Leblon a Ipanema
> Passando Copacabana
> Flamengo, Aterro
> É que o bom
> Mas o Rio saiu do Tom

A sátira de Jards ainda trazia como músicas incidentais "Garota de Ipanema" e "Samba do avião", de Tom Jobim, e "O dengo que a nega têm", de Caymmi, mas com "dengue" no lugar do remelexo da personagem. Aproveitava um refrão de um pop chiclete que ficou famosa na época (a canção "Vamos a la playa", da banda Bombom) e conseguia ao mesmo tempo criticar e fazer rir, uma das especialidades de Jards quando ele está bem-humorado. A música foi citada em diversas matérias jornalísticas sobre a crise que o Rio passava e deu certa mídia para o músico. Já as faixas eram bem distantes do que viria a fazer no disco de sambas.

Os arranjos com teclados e timbres típicos daquela época, eram do então consagrado e eclético produtor Lincoln Olivetti. O compacto, gravado no famoso estúdio que Olivetti tinha em casa, era uma espécie de "abre alas" na nova gravadora e logo de cara vemos o que Tárik de Souza chamou de "um encontro entre deserdado (Macalé só conseguiu gravar três LPs em mais de vinte anos de carreira) e milionário (Olivetti praticamente monopolizou os arranjos da MPB nos últimos seis anos)". Sem nenhuma cerimônia, Macalé dialoga com o clima eletrônico contrapondo uma interpretação suingada e cinematográfica, em que cada canção incidental recebe uma entonação de acordo com sua ideia.

No outro lado, *Blue Suede Shoes* era uma versão do clássico de Carl Perkins cantado por Elvis Presley e um dos hinos de formação do jovem Jards Anet, até mesmo antes de se tornar Macalé. Jards cantava músicas como essa em seus shows há tempos e sua interpretação cola na versão original para aos poucos levar a música a limites impensados acelerando a voz e transformando a letra em outro som. A versão, aliás, virou um *standard* dos shows, quase sempre executada por ele até hoje. Ao falar do compacto, Jards recorda um episódio com Olivetti que de alguma forma esvazia a distância entre o músico e o produtor que Tárik de Souza sugere:

> Eu fiz esse demo (*"Blue Suede Shoes"*) e ele (Olivetti) ficou lá trabalhando no *Rio sem Tom*. Aí dei pra ele toda a sequência, faz isso, faz aquilo, citação do Tom Jobim etc. Ele escreveu uma orquestração do caralho. Só que o *"Blue Suede Shoes"* ele não mexeu. Aí eu fui perguntar por que ele não tinha feito e ele falou "Você já ouviu o que você fez?", eu digo não, eu deixei aí pra você ouvir. Aí realmente tava do caralho só voz e violão.

Esse trabalho pela Continental mostra como Jards podia ir sem problema algum do rock ao pagode, de Presley a Lupicínio, de Tom Jobim a Lincoln Olivetti. Afinal, não se é coringa à toa. Numa entrevista em 1986 para Hermínio Bello de Carvalho (programa *Contraluz*), ao ser perguntado qual era a dele com as "constantes rupturas de sua vida", Jards responde reto: "A minha é música. Brasileira. Eu sou um brasileiro, portanto é música brasileira."

23

A saída precoce de Wilson Souto do projeto de renovação da Continental fez com que o contrato de três anos com Jards fosse interrompido. Com isso, *Delta zero*, seu projeto de inéditas, foi abandonado. Assim, parcerias como as feitas com o sociólogo Gilberto Felisberto de Vasconcelos, nomes importantes nas conversas políticas de Macalé nesse momento, ficaram para sempre inéditas. Em diversos shows da época e entrevistas Jards mostrava faixas como "Trens vazios" (com Gilberto Vasconcelos), "Pátria minha" (inspirada em poema de Glauber Rocha) e "Canção singela" (com Xico Chaves).

O nome do show e do projeto de disco foi retirado de uma conversa informal de Jards com amigos nos bares, padarias e botecos do Jardim Botânico, epicentro da vida do músico dos anos de 1980 em diante. O "delta zero" era a possibilidade de um novo começo para o Brasil durante o período conhecido como "Nova República". Era finalmente o fim dos governantes militares e, mesmo com a morte de Tancredo Neves, eleito indiretamente pelo Colégio Eleitoral em disputa com Paulo Maluf, e a presidência de José Sarney, o clima era de otimismo no país. Jards percebia que, assim como em sua vida, era o momento de "zerar tudo" e "passar a limpo" os anos anteriores. Nessa época, Jards se engajava em todos os movimentos políticos pela democracia, inclusive tocando o "Hino nacional" em um comício das Diretas em São Paulo. Era entusiasta de Leonel Brizola, então governador do Rio de Janeiro desde 1982. Era Brizola, aliás, o elo que ligava Jards e Gilberto Vasconcelos.

O clima ao redor do "Delta zero", porém, não foi registrado em disco e fez com que Jards terminasse a década de 1980 novamente sem perspectivas. Ele seguia sempre requisitado em shows e trabalhos que envolviam releituras – como a homenagem a Ismael Silva, série de shows ao lado da cantora Dalva Torres que foram registrados no disco *Ismael Silva: peçam bis*, lançado em 1988 pela Funarte e Itaú Cultural com produção de Maurício Carrilho e João de Aquino, além da direção musical e arranjos de Cristóvão Bastos. Jards também seguiu sua relação pessoal e profissional com Moreira da Silva, não só realizando periodicamente shows em dupla pelo Brasil, mas também produzindo as bases de um disco de Morengueira pela Top Tape, intitulado *Cheguei e vou dar trabalho*.

Ainda em 1988, na bruma dos projetos que tinham de ser pensados e divulgados, Jards arrisca outro caminho, quando conta para o jornalista Tom Leão que planejava o lançamento do "próximo disco" chamado "Macaos". Mesmo sem o disco gravado ou qualquer indicação disso, Jards afirma que o show aconteceria no João Caetano. Nas palavras de Macalé "O disco terá convidados especiais como Lobão, Leny Andrade, Titãs, Tim Maia, Melodia, Jorge Ben, Itamar Assumpção, mas Paulo Moura e o Maestro Severino Araújo nos arranjos". Mais uma vez, os planos não se concretizam.

➤ Fazer música
para não morrer

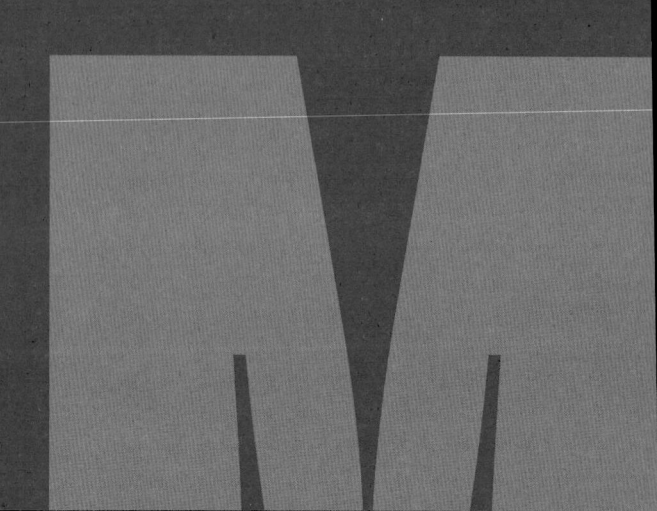

Ao longo de toda a década de 1980, a geração de músicos e artistas de Jards Macalé viviam ressacas e esperanças desmedidas. Todas as interdições, prisões, exílios e falências criativas da década anterior cobravam seu preço na forma de neuroses, depressões e silêncios que abalaram profundamente carreiras. Com Macalé – ou Makalé – isso não foi diferente. Apesar de seguir com os shows e a brecha encontrada para lançar um disco e um compacto pela Continental – o balanço do que vinha ocorrendo era pesado. Foi um período que se iniciou com as polêmicas pela imprensa – entrevistas à *Veja* (que logo depois justificou sua virulência como consequência de uma crise depressiva) e as colunas devastadoras da *Folha de São Paulo* – e com um disco genial gravado, porém engavetado. Com tantas situações simultâneas, alguém extremamente sensível como Jards literalmente surtou. Nas palavras do próprio

> Diante das pressões políticas e das dificuldades de trabalho, entre outras questões, eu surtei em 1981. Um dia vesti a bata branca que Jorge Amado havia me dado para fazer o personagem de seu livro *Tenda dos milagres* (Pedro Arcanjo, os olhos de Xangô), que Nelson Pereira dos Santos estava filmando. Coloquei os colares do santo e, com a espada de meu pai (oficial da Marinha de Guerra do Brasil), fiz discursos libertários pelas ruas do Rio.

Se Xico Chaves era, desde as aventuras ao redor do *Banquete dos mendigos* em 1973, amigo próximo de Jards, nesse período eles fundam uma irmandade rara em que a música – fizeram dezenas de composições em parceria – não era causa, e sim consequência daquele encontro. Durante toda a década, Xico esteve presente em diferentes momentos-limites de Jards. Ele sabe como poucos os eventos que levaram o cantor a algumas situações difíceis. Macalé sempre teve pessoas presentes e atentas que souberam, nesses casos de surto ou solidão, ajudá-lo de muitas formas – e as mais variadas possíveis. Xico foi tanto o amigo que segurou a barra quanto o que mergulhou em experimentações estéticas e sensoriais. Poesia, artes visuais e improvisos musicais conviviam com drogas, chacretes e botecos. Dessa relação, nasceram trilhas para peça de teatro, programas de televisão blocos de carnaval. Ele relata, de seu ponto de vista, o momento em que Jards conta acima

> O Macalé teve que ir morar em Penedo, não foi ficando muito bom pra ele. Quando ele tava na Lopes Quintas ele brigou com todo mundo porque ele tinha uma coluna na *Folha de São Paulo*. E era pesado ali. "Chico Buarque da Holanda". Menescal não podia ouvir falar dele. Isso em 1981, por aí. Então ele ficou excluído. (...) Então o Macalé de vez em quando tinha esses surtos, de pirar de repente. De marcar com ele no Posto 9 e ele chegar no Posto 9 de short de coraçãozinho e com a espada do pai dele na mão e facão na outra. E andava de ponta a ponta atazanando todo mundo.

Essa fase em que ele precisou ir morar em Penedo foi consequência do fim do casamento com Maninha e do pouco espaço profissional que conseguia. Jards também relata, de seu jeito fragmentando e cinematográfico, esse período em que a mãe o leva embora do Rio e o abriga no mato:

> Eu sei que nessa época eu continuei fazendo show à beça. Show. Mas ao mesmo tempo, o Xico Chaves sabe melhor da década de 1980 do que eu. Porque eu saí do Lido, eu fui morar ali na Maria Angélica. Aí eu fiquei lá fodido, pô. Aí minha mãe veio me visitar, viu que eu tava fodido – eu tava tocando pras baratas, literalmente. Porque eu ficava tocando violão na sala, aí pintou uma barata, eu não sou de matar barata, aí fiquei ali tocando... Aí tinha uma caixa de gordura nos fundos e começou a encher de barata. Na minha maluquice eu achei que pô, eu tô entregue às baratas mesmo, olha o meu público aí pintando... E aí minha mãe veio uma vez e ficou hospedada lá em casa e viu que tava cheio de baratas. E eu falei pra não matar e expliquei pra ela. Essas são as únicas

coisas que vão sobrar, que vão resistir a um ataque atômico etc. Fiquei explicando. Aí um dia eu vi ela dando comidinha pras baratas e falando assim sozinha "Estou louca, dando comida às baratas". Aí um dia ela saiu e eu fiquei comendo uma aeromoça lá dentro, gostosa pra caralho. Fiquei fazendo uma putaria, fumando maconha e cantando pra barata. Até que um dia minha mãe passou com um caminhão, simplesmente, pegou todos os bagulhos, me botou no caminhão e me levou pra Penedo. Me resgatou e eu fui pra Penedo. E fiquei morando lá com ela. Eu só saía quando tinha algum show ou alguma coisa pra fazer. Não, minto. Eu saía...

Outra pessoa que pode dar muita informação é o Tato Taborda. Porque eu fiquei um longo período hospedado na casa dele lá no Flamengo, dormindo num chão, num colchonete. Eu sou um cara legal. Assim, pra não atrapalhar ninguém, eu ficava num cantinho. Armei todo o meu acampamento ali no colchonete, ficava ali naquele canto. Quando saía todo mundo pra rua eu ficava na cama do filho dele vendo televisão.

Aí fiquei na casa do Tato e fiquei na casa do Xico. Muito na casa do Xico. E tinha um problema, na casa do Xico não tinha cortina no quarto de hóspedes. Então de manhã eu dormia com o pé pra lá, quando o sol batia na minha canela eu mudava de posição. Essa foi a "fase branca", a gente fez música pra caramba. Era muita música, muita, eu ficava compondo o dia inteiro. E eu ia fazendo uns showzinhos aqui e ali e tal, mas que não dava em nada.

Após se exilar em Penedo, quando iniciou um tímido retorno mais regular à vida profissional, as casas de Xico Chaves e do músico Tato Taborda foram importantes refúgios na cidade. Amigos e artistas que entendiam bem as especificidades criativas de Macalé, além dos dilemas pessoais que atravessava. Sobre essa fase, Xico tem outras histórias mirabolantes que, mais do que alimentar um anedotário ao redor da dupla, mostra como a vida de Jards nesse período era propensa a uma série de situações inusitadas. Segundo Xico

> Aí o Macalé vai pra Penedo, que é o exílio dele. Lá a mãe dele tinha uma casa com piscina. A gente ia muito pra lá nos diversos casamentos. O Giba [Gilberto Vasconcelos] ia muito pra lá. A gente chamava de "sanatório". Discutíamos o Brasil, íamos à cachoeira... Mas aí teve um momento que ele teve que retomar. Eu tinha um programa de música na *Bandeirantes*, e esse programa se propunha a trazer as vanguardas que chegavam. Por exemplo, Cazuza a primeira vez que apareceu foi lá. Eu apresentava com umas roupas estranhas. Então em 1982 eu fui pra *Bandeirantes*. A *Bandeirantes* como se eu fosse o novo Chacrinha, um Chacrinha intelectual. Os festivais praticamente já tinham acabado. Aí o Macalé começou a vir pro Rio e ficava aqui em casa. Aqui na Getúlio das Neves. O Macalé já tinha dividido casa comigo quando tava com a Ana Miranda. Foi em Santa Teresa, eles na frente e eu atrás. Eu com vista pra cidade e eles com o bonde passando na janela. Ele mudou de casa mais do que todo mundo. E cada casa dessa era um bunker. Teve a casa do galinheiro, que o Macalé ficava dentro do galinheiro. E lá em casa era outro inferno.
>
> Então quem cuidava do Macalé era a Lygia Clark. Várias vezes eu levei ele. Antes até com a Ana Miranda também. Eu levava sempre o Macalé com a mulher dele do período. Aí eu levava ele pra casa da Lygia, onde se enfiava dentro de um quarto e a Lygia fazia aquele trabalho todo de sensorialidade. E ele voltava sossegado, tranquilo. Seus surtos não eram de quebrar coisa, eram mais uma compulsão de não ouvir ninguém, de falar desesperadamente e fazer essa performance.
>
> Então em 1982 a minha casa era um ponto de referência. Por exemplo, sábado iam as meninas do Humaitá e as mulatas do

Sargentelli. Tinha uma chilena, Luzia, que parava o carro lá na frente de casa, e ela gostava de cafungar legal. E ela usava a cocaína pra poder ganhar as meninas. E ela era filha de um banqueiro chileno, amiga da minha primeira ex-mulher, a Flor Maria. Aí ela ficava no quarto lá, sumia, aparecia. Então tudo isso acontecia. A gente nunca foi de ficar cheirando direto, não. A gente trabalhava muito. Macalé é que acampava, fazia as coisas dele, saía.

Dia de semana ia o pessoal do Boca Livre, os parceiros meus de música. Então aquele apartamento era um... E o Macalé ali no meio. Porque ele dormia na sala e eu no quarto, e essa Luzia quando vinha ficava no outro quarto. E na sala tinha uma máquina de escrever em cima de uma mesa de vidro. Uma máquina Remington. O Macalé pegava o violão, sentava no sofá e eu ficava escrevendo e jogava o papel pra ele. Umas músicas de duas palavras, trechos, às vezes uma coisa romântica... O que viesse na cabeça, no improviso. E a gente gravava no cassete. Uma vez eu falei pra ele que a gente não fazia música pra tocar em rádio, gravadora, mas que a gente fazia música pra não morrer. Isso foi depois que acabou o programa. Eu também tive que ir pro psicanalista. Todo mundo sumiu do apartamento também, foi assim.

Eis que um dia a polícia, com Hélio Vígio, foi lá e pegaram a chilena no quarto, os caras tudo armado... Ela usava as drogas pra poder seduzir as meninas. Mas eles tavam lá de abajour há dois meses já na esquina. Observando todo o movimento. Então eles sabiam que eu e o Macalé não usávamos drogas, que meu programa tinha acabado, eles sabiam tudo. Então eles entraram no quarto e foram direto onde a Luzia estava. E ela tava com dois crimes. O pacote de cocaína embrulhado em um manto pré-colombiano peruano. Foi presa, a gente teve uma batalha muito grande pra soltar. O pai dela teve aqui, aí soltaram depois de uns seis meses. Aí deu aquele vazio, e nesse vazio que a gente fez o que o Macalé chama de "fase branca".

Sem intenção nenhuma. Era mais uma relação de resistência pra não entrar em depressão.

Nesse longo depoimento de Xico, ele cita rapidamente Lygia Clark, personagem fundamental na vida de Jards nesse período. Lygia retorna ao Brasil em 1976 e falece em 1988. Seu apartamento na rua Prado Júnior foi frequentando por Macalé em diferentes momentos dessa década. Após o surto de 1981, em que saiu de casa como um justiceiro iorubá de espada na mão e colar de Xangô, Xico e Maninha, sua esposa na época, o levam para a casa de Lygia. Jards conta que a amiga lhes pediu que o deixassem com ela e fossem embora. Disse que ligaria para os dois assim que ele "retornasse à normalidade". Daqui em diante, segue seu depoimento sobre esse dia:

> Deitou-me no colchonete de areia e sumiu do quarto. Lá pelas tantas, voltou com uma xícara de chá de camomila e disse: "Tome este chazinho, este calmante (Lexotan) e procure relaxar." Como Lygia tem o mesmo nome de minha mãe, transferi para ela o sentimento de proteção materna.
>
> Já sonolento, eu a vi trepada numa cadeira, colocando um pano na janela para quebrar a luz. Não tinha cortina e a luz da tarde era forte. Desceu da cadeira e sumiu de novo. Apareceu com um livro e disse: "Vá lendo este livro que você vai melhorar." Era o *Poema sujo* (escrito em 1976) de Ferreira Gullar. Saiu deixando a porta entreaberta: "Qualquer coisa, chame." Comecei a ler. O poema era barra pesadíssima. Adormeci.
>
> Passei dois dias dormindo. Quando acordei, ela estava sentada na cadeira ao pé da janela lendo o livro que me dera. Sorriu para mim: "Como está se sentindo?" "Bem", respondi. "Vamos à cozinha que vou fazer um cafezinho." Enquanto fazia o café ela me falou sobre o grave problema dentário pelo qual estava passando, reclamando do preço do dentista e dizendo que

tinha de vender algumas obras para pagar o tratamento. "Vou telefonar para a sua casa e pedir que venham buscá-lo. Sente-se em condições?" Respondi que sim e acrescentei: "Peça que tragam roupas, porque não vou sair de bata e colares por aí." Ela riu.[83]

Jards ainda recorda que Lygia costumava convidá-lo para sessões em que ela utilizava seus objetos relacionais, espécie de desdobramento dos anos em que passou trabalhando na fronteira entre artes visuais e investigações terapêuticas. Foi um dos mais assíduos de seus pacientes por dois anos. Jards tinha em Lygia uma amiga cujos conselhos o ensinavam a atravessar esse período conturbado da década de 1980. Aprendeu a "preencher os buracos do corpo" e principalmente a lidar com o vazio criativo, os impasses existenciais e os longos intervalos em que não conseguia ver sua arte ganhar o grande público através de discos gravados. Ele diz que Lygia, inclusive, o fez reestruturar seu violão, não ter medo de arriscar em compor e decompor suas canções.

Uma passagem pessoal, que o marcou profundamente nessa época conturbada, envolveu as duas Lygias de sua vida – a mãe biológica e a mãe estética, como ele a chamava. Em depoimento para o jornalista Paulo Terron, Jards conta que, por ocasião de um show de Tom Jobim no Canecão:

> Levei as duas, minha mãe Lygia e minha mãe estética Lygia. Antes do show, fui lá atrás pra falar umas besteiras, conversar. Aí me arrumaram uma mesa central, um pouco afastada do palco, e eu me sentei entre as duas. Tom Jobim, meu amigo, mas muito do sacana, começou a apresentação. E lá pelas tantas, quando ficou sozinho ao piano, ele disse: "Essa", com aquela voz, "essa é para as Lygias". Assim que o maestro tocou os primeiros acordes de "Lygia", Jards não resistiu e caiu no choro. "E as duas Lygias me consolando...

---

[83] | "Delirium ambulatorium", um depoimento de Jards Macalé publicado na revista *Continuun*, nº 38, p. 14, São Paulo: Itaú Cultural, 2012.

Foi um momento histórico pra mim, maravilhoso, mas sentimental demais.[84]

As diversas situações extramusicais que Jards atravessou nesse período produziram o aumento de sua fama de difícil, louco, anárquico e rebelde quando se tornava pauta de jornais devido aos shows e eventos que, porventura, participava. A partir de 1985, quando retorna aos palcos com um show roteirizado de inéditas como "Delta zero", faz questão de colocar nas entrevistas que concede aos jornais que tinha passado por uma "revisão completa". Falava do exílio em Penedo como estratégia de esvaziamento para a renovação. O delta zero que aparece como um lema nesse momento de Jards, se relaciona tanto ao novo quadro político brasileiro quanto pessoal. Ele se dizia novo em folha, dizia que o período afastado o fez passar a vida a limpo e que estava pronto para, novamente, viabilizar sua carreira profissional. E afinal, os discos pela Continental e os shows e projetos que participou confirmaram isso, mesmo que em escala muito menor do que Jards esperava.

Outro campo em que Jards, mesmo imerso em tantas situações pessoais e profissionais, atuava com frequência era no dinâmico quadro político daquele período. Desde a segunda metade da década de 1970 que suas declarações e movimentações em relação ao governo de Ernesto Geisel mostrava sua disposição em se expor em prol de uma ideia ou crença política. A atuação na Sombras e sua participação em praticamente todos os shows, eventos e programações ligados às causas de resistência política – de sindicatos ao movimento negro – faziam dele um rosto conhecido nesses meios. Em 1982, apoiou intensamente a campanha de Leonel Brizola e Darcy Ribeiro para o governo do Rio de

---

84 | Disponível em: <www.itaucultural.org.br/ocupacao/jards-macale/jards-noutras-artes/?content_link=3>.

Janeiro e tocou no comício de posse dos dois, no dia 16 de março de 1983. Em 1984, conseguiu uma conversa inusitada com João Figueiredo – novamente ele – na porta de um hotel em São Paulo. A matéria do Jornal O Globo de 20 de janeiro registrou a versão de Jards para a prosa: "Eu disse ao Presidente que se ele quiser entrar para a história bem, tem que completar a obra que começou. Tem que fazer uma constituição novinha em folha." Melhor ainda foi a resposta de Figueiredo: "Ele me disse que não queria entrar na história grandiosamente como eu queria que ele entrasse." Já no "Informe JB" do dia 20, a história é contada de outra forma, e apresenta um Jards aos gritos proclamando a Figueiredo que "tinha a solução para o Brasil". A primeira sugestão seria uma reforma na constituição – como dito no diálogo anterior – e a outra era que o Presidente desse um jeito de "brecar o Maluf". Paulo Maluf era, naquele momento, o mais provável candidato dos militares e do PDS (ex-Arena) para a sucessão daquele ano.

Ainda em São Paulo, exatamente nessa época, Jards participou do grande comício realizado dia 25 de janeiro na Praça da Sé – o primeiro daquele ano e que consolida o movimento iniciado no ano anterior em cidades do nordeste. Para mais de um milhão de pessoas, fora do roteiro, Jards executa uma versão personalíssima do Hino Nacional, que entrou por anos em seu repertório de shows. Durante a Constituinte em 1988, toda vez que estava em Brasília visitava as sessões de votação da Câmara. Jards chegou, inclusive, a frequentar plenárias do PMDB. Também foi apoiador de Luiz Inácio Lula da Silva em 1987, até Leonel Brizola lançar sua candidatura para as eleições de 1989. O gaúcho era seu político de coração e Jards inclusive se filia ao MNLB, um Movimento de Unidade Nacional Leonel Brizola, entidade da sociedade civil que trabalhava voluntariamente para a campanha. Nessa época, Jards se recorda de ter brigado com o parceiro e amigo Gilberto Vasconcelos por conta de verbas da campanha para atividades culturais. Enquanto o músico queria viabilizar um *jingle* que havia criado, o segundo precisava da mesma verba para lançar um livro ao redor do candidato. Rompimentos à parte, Jards mergulhou de cabeça na campanha derrotada por Fernando Collor de Mello. Na eleição seguinte, após impeachment de Collor e o período de Itamar Franco, Jards passa a ser eleitor fiel de Lula.

Esses diversos eventos – entre muitos outros – que ligavam Jards à política não se dissociavam da personalidade controversa do cantor naquela época. Tanto nas duas abordagens de peito aberto a um presidente da república – seja ele internado em um hospital, seja ele saindo de um hotel – quanto em outras situações de rompantes, Jards unia política e delírio. Seguia fiel aos princípios coletivos que aprendeu com Nelson Pereira dos Santos, aos princípios épicos de Glauber Rocha e aos princípios anárquicos de Hélio Oiticica. Assim, algumas vezes Jards acabava participando de situações como a que foi noticiada no *Jornal do Brasil* em 18 de novembro de 1985. Os jornalistas Joaquim Ferreira dos Santos e Cleusa Maria noticiavam, mais uma vez, as histórias do Posto 9, praia de Ipanema cujos frequentadores, segundo a manchete da matéria, "já viram tudo na vida". Logo em suas primeiras linhas, os berros de "Paulista! Paulista!" são atribuídas a Jards Macalé. Ainda segundo a matéria, o cantor teria partido para cima do fotógrafo Ricardo Ruiz pelo fato dele estar lendo o *Jornal da Tarde* cuja edição trazia estampada uma imensa foto de Jânio Quadros. Jards teria não só xingado o fotógrafo, mas também rasgado o jornal em pedacinhos.

Já na versão de Xico Chaves, testemunha ocular da história, ele viu Macalé na verdade provocando as pessoas com a foto de Jânio – e apanhando por isso! Esse evento praiano controverso desembocou, ainda segundo Xico Chaves, numa das origens do bloco que sairia do grupo de amigos de praia e bairro no Jardim Botânico: Suvaco de Cristo.

> Macalé ficava, dormia lá em casa, saía, dormia também na casa daquele outro compositor eletroacústico, o Tato Taborda, que era superamigo dele. Ele revezava. A gente até fez uma música na época, que ainda é inédita, chamada "Cueca vadia". Porque o Macalé tinha uma cueca no bolso e outra no corpo, quando ele chegava de Penedo. Então quando ele ia dormir ele lavava a cueca que tava no corpo e botava a do bolso.

No dia seguinte a outra tava seca e ele trocava e saía. E só tinha a mesma roupa. Aí fizemos um sambão antigo. A gente ia fazendo essas crônicas sem interesse nenhum de gravar. Aí em 1985 morava um monte de gente ali perto. Aí começou esse negócio de onde a gente vai ia um monte de gente. Aquela loucura de meados dos anos 1980. Já tinha tido o *Geração 80*, eu tinha participado. Então essa presença do Macalé, o pessoal do Suvaco…

A gente ia a praia ali no 9, quase todo fim de semana. Aí o Jânio Quadros foi eleito prefeito de São Paulo. Aí saiu aquela foto horrível dele na capa da *Folha de São Paulo*. E o Macalé, na praia, pega essa foto e sai que nem procissão. Aí um cara queria dar porrada nele. E tava todo mundo ali, eu, o pessoal do Suvaco. E deu-lhe uma porrada que os óculos dele foram parar lá no meio da areia. Aí ele partiu pra cima do cara. O cara era um catatau desse tamanho, segura daqui, segura dali. A gente já tava com a ideia de fazer um bloco. E a ideia do bloco ia ser o Abraço do Tamanhodoart. Aí começou uma briga na praia. E tava a Cleusa Maria na praia e o Joaquim [os dois jornalistas que fazem a matéria para o *Jornal do Brasil*]. Aí deu aquela confusão e eu mandei a frase "Olha o *Tamanhodoart*", aí foi apaziguando. Aí todo mundo começou a cantar "Olha o tamanduá, olha o *Tamanhodoart*", porque eles tavam de braços abertos querendo brigar. E viemos pra casa. No dia seguinte saiu a matéria de que a gente fundou um bloco de carnaval, e que em homenagem ao Tom Jobim, mais tarde se chamaria Suvaco do Cristo.

Seja qual for a versão correta, o fato é que Jards se encontrava no epicentro dos eventos narrados. Delírios à parte, o componente performático que Jards Macalé utilizava em suas apresentações invadia a vida de Jards Anet constantemente nesse período. As diferentes vezes que Jards viveu no limite não foram poucas. Ao mesmo tempo, vemos que por diferentes vezes ele "retornava", "começava do zero", "passava a vida a limpo", sempre precisando lidar com uma história distorcida que, aos poucos, só restava marcas indesejadas. Apesar disso, as críticas aos seus shows eram sempre positivas e Jards seguia a carreira do jeito que conseguia. Em dois momentos desse longo processo, porém, o artista ficou esgotado. Foram vezes em que a ideia do suicídio rondou seus devaneios e ficaram maiores do que melodias e transes políticos.

A primeira delas já foi contada em diferentes vezes e versões e envolve o amigo e, dali em diante, salvador: João Gilberto. As histórias de Jards com João envolvem diversas camadas – das cômicas às surreais. Foi João quem atestou para a posteridade a afinação e harmonia impecáveis de Lygia Anet, já que por algumas vezes chegava na casa da família em altas horas da noite para conversar e, obviamente, tocar violão. Jards conta que em uma dessas vezes foi a mãe – quem aliás João chamava de mãezinha, para revolta do filho – quem corrigiu acordes de João em uma canção. O evento ficara marcado na memória de todos. João também já tentara bater em Macalé em algum arranca-rabo da vida, já acusara o amigo de roubar acordes, já ensinara o "segredo da batida" que só ele sabia, já o deixara por horas pendurado no gancho de um telefone enquanto fazia café ou qualquer outro afazer doméstico durante a conversa. Dessa vez, porém, o que João fez por Jards pagou todos os pecados cometidos anteriormente.

Era provavelmente por volta de 1985, a data não é precisa para Jards, quando ele resolveu que talvez fosse melhor entregar os pontos. Cumprindo um ritual secreto e silencioso de despedida pelo telefone com cada amigo de quem queria ouvir a voz pela última vez, Jards finalmente liga para João Gilberto. Os contatos eram bissextos, mas a afinidade e amizade entre os dois era inquebrantável. Só que, ao invés de apenas ouvir o amigo ou bater longos papos novamente, João convida o amigo para ir imediatamente ao seu apartamento, sem desconfiar – ou desconfiando? – que ele vivia uma crise profunda com consequências que podiam ser terríveis. Jards, como sempre, obedeceu ao mestre e foi ao seu encontro. Lá chegando, ouviu o pedido para se deitar no sofá, desacelerar, parar um pouco. Se Lygia Clark deu para Jards o "poema sujo" de Ferreira Gullar, o remédio de João Gilberto foi tocar em seu violão e cantar, diversas vezes seguidas, "No rancho fundo", de Ary Barroso e Lamartine Babo. No ótimo livro *Pavões misteriosos* de André Barcinski, Jards narra toda essa história e conta o ocorrido após o início da canção entoada por João: "Ele tocou por horas, foi uma coisa hipnotizante. Eu comecei a ouvir aquela música e fui relaxando, relaxando, me deixando levar, até que apaguei." Ainda no livro de Barcinski, Jards lembra que adormeceu profundamente no sofá de João e, no dia seguinte, acordara com o mestre lhe oferecendo um café: "O sol entrava pela janela do apartamento em toda a tristeza tinha desaparecido de mim. Foi uma coisa profundamente humana que o João fez. Ele percebeu que eu estava numa pior e usou o que tinha à mão, a música, para me ajudar."[85]

A história de Jards com João Gilberto é muito parecida com a que ele viveu com Lygia Clark: um surto, uma recepção amorosa, um dia de sono, a luz do sol, o café. Tratamentos diferentes, resultados parecidos. Frente ao massacre que vinha passando em um período de transformações radicais no ambiente profissional ao qual se dedicou a vida inteira, parecia que os fantasmas não o deixavam. A tentativa de desistência completa de tudo, impedida uma vez por João Gilberto, retornaria novamente no final daquela década. Dessa vez, foi Xico Chaves que o salvou. Segundo o parceiro e vizinho:

> Ele alugou um apartamento na [rua] Maria Angélica que no último andar era o Cafi. E eu acompanhava o Macalé pra saber como é que tava, eu ligava pra ele quase todo dia. E ele andou surtando de novo nesse período. Aí ia pra Lygia Clark etc. Foi depois de 1987 isso, já não tinha mais a Lygia e o Suvaco sempre existia. Aí ele foi sumindo, desaparecendo. Se antes, nos surtos, ele falava pelos cotovelos, ele foi sumindo. Não ia mais a Penedo. Parou de ligar. Aí eu me preocupei. Aí eu ia lá e tocava

---

85 | A. Barcinski, *Pavões misteriosos – 1974-1983: a explosão da música pop no Brasil*, São Paulo: Três Estrelas, 2014, p. 18.

a campainha e nada. Às vezes eu ia e ele tava andando pela casa, deprimido, as baratas andando pra lá e pra cá... Aí eu fui lá quatro dias seguidos e nada. Aí eu falei "Pô, e se esse cara morreu?". Suicídio acontece, principalmente num momento difícil de frustração. Aí cheguei lá, apertei a campainha três vezes seguidas e nada. Aí resolvi chamar o chaveiro. Aí chamei o chaveiro ali da esquina, subi a ladeira com ele, aí quando eu abri a caixa de correio dele, tava uma carta da mãe dele pra ele. Aí eu pensei cara, o troço é mais sério. Aí arrombei a porta e eu entrei com a carta na mão. Apartamento vazio e porta do banheiro fechada. Aí eu abri a porta rápido. Tava ele nu com um guarda-chuva aberto porque tinha um pingo d'água em cima da privada. As janelas todas vedadas com fita crepe e o gás ligado.

Eu cheguei na hora. Eu cheguei na hora. Tava seco, magro. Aí eu entrei, abri a porta e entreguei a carta na mão dele. "Carta da sua mãe pra você." Aí ele pegou a carta e começou a chorar. Peguei ele, bicho, botei no ombro e desci essa ladeira inteira. De tão leve que o cara tava. Cheguei ali, peguei um táxi, e tinha ligado pra uma amiga minha que deu o endereço da Inês Besouchet, que conhecia ele, é uma puta psicanalista. Uma pessoa assim de alta referência. E ela conhecia ele. Aí cheguei lá e larguei o Macalé em cima do divã. "Aí, Inês, eu não conheço você, me desculpa, mas é com você." Aí ela falou "Não, deixa ele comigo". Aí eu fiquei lá fora e tal, aí ela me mandou ir embora. Aí eu vim pra casa, fiquei preocupado, e quando foi mais tarde ela me ligou e falou "Ó, ele já vai pra casa, mas agora o seguinte: você conversa com ele e se você puder ajudar, você ajuda". Aí eu fui lá e ele tava falando "Puta merda, que bobagem". Aí eu perguntei o que ela tinha falado. Aí ele falou que ela tinha dado o endereço de um médico psiquiatra na Lapa, e que ele ia ter que ir lá. Aí eu disse que ia com ele, a gente foi, era um cara mais jovem, assim. Fez os exames e veio o resultado dos exames: maníaco-depressivo. Ele nunca soube que esse surto era em consequência disso.

Aí ele começa a tomar carbolitium. Todo dia. E aí ele dá uma estabilizada e começa a retomar.

Com um diagnóstico profissional de uma das principais psicanalistas do Rio de Janeiro – Inês Besouchet, citada por Xico, é um nome decisivo na formação das sociedades cariocas de psicanálise e fundadora, ao lado de outros profissionais, do Cesac, Centro de Antropologia Clínica, que reunia uma série de profissionais ligados tanto à área clínica quanto a outros campos de saber como a filosofia, a antropologia e a teologia – e com a possibilidade de um tratamento, a década de 1980 terminava para Jards com um balanço que, se aparentava ser negativo, era mais do que positivo: Jards havia sobrevivido. O coringa em meio aos batutas, o homem exilado em Penedo, o amigo de Lygia Clark, João Gilberto e Xico Chaves, conseguiu atravessar a arrebentação da própria tempestade e via a chance de começar de novo, dessa vez sem os fantasmas de uma época que cobrou um alto preço pela liberdade, anarquia e independência de personagens como Jards Macalé. Quem sabe não era esse o momento de enterrar de vez o "faquir da dor"? Jards passou a fazer terapia constantemente, ficar atento aos picos de depressão e retomar o que sempre soube fazer como poucos: música.

446 ▰ Reconciliação

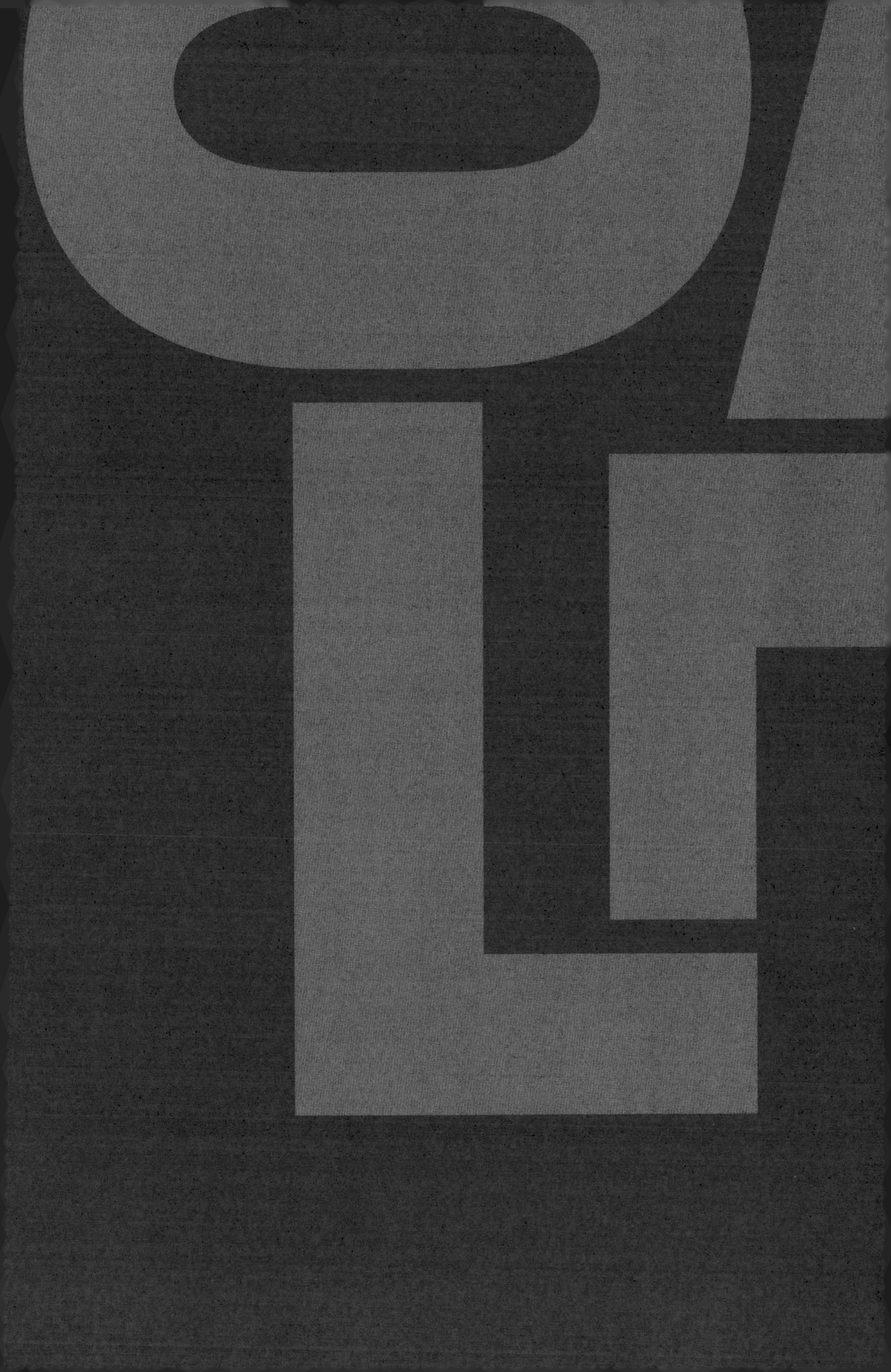

Durante todo os anos de 1990, Jards seguiu ocupando um lugar construído nas décadas anteriores com esmero por ele e pela crítica: discos raros, respeito imenso pelo seu violão, shows intimistas, porém sempre inventivos e marcantes, algumas opiniões polêmicas – em proporção bem menor que as décadas anteriores – e uma fama que oscilava entre o humor irreverente, a rebeldia maldita e uma referência em malandragem carioca adquirida com os anos em que foi o parceiro dileto e herdeiro de Moreira da Silva. Ele seguia dominando como poucos um repertório da canção popular brasileira de todos os tempos e estilos, cuja capacidade de memória e interpretação eram diferenciais nos shows. As agruras das décadas anteriores haviam sido substituídas por uma resignação calma e reflexiva. Já chegando aos cinquenta anos, iniciou uma série de reconciliações com antigos desafetos e consigo mesmo. Fez novas amizades, ampliou o interesse em diferentes estilos musicais e seguiu aprimorando constantemente o vasto repertório de todos os tempos. Foi uma década rica de encontros – como os com Jorge Mautner, Luiz Melodia e Itamar Assumpção, Tato Taborda, Cristóvão Bastos, o trio Moacyr Luz, Guinga e Zé Renato – e de balanços. Em shows, produzia novas interpretações para os clássicos setentistas e depurava a explosão de músicas que compôs com inúmeros parceiros no início dos anos de 1980. Mais uma vez, Jards Macalé reconstruiu sua carreira de forma tenaz e paciente.

Apesar de ser mais uma década com apenas um disco gravado, e somente em 1998, Jards se movimentou por áreas que, por incrível que pareça, ainda não tinha explorado. Criou laços duradouros com músicos de formação erudita que se aproximavam das vanguardas musicais do século XX, como foi o caso de Tato Taborda, Vânia Dias Leite, Márcia Ermelindo e Tim Rescala. Ao lado desse reencontro com seus tempos de aluno da Pro-Arte, Jards também encontrou outro amigo que ficou alguns anos ao seu lado produzindo e gravando seus discos – o pianista Cristóvão Bastos. Com Taborda, Moacyr e Cristóvão, atravessou seus dias na "Cidade lagoa", no Brasil e no mundo.

Tato Taborda é um dos principais nomes da música experimental e eletroacústica brasileira. Desde muito jovem, frequentava aulas e cursos com nomes fundamentais entre diferentes gerações no Brasil. Além do incontornável maestro Hans Joachim Koellreutter, Esther Scliar era uma de suas mestras (já no final de sua vida, dando aulas na Escola de Música Villa-Lobos). Essa proximidade de ambos com a obra e a docência de Esther fez com que os caminhos de Taborda se cruzassem com os de Macalé ainda no início da década de 1980. O laço entre os dois dá outra volta quando, em 1985, o compositor norte-americano John Cage vem ao Brasil atendendo a dois convites: o primeiro, da Bienal de São Paulo daquele ano; o segundo, feito pela compositora brasileira – e aluna de Cage – Jocy de Oliveira, para uma concorrida apresentação do compositor na Sala Cecília Meireles em 10 de outubro. Cage toca a peça *"Muyoce"* (baseada no livro *Finnegans Wake*, de James Joyce), enquanto Jocy executa a peça para piano "ASLSP". Junto as apresentações de Cage e Jocy, o programa ainda incluiria as peças *"Music for Duchamp"* para piano preparado, *"The Wonderful Widow of Eighteen Springs"* e *"The Winter Music"*. Para essa última, cuja partitura permite um número indeterminado de pianos, Jocy convidara os músicos Vera Terra, Heitor Alimonda, Tato Taborda, Tim Rescala e Henrique César.

Na noite do concerto, os então desconhecidos performers Alex Hamburger (fã de Cage e de todo universo ao seu redor como o Black Mountain College, James Joyce e os trabalhos do grupo Fluxus) e Márcia X (Márcia Pinheiro, jovem precursora da performance no Rio de Janeiro dos anos 1980) conseguiram realizar uma performance histórica ao subirem no palco com dois velocípedes e circularem por alguns minutos entre os pianos de cauda e os vestidos longos das pianistas. Durante a performance, Márcia X carrega em sua boca um papel escrito "Ser serrote não é defeito, defeito é viver serrando".[86]

A apresentação de Cage na Sala Cecília Meireles foi precedida, no dia anterior, por um debate ocorrido na sede da Funarte. Intitulado "Abordagem Contemporânea da Música", a mesa foi composta, entre outros músicos, por Jocy Oliveira e Tato Taborda. Na época

---

86 | O site *performáticos.com* traz o depoimento fundamental de Alex Hamburger.

de todos esses eventos, Jards iniciava uma relação com a música Vânia Dantas Leite, ligada ao grupo de músicos de formação erudita e experimentais. No dia em que ocorria o ensaio da apresentação, Macalé foi convocado para conhecer Cage e prontamente atendeu o chamado. Entre papos e um passeio no Jardim Botânico, eles terminam sentados em cadeiras de ferro da OSB, com um tabuleiro de xadrez equilibrado em outra, para uma partida que ficou registrada em fotografias históricas para Jards. Afinal, lá estava ele jogando xadrez com o norte-americano que já enfrentara oponentes como Marcel Duchamp.

> Me chamaram pra conhecer o cara. Aí eu fui lá na Sala Cecília Meireles e tal. Converso com o cara, joga xadrez pra cacete, aí aparece um tabuleiro de xadrez. A gente começou a jogar na Sala Cecília Meireles enquanto o pessoal ensaiava. Aí a gente foi pro Jardim Botânico, queriam mostrar pra ele o Jardim Botânico. A gente levou o tabuleiro, sentou lá com as folhas e as plantas, "Ó que lindo". Aí a gente descansou. Aí voltou pra Sala Cecília Meireles, continuamos jogando e tal e coisa. Aí veio um cara, "Acabou e deu empate". Eu disse "Não, ele ganhou". E ele disse, olha que gentileza, "Deu empate".

A partir desses contatos estabelecidos ao redor de Esther Scliar, Vânia Dantas Leite e John Cage, Macalé e Tato Taborda iniciaram ao longo dos anos seguintes parcerias esporádicas em algumas apresentações que foram amadurecendo. Ainda em junho de 1988, eles se reúnem pela primeira vez em um concerto, ao lado do barítono Eládio Perez Gonzalez e de um quarteto de violões (Luiz Carlos Barbieri, Márcia Taborda, Roberto Velasco, além de Macalé) para executarem o concerto *Conferência sobre o nada* (criação de Taborda a partir do texto de John Cage) no Fórum de Ciência e Cultura da UFRJ. A obra consistia em uma série de peças musicais de diferentes gêneros ao redor do silêncio. Em 1990, a dupla se reencontra em *Obscenas cariocas* – show com Tim Rescala, Macalé, Tato Taborda e Márcia Taborda, no Espaço Sérgio Porto. O show tinha canções feitas especialmente para esse espetáculo, vencedor da Concorrência Fiat para Artes. Segundo a imprensa da época, consistia na "história de quatro habitantes da cidade que contemplam e protagonizam cenas insólitas nos subterrâneos de uma paisagem de cartão-postal, numa visão ao mesmo tempo amarga, ácida e bem-humorada" (*O Globo*, 20 de novembro). Nesse show, Jards já tocava músicas que estariam nos próximos discos que ainda viriam, como "Favela" (de Padeirinho), "Cidade lagoa", de Cícero Nunes e Sebastião Fonseca, e "Só assumo só", de Luiz Melodia.

Em janeiro de 1994, Jards é convidado novamente por Taborda, dessa vez para encarar o frio do inverno europeu em uma apresentação internacional. Era o espetáculo *Oba*, realizado em Berlin, no Podewill, centro de artes contemporâneas dedicado aos novos campos musicais de invenção, como os explorados por Taborda e seu trabalho. A ideia era levar Macalé para executar um espetáculo de "canções expandidas". Nesse período, Taborda se lembra que os dois já formavam uma intensa e fluida parceria. Os anos de estudo de Jards na Pro-Arte, sua formação de copista, seu pendor para o violão clássico durante os estudos com Jodacil Damaceno, ganhavam uma nova dimensão ao lado das ideias de Taborda. O espetáculo foi apresentado na série *Música brasileira decomposta*. Depois, os três seguiram para Nova York e passaram uma semana curtindo a cidade em um apartamento de amigos de Tato.

No ano seguinte, em março, a trupe ocupa o palco do Espaço Sérgio Porto para uma nova edição da "Conferência sobre o nada", reunindo novamente o quarteto Eládio Perez-Gonzalez, Tato Taborda, Márcia Taborda e Jards Macalé. Como citação ao evento inusitado de dez anos antes, Tato e Macalé jogavam xadrez durante a apresentação. Outro ponto de ligação com a vinda de Cage em 1985 é que acontecia na mesma noite, no espaço de arte do Sérgio Porto, uma exposição de Márcia X. Todos esses trabalhos feitos ao longo de dez anos transformaram Taborda e sua família em uma família afetiva de Jards. Em um dos momentos de dificuldades, quando passava mais tempo em Penedo do que no Rio, Jards se instalou com Taborda e seu filho Raul no apartamento deles no bairro do Flamengo. Entre 1998 e 2000, foi lá que Jards teve pouso certo e guarita.

Entremeado de música eletroacústica e invenção, Jards seguia seu périplo de fazer shows por todo o Brasil, onde pintasse uma oportunidade. Um dos caminhos mais produtivos para ele – que geralmente batiza seus shows com nomes que sugerem temas narrativos, como num filme – foram os encontros com antigos parceiros, amigos ou instrumentistas cujos trabalhos trouxessem alguma afinidade. O mais famoso desse período, sem dúvida, foram as apresentações ao lado de Luiz Melodia e Itamar Assumpção. A longa amizade – pessoal e musical – com Luiz Melodia ganhava agora a incorporação de outro artista cujo trabalho desde o começo dialogava com a escola dos dois cariocas. Itamar Assumpção foi um dos grandes nomes surgidos na vanguarda paulistana do final da década de 1970, através da parceria com Arrigo Barnabé e do trabalho de Wilson Souto e do grupo ao redor do teatro Lira Paulistana. Os três estiveram juntos quando foram parte do *casting* da Continental – Jards laçava *Quatro batutas e um coringa*, Melodia lançava *Claro* e Itamar lançou *Intercontinental! Quem diria! Era só o que faltava!!!*. Em 1994, suas carreiras tinham outros laços e Jards conviveu bastante com Itamar na fase em que ele montou a banda Orquídeas Selvagens e fez a trilogia *Bicho de sete cabeças*. No volume três, é Jards quem entoa a canção de abertura, "Estrupício". O show ocorreu no Rio Jazz Club, casa que ficava localizada no subsolo do Hotel Meridien, no bairro do Leme. Os três se encontram pela primeira vez juntos em uma tentativa de gravarem um clipe para um programa de televisão chamado "Sons incidentais". A empresa que realizava o programa, Tambor Marketing Cultural, era também a responsável pela programação do Rio Jazz Club e, apesar de não terem conseguido viabilizar o que foi gravado, acabaram organizando o show dos três. A temporada foi um sucesso de público e crítica. A imprensa, inevitavelmente, baseou todas as suas matérias na união dos "três malditos", utilizando todo o arsenal de lugares comuns para falar de como Jards, Melodia e Itamar eram arredios às gravadoras e aos esquemas comerciais da época.

Para seguir nessa toada de encontros com "os malditos" de todas as épocas, Jards também mergulha em uma série de shows com Jorge Mautner. Apesar de terem se conhecido em 1971 em Londres e desde então serem amigos e parceiros que se cruzavam em diversas situações, Macalé e Mautner nunca tinham tocado juntos. Os shows – batizados de "JM e JM", ocorreram entre 1992 e 1993, em diferentes cidades. Foi a oportunidade de tocarem juntos pela primeira vez composições em parceria como "Puntos cardinales" e "Planeta dos macacos".

Apesar desse circuito de malditos, os shows foram a oportunidade de Jards e seus amigos iniciarem uma ofensiva contra o uso do termo para suas carreiras. Cada vez mais ele afirmava que sua formação musical e artística era eclética – Jards chega, inclusive, a participar em 1991 como ator na novela Amazônia da Rede Manchete – e que o fato de não gravar com frequência também era fruto de seu processo lento e seletivo de trabalho. Com um baú lotado de composições feitas nas décadas anteriores e ainda inéditas para o público. Jards passou a declarar que só gravaria um disco quando estivesse satisfeito com o material. E, certamente, quando aparecesse uma oportunidade por parte de uma gravadora.

Ainda nessa época, em meio aos concertos experimentais e shows com amigos malditos, um acontecimento, ou melhor, uma música, daria um empurrão fundamental para a carreira do músico e abriria novos caminhos para sua carreira. Em 1995, o diretor Walter Salles Jr. lança o filme Terra estrangeira. Em um momento batizado de "retomada do cinema brasileiro" pela crítica, o filme de Salles se tornou uma obra premiada com grande repercussão na época. Num momento decisivo do filme, a atriz Fernanda Torres canta à capela a canção "Vapor barato", de Jards e Waly Salomão. Aos poucos, a versão cantada por Gal Costa no show Gal a todo vapor, de 1971, entra em cena. A canção retorna como se fosse um tesouro perdido ou escondido por outras gerações. Era uma época em que discos antigos e fora de catálogo eram raros e as plataformas digitais não existiam como são atualmente. Não bastasse o sucesso que a música fez por conta do filme, a banda carioca O Rappa lança em 1996 o disco Rapa mundi e inclui uma versão que fez sucesso maior que o filme. Marcelo Yuka, um dos fundadores e principal compositor da banda, era um carioca da mesma Tijuca de Jards, que prezava como poucos de sua geração a tradição carioca da malandragem, dos botecos, do samba e de outros elementos que tinha em um personagem como Macalé um ícone incontornável. Vale lembrar que ao longo dos anos, e principalmente pela ligação eterna com Moreira da Silva, Jards tinha se tornado uma referência quando o assunto era Rio de Janeiro. Fosse a Ipanema da bossa-nova, do píer ou do Posto 9, fosse o Jardim Botânico, sua base e sede do Suvaco de Cristo, fosse a Lapa e sua malandragem, Jards era sempre uma referência que a imprensa da época procurava para opinar. Quando O Rappa lança "Vapor barato", as novas gerações passam a conhecer o trabalho de um músico que, pela imprensa da época, parecia destinado ao ostracismo ou a um lugar sempre menor. Tanto o filme de Walter Salles quanto a gravação do Rappa mostravam que as músicas de Jards, Waly, Capinam, Torquato e tantos outros, tinham lugar de destaque na formação dos novos músicos que surgiam no Rio de Janeiro e no Brasil no milênio que se anunciava.

Foi nessa maré positiva que Jards finalmente consegue uma situação favorável para gravar um novo disco – o primeiro desde 1987. E, novamente, é Wilson Souto Jr. quem cruza seu caminho. O paulista tinha fundado uma nova gravadora – a Atração Fonográfica. Criada em 1996, Jards foi convidado por Souto, que contava com a gerência de produção de Edson Natale, outro que vira amigo de Jards para o resto da vida. A dupla prometeu a Jards, como ele sempre pedia em suas gravações, liberdade e qualidade para executar suas ideias, mais uma vez represadas por mais de uma década.

Após conseguir as condições de trabalho, Jards precisava de um parceiro que o ajudasse a passar para os arranjos os planos que vinha tecendo há tempos. Afinal, era uma década em que podia resolver pendências do passado – como, por exemplo, o desejo de gravar músicas que nos trabalhos originais não tiveram sua melhor versão técnica – e digerir o tanto que vinha fazendo nos shows. Jards tocou composições de Antonio Maria, Ary Barroso, Tom Jobim, Noel Rosa (*songbooks* produzidos por Almir Chediak), se apresentou com Paulo Moura e com Sebastião Tapajós, cruzou violões com Moacyr Luz, trocou ideias com Tato Taborda, gravou com Itamar Assumpção e ainda fez shows esporádicos com o imortal Moreira da Silva. Além disso tudo, parceiros de anos anteriores como Abel Silva ainda não tinham registro em disco. Jards ainda guardava com paciência poemas de Glauber Rocha e Torquato Neto. Com tudo isso na cabeça, a busca pelo arranjador aumentava muito o sarrafo do exigente Macalé.

Na montagem do repertório para o novo disco, uma imagem, ou melhor, uma paisagem começava a se delinear: era o Rio de Janeiro, cidade em que Macalé sempre viveu e que, de diferentes maneiras, sempre cantou. A missão era encontrar um músico capaz de entender o espírito criativo de Jards e fazer com que sua música soasse ao mesmo tempo brasileira, carioca e contemporânea. Envolvido com tantos projetos de shows homenageando compositores da tradição brasileira, participando de *songbooks* que faziam-no revisitar repertórios que sempre amou, Jards precisava de um parceiro musical que, como ele, conhecesse os meandros sonoros desse arquivo. Em onze de janeiro de 1999, numa entrevista para a capa do "Caderno B", do *Jornal do Brasil* feita por Silvio Essinger, Jards explica como conseguiu encontrar a pessoa certa para a missão: o pianista carioca Cristóvão Bastos. A forma como esse encontro ocorreu foi, mais uma vez, macalística:

> Um dia eu estava lá no Alcazar (tradicional bar na Avenida Atlântica), olhando para o orelhão e pensando: preciso encontrar o Cristóvão. Aí chega o próprio e vai ao orelhão. Juro, cara, é um negócio maluco! Eu saí correndo e disse: "Rapaz eu estava te procurando!" E ele: "Pois é e eu nem sei o que vim fazer aqui." (risos) Sentamos, traçamos um pequeno plano de trabalho e eu o convidei para ir durante o carnaval à casa de minha mãe em Itatiaia [certamente Penedo]. Foi muito tranquilo. Numa casa próxima tinha um piano de armário que, de ninguém tocar, perdeu a afinação. Tive que ficar com dois violões, um na afinação do piano e outro na do diapasão normal. Ficamos trabalhando as harmonias e, depois do carnaval, voltamos para o Rio de Janeiro. O Cristóvão foi pra casa fazer o dever de casa, que era organizar as bases e eu fui pra minha fazer o meu, que era cantar e bolar algumas outras coisas.

Cristóvão Bastos é um músico carioca nascido em 1946 em Marechal Hermes. Foi mais um dos garotos daquela geração que inicia a relação com a música através do acordeon. Com treze anos era professor do instrumento e com quinze anos já tocava em bailes profissionalmente. A passagem para o piano, instrumento que o consagrou, ocorreu aos dezessete anos em uma boate em Cascadura. Em 1972, Cristóvão começa a trabalhar com Paulinho da Viola, grande amigo de Macalé no período, cuidando dos arranjos de faixas do clássico *Nervos de aço* e seguindo em discos posteriores. Ele também desenvolve trabalhos importantes com João Nogueira, Cristina Buarque e Chico Buarque. A trajetória, guardadas as especificidades de cada um, é muito próxima a de Jards. Carioca "de raiz", respeitadíssimo no meio musical brasileiro, arranjador de alto gabarito, compositor que escolhe parceiros a dedo, premiado em diversas ocasiões, trabalhando por décadas a fio, Cristóvão começou a tocar profissionalmente em 1961, mas só em 1996 grava o primeiro disco solo, *Avenida Brasil*. Se para Jards, um cantor, fora dos gêneros radiofônicos e de mercado o cenário era difícil, para um músico instrumentista essa situação piorava em muito.

Por coincidência, ou pelo destino, os dois se encontram quando suas composições fazem sucesso justamente nas rádios. No caso de Jards, eram as regravações de "Vapor barato", que a essa altura já havia explodido com a versão do Rappa em 1996 e, no ano seguinte, com o disco *Acústico MTV*, de Gal Costa. No caso de Cristóvão, era sua participação decisiva no disco *Resposta ao tempo*, de Nana Caymmi, lançado exatamente em 1998. A faixa-título, parceria de Cristóvão com Aldir Blanc, tornara-se um sucesso estrondoso por conta da entrada na minissérie televisiva *Hilda furacão*, da Rede Globo. Sucesso tal que fez da canção um clássico imediato e um sucesso popular inesquecível. Assim, Jards e Cristóvão se encontram em um orelhão na Avenida Atlântica "na alta" de suas carreiras discretas frente ao grande público daquela época.

O disco foi planejado no exílio de Penedo, na casa de Lygia Anet. A referência ao carnaval indica que o disco foi pensado no início de 1998 e atravessou calmamente o ano para ser lançado no início do último ano do milênio. Tão calmo que Jards pode usar o termo "artesanal" para se referir ao processo de planejamento e gravação. A parceria que ali se iniciou durou mais de vinte anos e outros três discos. Em *O q faço é música*, a dupla monta um time de músicos de primeira, alguns deles também envolvidos na gravação recente de *Resposta ao tempo*, de Nana Caymmi. O núcleo central era formado por violão de João Lyra, o baixo de Jorge Helder, a bateria de Jurim e o piano do próprio Cristóvão.

Montadas as bases do trabalho, a escolha do repertório mostra como os longos períodos de intervalo entre as gravações permitiam que Jards depurasse cada vez mais sua trajetória de trabalho. "Cidade lagoa" (de Sebastião Fonseca e Cícero Nunes) e "Favela" (de Padeirinho e Jorginho) eram canções que ele tocara com Tato Taborda no espetáculo *Obscenas* alguns anos antes e sempre estiveram no radar. A primeira vinha até de mais longe, pois Jards a aprendeu ouvindo Moreira da Silva cantá-la ainda em 1976, na época da primeira versão do Projeto Pixinguinha. "Destino" e "Dente no dente", parcerias póstumas com Torquato Neto, eram tocadas em shows desde a década de 1980. "Rio de Janeiro", poema de Glauber Rocha que abre o disco, também já estava no repertório do compor desde outros tempos. "*Blue Suede Shoes*" havia sido gravada no compacto com "Rio sem Tom", de 1987. Do repertório antigo, Jards acerta as contas com "Vapor barato" (afinal, como ele disse na época, se todos gravaram, ela devia finalmente gravar sua versão), "Movimento dos barcos", "O mais que perfeito" (música feita ainda no início dos anos de 1960 a partir do poema de Vinicius de Moraes) e "Poema da rosa" (que já havia gravado em *Contrastes*). Das mais recentes, os temas instrumentais "Mais um abraço no nosso amigo Radamés", "Um abraço no Oliveira", e as canções "A terceira vez" (com Abel Silva) e "Mais uma luz" (com Xico Chaves).

Como todos os projetos de Jards, tudo foi milimetricamente pensado. Primeiro, o nome do disco – *O q faço é música*, uma frase do amigo do peito Hélio Oiticica, escrita em um texto de 1979 com esse título, texto aliás em que podemos ler o trecho "Não há a evolução de uma obra para outra: cada uma é um monumento único totalmente independente da outra". E se Jards assumia esse caráter de "monumento único" para cada disco que gravava, as capas precisavam ser parte integrante de suas ideias. Especificamente nesse trabalho de 1999, a capa teve uma marca biográfica: uma foto tirada pela mãe) do pai Jards Gomes "Levantando para o mundo" (nas palavras de Jards) o filho de cinco meses de idade. Segundo Jards (ainda na entrevista para Essinger)

> Essa capa me redime e me dá a honra muito grande de expor meu pai visualmente, porque nossa relação foi muito difícil. Ela vale quase por uma alta de análise. Minha mãe disse: "Que bom meu filho, depois de tanto tempo." (...) É o pai e o filho. O pai e o filho fazem as pazes com todas as formas de música.

Feitas todas as reconciliações e homenagens – o disco é dedicado às "três Lygias" de sua vida, Anet, Clark e "a do Tom" –, era hora de gravar o trabalho. Para as faixas, Jards Macalé, mais uma vez, escolheu a dedo os convidados. Logo em "Rio de Janeiro", faixa que abre o disco como um canto-manifesto-ode de amor de um baiano sobre a cidade natal de Jards, ele convocou as amigas de longa data, o conjunto vocal As Gatas. Na faixa seguinte, "Favela", Jards convoca o velho camarada Lanny Gordin para tocar um solo de guitarra. A faixa ainda tinha, em um encontro que só Jards poderia fazer, o coro da Velha Guarda da Portela (Casquinha, Monarco, Argemiro, Cabelinho, Tia Doca, Tia Surica e Osmar) e de Cristina Buarque. Quem mais poderia juntar Lanny e Monarco (que se destaca no coro com voz solo) em uma mesma faixa? O guitarrista também participa em um duo absurdo de violões com Jards na versão definitiva de "Vapor barato", breve vinheta no disco de 1972. Aliás, assim como no trabalho de 1972, Lanny toca um violão com cordas de aço. Já em "O mais-que-perfeito", Jards conta com o auxílio luxuoso de outro parceiro de muitos sons e discos, Dino Sete Cordas. Em "Cidade lagoa", sátira do eterno problema do Rio com as enchentes, Francisco Sales (Chicão) faz efeitos de sonoplastia que Jards também utilizara em faixas como "Bate com a cabeça" (*Aprender a nadar*) e "Passarinho do relógio (cuco)" (*Contrastes*).

Mais uma vez, um disco em que o artista consegue articular invenção e tradição, revisitando seu repertório e criando novas formas de cantar e tocar velhas-novas músicas suas ou do cancioneiro nacional. Um disco que fecha a década atestando a felicidade plena de quem sabe que, apesar de gravar muito pouco, grava sempre o que quer, como quer e com quem quer. Como diz a faixa que homenageia o mestre Nelson Pereira dos Santos, Jards sabe que a fidelidade e a resiliência que o fez atravessar tempos de mares imensamente revoltos o permitiu chegar a um novo tempo no centro do coração do Brasil.

**460 ▸ Amor, ordem
e progresso**

"Penedo é a Pasárgada do Macalé." É assim que Tato Taborda se refere à casa da família de Jards em Penedo – uma analogia que é a síntese perfeita para a importância do local na vida do amigo. E poucos como Taborda podem dizer isso. Antes de Jards novamente se recolher para uma longa temporada na "Finlândia brasileira" em 2001, ele abrigou por um par de anos o amigo. No famoso poema de Manuel Bandeira que traz a cidade imaginária no título, o poeta é amigo do Rei, pode aspirar uma existência que é aventura, pode se deitar na beira do rio e ouvir histórias da mãe d'água. Em Penedo, o rei e a mãe eram a mesma pessoa – Dona Lygia Anet, parceira que conduzia os refúgios do filho com zelo. O filho inclusive passou nessa época a acompanhá-la em concursos musicais de terceira idade. A casa foi construída em 1951, quando Jards tinha oito anos, no terreno comprado pela avó e madrinha Hilda Anet. Ele dizia que a cidade era "um grande Jardim Botânico", com o sossego e a natureza que outrora seu bairro de coração tivera. Nesse momento de exílio (mais um) em sua Pasárgada, ele adentrava um novo milênio ao mesmo tempo em que fazia sessenta anos, idade que lhe deu ares cada vez mais reflexivos. Sem perder a revolta que sempre foi um dos motores de sua criação artística, outros sentimentos começavam a mover seus projetos e desejos.

Seja no abrigo da casa de Tato Taborda, seja nos diferentes apartamentos onde ficava no Jardim Botânico (sempre na mesma região, no emaranhado de pequenos prédios entre as ruas Eurico Cruz e Maria Angélica) ou nas temporadas em Penedo-Pasárgada, Jards seguia sendo convidado para projetos e shows em que seu violão e sua presença inconfundível nos palcos era requisitada. Numa dessas vezes, em junho de 1998, Jards se apresenta em uma série de shows ao lado de Moacyr Luz, compositor, violonista, cantor e, anos depois, organizador de rodas de samba consagradas como o Samba do Trabalhador. No ano seguinte, Jards e Moacyr se juntam a Guinga e Zé Renato e formam o quarteto do show *Dobrando a carioca*.

O projeto, mais do que bem-sucedido para os quatro, estreita os laços da dupla e, já em 2001, eles estão juntos em *Jards Macalé canta Moreira da Silva*, um projeto idealizado por Moacyr e emplacado na Lua Discos, uma nova gravadora paulista que inovava ao gravar nomes esquecidos ou inéditos do samba carioca, como o primeiro – e único – disco solo de Guilherme de Brito, eterno parceiro de Nelson Cavaquinho, além de Casquinha, da Velha Guarda da Portela. O disco de Guilherme, aliás, também foi produzido por Moacyr Luz. Após mais de duas décadas associado ao nome de Moreira, Jards faz o disco sob o impacto da perda do grande mestre e amigo, falecido no ano 2000, aos 97 anos. Apesar da sede em São Paulo, a Lua Discos era um empreendimento do carioca e publicitário Thomas Roth. O projeto de gravar Moreira – com um repertório que Jards tinha mais do que intimidade – se mostrou acertada. No encarte do disco, Moacyr escreve, entre cronista e poeta, um texto que sintetiza como surgiu a ideia do trabalho:

> Estamos de pé no saguão da Ponte Aérea, eu e Jards. O Rio chove por algum motivo. Talvez um gol anulado, um botequim fechado, talvez a mancha na Baía da Guanabara, quem sabe saudade de João Nogueira e Moreira da Silva. Jards é da cidade. São dunas, danos, demos de indignação, flores e maçãs as arbitrariedades; morcegos e violões guardando na memória, Jardins Botânicos e Parque Lage. O voo está atrasado. Não despachamos os instrumentos. Também ficamos com a conversa. Jards usa um chapéu de palha que sempre rodopia para agradecer um cumprimento. Foi um presente do rei da malandragem, Kid Morengueira; o primeiro carioca, depois de Donga, Machado e Lima Barreto, a falar como fala a cidade: cantando. O chapéu é a outra ponta do arco-íris. No último aceno uma história sai do forro: Macalé e Moreira, duas costelas, andando Brasil a Brasil, tantos anos, gestos trocados, siameses, breques e óculos do mesmo grau, íntimos artistas com chapéus de palha na corda equilibrista do passista brasileiro. Peço que Jards cante. Voz inconfundível, Jards lembra um samba do Kid. Lembra outro, faz o breque e grita na pista: a Cuidado, Moreira!!
>
> É a senha.
> Pensamos num disco.

> Eu, modestamente, agradeço e peço licença à Etelvina:
> — Acertei no milhar!

A bela homenagem de Jards à Moreira é cercada de grandes músicos de rodas de samba e outros registros, como Lula Galvão e Luiz Flavio Alcofra nos violões (além de Jards e Moacyr), Jayme Vignoli no Cavaquinho, Carlinhos Sete Cordas no violão de 7, Trambique, Ovídio Brito e Beto Cazes na percussão, Jorge Helder no contrabaixo, Márcio Bahia na bateria e outros como Vitor Santos (responsável direto pelos arranjos e pelo som de gafieira estilo Tabajara que Macalé tanto preza), Marcelo Martins, Sérgio de Jesus, Nelson Oliveira, Dirceu Leite e Flávio Melo nos sopros. Zeca Baleiro, que se tornara próximo pela regravação de "Vapor barato" ao lado de Gal Costa, e Tim Rescala, parceiro de algumas aventuras experimentais na época dos trabalhos com Tato Taborda, são os convidados. Muitas vezes a interpretação de Jards não é uma imitação dos trejeitos de Morengueira, mas sim a leitura pessoal de quem observou de perto e encarou de trás pra frente o repertório que canta. Logo na primeira faixa, uma intepretação em voz e violão definitiva de "Acertei no milhar", canção que Jards burilou por anos e anos em shows por todo país. Desde 1976, data do primeiro Projeto Seis e Meia no Rio de Janeiro, foram centenas de shows no mesmo palco, em dezenas de cidades ao redor do país. Juntos passaram pela prisão de Jards em Vitória, a dura da censura e o show no presídio em Brasília, a composição da parceria "Tira os óculos e recolhe o homem!" e as muitas homenagens e aniversários de Moreira. Isso deu a Jards o direito de receber de Moreira os chapéus que o mestre lhe dera como bastão de malandragem.

Na matéria de João Pimentel sobre o lançamento do disco em *O Globo*, Jards conta reflexivo que estava aprendendo a envelhecer com mais sabedoria – opinião provavelmente estimulada pela morte do amigo. Logo em seguida, porém, reafirma as diretrizes da carreira para o novo milênio que se inicia:

> Se eu tiver alguma importância, não será tanto como compositor e violonista, mas pela minha atitude. Sou um artista livre.

Minha música nunca foi atingida apesar da inveja, do confronto e do rótulo de maldito. Eu não me incomodo e nunca gostei mesmo de andar em grupo. Isso me deu a liberdade para ser o que eu quisesse.

A parceira com Moacyr estava quente. A dupla consegue emplacar um novo projeto e um segundo disco na Lua. Dessa vez, um disco autoral de Macalé, com poucas composições autorais e vários dos já esperados passeios pelo arquivo de canções brasileiras. Do compositor, temos apenas uma inédita, a valsa "Canção singela", feita com Xico Chaves. As outras de sua lavra são regravações: "Amo tanto", uma de suas primeiríssimas composições, "Meu amor me agarra & geme & treme & chora & mata" clássico de 1972 com Capinam em nova versão e "Pano pra manga", outra feita com Xico Chaves e que tinha aparecido em *Let's Play That*. De resto, Jards visita repertórios de fundo pessoal, como "Por causa dessa cabocla" (Ary Barroso e Luiz Peixoto), "Foi a noite" (Tom Jobim e Newton Mendonça), "Roendo as unhas" (Paulinho da Viola), "Manhã de carnaval" (Luiz Bonfá e Antonio Maria) e "Positivismo" (Noel Rosa e Orestes Barbosa). São músicas e autores que o acompanhavam há algum tempo. A música de Ary Barroso era tocada nos shows de voz e violão durante a turnê de *Contrastes* em 1977. Já as composições de Tom Jobim e Newton Mendonça eram parte de um show da década de 1980, que Jards batizara de "New-Tom". A gravação de "Roendo as unhas" era a confirmação da importância (e amizade) de Paulinho da Viola e sua obra para Jards, demonstrada em diferentes momentos de sua trajetória. As canções de Antonio Maria como "Manhã de carnaval" eram parte dos shows que Jards dedicou à obra do compositor e cronista pernambucano de Copacabana nos anos de 1990. Do mesmo jeito, desde a época de *Quatro batutas e um coringa* que ele vinha planejando um disco interrompido com músicas políticas da obra de Noel – autor com o qual retoma contato quando Almir Chediak o convida para ser um dos intérpretes do *songbook* dedicado ao poeta de Vila Isabel em 1991. As quatro músicas restantes selecionadas foram: uma versão quente de "Consolação"

(Baden Powell e Vinicius de Moraes), além de "Samba da pergunta" (de Pingarilho e Marcos Vasconcelos) e "Falam de mim" (Noel Rosa de Oliveira, Éden Silva e Aníbal Silva).

  O disco novo foi feito logo em seguida à homenagem a Moreira da Silva, sendo gravado em 2002 e lançado no ano seguinte. Jards e Moacyr dividiram arranjos, regência e direção de estúdio nas faixas. Sem poder, como nos discos anteriores, contar com um amplo time de músicos e convidados, montou-se um enxuto, porém afinadíssimo grupo para tocarem as doze faixas: Jards no violão, Aurismar do Espírito Santo no baixo, Victor Biglione no violão eletroacústico e na guitarra (um dos músicos que Jards sempre admirou e com quem tinha vontade de trabalhar) e o chegado Robertinho Silva na bateria e percussão. A presença do baterista era a prova de que Jards continuava costurando seus trabalhos com amigos de estrada, que o conheciam musicalmente, como foi o caso de Lanny Gordin em *O q faço é música*. A parceria é explorada lindamente no duelo de violão e percussão que protagonizam em "Falam de mim" ou nas conversas entre voz e timbal em "Roendo as unhas". Já a presença de Biglione traz uma sonoridade diferente, pela virtuosidade do guitarrista. O violão eletroacústico em "Consolação" e "Roendo as unhas" são exemplos.

  Nesse trabalho, conciso, feito apenas com quatro músicos, Jards lembra o primeiro disco, com Tutty Moreno e Lanny Gordin. O resultado sonoro do novo trabalho foi bem recebido pela crítica, que cada vez mais enxergava a consistência de um artista que não desperdiçava nada: mantinha-se fiel ao seu repertório, construído lentamente ao longo do tempo, mastigado com calma e, nas oportunidades que tinha, posto à prova em novas abordagens, novos músicos, novos ouvidos.

  Outro aspecto importante do projeto foi, mais uma vez, a dedicação de Macalé para pensar a capa. Mesmo que fosse lançado apenas no formato de Compact Disc (CD), com proporções diminutas para um trabalho gráfico, ele fez questão de convidar seu amigo de bairro, bar e padaria, o fotógrafo Cafi (Carlos Filho), outro pernambucano importante na vida de Jards. A capa de *Amor, ordem e progresso*, de Cafi, faz uma citação indireta à capa criada por Luciano Figueiredo e Óscar Ramos em 1972. Se nas duas a referência ao trabalho de Hélio Oiticica é utilizada, na de Cafi, porém, o que era máscara em 1972 torna-se uma espécie de parangolé, com o tecido vermelho (um filó) em movimento, cobrindo parte do rosto do artista. Era a hora de tirar as máscaras e mirar no olho de quem tinha o disco nas mãos.

Ao escolher o nome para o novo trabalho, Macalé teve mais uma de suas grandes sacadas: *Amor, ordem e progresso*. Com esse título, Jards utilizava as entrevistas de praxe para divulgação do lançamento para iniciar uma cruzada quixotesca, sensacional e nacional. Ele passa a ensinar para todos que o lema positivista dos republicanos brasileiros – "Ordem e Progresso" – tinha sido retirado dos textos do filósofo francês Auguste Comte, a partir de uma edição, no mínimo, sintomática para um país como o nosso. A frase completa de Comte era "O amor por princípio e a ordem por base; o progresso por fim" (em francês *L'amour pour principe et l'ordre pour base; le progrès pour but*). Quando Jards era convocado para falar sobre a escolha do título amoroso e político, ele deixava uma série de fios soltos: se para alguns contava a história de ter visto a frase ao passar na porta do Templo Positivista, localizado no bairro da Glória, no Rio de Janeiro, para outros dizia que descobriu a origem da frase completa no samba "Positivismo", de Noel Rosa e Orestes Barbosa, devidamente incluído no disco.

Jards conseguiu por um período colocar o tema do amor como pauta política e cultural no país, fazendo inclusive com que o Deputado Federal Chico Alencar criasse o Projeto de Lei nº 2179/2003, propondo a substituição da expressão "Ordem e Progresso" pela expressão completa, defendida e propagada por Jards insistentemente nos shows ao redor do país. Temos que lembrar que esse é o mesmo artista que na abertura política após o período ditatorial brasileiro cantava uma versão do "Hino Nacional", também com a intenção de retirar o peso cívico do arranjo original de Francisco Manuel da Silva e mostrar sua beleza escondida nas repetições oficiais. Infelizmente, a emenda de Alencar foi arquivada em 2017.

Após tudo pronto para o disco ser lançado, a perda de uma de suas maiores referências atravessa o samba do músico. Era maio de 2003 quando ocorre a morte precoce de Waly Salomão, parceiro, amigo, inimigo, amor e briga, cúmplices a toda prova desde que se conheceram. Quando Jards soube da morte do poeta e parceiro, usina de ideias e provocações, só deu tempo de dedicar o trabalho a Waly – o disco não traz nenhuma das composições da dupla. Dois anos depois, porém, Jards consegue prestar a justa homenagem, em um projeto que abre novos caminhos em sua carreira em muitos sentidos.

Na matéria de João Pimentel, que anuncia o lançamento do disco para o grande público (*O Globo*, 2 de abril de 2005), Jards conta como surgiu a ideia e a execução de um disco em homenagem a Waly. João (ou Janjão, como é conhecido entre amigos como Macalé) vinha com frequência sendo autor dos textos de maior fôlego que o jornal publicava sobre Jards. Amigos (e amigos de amigos) das ruas do Jardim Botânico (ele conta inclusive de aulas de violão – ou tentativas – com o músico), eles constroem aos poucos um laço permanente. Essa relação (que inclui o amor pelo samba e pelo carnaval) resultou em dois trabalhos importantes para a vida de Jards nesse período. O primeiro começou ainda em 2003, quando João e o diretor Marcos Abujamra iniciam um documentário sobre o artista que só é finalizado e exibido em 2008. O segundo é a redação dos textos no livro de fotobiografia que foi publicado na coleção *Álbum de retratos*, um projeto de Moacyr Luz (amigo que fecha o triângulo afetivo ao redor da trajetória de um já sexagenário Macalé) com a editora e livraria carioca (carioquíssima, aliás) Folha Seca. Tanto o documentário, quanto o livro de fotos (todas retiradas do arquivo pessoal do próprio Jards e de sua família) foram colados a esse período em que Jards se reaproxima de sua trajetória, de suas memórias e, principalmente, de seu vasto e minucioso arquivo.

É assim que o jornalista abre a matéria intitulada "Revendo o amigo":

> Pouco antes da morte de Waly Salomão, Jards Macalé, na época morando em Penedo, na casa da mãe, revirou seu arquivo pessoal e pôs numa caixa tudo relacionado à estreita relação que tiveram nos anos 1970, quando trabalharam juntos e compuseram músicas como "Vapor barato", "Mal secreto", "Revendo

amigos" e "Dona do castelo". Em meio a fotos, cartas e anotações, encontrou uma letra, "Olho de lince", e uma fita com o poema *"Berceuse criolle"*. Sentiu saudades do amigo, terminou as duas canções e percebeu que tinha um belo projeto nas mãos. Só não deu continuidade por estar envolvido na gravação do CD "Amor, ordem e progresso". No ano passado, de volta ao Rio, viu que era hora de retomar o projeto. Ligou para Kati Almeida Braga, uma das sócias da gravadora Biscoito Fino, e marcou uma reunião. Chegando lá, botou a caixa sobre a mesa e apresentou o que viria a ser o álbum *Real Grandeza*. Em fase final de produção, o CD tem direção musical de Cristóvão Bastos e participação de artistas que fizeram parte da história da dupla: Maria Bethânia, Adriana Calcanhotto, Luiz Melodia e outros. Na ótica de Jards, "Como a maioria das músicas eu já tinha gravado nos meus três primeiros discos, achei importante para essas releituras chamar pessoas identificadas com a nossa parceria", conta Macalé, "e também não deixa de ser uma homenagem dos amigos ao próprio Waly".

A ideia de homenagear Waly, portanto, ocorre em Penedo, numa visita a seu arquivo, recuperando poemas que tinham ficado pelo caminho da parceria. O projeto marcava a volta de Jards ao Rio de Janeiro depois de mais uma longa temporada na casa da mãe. Marcava também o início de uma relação produtiva com uma das principais gravadoras que renovavam a forma como a música brasileira era gravada e comercializada no Brasil daquele momento. Como o próprio nome sugere, a intenção de suas fundadoras, Kati Almeida Braga e Olivia Hime, era trabalhar com esmero os discos gravados por nomes que, por conta de seus perfis musicais avessos às demandas do mercado fonográfico, não tinham muito espaço. Aos poucos, em pleno período de reinvenção da indústria fonográfica, da explosão de plataformas digitais de gravação e execução, a Biscoito Fino se posicionava como uma gravadora que conseguia, como em décadas passadas, oferecer recursos ideais de gravação. Quando Jards leva o projeto para a gravadora, ela já tinha contratos com outros artistas de sua geração, como Chico Buarque, Maria

Bethânia, Joyce e Francis Hime. Apesar de Jards não se encaixar necessariamente no perfil mais conservador (sonoramente, ao menos) desses nomes, sua trajetória o transformava evidentemente em um artista ligado às intenções da gravadora.

    O projeto *Real Grandeza*, portanto, permitiu que Jards não só homenageasse o parceiro, como pudesse novamente gravar um disco com recursos para convidar outros artistas. Pôde também convocar novamente o parceiro de *O q faço é música*, o pianista e arranjador Cristóvão Bastos. A partir desse disco, Jards inicia um ciclo em que revisita sua obra em uma trilogia (sempre com Cristóvão e na Biscoito Fino) que ainda se desdobraria em *Macao* (2008) e *Jards* (2011). Nessa trilogia, ele regrava, além das composições com Waly ("Rua Real Grandeza", "Senhor dos sábados", "Anjo exterminado", "Dona do castelo", "Vapor barato", "Mal secreto", "Negra melodia" e "Revendo amigos"), as faixas "Farinha do desprezo" e "Boneca semiótica" (as duas em *Macao*) e "Hotel das estrelas", *Black and Blue*, "Soluços", "Só morto" e "Movimento dos barcos" (todas em *Jards*). Essa volta ao repertório dos três primeiros discos, para Jards Macalé, não era propriamente um retorno. Era, ao contrário a oportunidade de gravar com novas condições técnicas – e com a maturidade conquistada ao longo de décadas – as faixas que já tinham registros de mais de trinta anos. Essa operação que Jards executa pela Biscoito Fino pode ser entendida de forma análoga ao que João Gilberto sempre fez: construir um repertório sólido e clássico e, constantemente, reinventar o mesmo com pequenas variações, diferenças sutis ou desconstruções radicais. Para o público que sempre o acompanhava nos shows, essa prática era feita em frente aos seus olhos e ouvidos. Jards Macalé sabe que nunca haverá uma única vez em que tocará uma música da mesma forma.

    Sem convenções, apenas invenções, ele pode refazer um percurso não para olhar para trás, e sim para projetar um tempo futuro. Afinal, com as regravações, ele pode articular seu som com nomes contemporâneos de diferentes vertentes: se no projeto com Waly ele pôde reencontrar Maria Bethânia (os dois não gravavam juntos desde a época em que se conheceram, em 1965) e Luiz Melodia (este sempre por perto), também pôde abrir canais com Adriana

Calcanhotto e Frejat, além de trazer a eletrônica de Vulgue Tostoi (banda que fez alguns shows com Jards em anos anteriores e criou forte vínculo com o músico) e a qualidade de um trio de músicos como o baixista e produtor Kassin, o baterista Domenico Lancellotti e o guitarrista Pedro Sá. Já em *Macao* temos o experimentalismo do trio Laptop e Violão (Daniel Castanheira, Ericson Pires e Ricardo Cutz) e em *Jards* ele convida o companheiro de *Mudando de conversa* (1968) Elton Medeiros, além das cantoras Thais Gulin e Ava Rocha. Essa última, aliás, no mesmo ano lança o primeiro disco solo, *Diurno*, com uma interpretação de "Movimento dos barcos".

Do ponto de vista sonoro, os três discos contaram com a parceria do amigo encontrado por acaso em 1998 em um orelhão em Copacabana. Cristóvão Bastos e Jards Macalé foram aprimorando as conversas e o desenvolvimento desse trabalho fica evidente ao longo dos seis anos que separam *Real Grandeza* de *Jards*. Na homenagem a Waly a banda base do disco é bem parecida com a que acompanhou Macalé no disco feito pela Atração Musical: Jorge Helder no baixo, Jurim Moreira na bateria, o próprio Cristóvão no piano e apenas Jards com seu violão. Don Chacal (também já acompanhando álbuns de Jards desde *Contrastes*) é um que migra do *Amor, ordem e progresso* para os estúdios da Biscoito Fino. Novamente, Jards convoca As Gatas. Na produção de Jards e Cristóvão, há uma versão de "Dona de castelo" em que apenas os dois tocam de forma primorosa. Segundo o músico, "Eu gosto muito do *Real Grandeza*. Todas aquelas releituras são as melhores, com exceção da 'Real Grandeza', daquela primeira que é impressionante, lá do *Aprender a nadar*. As outras todas são ótimas".

A intimidade sonora entre Jards e Cristóvão é transportada por inteiro para o disco seguinte: *Macao*. Agora, vinte anos depois da primeira parceria ao redor do sambista Ismael Silva, os dois estão abertos para mais um trabalho em que a escolha do repertório (Jobim, Melodia, Lupicínio, Jacques Brel, Vanzolini) conduz a atmosfera de um disco intimista, em que a voz de Jards é um instrumento gravado com esmero. Para o artista, algumas de suas melhores interpretações estão nesse disco – em faixas como "*Ne me quitte pas*", *chanson* de Jacques Brel. Mais uma vez, Jards e o piano de Cristóvão produzem um casamento perfeito. O disco abre com uma versão de "Farinha do desprezo" totalmente nova no violão e nas divisões que Jards apresenta. Aliás, o disco dá destaque justamente a faixas em que Jards e seu violão solam, como em "Corcovado" (mais uma vez gravando Tom Jobim), "Um favor" (canção de Lupicínio cujos versos já estavam impressos no encarte do histórico disco *O banquete dos mendigos*) e "Só assumo só" (canção de Luiz Melodia presente há décadas no repertório de Jards). São versões em que o cantor e o violonista conseguem criar em disco o que muitas vezes fazia em shows. Os músicos reunidos para o disco de 2008 mudam em relação ao trabalho anterior. Dessa vez, Carlos Bala na bateria (com participações de Jurim Moreira) e Rômulo Gomes no baixo são as novidades, ao lado do retorno de João Lyra, violonista que tocara com Jards e Cristóvão em *O q faço e música*. Ovídio Brito na percussão, Ricardo Pontes no sax e Dirceu Leite na flauta e metais completavam o time principal.

Uma das faixas do disco, "Balada", é a composição de Jards com Ana de Hollanda, então parceira do cantor durante alguns anos. Ela participa das gravações de *Real Grandeza* fazendo parte do "Coro da amizade" (formado ainda por Bee e Maria Lúcia Rangel), e compõe com ele "Filme", gravado em um disco solo de Ana. Em 2011, quando se torna Ministra da Cultura do segundo governo de Dilma Roussef, ela nega o namoro com Jards, que na época já tinha terminado. Independentemente do tipo de relação, Ana de Hollanda está presente nos dois discos e nesse período em que Jards trabalhava com a Biscoito Fino.

Em *Macao* Jards faz a mesma operação que fez em todos os discos a partir de 1998: em meio a recriações e intepretações dos compositores preferidos, ele insere pelo menos uma faixa do seu baú, porém inédita. No caso de *Amor, ordem e progresso*, a escolhida foi "Canção Singela", parceria com Xico Chaves. Em *Real Grandeza*, "Olho de lince" e "*Berceuse Criolle*" eram canções novas, apesar de poemas antigos. No disco de 2008, aparecem "O Engenho de Dentro", com Abel Silva e "Se você quiser", outra com Xico Chaves. A gravação de "*The Archaic Lonely Star Blues*", parceria de 1969 com Duda Machado, é finalmente gravada pelo autor, assim como fez com "Pontos de luz", parceria com Waly registrada em *Real Grandeza*. Ambas, aliás, gravadas apenas por Gal Costa. Já em *Jards* é a canção "Mulheres", parceria pouco falada com Zé Ramalho, gravada no disco *Por aquelas que foram bem-amadas ou pra não dizer que não falei de rock*, de 1984.

 É com *Jards*, terceiro disco pela Biscoito Fino, portanto, que o músico fecha a tampa da trilogia que revisitava seu repertório. Nesse trabalho, porém, ele realiza isso de forma mais radical. Mais uma vez com Cristóvão Bastos, ele regrava, inclusive, músicas com os mesmos convidados que tinham gravado seis anos antes em *Real Grandeza* – como é o caso de Frejat em "Mal secreto" e Luiz Melodia, Kassin, Domenico e Pedro Sá em "Negra Melodia". O disco contava com o time cada vez mais afiado que já vinha dos trabalhos anteriores: Jorge Helder, Jurim Moreira, Don Chacal e Dirceu Leite. Eles se juntavam a outros em algumas faixas, como Marcelo Costa (bateria), Victor Biglione (guitarra), Eduardo de Carvalho (baixo elétrico), Márcio André (trompete), Roberto Marques (trombone) e Maurício Barros (teclados). O coro contava com vocais de Alice Passos, Elisa Ardor, Maíra Martins e Mariana Bernardes. Como participação especial, além dos já citados, Jards convoca Elton Medeiros e sua caixinha de fósforo em "Juízo final", a cantora Thais Gulin em "Mal secreto" e Ava Rocha em "Berceuse Criolle", faixa gravada por Bethânia em *Real Grandeza*. Se o repertório contava com músicas de outras épocas, ele ativa novamente a memória afetiva ao gravar Nelson Cavaquinho e "Unicórnio", canção do poeta e músico cubano Silvio Rodríguez. Como em *Ne me quitte pas*, registrada no disco anterior, a música de Rodríguez é uma faixa dedicada ao cantor Jards Macalé com arranjo de piano e cordas.

 Pela primeira vez em sua carreira, Jards consegue atravessar uma década inteira gravando cinco discos – dois pela Luar e três pela Biscoito Fino. Após exílios forçados ou voluntários em Penedo, aterrissa novamente na sua cidade natal e faz novos vínculos criativos com parceiros que renovaram sua música entendendo o jogo que Macalé sempre propõe entre constante inquietude com o novo e a permanente reinvenção do arquivo. Moacyr Luz e Cristóvão Bastos reconduzem Jards aos estúdios, comprovando que qualquer fama ligada à rebeldia ou dificuldades profissionais era mais do que absurda. Jads Macalé demonstra que a base de sua disciplina (ferrenha em alguns casos) era a garantia de liberdade artística de seu trabalho. Aliás, foi durante a primeira década de 2000 que o rótulo já gasto e preguiçoso de "músico maldito" passou a minguar em prol de um músico maduro cuja trajetória fora marcada pela resistência em assumir certos modos de produção e condução de sua carreira. No filme de João Pimentel e Marcos Abujamra, aliás, uma fala de Gilberto Gil, então Ministro da Cultura, foi um dos pontos polêmicos que transbordou da tela. Era justamente sobre como cada um deles conduziu as carreiras. Segundo Gil, era necessário, às vezes, fazer certas concessões em determinados momentos. Na coluna intitulada "Gil e Jards", publicada em *O Globo* em 13 de março de 2010, o jornalista, cronista e escritor Arnaldo Bloch toca no cerne do tema ao destacar na declaração de Gil a própria ideia de carreira que estava em jogo para ambos. Bloch continua nesse caminho ao dizer que o fato de Jards Macalé não ter uma espécie de trajetória linear, acumulativa, em progresso permanente, como Gil, Caetano, Chico e outros bem-sucedidos dessa geração, não quer dizer que não exista ali uma obra complexa, una, inteira. E que, no passar do tempo, quantidade e qualidade de discos não são necessariamente indicativos de que uma obra exista com peso e presença popular.

No final daquela década, a obra de Jards não podia mais ser lida simplesmente na lógica dos estereótipos estáticos de outros tempos. Os discos feitos nos últimos anos por um selo de destaque como a Biscoito Fino, além de filmes, livros, shows dedicados à sua obra e regravações por parte de novas gerações atestavam que a maldição – ou ter sido amaldiçoado – não encontrava mais terreno fértil nem na crítica, nem no público e muito menos em Jards. Definitivamente, ele entrava de vez em um período de amor, ordem e progresso.

476 ▸ O professor
e a besta fera

Durante as gravações de *Jards*, em 2011, dois acontecimentos ocorreram simultaneamente: um novo filme e um novo relacionamento. O filme, dirigido por Eryk Rocha, é um documentário poético sobre a gravação do disco que dava também o nome à película. O relacionamento é com Rejane Ziles, com quem Jards se casa – com direito a cerimônia – em 2018. A conexão entre esses episódios, além da data, era o cinema. Com Eryk, Jards percorreu um circuito de festivais e viu o trabalho em parceira com o filho do dileto amigo e mestre ser premiado diversas vezes. Já Rejane, além de produtora, é atriz e diretora, curadora de festivais ligados tanto ao cinema quanto à música popular.

Jards, o filme, foi um projeto que aconteceu de muitas formas. A ideia original era fazer um DVD do artista a partir de um convite do Canal Brasil. Macalé viabiliza a gravação de um novo disco pela Biscoito Fino, que também participa da empreitada. Para dirigir o filme, Jards tinha pensado inicialmente no nome de Arthur Omar, cineasta e artista, porém por problemas de agenda ele acabou não participando do projeto. Seguindo a linha de um diretor que tivesse, como ele, o norte da criação e não apenas de uma filmagem dentro dos padrões de DVDs musicais que estavam em alta no período, Macalé pensou em Eryk Rocha. No mesmo ano, sua irmã, Ava Rocha, participara das gravações de *Jards*. A reunião de Macalé com a família de Glauber Rocha rendeu frutos mais amplos. Ava tornou-se um dos principais nomes da música brasileira de sua geração, assim como Eryk construiu uma carreira sólida e premiada no cinema brasileiro. A união dos dois com o amigo do pai era um desaguar natural de suas vidas cruzadas.

Dois produtos resultaram das filmagens: o DVD da Biscoito Fino e o filme de Eryk, independente, no qual pôde radicalizar sua visada estética bem particular sobre a gravação do disco de 2011. O filme foi finalizado com apoio do Itaú Cultural e não teve em momento algum a intenção de ser um registro biográfico ou de aspectos particulares de sua vida. Trata-se de um filme feito através de Jards, com ele, e não sobre ele. Em uma entrevista para a revista *Rolling Stones* (4 de maio de 2013), Eryk afirma que o documentário – ou cine-poema-musical – nasce de uma "dança entre música e cinema". A ideia era abordar diferentes estados de criação musical do artista, utilizando as canções – e apenas elas – como fio narrativo. A fotografia fez da câmera um olho muito próximo de todas as camadas criativas do disco, da relação de Jards com a música e com os músicos, dos instantes de criação, da improvisação, dos erros, da repetição.[87] O resultado do filme, experimental como Jards Macalé, torna-o um personagem que se move entre silêncios, com foco em detalhes de seu corpo. Também retrata de forma sensorial, a rotina do cantor no estúdio e os encontros com os convidados.

O filme de Eryk Rocha teve uma carreira internacional de destaque, participando em 2012 de mostras no Lincoln Center e no MoMA, em Nova York, viagem em que Jards pôde acompanhar o diretor e ter o prazer de ver uma obra dedicada a ele em situação inédita. O filme, que ainda participou de festivais no Uruguai, Portugal e Brasil, como o Festival do Rio, É Tudo Verdade e In-Edit, não foi exatamente aclamado pela crítica. As famosas histórias contadas por Jards Macalé – um dos principais elementos de *Um morcego na porta principal* – não estavam lá. Além disso, as sequências silenciosas, com Jards fumando continuamente cigarros, e um clima às vezes claustrofóbico, fez com que fosse recebido com estranheza por parte de críticos. O personagem principal das ideias de Eryk Rocha, porém, gostou muito do resultado.

O período em que Jards grava o último disco pela Biscoito Fino e tem seu nome como título de um filme que, criticado ou não, causa certo impacto no meio cultural da época, é também um período em que, como se fosse a colheita de uma longa semeadura, frutos do trabalho voltam a aparecer. Em poucos anos, ele monta uma banda completamente nova – em todos os sentidos –, grava o primeiro disco ao vivo, recebe diversas homenagens pelos seus setenta anos (feitas em 2013) e encaminha a gravação de um novo discos de inéditas. Além disso, é o tema de uma vultuosa ocupação no Itaú Cultural de São Paulo, expondo todo o acervo pessoal para

---

87 | Depoimento de Eryk Rocha para André Amaro, gravado para a Rádio Câmara em 2013.

um grande público. Todas essas transformações são acompanhadas por Rejane Ziles, cuja relação afetiva com Jards tornou-se também uma relação profissional profícua.

Apesar de Rejane ser gaúcha, os dois se conheceram cariocamente em uma esquina da Lapa, bairro boêmio do Rio. Jards saía de uma premiação no Bar Semente, um dos mais conhecidos espaços dedicados ao samba e aos músicos da cidade. Esse encontro fortuito transforma-se em longas conversas no início de maio, em um hotel em Recife, por conta do 15º Cine PE, festival audiovisual de Pernambuco. Depois da carreira de atriz em cinema e televisão e de trabalhar em diferentes áreas do audiovisual, Rejane apresentava no festival seu primeiro longa-metragem, o documentário *Walachai*. Jards, por sua vez, acompanhava o velho amigo Luiz Carlos Lacerda, que lançava um filme sobre a antológica *Casa 9*, morada dos dois – e de muitos outros – na vila da rua Teresa Guimarães, em Botafogo. Desde esse encontro, em que o sedutor Macalé tem certeza que a conquistou com um grito de Tarzan (sua especialidade) na beira da piscina, passaram a formar uma dupla de trabalho e um casal.

Rejane Ziles é diretamente responsável pelos dois momentos fonográficos seguintes de Macalé. Como diretora, produz em 2015 a gravação de um disco e um DVD ao vivo, o primeiro em mais de cinquenta anos de carreira. Como idealizadora e coordenadora de um ambicioso projeto, viabiliza a gravação de *Besta fera*, disco de inéditas que Jards grava em 2018 e lança em 2019, com aclamação da crítica e do público. Ambos os projetos fonográficos ocorreram também pela presença de um elemento central em mais um capítulo da trajetória de Jards Macalé: músicos de uma novíssima geração brasileira. Já não mais a geração de Frejat ou Calcanhotto, mas um grupo que surgira a partir de 2010 com trabalhos inovadores e, daí a conexão com Macalé, com propostas muitas vezes experimentais ou de alguma forma transgressoras. Na companhia de pares que cresceram ouvindo e admirando a sua obra, o antes maldito ganha definitivamente um novo apelido: professor.

A história começa em 2013, na casa de Ava Rocha. Thomas Harres, músico carioca, baterista e percursionista, foi convidado para um jantar na casa da cantora, casada com outro compositor e cantor carioca, Negro Léo. Thomas era amigo do casal, e se surpreendeu quando encontrou Jards Macalé no mesmo evento. O músico ficou ao mesmo tempo intimidado e impactado com tal presença. Nesse dia, Thomas e Macalé criam um vínculo profissional e pessoal por conta de um simples gesto do baterista: na hora em que serviam os pratos do jantar, o som da sala estava alto e ele resolveu baixar o volume. Thomas diz que havia aprendido com o pai a nunca comer e ouvir música alta simultaneamente por conta do excesso de sentidos funcionando ao mesmo tempo. Sentado próximo ao som, Jards observa a cena e assim que Thomas mexe no volume, Jards diz que ele estava imediatamente "contratado!". Essa cena típica de Macalé tinha como pano de fundo a relação que vinha tecendo com os músicos da banda carioca Sobrado 112. O paulista Leandro Joaquim, trompetista dessa banda e de várias outras da cidade como Paraphernalia e Abayomy Afrobeat Orquestra, sempre foi fã de Jards e já o conhecia de outros encontros. No intuito de montar uma nova banda, totalmente do zero, para acompanhá-lo nos shows, é Leandro quem Jards procura. Quando Jards diz para Thomas Harres que ele estava "contratado", era o momento em que a banda *Let's Play That*, com direção musical de Leandro, se formava. Além do seu trompete, contava com Thiago Queiroz (sax e flauta), Victor Gottardi (guitarra), Ricardo Rito (teclados), Pedro Dantas (baixo) e o "contratado" Thomas na bateria. Na reportagem publicada no jornal *O Globo* em 7 de março de 2013, Leandro diz que a banda estreara em São Paulo, durante uma homenagem à Lygia Clark após dois meses de ensaios. Na relação entre gerações, o músico mais jovem diz que "ele é nosso professor, mas há horas em que vira nosso filho".

Essa declaração certamente é ligada à personalidade musical de Jards, cuja tensão permanente entre disciplina e anarquia sempre conviveram. Entre músicos bem mais jovens, tais traços de sua personalidade criadora afloravam com nova vitalidade. Afinal, Jards não tocava com uma banda de tamanha pegada roqueira desde o início de sua carreira. Entre ensinamentos e aprendizagens, Jards e sua nova banda fazem uma série de shows entre 2013 e 2015, até chegarem ao esperado registro do trabalho que vinham desenvolvendo. Apesar de não ser um disco de estúdio, como o esperado,

Rejane consegue viabilizar um show comemorativo dos cinquenta anos de carreira de Jards no Teatro São Pedro, palco importante de Porto Alegre, no qual Jards tocara exatamente cinquenta anos antes no espetáculo *Opinião*. O show contou com um repertório baseado praticamente em suas composições de 1969 a 1973: "*Let's Play That*", "Farinha do desprezo", "Só morto", "Dona do castelo", "Hotel das estrelas", "Revendo amigos" (as duas com Thais Gulin), "*Gotham City*" e "Soluços". O show ainda tinha homenagens como "Canalha", de Walter Franco e convidados como Luiz Melodia (cantando em dueto a já clássica "Negra melodia" e "Decisão" composição de Melodia em parceria com Sérgio Mello) e Zeca Baleiro (cantando sua música "A flor da pele" junto com "Vapor barato", além de "Mal secreto" e "Na subida do morro"). No final, todos se juntam para entoar o "Coração Brasil". Tanto o disco e o DVD são lançados pela Som Livre.

Entre os músicos da banda *Let's Play That*, foi com Thomas Harres que Jards Macalé desdobrou novos caminhos sonoros. Thomas é um dos músicos – assim como Ava Rocha e Negro Léo – que desenvolveu uma série de trabalhos e parcerias no âmbito da Audiorebel, espaço de shows e estúdio localizado em Botafogo, no Rio de Janeiro. Criada por Pedro Azevedo, a casa se torna o epicentro de uma série de músicos que se articulavam em shows, discos e projetos sonoros com forte tendência ao que não tinha espaço – ou nem desejava ter – no circuito comercial da cidade. Como se fosse uma espécie de Lira Paulistana, o espaço acabou possibilitando a criação de um selo chamado Quintavant, nome também de um dos projetos de convidados que ocorria regularmente.

Apesar de comportar um público reduzido, a Audio Rebel teve papel fundamental para que uma série de artistas de São Paulo ligados também ao contexto de uma transformação na capital paulista a partir de espaços como o Studio SP, a Casa da Francisca, a rede de teatros do SESC e gravadoras como a YB. A casa carioca tornou-se um palco perfeito para a entrada de seus trabalhos. Os grupos Metá Metá e Passo Torto, além dos trabalhos solos de seus integrantes, como Juçara Marçal, Romulo Fróes, Rodrigo Campos, Kiko Dinucci e Thiago França, passaram a tocar com frequência e a se aproximar desse grupo carioca que, além de Ava, Léo e Thomas, tinham outros nomes (entre dezenas) como Eduardo Manso e Cadu Tenório e bandas como Chinese Cookie Poets, Bemônio e Dedo. Da aproximação através da Audio Rebel, uma série de shows e projetos paralelos começaram a acontecer, inclusive envolvendo outras gerações e nacionalidades de experimentadores sonoros, como Arto Lindsay e o baterista norueguês Paal-Nilssen Love.

É a partir das possibilidades de improvisos e experimentações que tais projetos davam aos músicos que Thomas Harres resolve convidar Jards Macalé para adentrar o palco da Audio Rebel. O baterista diz que desde o início da banda *Let's Play That* que pensava em fazer algo menos comportado e marcado, como eram os shows com a banda. Apesar de ter injetado uma pressão renovada no som de Jards, uma banda não era exatamente o espaço para que ele pudesse exercer livremente sua vocação de desconstrução a cada vez que tocasse as composições. Em conversas de bastidores com o músico, compositor, cantor e produtor Romulo Fróes, ainda em 2015, Thomas já comentava o desejo de gravar com Jards um novo disco de estúdio. Romulo, fã incondicional de Macalé, desde então ficou com o radar ligado. Ao lado de Kiko Dinucci, Rodrigo Campos, Marcelo Cabral, Thiago França, Thomas Roher, Guilherme Kastrup e outros músicos desse grupo de amigos e parceiros de São Paulo, Romulo estava envolvido como diretor musical em um projeto mais do que bem-sucedido ao redor de outra artista de longa trajetória da música brasileira: o disco *A mulher do fim do mundo*, produção gravada no estúdio Red Bull Station e lançada em 2015 pelo selo Natura Musical, através do edital anual que a marca de cosméticos abre todo ano. O disco de Elza teve impacto imediato no país, ao ser lançado no mesmo ano em que o governo de Dilma Roussef era interrompido para a ascensão do Vice-presidente Michel Temer. Além disso, é o período em que o país é atravessado por uma série de manifestações massivas de mulheres e estudantes secundaristas, fazendo com que o tom cru, sombrio e político de muitas faixas do trabalho se tornassem rapidamente hinos de novas gerações, como é o caso da música que dá título ao álbum, composta por Romulo Fróes e Alice Coutinho.

De volta ao pequeno e vasto palco da Audio Rebel, Thomas faz a primeira reunião dessas pontas da história ao propor um show de livre improvisação ao redor do repertório de Jards Macalé e do guitarrista, violonista, compositor e cantor Kiko Dinucci. Kiko já tinha contato com a obra de Jards ao tocar com a banda Metá Metá, em 2013, a faixa *"Let's Play That"* – parte de um disco de versões homenageando em 2012 o álbum *Jards Macalé*, batizado de *Volto pra curtir*. O projeto do pesquisador e produtor Marcio Bulk, que contava com outros nomes dessa geração como Letuce, Ava Rocha, Filipe Cato, Márcia Castro, Léo Cavalcanti, entre outros, mostrava como a música feita por Kiko e parceiros casava perfeitamente com o experimentalismo latente das interpretações de Jards para as suas composições. O show que reuniu Harres, Dinucci e Macalé foi batizado de *Mulher Minibe* e aconteceu em fevereiro de 2015. Em outubro do mesmo ano, o baterista organiza mais uma participação do artista no espaço de Botafogo. Era a *Macalândia*, uma sequência de quatro shows recriando ao vivo seus discos. Thomas e a Audio Rebel juntam nesse projeto músicos do Rio e de São Paulo cujos trabalhos tinham em Jards Macalé uma referência. O disco de 1972 ficou a cargo do trio Chinese Cookie Poets (Marcos Campelo, Felipe Zenicola e Renato Godoy); *O banquete dos mendigos* ficou a cargo de Cadu Tenório, Harres, Eduardo Manso e Thomas Rohrer; *Contrastes* teve as participações de Ava Rocha, Negro Léo, Pedro Dantas e Harres; o encerramento foi um show impactante de Jards com a banda Metá Metá (e Harres na bateria) tocando o repertório de *Aprender a nadar*.

Em 2015, portanto, Jards se encontrava em meio a uma nova cena de músicos e parceiros experimentais, enquanto gravava com a banda um CD e DVD em Porto Alegre. Nessa altura, o artista já via a renovação do público nos shows. O passo seguinte é um novo álbum de estúdio.

A quantidade de integrantes da banda *Let's Play That* tornava os shows de Jards caros – motivo, aliás, pelo qual o formato voz e violão sempre foi a sua preferência. Ao longo dos anos seguintes, formatos alternativos foram aos poucos sendo montados para apresentações e Harres se fixa como baterista acompanhando-o constantemente. Com os encontros nos palcos da Rebel e de São Paulo (Jards também passa a participar de alguns shows do Metá Metá na cidade), a aproximação musical aos poucos fez com que a ideia de um novo disco passasse por esses encontros. Assim como ocorreu com o disco de Elza Soares, Macalé obteve o patrocínio da Natura Musical e pôde gravar um novo trabalho nos estúdios Red Bull Station em São Paulo. Assim, nasce a *Besta fera*.

Como todos os discos de estúdio de Jards desde *O q faço é música*, o novo trabalho começa novamente na casa de Penedo. Dessa vez, o processo seria completamente diferente dos outros, pois a anfitriã do local, Lygia Anet, havia falecido em 16 de julho de 2013. Nesse dia, Jards se encontrava em São Paulo, com dois shows agendados. Em atitude surpreendente, ele retorna ao Rio para enterrar sua mãe e, na mesma noite, regressa a São Paulo para o segundo show. Ao público, Jards só comenta que teve um dia difícil. Quando dedica uma das músicas à mãe, seu luto transparece. No final das contas, Jards é confortado com a participação de velhos amigos no show – Jorge Mautner, Lanny Gordin e Walter Franco.[88]

Quando Jards viaja, portanto, para iniciar o processo do novo trabalho com Thomas Harres e Kiko Dinucci, já haviam se passado quatro anos desde que a mãe falecera. O projeto do disco era dirigido por Rejane Ziles, com Romulo Fróes escolhido para a Direção Artística. Harres e Dinucci cuidaram da produção musical, enquanto a direção das gravações seria do próprio Jards. Em Penedo, o trio tinha o desafio de compor canções inéditas, um novo repertório com novos compositores. Jards também tinha, como nos outros discos, algumas cartas na manga – na verdade fitas cassetes de outros carnavais – com algumas composições que entrariam no projeto. É o caso de "Trevas", poema de Ezra Pound, contraface de "Luz", faixa do disco *Let's Play That*, "Pacto de sangue", parceria com

---

[88] | As informações sobre esse show foram escritas por Fernanda Castelo Branco e publicadas no site da *Ocupação Jards Macalé*, do Itaú Cultural.

Capinam, além da faixa-título "Besta fera", poema de Gregório de Matos e "Obstáculos", homenagem a Renô de Souza Matos, amigo do tempo de andanças com Luiz Melodia, Waly Salomão e Hélio Oiticica, preso no Presídio Frei Caneca e assassinado anos depois. Há também uma rara composição de letra e música do próprio Jards, "Tempo e contratempo".

Os dias em Penedo foram de trabalho intenso em busca de repertório. Fróes, Harres e Dinucci pediram letras para diferentes compositores, como foi o caso de Tim Bernardes com "Buraco da consolação", Ava Rocha com "Limite", ou Dinucci e Rodrigo com "Peixe". Além dessas parcerias, entraram outras que surgiam entre os próprios músicos, durante *jam sessions* – é o caso de "Longo caminho do sol" (cujo título original, "Boma H", foi substituído) com letra de Clima e "Meu amor e meu cansaço", com letra de Romulo Fróes, ambas com música de Jards, Kiko e Harres. Fechando o repertório, "Vampiro de Copacabana", apenas de Kiko Dinucci e Macalé.

Os shows que vinham fazendo nos últimos anos sinalizava caminhos para os arranjos das canções selecionadas. No início de 2018, o grupo contava com a participação decisiva de Guilherme Held e do baixista Pedro Dantas, que tocava na banda *Let's Play That*. Aproveitando um show marcado no Sesc Belenzinho em fevereiro, Jards começa os ensaios com a formação que trabalha com ele no disco. Após o show, o artista, com uma forte gripe, sentiu-se mal, mas achou que não era nada grave e realiza os ensaios nos dias seguintes. Na fila do embarque para o voo de volta ao Rio de Janeiro, Jards tem um acesso fortíssimo de tosse e, não se sentindo bem, foi encaminhado pelos funcionários da companhia aérea ao pronto-atendimento. Rapidamente foi levado de ambulância para o Hospital Santa Cruz, internado no dia 7 com um quadro grave de broncopneumonia. Para não perder a viagem, Jards ligou para Rejane no intuito de avisar que estava bem, adorando o som da sirene que o acompanhava. Com uma reinfecção durante o tratamento, Jards ficou na UTI, inconsciente, por quase duas semanas.

Apesar de ter usado quase todos os tipos de drogas – começando com os primeiros baseados apertados por Rogério Duarte no Solar da Fossa, passando pela "fase branca" com a cocaína nos anos 1980, pelos ácidos dos anos de 1970, pela defesa pública da liberação do consumo da *cannabis*, pela histórica frequência dos grandes bares cariocas e até mesmo por uma história pesada com uso inadvertido de heroína em uma sessão perdida na Casa 9 com o baterista Edison Machado – foi o hábito cotidiano e perene de fumar tabacos que cobrava do músico uma conta amarga no alto de seus 75 anos. Ao saber da internação, Thomas Harres foi ao encontro de Jards, assim como Rejane, que saiu do Rio e se instalou no hospital. Foi um período de angústia, com Jards passando dez dias em coma. Ele diz que não se lembra de nada. Foram 31 dias internado entre idas e vindas. Ao retornar do coma, a primeira coisa que disse foi *"I love you"* para Rejane – e, também, para cada um dos integrantes da equipe médica que aparecia. Jards seguiria na ativa.

Após um período de três meses de repouso (logicamente em Penedo), Thomas e Kiko retornam de para terminar os últimos ajustes da primeira leva do repertório (fora aquelas faixas que surgiram dentro do próprio estúdio). Logo depois, Macalé e a banda montada para a gravação de *Besta fera* retomam os ensaios. Em agosto de 2018, finalmente, o disco é gravado. Romulo Fróes cuidava de conduzir o projeto, incentivando Jards na feitura de algumas composições e intervindo nas gravações. Os músicos que até então eram apenas fãs de Jards Macalé descobrem que mergulhar em um processo intensivo com ele era conhecer os dois lados da besta fera. Muitas das músicas surgiram na liberdade de improvisos e intensos debates. Faixas feitas entre ajustes que passavam necessariamente pelo ouvido singular do "professor", mas que também vieram das criações da guitarra de Guilherme Held ou da bateria de Harres. O disco contava ainda com a participação das percussionistas Ariane Molina e Thai Halfeld, com o coro da Velha Guarda Musical da Nenê de Vila Matilde (Laurinha, Clara e Irene), a voz de Juçara Marçal em "Peixe", o cavaquinho de Rodrigo Campos e o sax de Thiago França (responsável pelo arranjo de metais inspirado no disco da Orquestra Tabajara que tinha Jamelão cantando Lupicínio Rodrigues, um dos prediletos de Jards, com Amilcar Rodrigues no trompete, Alla Abadia no trombone e Filipe Nader no sax barítono).

Com tudo pronto, a capa, mais uma vez, é entregue ao amigo e fotógrafo Cafi, cuja foto escolhida mostrava sua genialidade em captar Jards com o rosto completamente no breu, e um halo de luz a iluminar seus cabelos grisalhos. O efeito transforma o músico em uma espécie de entidade manifestando seu lado obscuro. Nada mais certeiro para o álbum da besta fera que Jards encarnava. Infelizmente, esse foi o último trabalho de Cafi, falecido em janeiro de 2019, ano em que o disco é lançado. O trabalho em *Besta fera*, lançado em vinil pela fábrica Goma Gringa, inclusive com edição de luxo, faz jus ao trabalho do fotógrafo e eterniza a parceria entre os dois amigos de longuíssima data.

Os shows de lançamento em São Paulo aconteceram no Auditório do Ibirapuera, São Paulo, no dia 23 de março, com ingressos esgotados. Por uma coincidência histórica, um disco de atmosfera soturna, urbana, caótica e ao mesmo tempo com fortes traços de morbeza romântica, foi lançado no mesmo ano em que um novo regime político de extrema-direita chega à presidência da República. Com letras plenas de trevas, buracos, limites, obstáculos, vampiros, túneis, tempos e contratempos, a conexão da obra com o clima pesado do país foi imediata por parte da crítica – que recebeu o trabalho com um entusiasmo que as obras de Jards não via há tempos. Outro ponto inevitável nas várias resenhas sobre o disco era o modo como o período em coma – o seu poço escuro, suas trevas pessoais – teria marcado o clima das gravações. Jards, porém, também deixou registrado no trabalho o desejo de olhar para o céu e cantar que longo é o caminho do sol.

Aos 75 anos, ele lançava um disco que podia, ao mesmo tempo, e mais uma vez, servir como bússola tanto para quem quisesse se guiar pelo passado de sua obra, quanto para quem quisesse enxergar seu futuro. Apesar de tanta sombra e escuridão, a crueza do som aliada ao lirismo e ao humor muitas vezes melancólico das letras, leva *Besta fera* a ser indicado ao Grammy Latino na categoria "Melhor Álbum MPB". A sigla que Macalé sempre criticou como restritiva, colocava-o em um novo espaço nunca antes frequentado. Na cerimônia, acompanhado de Rejane Ziles, o músico não perde a oportunidade de aplicar seu humor performático e se veste com um "*look* bestaferístico", ostentando a elegância de um terno vinho e a máscara que se tornou marca registrada em fotos de divulgação do disco – que repete no desfile de 2019 do seu mui querido bloco Suvaco de Cristo.

    Talvez um resumo dessa temporada no inferno que Jards passou entre sua internação e a ressureição em *Besta fera* esteja sintetizada na última faixa do disco chamada "Valor". Fruto de uma fita cassete gravada pelo compositor e deixada por anos em seu baú, a letra sintetiza o disco e a obra a vida do criador Jards Macalé:

> Nem quero que saibam
> O valor de minhas canções
> Se boas ou más, pouco me importam
> Elaborei com meu calor
> E nesse trabalho eu levo a flor
> Ninguém me bate
> E posso prová-lo assim que for dado o remate
> Nem quero que saibam
> O valor de minhas canções
> Se boas ou más, pouco me importam
> Elaborei com meu calor
> E nesse trabalho eu levo a flor
> Ninguém me bate
> E posso prová-lo assim que for dado o remate
> Conheço bem senso e loucura
> Conheço o rei desventura
> Já senti pavor e bravura
> E se propõe jogo do amor, não fico atrás
> Escolho sempre o que é melhor e me apraz
> Conheço bem quem me quer bem
> E sei quem me quer mal, também
> Quem ri de mim, quem me convém
> E se de mim já chega alguém com muito mais
> Saber prezar a quem prazer lhe faz.

490 ▸ Coração do Brasil - Conclusão

Era 12 de março de 2020 quando Jards e o "Clube da Encruza", nome dado para a reunião dos músicos das bandas paulistas Metá Metá e Passo Torto, se apresentaram na Sala Nelson Pereira dos Santos, em Niterói. Um espaço cujo nome já o emocionava deveras pela homenagem ao diretor falecido em 2018 e que o inventou como ator. Se Jards sobreviveu aos dias de UTI, alguns de seus melhores amigos partiam aos poucos – como Nelson, além de Luiz Melodia, Cafi e Elton Medeiros. O teatro de 490 lugares estava completamente lotado. Macalé, Kiko Dinucci, Romulo Fróes, Juçara Marçal, Rodrigo Campos, Thiago França e Marcelo Cabral fizeram um show muito aplaudido, e na saída confraternizaram com o público tranquilamente. Nos papos que circulavam então, as primeiras manifestações de preocupação, ainda bem-humorada, com a nova pandemia que já vinha causando estragos na China, na Itália e outros países europeus. Para quem poucos meses antes havia passado por uma broncopneumonia, uma internação em UTI e dias seguidos inconsciente, a notícia de um vírus que atacava o sistema respiratório não era alvissareira. O aniversário de 77 anos de Jards acabara de acontecer (como sempre em pleno carnaval) e ele começaria o segundo ano de shows divulgando a *Besta fera*.

Após um show em 12 de março no Sesc Pinheiros, o país – e o mundo – entraram em isolamento. Apresentações presenciais foram proibidas e os artistas brasileiros migraram em sua maioria para o formato de "lives" nas plataformas digitais. Se antes de qualquer situação sanitária restritiva como a vivida pela pandemia de Covid-19 a Pasárgada de Penedo já era uma constante na vida de Jards Macalé, agora mais do que nunca ele e Rejane se isolam de tudo e todos. Ao contrário do que poderia parecer para quem, acompanhando aqui a trajetória profissional de sessenta anos do músico, o entenda como alguém propenso mais à tristeza do que à alegria, Jards atravessa uma situação adversa como essa pleno de novos projetos. Discos (no plural mesmo), filmes, novas composições e parcerias. É homenageado em obras como *Quero viver sem grilo – uma viagem a Macalé*, disco inteiramente dedicado a sua obra e gravado por Emanuelle Araújo, e segue atuando de forma bissexta, como em *Big jato* (2014), de Claudio Assis.

Em 2001, no âmbito do projeto *Trajetórias anos 70*, do Itaú Cultural, Edson Natale, produtor que tinha feito com Wilson Souto a produção de *O q faço é música* em 1998, era o gerente de música da instituição e o responsável pela parte musical do trabalho que revisitava uma série de segmentos da década de 1970. Jards, claro, foi convidado para participar, porém com uma proposta bem ao seu gosto. Reinventar, em novos moldes, com novos nomes, *O banquete dos mendigos*. Citando Natale

> A construção do renovado *Banquete* em 2001 solidificou nossa amizade: o Itaú Cultural costurou junto a Macalé a parceria com a ONU, como havia acontecido em 1973, e a nova versão aconteceu no Teatro Municipal de São Paulo, em 10 de dezembro de 2001. Gravamos em vídeo as leituras de alguns artigos da Declaração Universal dos Direitos do Homem feitas por pessoas como dom Paulo Evaristo Arns, Clarice Herzog, Hélio Bicudo, Hermeto Pascoal e Itamar Assumpção, além do então secretário-geral da ONU, Kofi Annan. Os vídeos foram projetados em meio às participações de Lenine, Macalé, Rappin Hood, Johnny Alf, Walter Franco, Lia de Itamaracá e Zélia Duncan, entre outros".[89]

Por conta desse trabalho, Natale teve o prazer não só de selar uma amizade definitiva com Jards, como pôde frequentar a casa de Penedo revirando os minuciosos arquivos do músico. Entre fotos, papéis e fitas, conversando sempre com Lygia Anet, Natale cria um forte vínculo de confiança com Jards. Numa manhã do dia 20 de fevereiro de 2014, após tudo planejado para que a *Ocupação* abrisse seus arquivos e sua vida para o grande público, Jards lhe envia um e-mail que, pelo conteúdo merece ser publicado como uma espécie de atestado reflexivo sobre sua trajetória:

---

89 | Texto publicado no site da *Ocupação Macalé*, promovida pelo Itaú Cultural em 2014. Disponível em: <www.itaucultural.org.br/ocupacao/jards-macale/jardseeu/?-content_link=2>

"Em 20/2/2014, à(s) 08:06h,

Natale,

agora creio que posso participar mais ativamente da nossa *Ocupação*. Na madrugada de hoje revi meus 56 anos de produção cultural das 4h da manhã até este horário em que lhe escrevo.

A iniciativa em realizar esta *Ocupação* me é extremamente importante em nível afetivo, profissional como também à minha saúde mental e física.

Fiz, na madrugada de hoje, como disse acima, um levantamento de minha produção dos quinze aos 71 anos e afirmei e reafirmei a minha humilde contribuição às artes brasileiras e o reconhecimento justo a todas as pessoas que fizeram parte da minha trajetória e, a esta altura da minha vida, a gratidão à vossa excelentíssima figura que agora me resgata de um possível ostracismo a que tentaram me submeter.

Lembrei-me de quase todos os quais, em diferentes momentos, reconheceram o artista que estava por trás de posições às vezes contraditórias, mas sempre honestas (pelo menos comigo mesmo). Reconheço erros e acertos, desentendimentos involuntários e voluntários no calor da batalha que sempre foi pela e através da Música Brasileira ou simplesmente pela Música, minha querida companheira.

Quero colaborar com esta nossa *Ocupação* com a maior franqueza possível.

Gostaria que conversássemos dando continuidade a este empreendimento cada vez mais importante tanto para mim quanto para o respeitável público que nos vai dar a honra de participar audiovisualmente da estória desse bendito artista ao qual deram a alcunha de "Jards Macalé".

Abaixo vai o link da homenagem que me fizeram no ano passado os novos artistas músicos através da iniciativa do site da Banda Desenhada. Algumas coisas ficam claras na longa entrevista que fizemos.

Esperando resposta breve de V. Exmo. amigo,
Fraterno abraço,
Jards Anet da Silva
ou
Jards Macalé
ou
Elacam Tená
(Vulgo Macao)"

⋝⋜

Não há como terminar um livro sobre a trajetória de Jards Macalé como se tivéssemos um final, um balanço ou um desfecho de ouro para apresentar aos leitores que chegaram até aqui. Não só porque ele segue ativo, inquieto e aberto a novos rumos em seus trabalhos e ideias em movimento, mas principalmente porque Jards é uma cornucópia infinita de histórias e memórias. O arquivo pessoal ainda precisa ser trazido à tona de forma sistemática e pública, com suas diversas fofocas, sua lista interminável de nomes, amores e abandonos, suas agonias pessoais e poéticas, suas fitas com composições descartadas, roteiros de discos não realizados, cartas pessoais e profissionais, fotos em profusão, registros de praticamente tudo o que viveu ou o que viveram ao seu redor. Aqui, tracei um caminho possível, organizando em um fluxo de tempo e espaço as múltiplas narrativas ao redor de Jards Anet da Silva e seu alter ego Jards Macalé – ou Macao, Macalis, Macaleia, Macalina, Makalé, Makouulé e tantas outras alcunhas que ele criou para si, recebeu ou tomou posse. Se existe alguma conclusão possível, é dizer que as histórias ao seu redor ainda estão abertas, para muitas outras narrativas que se interessem pela trajetória de um criador cuja marca principal é a reivindicação de uma liberdade total em atos e ideias.

Liberdade que, em um país como o Brasil, cobrou seu preço. País esse que levou algumas vezes Jards ao limite do abismo, na porta principal. Desde o início da carreira, suas músicas entrelaçam amor e morte, humor e tragédia, lirismo e revolta.

Apesar deste livro ter sido escrito por um autor que é um entusiasta profundo deste texto e desse(s) personagem(ns), ao longo da pesquisa e da feitura do trabalho múltiplas situações surgiram, fazendo com que o trabalho que aqui termina tenha se transformado muito mais em um "ensaio sobre o artista enquanto Macalé" do que propriamente uma biografia pormenorizada. Nem autorizada, nem não autorizada, nem íntima, nem investigativa, nem fidedigna, nem inventada, tudo o que está dito e escrito é fruto das múltiplas invenções pessoais que Jards fez de si e dos outros ao longo de todo esse tempo. Um malandro nato da memória, um arquivista secreto do que sabe que pode esquecer, um indisciplinado domador do tempo que troca datas, mas não troca nunca o cerne da história, Jards é nesse sentido "imbiografável".

Em algumas entrevistas ou papos, quando chega a hora de se despedir do interlocutor, Jards Macalé adora citar uma frase atribuída a Glauber Rocha no período mais complicado de sua vida política e pessoal: "Não diga que me viu, para sua segurança pessoal." Espero que o conselho não seja o mesmo para aqueles que lerem sua obra. Já está mais do que na hora das pessoas dizerem que viram, ouviram e conheceram a trajetória desse músico brasileiro, criador de um país sonoro que poucos vislumbraram como ele. Afinal, quem avisa sobre o abismo, sabe sempre onde pisar.

2020 © Numa Editora
www.numaeditora.com

Jards Macalé – Eu só faço o que quero

EDIÇÃO
Adriana Maciel

PRODUÇÃO EDITORIAL
Marina Mendes

PROJETO GRÁFICO
Dupla Design

REVISÃO
Vanessa Ribeiro
Luiz Guilherme Fonseca

FOTOS
Capa e sumário:
José de Holanda

Primeira página:
Antonio Carlos Miguel

Última página:
Leo Aversa

AGRADECIMENTOS (em ordem alfabética)
Adriana Maciel, Aïcha Barat, Bernardo Oliveira, Carol Sá, Eduarda de Aquino, Emílio Domingos, Fabiane Comparato, Heloísa Buarque de Hollanda, Igor Araújo, Kiko Dinnuci, Luciano Figueiredo, Marcelo Callado, Mauro Gaspar, Omar Salomão, Priscila Sodré, Raïssa de Góes, Raul Mourão, Rejane Ziles, Renata Fraga, Romulo Fróes, Silviano Santiago, Tato Taborda, Tiana Albuquerque, Thomas Harres, Tutty Moreno, Xico Chaves e a equipe do
Itaú Cultural.

Agradeço especialmente a Jards Macalé pelas conversas, pela generosidade e, principalmente, por ter feito sempre o que quis.

Catalogação na publicação
Elaborada por Bibliotecária Janaina Ramos – CRB-8/9166

C672
Coelho, Fred
Jards Macalé, eu só faço o que quero / Fred Coelho –
Rio de Janeiro: Numa, 2020.

500 p. : 16 x 23 cm

ISBN 978-65-87249-23-0

1. Jards Macalé (1943 -). 2. Músicos. 3. Compositores.
4. Biografia. 5. Música brasileira. I. Coelho, Fred. II. Título.

CDD 927.8164

Índice para catálogo sistemático
I. Jards Macalé (1943 -) : Biografia

Este livro foi composto em Campton e impresso em papel Pólen soft 90g, para a Numa Editora, em 2020.